房龙地理

FANG LONG DI LI

［美］房　龙◎著　李志强◎译

北方联合出版传媒（集团）股份有限公司
万卷出版公司

图书在版编目（CIP）数据

房龙地理 /（美）房龙著；李志强译 .— 沈阳：万卷出版公司，2014.12（2022.1 重印）
（典藏 / 吴昊主编）
ISBN 978-7-5470-3346-3

Ⅰ．①房… Ⅱ．①房… ②李… Ⅲ．①社会地理学－世界－通俗读物 Ⅳ．① C912.8-49

中国版本图书馆 CIP 数据核字（2014）第 223169 号

出版发行：北方联合出版传媒（集团）股份有限公司
万卷出版公司
（地址：沈阳市和平区十一纬路25号 邮编：110003）
印 刷 者：北京一鑫印务有限责任公司
经 销 者：全国新华书店
幅面尺寸：178mm×254mm
字　　数：370千字
印　　张：23
出版时间：2014年12月第1版
印刷时间：2022年1月第2次印刷
责任编辑：张洋洋
封面设计：范　娇
版式设计：范　娇
责任校对：高　辉
ISBN 978-7-5470-3346-3
定　　价：78.00元

联系电话：024—23284090
邮购热线：024—23284050
传　　真：024—23284521

经典之藏，心灵之旅

读书是一件辛苦的事，读书又是一件愉悦的事。读书是求知的理性选择，同时，读书又是人们内在自发的精神需求。不同的读书者总会有不同的读书体验，但对经典之藏，对精品之选的渴求却永远存在。

传统上，读书是求学的手段，千百年来，人类知识的传承，最重要的总是通过书籍的记载与传述。因为有了书，人类才可以文脉延续，薪火相传。西哲说：书籍是人类进步的阶梯。因而，先贤们都把读书当作高尚而庄重的事情，赋予读书神圣、光荣的使命感。故此，韦编三绝、悬梁刺股，以及凿壁、囊萤、映雪等等，就成了刻苦求学的典型，千百年来成为人们效法的楷模。于是，寒门学子挑灯夜读，富家子弟潜心求学，或诚心拜师，或自学成才，诸如此类的事例，就成了激励学子上进求学的传说故事而广泛流传。

书籍除了自身寓含的教化功能外，还能让人感到身心的愉悦和快乐。在文化生活极度匮乏的年代，人们极力去寻找各种承载文明的载体，来填塞文化需求的饥渴。一本残破小书，可以在上百人的手中传递和阅读，看完后仍意犹未尽，不忍释卷。彼时，人们读书如饥似渴，却并无黄金屋、颜如玉一类的功利目的，有的只是内心的精神需求，读书的愉悦与快乐正在于此。仲春季节，读书间隙，推窗而立，鸟语花香扑面而来，内心深处则有禾苗拔节的哔剥之声回响；炎炎夏日，一卷在手，品茗读书，摇扇驱蚊，自然能感受到心灵的清凉和愉悦；秋风瑟瑟，听窗外传来淅淅沥沥的雨声，啜一口酽茶，想起“风声雨声读书声”的名联，便会发出会心的微笑；数九严冬，寒意砭骨，围炉夜读或雪夜捧卷，书香入腹，情暖人心，又能体验到视通万里、思接千载的悠悠遐思。

无论是求学求知还是寻求精神上的愉悦，读书都是我们的一种心灵之旅，是接受自我内心的召唤和灵魂的导引上路，让自己再次起飞得到新生的力量。变换的风景，奇异的遭遇，萍逢的客人……这一切旅途中可能发生的事件，都会在我们读过的书籍中出现，它们强烈地超出了我们已知的范畴，以一种陌生和挑战的姿态，敦促我们警醒，唤起我们好奇。在我们被琐碎磨损的生命里，张扬起绿色的旗帜；在我们刻板疲惫的生活中，注入新鲜的活力。

正因为读书之益，读书之趣，我们才对书籍本身挑剔起来。试想，灵魂之伴侣如何可以等闲视之呢？一本书的好坏，总会有无数人来品评，既有芸芸众者即兴点评，又有专家学者细心解析，然而，书籍最终的裁定者是历史而不是某一种潮流。随着时光的淘汰，留下来的经典之作渐渐走进更多人的视野，留在人们的案头，成为经典之藏。

“典藏”之作正如伴随我们的益友，多闻、博大、精彩而有趣，这样的益友，需要人们用心地品读，细心地筛选，最终把最好的“朋友”留在自己的身边。我们的“典藏”正是帮助读者挑“益友”的一种尝试，希望能把经典的、有价值的或者有趣的书籍放在读者的案头，让它们像朋友一样陪伴每一位读者走上自己的心灵之旅。

当我们打开书本，走进属于自己的心灵世界，自然能够体验那种君临一切的奇特感觉。此时心如止水，宁静安然，恰如室外无言的星月，美文佳句不期而至时，或击案称绝，或吟哦出声，甘之如饴。愿这“典藏”之作能给我们的心灵留下一块绿荫，助大家在自己的漫漫行旅中搭起一座可供休憩的风雨亭，对抗庞大、芜杂、纷繁的外界侵扰。

序　言

十年以前，您给我写了一封信，今天，我终于能回复您了。您在信里这样写道（以下是我从原信引用的）：

“……是的，那地理学呢？我想要的不仅仅是全新的地理学，更是我自己的地理学。它能告诉我我想知道的知识，而对其他的知识有所简略。我想让您为我写的，就是这样的地理学。之前我去了一所学校，那儿非常认真地对待地理。在那里我学习了所有关于不同国家的知识，包括它们的边疆、它们的城市、它们的人口总数；我还学习了所有山的名字和它们的海拔、每年的煤炭开采总量。但是这些东西我学完就忘了。它们彼此没有形成关联，变成了一堆杂乱无章的、糟糕的事件摘要，就像是一个堆了太多图片的博物馆，或是一个没完没了的交响音乐会。它们对我毫无价值可言，因为每当我需要确切的事实依据时，我不得不重新查阅地图和地图册，或是百科全书和蓝皮书。一定也有不少人和我一样深受其苦。您能为我们这些可怜的人写一部有用的新地理学吗？一种关注人类本身的地理学：把所有的大山、城市、海洋放在您的地图上，然后告诉我们那里的居民的故事，他们为什么在那儿，他们又是从哪里来的，他们在做什么。同时请您强调那些真正有趣的国家，别把笔墨浪费在那些干巴巴的名字上。这样我们就能把它们全都记住了，不然的话……”

而一如既往地渴望并听从你们命令的我，转过身说：“亲爱的，给你，这就是那本书！”

目 录

第一章

人类与家园

尽管听来难以置信，然而这就是事实。如果每一个人都是6英尺高，1.5英尺宽，1英尺厚（实际上，有很多人是不够这样的尺寸的）。那么，只要用一个长、宽、高各为半英里的巨型集装箱，就能够像装沙丁鱼一样，把所有的人类（根据最新统计资料，现在地球上大约生活着20亿人）全都装进去。这听起来似乎是天方夜谭，但只要略加计算，就会发现这个结果是没问题的。

现在，我们把这个巨型集装箱小心地放置在亚利桑那州科罗拉多大峡谷的一个石壁之上——这石壁本是为防止那些沉醉于美景的人类失足落下而起保护作用的——然后，让一只又听话又聪明的努都尔（一种德国小猎狗）用它那软软的棕色小鼻子，朝人类这巨大的最后家园轻轻地拱一下，集装箱便裹着断枝和石块，从山崖上轰隆隆地一路滚落到谷底，伴随着最后的一声轰然巨响，撞在科罗拉多

河的岸边，浪花翻涌。然后，一切重新归于沉寂。世界很快就会把沙丁鱼一样的人类彻底遗忘掉，好像这一切从未发生过。任时光流逝，大峡谷将依旧栉风沐雨，经霜历雪。而在这神秘的宇宙中，这个星球将继续沿着它过去的轨道运行。那些远远近近的地外星球上的天文学家们，即便天天观测太空，也根本不会注意到地球上发生的这个变化。百年之后，那个已长满了郁郁葱葱植物的小小的土丘——人类的最后归宿，就成了人类曾经存在过的唯一证物。至此，人类历史的帷幕徐徐落下，一切都已结束。

我知道，把一贯自高自大的人类贬低到这样微渺的地步，会让读者非常难过，并对这个故事生出一种厌恶之情。但是，从另一个方面来看，尽管人类是脆弱而微小的，却依然有着值得自豪的地方。我们人类不过是一群哺乳动物，脆弱无助。从人类诞生的那一刻起，就被不计其数的其他物种包围着；在这个适者生存的世界里，它们比我们更能适应环境。在人类的这些邻居中，有体长达100英尺，重得像火车头一样的庞然大物，也有披着中世纪骑士的甲胄般坚固的外壳、四处横行的家伙，还有牙齿像锯齿一样锋利的猛兽。此外，还有人类的肉眼看不见的生物，它们有着非常惊人的繁殖速度。幸亏它们的天敌们能够以同样惊人的速度把它们消灭掉，不然，用不了一年的时间，这些生物就将独霸地球了。很显然，人类的这些邻居们具有在任何自然条件下生存的雄心与能力，它们不怕山高，不怕海深，心中从无半点畏惧。而我们这些相形见绌的人类，只能在最舒适的环境中生活，在高山与大海间的那些几块干燥的陆地上寻找居所。

动物学家告诉我们，有些昆虫能够在石油中自由自在地生活（很难想象石油也能成为食物），有些昆虫能在极大的温差条件下生存，而同样的温差却会让人类在短短几分钟内丧命。更让人惊奇的是，那些令人厌恶的小小的棕色甲虫（这种小东西总是在书箱中跑来跑去，看来它们很喜欢文学）即使失去了两三条甚至四条腿，仍然活得好好的。而我们人类，即使是娇贵的脚趾上扎了一根刺，都会痛苦万分。人类从诞生的第一天起就意识到，我们不得不在这冷漠的宇宙中做不懈的斗争，才不至于在和这些强大的生物的竞争中灭绝。

当人类祖先松开树枝、甩开手杖，用后肢挣扎着学走路时，冷眼旁观的猛犸象肯定觉得滑稽可笑。

然而，那些昔日凭借着蛮力和狡诈，独霸两亿平方英里大陆和海洋的主宰者，如今的命运又怎样了呢?

它们中的大部分已经永远地消失了，只剩下出于好心才为它们在自然史博物馆中保留的小小展位中标着“陈列品A”、“陈列品B”的标本以外。而其余的一少部分为了生存下来，被迫纡尊降贵，用自己的毛皮、蛋、奶和排骨来取悦人类。而且它们不得不替人类拖拽一些我们懒于出力的重负。更多的则逃到人迹罕至的地方。而那里，人类觉得目前还不值得花时间争夺，就允许它们繁衍生息。

简而言之，只用了2000个世纪的时间（在时间的永恒之河中，这只是短暂的一瞬），人类就已经使自己成了每一块土地上无可争议的主人。而且天空和海洋也将被人类纳入自己的版图。全部这些成就，都是几亿人类成员创造的，而除了神圣的理性，人类并不比他们的竞争对手享有任何一种优势。

尽管如此，我也还是有点夸张了。实际上，这种崇高的理智和独立思考的能力是仅仅局限于少数人的。因此这部分人理所当然地成了大多数人的领导者。其他的人，不管对这一状况多么不满，也只能屈从。人类的进步就是这样一个奇怪而蹒跚的进程。成千上万的芸芸众生中只有少数人能成为真正的领导者。

这条前行的道路会把人类引领向何方呢？我们不得而知。但从人类往昔4000年的文明之光来看，只要我们不屈从于我们从祖先那儿传承下来的野性（这野性会使我们对同胞比对牛羊草木都要残忍），偏离了发展的正途，人类所能取得的成就就是不可限量的。

几乎整个地球都已经任人类摆布了，即使还有一些洪荒之地，凭借着智慧、卓识和手中的短枪，人类也能占有它。

我们的地球真是个好地方，她出产了足够的食物；她贡献了美好的矿藏、泥土和森林，让人类不仅仅有了容身之所；牧场上的温顺的羊群、盛开着蓝色小花的亚麻田，还有小小的辛勤劳作的中国桑蚕——它们都为我们贡献了冬日里抵御寒冷、夏日里阻挡曝晒的织物。人类的家园真是一块宝地。大自然提供了如此丰富的宝藏，不仅够男女老少享用，而且还足够保障他们未来的日子。

但同时，大自然也有着自己公正无私的法则。

大自然无私地为我们奉献着。同时，她要求我们遵守她的法则，听从她的旨意。

在一块只能容纳50头牛的牧场上放养100头牛，就会发生灾难，这是每个农民都知道的格言。那么，在一片只能容纳10万人的土地上居住了100万人，这就会导致人满为患、贫困和本可避免的痛苦。很显然，那些领导者们忽视了这一事实。

然而，这并不是人类犯下的最严重的错误。我们冒犯我们慷慨的自然母亲的另一个错误是：仇视自己的同胞。狗和老虎都不会自相残杀，甚至令人厌恶的鬣狗也能与同胞和平共处。但人类却彼此仇恨，互相残杀。当今世界，每个国家的头等大事是为了对邻国进行屠杀而做准备。

大自然的首要法则是：同类之间和平共处，彼此友善。我们人类却公然背叛了这个法则。这让我们面临灭顶之灾，因为人类的敌人始终警醒着。如果智慧的人类（这个好听的名字来自一个犬儒派学者，用以表明我们的智慧高于其他动物）无法或不愿主宰这个世界，那么，有成千上万的候选者都准备着将人类取代，成为万物之灵。同遍布利炮坚船的星球相比，一个由猫、狗或者大象或者其他高等级的昆虫（它们会多么珍视这样的机会！）统治的世界还是更有价值的。

出路在哪儿呢？人类如何才能从这可耻的境况中解脱呢？

这本小书正想谦卑地指出这唯一的道路，它将会把我们从祖先误入的歧途，从黑暗的、悲惨的境地中引领出来。

这需要时间，甚至需要上百年的时间，经过循序渐进、缓慢痛苦的教育历程，才能寻找出真正的解决办法。我们必须领悟到：我们都是这个共同的星球上的旅伴。一旦我们明白地球是我们共同的、唯一的家园，除此之外别无容身之所时，我们就会像在驶向未知之地的火车或轮船上的游客一样，学会彼此尊重。同舟共济才是解决我们困境的最基础的一步。

称我为梦想家吧，或者叫我白痴，或者叫我幻想家，去叫警察或叫救护车来把我带走关起来，使我不能再散布这没人爱听的歪理邪说。但是，在人类的毁灭到来之时，在人类不得不收起自己的小聪明，把开启幸福的钥匙移交给更有资格的继承者时，请记起我的话。

以下就是幸存的唯一希望所在：

我们都是这个星球上的旅伴，我们对自己碰巧降生的这个世界的福祉负有同样的责任。

第二章

世界地理的定义

以及本书中的地理学

在我们开始一段旅程之前，或多或少地总希望弄清楚自己的目的地以及要走的路线，同样地，读者打开一本书的时候，也希望了解一些这样的信息。所以，先对“地理学”的概念下个定义并不跑题。

那么什么是“地理学”呢？我桌上刚好有一部1912年版的《牛津简明词典》，对这个词的定义在第344页的下方：

地理学：关于地球的地表、形成、物理特征、自然及政治区域划分、气候、物产及人口状况的科学。

我并不奢望能做出一个比之更好的定义，不过我的重点将放在另一些方面，人类将成为舞台的中心。本书不仅仅会探讨地球的地表、形成以及自然和政治区划。更着重于研究人类在有限的力量下，为了生存，为了活得更舒适，怎样改造自我适应环境，又怎样改造环境满足自我。

有句老话是：“上帝的子民中有些很奇怪的人。”事实的确如此，我们发现，我们地球上的人类真是形形色色。有些人有着很令人讨厌的习惯和个性，这些习惯和个性我们永远不会希望在自己的孩子身上看到。但这是20亿人哪！无论把他们塞进一个小木箱时显得多么微不足道，这也仍然是一个令人惊叹的数字，足以展开种种经济、社会、文化的尝试。而这些尝试是最值得我们瞩目的大事，因为如果一座山不曾被人类发现、涉足，它的山坡与溪谷不曾被一代代饥饿的人类占领、争夺和开垦，那它不过就只是一座山而已。

大西洋的宽广深邃和波涛咸涩从未改变过，但是，13世纪初人类的那次横渡却把它变成了一座沟通新旧世界的桥梁，一条东西方贸易的通衢大道。

千百年来，俄罗斯的广袤平原徒劳地等待着把它的肥沃奉献给播种的人，在这片土地上犁出第一条沟的如果是日耳曼人或法兰克人，而不是斯拉夫人，那么，这片土地呈现出的面貌将完全不同。

无论岛民是日本人还是已绝迹的塔斯马尼亚人，日本列岛都会地震频仍。但如果是后者，恐怕岛上的出产就不足以供给它的6000万人口。而不列颠群岛的征服者如果不是好战的北欧人，而是那不勒斯人或者柏柏尔人，要把这个国家变成一个管辖疆域比本土大150倍、人口占世界人口1/6的帝国的中心，是根本不可能的。

总之，比起在关注生产大发展的今天备受重视的地理学的贸易问题，我更关注的它的人文意义。

经验告诉我，无论你如何夸夸其谈地描述货物的进出口贸易量、煤的产量、石油的储量以及银行存款额之类的东西，你仍不能奢求读者翻过页去仍可能记得住这些数据，而当他需要这些数据的时候，他还是不得不再一次动手去查阅矛盾百出的贸易统计手册（而这些手册甚至往往是自相矛盾的）。

这首先是本关于人的地理书。

其次才是关于人类生存环境和背景的。

篇幅允许的话，对其他的方面我们也会有所涉猎。

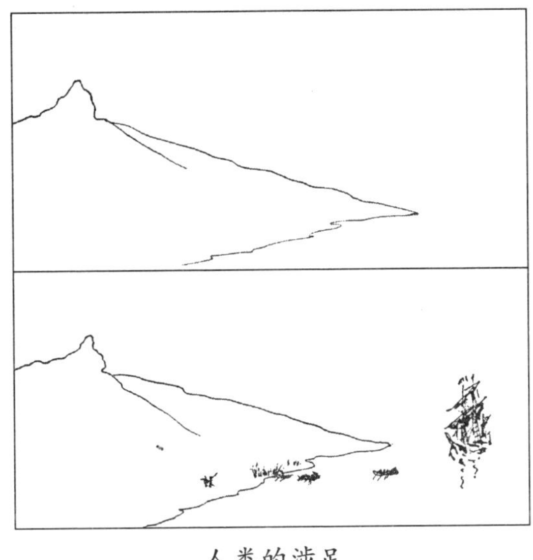

人类的涉足

第三章

我们的行星

它的居民、习俗和礼节

让我们从一个古老而可信的定义开始："地球是一个小小的、黑色的物体，孤零零地置身于宇宙间。"

邻　居

空　间

北　极

南极的发现

实际上，它不是一个标准的“圆球”，而是一个非常接近“圆球”的“椭球体”，即它是个“两极”稍微扁平了一点的“圆球”。什么是“两极”呢？拿一根毛衣针笔直地穿过苹果或橘子的中心，把它竖直地拿在你的面前，毛衣针穿入和穿出的地方就是这个球体的“两极”所在，一极位于海洋之中（北极），而另一极位于高原之上。

由于地球两极间地轴长度只比赤道直径短1/300，所以刚才说到的两极的“扁平”，你完全可以忽略。换句话说，如果你正好有一个3英尺直径的大地球仪（商店里很难买到这样大的地球仪，只有博物馆才有），你就会发现，它两极间的地轴长度只比它的赤道直径短了1/8英寸，除非它的做工极其精细，否则如此小的差距是很难察觉的。

尽管这个差距对那些极地探险者和进行深入研究的地理学家来说是不容忽视的，但对我们这本书的读者而言，知道了这些就足够了。也许你的物理教授的实验室里就有一个装置把这个展示给你：我们的微小行星在自转时两极为何会趋于扁平。这能省去你到两极去做实地考察的麻烦。

我们都知道地球是一个“行星”（planet）。“行星”（planet）这个词是古希腊人的发明。他们很早就观察到（或者认为观察到）有些星体永远在星空中流转，而另一些则静止不动。他们把前者称为“行星”（planets）

或“漫游者”（wanderers）；而把后者称为“恒星”（fixed stars），这是因为没有望远镜的古希腊人，无法观测出恒星缓慢而微小的运动。至于“星星”（star）这个词，我们不知道它的来源，但是它很可能与梵语的“点缀”这个词有关（英文中的“to strew”）。如果这种说法是正确的，那么繁星就是点缀着天空的点点火花。好一个美丽而适切的描述。

地球绕着太阳旋转的同时还依赖着它的光和热。由于太阳的体积是太阳系内全部行星总体积的700多倍，而太阳表面附近的温度高达6000华氏度，所以地球对于从这位邻居那里获取的这一点点它甚至都不会觉察到的慷慨的光线，根本不必心怀不安。

古人认为，地球就是宇宙的中心，它是块小小的、平坦而干燥的圆形陆地，被汪洋大海包围着，如同穆罕默德的棺椁或是从孩子手里溜走的气球一样悬浮在空中。古希腊的几个更开明的天文学家和数学家（他们是不经教士

我们在太空中的速度比最快的加农炮弹还要快许多

的允许就敢于进行独立思考的先驱）似乎早就开始质疑了，认为这种理论是错误的。经过几个世纪的坚持不懈的探索，他们渐渐得出了结论：大地并不是平的，而是一个球体；它也不是安安静静地悬在宇宙的中心，而是以非常快的速度绕着一个更大的球体——太阳在空间中不停地运转飞行。

同时，他们还指出，与我们同在恒星的背景中，似乎绕着我们旋转的小小的发光星体，其实与地球一样都是太阳妈妈的孩子，共同在围绕着太阳公转。它们共同遵循着类似的运行规律——这种规律决定了人类的作息（比如起床、睡觉），如果我们无视这样的规律，就有毁灭的风险。

在罗马帝国的最后200年间，其知识阶层已经接受了这一假说，并认为它不容置疑。但是，进入公元4世纪不久，教会掌握了权力，再持有这些观点——尤其是地圆说，就会非常危险。对这种状况我们不应该过分责备，因为基督教的那些早期皈依者大多来自蒙昧的社会阶层，无缘于新知识；此外，他们坚信世界末日就在眼前，而他们将看见基督在荣光中重返受难

大地是宇宙中心的古老的世界观念

之地，对人间的善恶做出审判。如果事实确实如此（他们对此坚信不疑），必然可以推断出大地是平的，不然基督就要降临两次——一次为造福于西半球，一次为造福于东半球。这样的情况荒诞不经而又亵渎神明。因此，地圆说也就完全不值一提了。

在近千年的时间，教会都坚守着地球是扁平的圆盘，是整个宇宙的中心的观点。然而当时的知识分子阶层——一些科学家修士和新兴城市的天文学家，并未将古希腊关于地球与其他一些行星绕太阳公转的学说完全抛弃，但他们不敢公开讨论这个问题，他们万分小心，守口如瓶。因为他们很知道，公开讨论地圆说，会打破成千上万蒙昧人民的平静生活，而且也是毫无意义的。

但随后基督徒们还是不得不接受了地圆说。到了15世纪末，基于下列观察结果，支持古希腊这种学说的证据相比于反对的证据已经占据了压倒性优势：

首先，事实告诉我们，人们在接近一座大山或一条海上的船时，最先看到的总是山顶或是桅杆的顶端，然后才渐渐看到它们的全貌。

其次，无论我们身在何方，看到的景象总是圆形的。这说明我们和视野尽头的大地或海洋有同样的距离。而当我们搭乘热气球升空或是置身于高塔之上时，这个圆形扩大了。假如地球恰好是卵形，我们就会发现自己身处于一个巨大的椭圆的中心；而如果地球是方形或三角形的，那地平线也应该是方形或三角形的。

第三，发生月偏食时，投在月亮上的地球的影子也是圆形的。而只有圆形的物体才会产生圆形的阴影。

第四，既然其他行星和恒星都是球体，在亿万颗星体中为什么独有地球会是例外呢？

第五，当年麦哲伦❶船队一直自东向西航行，最终回到了出发点，而库克船长（Captain James Cook，1728年—1779年2月14日，人称库克船长❷）自西向东航行的结果也是如此。

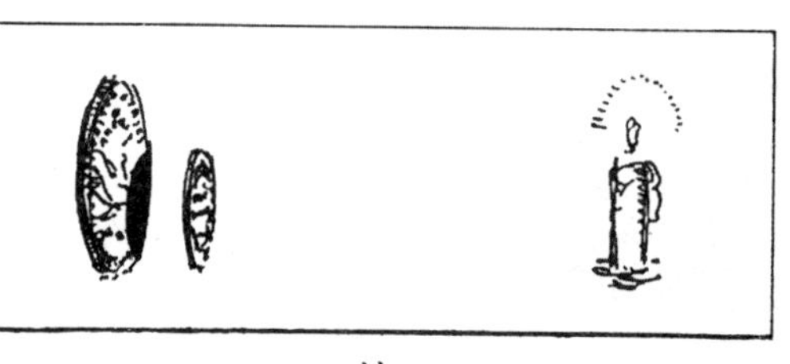

蚀

最后，当我们走向北极时，会发现熟悉的星座（古代的黄道十二宫）渐渐沉降在地平线下，而相反，当我们走向赤道时，这些星座又会渐渐升高。

圆形的物体才有圆形的影子

我想，对于人类脚下的地球是一个球体这一不容置疑的事实，我已经列出了足够的证据。但是如果觉得还不放心，你可以

❶麦哲伦（约1480—1521），葡萄牙航海家，他奉西班牙政府之命于1519年率船队进行环球航行，在中途死亡。1522年9月，船队中的“维多利亚”号回到西班牙，完成了人类第一次环球航行。

❷库克船长（1728—1779），是英国皇家海军军官、航海家、探险家和制图师，他曾经三度奉命出海前往太平洋，带领船员成为首批登陆澳洲东岸和夏威夷群岛的欧洲人，也创下首次欧洲船只环绕新西兰航行的纪录。

去请教一位值得信赖的物理教授，他会用高塔落石的重力实验为你拨开谜团，证明地球是一个球体。如果他用平易的语言和缓慢的语速，也许你能听懂的。前提是你掌握的数学和物理知识要比我多很多。

地球在宇宙中的全新的世界观念

在此，我当然可以罗列一大堆专业的统计数据，但这对你毫无用处。普通人的大脑（包括我的）对这样的运算一定头昏脑涨。比如说光，光速是186000英里每秒，弹指一挥间，它就能绕地球绕7圈。但是距地球最近的恒星（半人马座的α星）的光线要以这186000英里每秒的速度旅行4年又4个月才能到达我们的眼睛。太阳光到达地球要8分钟，而木星的光线到达地球只用3分钟。而在航海科学中扮演了重要角色的北极星的一束光线，要用40年才能到达地球。

唉，“想象”一下这么远的距离——光用一年走过的长度——光年，即365×24×60×60×186000英里，都会让我们大多数人感到微微的晕眩。这个数字如此庞大，所以我们通常的反应是说句“哦，天哪”，然后就出去逗猫或是听收音机了。

让我们试着用大家都熟悉的火车来解释吧：

一列普通客车如果夜以继日地行驶，需要大约9个月才能抵达月球。而如果火车现在[1]出发，它将在公元2232年才能驶达太阳。这列火车开到接近海王星的地方要用8300年，但是对于这列火车开到太阳系外最近的恒星要走的7500万年，这只是小孩子的玩意儿。而火车要是开到北极星，要用7亿年。7亿年是一段漫长的时间，如此之长。如果把人类的平均寿命算作70年（一个

[1] 作者写作此书的时间是1932年。

乐观的估计），火车抵达目的地之前，人类已经过了1000万代了。

而且现在我们谈论的，只是宇宙中我们已观测到的这一部分。伽利略时代，人们借助简陋得近乎可笑的小型装置探索天空，并不时能有一些非常重大的发现。我们今天的望远镜已经远远优于他们的装置，但仍然不够完美，除非我们能把镜片改善1000倍，我们很难取得长足的进展。因此，人类所说的宇宙，其实不过是“人类用肉眼或者借助代替肉眼的感光底片观察到的宇宙的一小部分”。至于宇宙的其他部分，那些我们看不见的部分，唉，我们一无所知。更糟的是，我们连去想象都不敢。

在我们周围的数以百万计的星星中，只有两颗对我们的生活有着直接而明显的影响。它们就是太阳和月亮。这是因为太阳每过24小时，就重新把光与热提供给半个地球。月亮则由于距离我们太近而影响了海洋的运动，使大海出现了我们称作“潮汐”的奇特水体现象。

尽管月亮远远小于太阳（如果把太阳比作我们熟悉的那个特大号的直径3英尺的地球仪那么大，那么，地球就是一颗青豌豆，而月球就只有一个针尖大了），但月亮和我们实在是太近了。相比于太阳而言，它对地球表面的“拉力”要强得多。

假如地球完全都是固体，那么月球引力的影响就会难以觉察。但是，几乎3/4的地球表面都是由水构成的，如同散布在纸上的铁屑会随着你手中的玩具磁铁移动一样，海水也会跟随着月亮的绕地运转而潮起潮落。

一条数英里宽的水带地追随着月光的航迹，奔腾不息，不舍昼夜。当它涌入海湾、港口或河口时，就会变得非常密集，激起的巨浪高达20英尺、30英尺，甚至40英尺。在这样的水域航行是非常困难的事。而当月亮与太阳恰好都在地球的同一侧时，对海水产生的引力自然就比月亮单独产生的引力要强大得多，

我们所知的全部宇宙，仅仅是那些小小的点

就会出现所谓的“朔望大潮”。这种大潮在地球上的许多地方简直就是一场小型的洪灾。

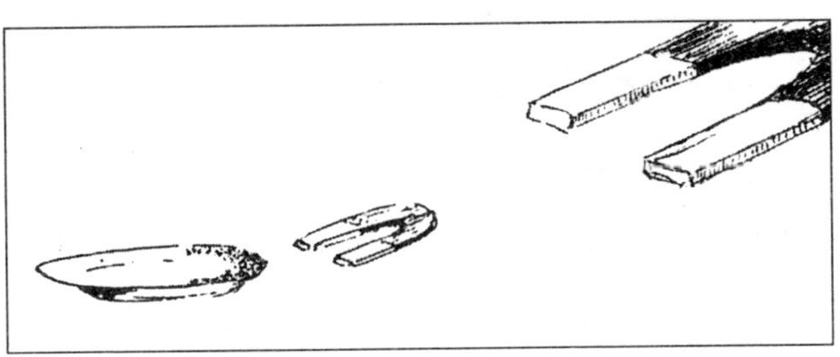

潮 汐

我们把将地球完全包裹其中的一层氮气和氧气称作“大气层”或“空气”。这层大气大约有300英里厚。就像橙皮与它保护着的橙肉会一同旋转一样，大气也与地球共同旋转。

仅仅在大约一年前，一位瑞士教授❶乘坐着一只特制的热气球升到了人类从未涉足过的10英里高的高空。但尽管这是人类的一项伟大创举，仍然有290英里厚的大气层等待着人类去探索。

大气、地表和海洋共同构成了一个实验室，制造出了风、暴雨、暴雪和旱季等各种各样的气候。既然它们与我们每一刻的安乐幸福都息息相关，我们就应该在这儿详细地探讨一下。

土壤温度、盛行风和空气湿度是影响气候的三大因素（唉，不过很少有适宜的时候）。“气候”（climate）一词的本意是“大地的坡度”。古希腊人很早就注意到越靠近地球的极点，大地的“坡度”越来越大，而他们所到之处的温度和湿度也随之改变。“气候”（climata）一词从这个词义演变，后来就从专指一个地区而变为表示任何地区天气状况的词了。

今天，我们说到一个国家的“气候”时，我们通常指的是在一年大部分时间里这个国家盛行的平均天气状况。本书中我使用这个词时也是指这个意义。

首先，让我来说说那些神秘的“风”吧。在人类文明的进程中，风起着

---

❶这位教授是奥古斯特·皮卡德（Auguste Piccard，1884—1962），他是瑞士著名的物理学家、发明家、探险家。1931年5月27日，皮卡德与保罗·基普弗（Paul Kipfer）乘热气球从德国奥格斯堡出发，到达了海拔15781米的高度，创造了当时的纪录。在高空中，皮卡德搜集了大量数据，并对宇宙射线进行了测量。他的一生共完成了27次热气球飞行，并最终到达了海拔23000米的高度。

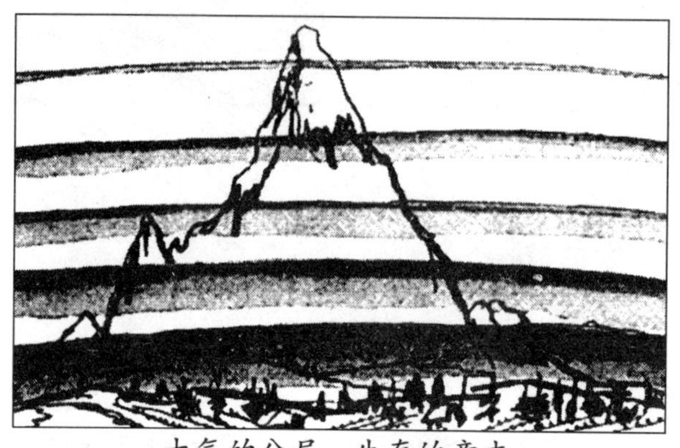
大气的分层　生存的意志

它们就像许多层毯子一样给我们温暖

很重要的作用。因为如果没有热带海洋规律性的信风，那么人类也许得等到蒸汽船发明之后才能发现美洲大陆；假如不存在潮湿的和风，加利福尼亚和地中海沿岸国家就不可能像今天这样繁荣，从而超越它们北方和东方的邻国。更不用说那些随风而来的沙石了，它们就像巨大而无形的砂纸一样，即使是最雄伟的山脉，用几百万年的时间也可以将其磨平。

"风"（wind）的字面意义是"蜿蜒前行"，而风就是一股从一个地方"蜿蜒前行"到另一个地方的气流。那么，气流为何要从一个地方蜿蜒前行到另一个地方去呢？由于温度较高的空气比较轻，它会不断地向上运动。这时，就会出现一个真空区，而较重的冷空气就会很快地填补进去。这是因为古希腊人2000年前就发现的"大自然厌恶真空"，而就像水和人类一样，空气也讨厌真空。

我们都知道怎样让一间屋子里产生热空气——点一堆火就行了。而行星中间的太阳就是这只火炉，这些行星就是被温暖的房间。离"火炉"最近的地方当然是最热的（赤道地区），而最冷的地方离"火炉"最远（南北极附近）。

火炉使房间里的空气产生了强烈的运动——一种呈环形的流动。热空气上升到房顶的同时，也远离了热量源，因此它开始冷却、变重，又重新回落到地面上。而随着它接近地面，它离火炉也更近了，于是，它再一次被加热变轻，重新开始上升。就这样周而复始，直至火炉熄灭。但是，房间的墙壁在火炉燃烧时候吸收了大量的热，根据材料的不同，它能够在或长或短的一段时间内保持房间的温度。

这“墙壁”可以比作我们人类赖以生存的大地。比起饱含雨水的沼泽，沙石吸热要快一些，但同时也散热更快。所以日落之后，沙漠很快就会寒气逼人，而森林则能在夜幕降临后几小时中保持温暖。

水是名副其实的蓄热池。所以，与温差大的内陆国家相比，岛国或近海国家的气温要更平和。

极地　赤道

因为夏天的光线更强烈，日照时间也更长，所以，夏天比冬天温暖。但是，还有其他的因素在影响太阳的作为。假如你在非常寒冷的一天在浴室里用一个小型电热器来驱寒，你就会发现电热器的摆放角度非常重要。对太阳来说也是如此。热带地区的阳光比极地附近的阳光照射得更直接。因此，在非洲森林里或是在南美的荒原上，一束100英里宽的阳光能够完全照射在100英里宽的地表上，把它的能量都集中在这里，毫不浪费。而在两极地区，阳光是斜射到地面上

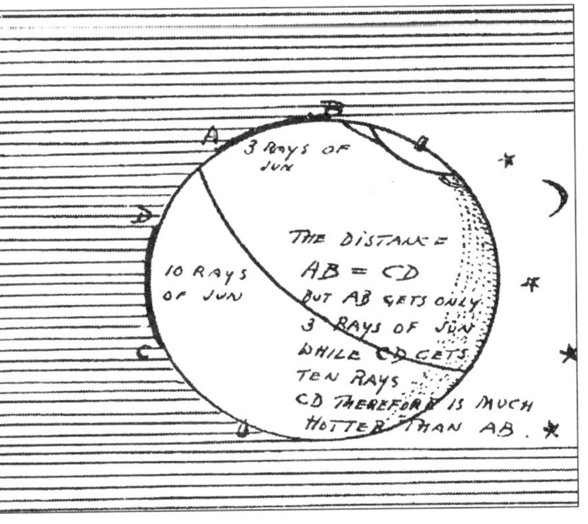

太阳炙烤着地球

的。所以在极地地区，一束100英里宽的阳光将覆盖一片200英里宽的土地或是冰面（这幅图片胜于千言万语）。所以，极地地区的这几百英里阳光的能量会打一半的折扣。这就如同用一个本该给6个房间的公寓供暖用的燃油炉来给12个房间的公寓供暖一样。

实际上，让我们这个天空中的火炉的工作更为复杂的，是它还要使包裹着我们的大气层保持恒温。这个工作她并不是以直接的方式来完成，而是通过地球来间接完成。

暴风雨毕竟只是地区性的

地壳像海绵一样布满了孔洞

在阳光毫不费力地穿透大气层的过程中，对大地的这层毯子的温度，它并没有施加多少影响。然后地球把射来的阳光的热量储存起来，然后再把其中的一部分缓慢地释放到大气中。这个事实恰好解释了为什么山顶上会那么冷。因为我们升得越高，地面的热量就越难以到达。假如（就像以往设想的）阳光是直接加热大气层，大气层再反过来加热地表，那就将是另一番景象，我们的山顶也就不会白雪皑皑了。

现在我们来看这个问题最难的部分。空气并非是我们通常意义上的“空气”。它是由物质组成的，有重量。所以，靠下的那些空气层就比靠上的空气层承受的压力大。如果你想把一片叶子或一朵花压平，你会把它夹在一本书里，然后在上面再放上20本书。这样做是因为你知道最下面的书受到的压力最大。我们人类在生存环境中受到的压力要比我们大多数人所想象的大得多，每平方英寸有15磅。幸运的情况是，人的体内有与周围空气相同的空气，不然大气就会把我们压扁。即便如此，3万磅（一个人普通人所承受的压力）也很惊人了。如果你对此有所疑问就试着去举一下小货车吧。

冰

然而，大气压也在不断地变化着。17世纪初，伽利略的学生埃万杰利斯塔·托里拆利发明了气压表，有了这个知名的仪器，我们就能够随时随地测量气压了。

托里拆利的这些管子一投放到市场，人们就把它用于各种各样的实验。他们注意到，海拔每升高900英尺，气压就会下降大约1英寸。而后来关于大气现象的研究，能可靠地预测天气，这些新发现奠定了气象学的基础。

一些物理学家和地理学家开始猜测，气压的高低与盛行风风向之间是否有某种必然的联系呢？为了发现所有风的确切规律，人类有必要用几个世纪的时间去搜集数据，才得出可靠的推断。这项研究最终完成了，得到的结果表明，一些地区的气压比海平面的平均气压高很多，而另一些地区的气压则比海平面的平均气压低很多。第一种就是高气压区，第二种就是低气压区。此外得到的确切的规律是风总是从高气压区吹向低气压区，而风速和风强取决于这两个气压区的气压差。假如高气压区的气压很高，而低气压区的气压很低，就会产生强风——暴风、龙卷风或是飓风。

风不但使我们的地球家园形成良好的空气循环，它还扮演了一个重要角

风

色——给地球带来动植物成长中不可或缺的雨水。

雨其实就是空气携带的从海洋、内海和雪原产生的水蒸气。相比于冷空气，热空气能够携带更多的水蒸气。当热空气冷下来，其中的部分水蒸气就冷凝，以雨、冰雹或雪的形式重新降到地面上。

一个地区的降水量几乎完全取决于这个地区的风。如果沿海地区与内陆之间有山脉（这是常见的地貌），那么这一地区就会很潮湿。因为风会在被迫爬坡（那里气压低）的过程中与海平面越来越远，因此而变冷的风产生了降雨或降雪，当它出现在山的另一边时，它已经没有一点水分了。

热带地区地表的巨大热量使空气上升得非常高，在那儿水蒸气遇冷而凝结，会失去大部分的水蒸气，形成暴雨，因此这一地区的降雨频繁而丰富。因为太阳不是永远都在赤道的正上方，而是在北与南的方向上做略微的运动，所以，大部分赤道地区都有四季，两个季节暴雨不断，另两个季节则非常干燥。

那些常年暴露在从寒冷地带吹向温暖地带的风中的地区是最倒霉的。这是因为，从寒冷地带吹向温暖地带时，风吸收水分的能力持续增加，但其携带的水蒸气却不会形成降雨，这使地球上的许多地区都变成了沙漠，那里10年间都难得下一两次雨。

对风和雨，我们已经说得够多了。以后说到各国的情况时，我们再做详细的介绍。

现在，我们来说说地球本身，说说我们脚下这层由坚硬的岩石构成的薄薄的地壳。

虽然关于地球的内部结构有许多理论，但事实上我们仍然对其知之甚少。

脚踏实地地说，人类最高到达过哪里呢？人类又曾深入过多深的地下呢？

在一个直径为3英尺的地球仪上看，世界上的最高的山——埃佛勒斯峰[1]厚度不过等同于一张薄薄的纸巾，而海洋中最深的坑洞[2]（位于菲律宾群岛东侧）看上去不过是一个状如邮票的凹痕。是的，我们从来没能下潜到海底，也从来没有征服过埃佛勒斯峰。我们曾乘坐着气球和飞行器到达过比喜马拉雅巨人略高一点的高度，但即使有了这些成绩，甚至包括瑞士皮卡德教授的最近的创举，仍然有29/30的大气层有待人类去探索。至于海洋，人类的下潜从未超过太平洋深度的1/40。而巧合的是，海洋最深处的深度，要远超过陆地最高峰的高度。如果把地球上最高的山峰都投到海洋最深的地方，埃佛勒斯峰和阿空加瓜山[3]的山顶将仍距海平面几千英尺，而这是为什么我们并不知道。

凭我们现在的知识对地壳的过去和将来仍一无所知。另外，我们也无须为了确定我们地球真正的内部物质而去研究火山（如同我们的前辈曾非常期待的）。因为我们已经意识到，火山并非是那些所谓的地球内部物质的喷发口。如果我的比喻不是特别令人难以接受的话，我觉得火山就好像是地球上的脓疮，尽管疼痛难忍，但也不过是局部问题，永远不会渗透到病人的体内。[4]

---

❶埃佛勒斯峰：即珠穆朗玛峰（Mt.Qomolangma），喜马拉雅山主峰。位于中国西藏自治区和尼泊尔交界处的喜马拉雅山中段，海拔8844.43米，是世界第一高峰。“珠穆朗玛”为藏语“女神第三”的音译。1717年清《皇舆全览图》用满语音译标注了该峰，是首次关于珠穆朗玛峰的官方文献。后在汉语中音译为“朱母郎马阿林”，满语“阿林”即“山”之意。1858年英国人的印度测量局擅自用该局前局长乔治·埃佛勒斯爵士（George Everest，1790—1866）的姓氏命名此峰并引入西方，导致该名称在西方广为流传。1952年中国政府将其正名为珠穆朗玛峰。尼泊尔称其为“萨迦—玛塔”。

❷马里亚纳海沟（Mariana Trench）：位于西太平洋马里亚纳群岛以东，北起硫磺列岛，经塞班岛、关岛，到雅浦岛附近止。长约2550千米，最宽处约70千米。大部分深8000余米。其中斐查兹（Vityaz）海渊深11034米。

❸阿空加瓜山（Cerro Aconcagua）：地处阿根廷门多萨省，临近智利。海拔6960.8米。是安第斯山和西、南半球的第一高峰。由安第斯山脉的造山运动形成。峰顶较为平缓，东、西侧雪线长约4500米，冰雪厚约90米，有现代冰川。1897年人类首次登上峰顶。

❹由于受当时的科学发展水平所局限，作者得出了这样错误的认识。

如果最高的山峰被放到大海的最深处

如果取个整数的话，世界上的活火山目前大约有320座。世界上的活火山原本还有400座，但那些火山已经休眠了或者被遗忘了，变成了普普通通的山峰。

这些火山中的绝大多数都处于沿海地区。事实上，世界上地震最频繁的国家——日本（据地震仪器的监测数据，这里每年发生1447次轻微的火山震动，平均每天约发生四次）就是一个岛国，而最近几年最惨痛的火山爆发悲剧的发生地——马提尼克岛❶和喀拉喀托岛❷也正是如此。

火山接近大海，这让人们很自然地猜测，火山喷发是由于海水渗入到地球内部，导致强烈的大爆炸，这就是大家都知道的熔岩和蒸汽等灾难性的溢出。可是，后来我们发现了几座相当活跃的火山距海洋有数百英里远，因此，这个理论也就不攻自破了。对这个问题，请过两个世纪再问我吧，因为现在我们只能摇着头重复说：“我们一无所知。”

---

❶马提尼克岛（Martinique）：法国的一个海外省，位于加勒比海东部的安提列斯群岛北部。岛面积为1128平方千米，有八个不同的火山活动区。其中的皮里火山于1792年和1851年各爆发过一次，而在1902年则爆发了两次：5月8日喷发的那一次，在2分钟内夺去了28000人的生命，而8月30日的爆发则夺去了1100人的生命。

❷喀拉喀托岛（Krakatoa）：是印度尼西亚爪哇岛与苏门答腊岛之间的巽他海峡中的火山岛。1883年8月26日开始的喀拉喀托火山喷发及其引发的巨大海啸造成了至少36417人的死亡。

此外，地表又是怎样的呢？我们习惯于老生常谈地说石头是亘古不变的。然而，现代科学对这个说法可不是那么有信心。现代科学认为，岩石和活的东西一样，处于永恒的变化中。风雨的侵蚀使山峦以每十个世纪3英寸的速度在缩小。如果没有对抗这种缩小的反向运动，所有的山早就都消失了。甚至是喜马拉雅山脉，经过11600万年的时间就会被夷为平地。山能存在都是因为有很多种对抗性的运动。

为了对我们身边发生的事有个大概的认识，请拿出半打干净的手帕，把它们在桌面上平铺成一摞，然后从两边慢慢地向中间推这些手帕。你能得到一个奇形怪状的亚麻布的褶皱，遍布着山谷和层叠的丘陵。这些亚麻布呈现出的褶皱和地表的情况非常相似。地壳是地球这个在宇宙中高速运行的庞然大物的一部分，在运行中，它的热量不断地散失，就像所有在冷却的东西一样，它收缩了。如你所知，物体在收缩时，它的外表面将会产生奇怪的皱缩，就像被挤在一起的一摞手帕。

当前最权威的猜想（仅仅是猜想）认为，地球自形成之日至今，直径已缩短了大约30英里。作为 条直线，30英里似乎并不太长，但是，请不要忘了，我们所说的是一个巨大的弧面。地球表面积是1.9695亿平方英里，如果它的直径仅仅突然改变了几码，就足以产生一场让我们无一能幸免的巨大的灾难。

地　震

幸运的是，自然界是在缓慢地创造着她的奇

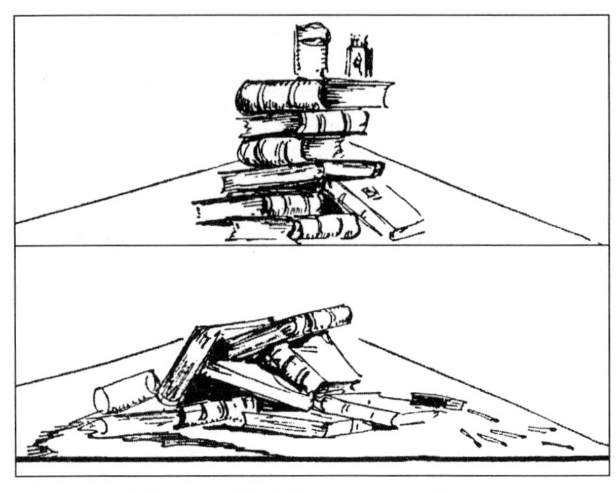

为什么不制造你自己的地震呢？

迹，保持着万物的平衡。如果她使一片海洋干涸（我们的盐湖[1]就正在迅速地缩小，而瑞士的康斯坦斯湖将在10万年后消失），那么她会同时在另一个地方创造一个新的海洋；如果她要把某一段山脉削平（位于欧洲中部的阿尔卑斯山脉在6000万年之后会像美国大平原一样平坦），那么在地球的另一个角落，她会让地壳慢慢地褶皱，造出一座新的山脉来。当然，至少我们是这样认为的。这些变化的进程太缓慢了，我们根本无法得到任何确凿的观察结果来证明正在发生着的变化。

不过，虽然大自然自我变化的进程这样缓慢，她的规律也会有例外。在人类的帮助和怂恿下，她会快得让人害怕。随着文明的发展，人类发明了蒸汽机和炸药，地表于是发生了迅速而剧烈的变化。我们的曾祖如果能回来度个短假的话，他们会认不出曾经生活过的牧场和花园。由于对木材的贪婪，我们残忍地砍去整山的森林和灌木植被，让大片地区寸草不生，变成原始的荒漠。森林一旦消失殆尽，原来牢牢附着在岩石和山坡上的肥沃土壤，就会被雨水无情地冲走，变得光秃秃的，对周边地区构成很大的威胁。没有树根和草皮保持的雨水，就可能变成洪流或是瀑布冲击平原，摧毁所过之处的一切。

这绝不是危言耸听。先不用说在遥远的冰川时代，厚厚的深埋了整个北欧和北美大陆的冰雪挖出了贯穿整个山脉的危崖。我们只需回过头去看看罗马时代那些强大的拓荒者们（难道他们不是古代的“实业家”吗？），他们

---

[1] 盐湖：即大盐湖（Great Big Salt Lake），位于美国犹他州北部。是西半球最大的咸水湖，也是世界第四大内陆湖。属构造—残迹湖。历史上面积变动很大。湖水含矿物盐类约60亿吨，主要为氯化钠与硫酸钠。湖中有岛屿散布。

在仅仅不到五代人的时间里，就无情地横扫了完美平衡着意大利的一切，甚至包括温度在内，彻底改变了他们所在的半岛的气候。而西班牙人放任辛勤而卑微的印第安人用无数个世代在南美洲的山岭上建造耕耘的肥沃梯田荒芜下去。这是发生在最近的事，无须再多的说明了。

山的起伏运动

毫无疑问，剥夺原住民自己的生活，让他们俯首听命的最简单的办法，就是断绝他们的食物来源——就如同我们的政府把野牛赶尽杀绝那样，这种实用的方法把那些暴烈的印第安勇士变成了肮脏、邋遢的保留地教民。然而，这些残酷无情的手段是一柄双刃剑，关于这一点，任何一个了解我们大平原和安第斯山脉的人都能告诉你。

公元前5000万年和1932年

幸运的是，这是那些领导人最终认识到其严重性的几个重要的地理问题之一。今天，已经没有政府会容忍对我们赖以为生的土地进行这样可耻的干预了。人类虽然无法控制大型的地壳运动，但是人类能够在一定的程度上对很多地方的地表进行局部性改造，从而让某些地区的雨更大或更小一点，不会让肥沃的土地变成呼啸的荒漠。人类也许对地心一无所知，但

美洲冰川

欧洲冰川

我们对地球的外部有很多了解。而这些有用的信息，我们每天都能多积累一点，并能智慧地运用它们去造福全世界。

但不得不遗憾地说，直到今天，我们仍然对地球上的大部分地区无法做出上述改造——这部分地区就是海洋。地球表面大约有3/4的面积被一层深浅不一的海水覆盖着。最浅的地方只有几英尺（临近岸边的地方），而最深的地方是菲律宾群岛以东的“马里亚纳海沟”，深达3.5万英尺。

可以把这些海水大略划分为三个部分。其中最主要的太平洋面积有6850万平方英里，而大西洋的面积为4100万平方英里，印度洋是2900万平方英里。此外，内海的总面积是2000万平方英里，而河流湖泊共占有1000万平方英里。所有这些淹没在水下的陆地都损失掉了，人类永远都不可能把它们作为居住地，除非人类也能重新进化出我们几百万年前的祖先所拥有的鳃来——今天，仍然能在人类的胎儿身上看到这些鳃的痕迹。

这么丰富的水资源给人的第一感觉，是对土地的巨大浪费。我们为地球上如此多的水而感到遗憾。因为地球上的我们可以使用的土地中，有500万平方英里都是沙漠，有1900万平方英里是山地或是像西伯利亚平原那样几乎无法利用，此外还有可观的数百万平方英里土地，它们不是高得不适宜人类居住（如喜马拉雅山和阿尔卑斯山），就是太冷（如南北极附近的地区）或是水太多（如南美沼泽），要不就是有密集的森林（如中非地区），因此，这些必须从5751万平方英里的所谓的“土地”的面积中减掉。如果再有额外的一些土地的话，我们相信我们能善加利用。

不过，如果没有如此巨大的蓄热体——我们称为“海”——的存在，人类能不能存活都是个疑问。史前地质遗迹告诉我们的事实是，在过去的一些时期里，地球的陆地面积比今天要大，而海洋的面积则小得多。但是，那时的地球也是非常寒冷的。现在地球的陆地与海洋的面积比是1：4，如果维持现在这样的气候，这是个非常理想的比例。只要这个比例不被扰乱，那么人类就能一直安居乐业下去。

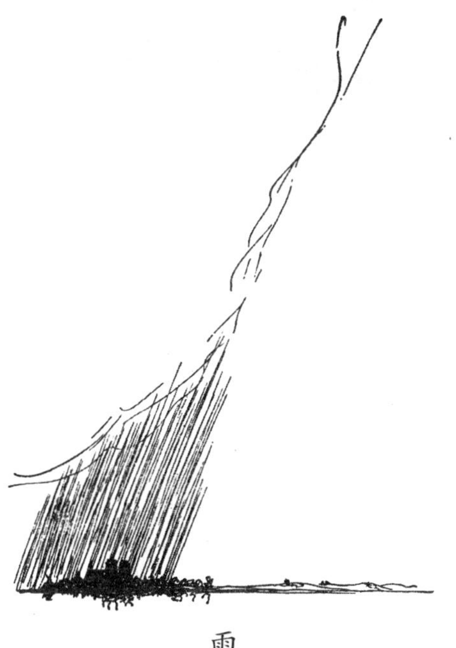

雨

如同固态的地壳一样，环绕着地球的海洋也在持续地运动着（在这个方面，古代人的猜测是正确的）。太阳和月亮的引力吸引着海水，让海水升高到很高的高度。白天的热量让一部分海水蒸发，而极地的寒冷又为它盖上冰层。但是，从关乎我们人类利益的实用的角度来看，气流对海洋表面的影响无疑是对海洋的影响中最重要的。

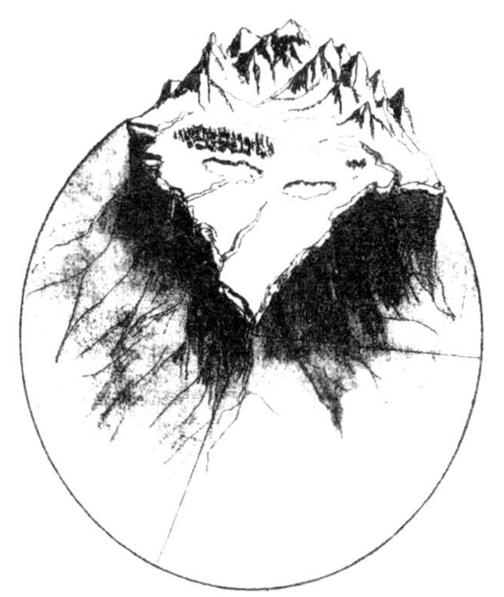

地球上的土地和水

当你对着汤盘长长地吹一口气时，就会发现汤向你的嘴边外的方向流去。同样，当一些气流经年累月地吹着海洋的表面时，海水就会形成顺

如果太平洋枯竭

如果大西洋枯竭

着气流方向流动的“水流”。如果这些气流的方向来自四面八方，那么这些“水流”就会彼此抵消掉。但是，当风向稳定时（比如赤道两侧的风），它们所形成的水流就会变成真正的洋流。这些洋流在人类这个种族的历史上扮演了非常重要的角色，使得人类能够把世界上的一些地方改造成适宜居住的土地。不然的话，这些地方也许仍会像冰封的格陵兰海岸一样寒冷。

一张这些海中之河的地图（因为许多洋流的确就像河流一样）会告诉你它们的位置。太平洋有很多洋流，如同墨西哥湾暖流[1]对大西洋的重要性一样，太平洋中最重要的洋流是日本暖流[2]（Kuro Siwo［意为“蓝色盐水流”］），它是因东北信风而形成的。在日本海完成了它的使命之

[1] 墨西哥湾暖流（Gulf Stream）：简称“湾流”。北大西洋西部流势最强盛的暖流。南赤道海流的北支西北流经安的列斯群岛，同北赤道海流的一部分汇合，进入墨西哥湾，绕湾一周后再从佛罗里达海峡流出，同安的列斯暖流汇合，沿北美洲东岸自西南向东北运行。在西经40度附近，湾流延续为北大西洋暖流。对北美洲气候有较大影响。

[2] 日本暖流（Kuroshio Current）：亦称“黑潮”（Black Tide）。北太平洋西部流势最强的暖流。系北赤道海流在菲律宾群岛东岸向北转向而成。主流沿中国台湾岛东岸、日本琉球群岛西侧北流，再沿日本群岛南端附近流动。此暖流宽约170千米，水层厚700米，表层水温20—29摄氏度，流量3790万立方米每秒。在北纬40度附近与千岛寒流相遇，在盛行西风吹送下，再折向东成为北太平洋暖流。对日本、菲律宾和中国东部气候有较大影响。

后，这条洋流就跨过北太平洋，把它的祝福送到了阿拉斯加，减弱了人类在那里的居住地的寒冷，然后，它又急转南下，为加利福尼亚带去宜人的气候。

寒　冷

提到洋流，我们首先想到的就是神秘的墨西哥湾暖流。它有约50英里宽，深达2000英尺。在漫长的岁月里，它把地处热带的墨西哥湾的温暖源源不断地供给北欧，同时也把富饶带给了英格兰、爱尔兰和北海[1]各国。

墨西哥湾暖流自身的历程非常有趣。它发源于北大西洋涡流。北大西洋涡流是尚未成形的洋流。它是大西洋中部的一个巨大旋涡，不停地旋转着。而在这旋涡怀抱里的，却是一个半静止的水域，里面生活着成千上万的小鱼和浮游生物，这就是“藻海”。在人类早期的航海史上，它扮演了一个非常重要角色。中世纪的水手们坚信，一旦船被信风（热带北边吹来的东信风）吹进这一片藻海之中，就会迷失，船会被延绵数英里的水草困住，船上的人会慢慢地饥渴而死。而令人毛骨悚然的船只则仍会在万里无云的天空下继续漂荡起伏，成为对胆敢要冒犯神灵的人无声的警告。

最终哥伦布[2]平静地从这片平淡无奇的水域驶过，证明了这个关于一望无际的海藻的传说显然太过夸张了。但是直到今天，对许多人来说，“藻海”

---

❶北海（North Sea）：大西洋东北部边缘海。位于大不列颠岛、斯堪的纳维亚半岛和欧洲大陆之间。西南经多佛尔、英吉利海峡通大西洋，东经斯卡格拉克、卡特加特等海峡通波罗的海。面积57万平方千米。海水长年不冻，是世界著名渔场。海底富藏石油和天然气。有莱茵、易北、泰晤士等河注入。航运发达。重要港口有伦敦、安特卫普、鹿特丹、汉堡等。

❷哥伦布（1451—1506）：美洲大陆的发现者，意大利航海家。出生在一个寓居热那亚的西班牙犹太织布工家庭。一生四度远航，为欧洲开拓了新殖民地。

墨西哥湾暖流

仍是一个神秘而不可思议的名字。听起来它有中世纪的味道，与但丁描绘的层层地狱非常吻合。然而实际上，它并不比纽约中央公园的天鹅湖更令人神往。

让我们再回到墨西哥湾暖流吧。部分北大西洋涡流最终找到了通往加勒比海的道路，在那儿它与从非洲海岸西行而来的一股洋流汇合。这两道洋流的汇入，使加勒比海如同满溢的水杯，把水注入墨西哥湾中去。

墨西哥湾无法容纳这么多的海水，佛罗里达与古巴之间的海峡就成了它的“水龙头”，倾泻出一股宽广的暖流（80华氏度）。墨西哥湾暖流也就因此而得名。墨西哥湾暖流从这“水龙头”出来后，具有5英里每小时的速度，这也就是为什么过去的航船总要对它敬而远之，宁可绕道而行，也不愿意与会严重耽误他们行程的暖流逆流而行。

墨西哥湾暖流从墨西哥湾沿着美洲海岸一路北上，最后随东海岸的地势向东转向，开始横穿北大西洋。刚离开纽芬兰大浅滩，它就与自己的支流即拉布拉多寒流[1]汇合了。拉布拉多寒流来自格陵兰岛的冰山区，寒凉而冷漠，而墨西哥湾暖流则温暖而热情，因这两股强大洋流的汇合所腾起的茫茫大雾，给这里的水域带来了极坏的名声。同时也使得这里出现了大量漂浮的冰山，它们是过去半个世纪的航海史上的巨大威胁。夏季的阳光割断了这些冰山与格陵兰岛的联系（仍覆盖着这片巨大岛屿90%的冰川），它

---

[1] 拉布拉多寒流（Labrador Current）：加拿大北极群岛和拉布拉多半岛东岸的寒流。源自巴芬湾，南流至纽芬兰东南外海同墨西哥湾暖流相遇，潜流于温水之下。春夏季带来巨大冰山并造成重雾，妨碍海上航行。

们缓缓向南漂流，最后被卷入了墨西哥湾暖流和拉布拉多寒流汇合而成的巨大旋涡。

这些冰山在这里游荡着，慢慢消磨融化。然而，这些正在融化的冰山是非常危险的，我们看到的只是在水面以上的冰山顶部，而冰山潜在水下的边缘，其深度和锋利度足以轻易地把船体割穿，就像用刀切开黄油一样。如今，这片海域已经禁止任何邮轮通行，有美国的巡逻船队（专门巡查冰山，费用由各国共同支付）在这里持续地守望着，他们炸掉小的冰山，有大型冰山，他们就向来往船舶发出警告。然而，渔船却对这一片海域情有独钟。这里有来自北极的鱼群，它们习惯了拉布拉多寒流的低温，在墨西哥湾暖流的温水中它们很不开心，正当它们对游回北极还是穿过墨西哥湾暖流犹豫不决时，就被法国渔夫网住了。这些渔夫最早来到这传奇的美洲大浅滩，祖祖辈辈都在这里捕鱼。距加拿大海岸不远的两组小岛——圣皮埃尔和密克隆岛[1]，不仅是两个世纪前占有北美大陆大部的庞大法兰西帝国的最后领地，而且它们还无声地见证了诺曼底渔民的勇敢。早在哥伦布出生前150年，他们就造访了我们的海岸。

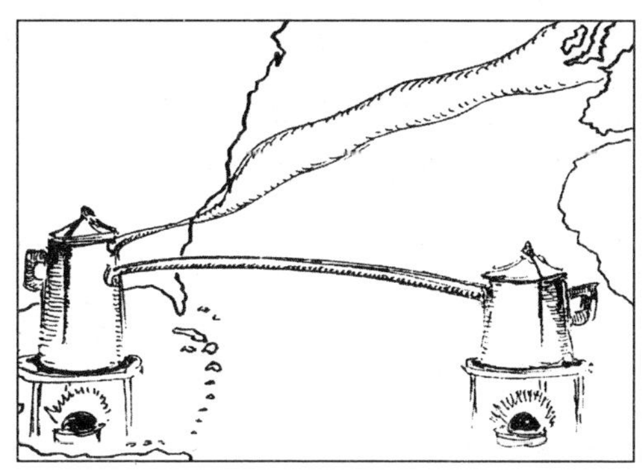

你厨房里的墨西哥湾暖流

离开“冷壁”（由墨西哥湾暖流和拉布拉多寒流的温差形成）之后，墨西哥湾暖流又继续向北流去，悠闲自在地横跨了大西洋，像一把扇子一样在西欧海岸散开。它拍打着西班牙、葡萄牙、比利时、爱尔兰、荷兰、法国、英国、丹麦和斯堪的纳维亚半岛的海岸，把无比温和的气候送给了这些国家和地区。在它的人道主义使命完成之后，这股裹挟着比世界上所有大江大河水量还多的海水的神奇的洋流就在北冰洋的怀抱之中消失了。北冰洋自然也

---

❶圣皮埃尔和密克隆岛（Saint-Pierre-et-Miquelon）：加拿大纽芬兰岛以南25千米的两组法属岛屿。包括圣皮埃尔岛和密克隆岛等8个小岛，面积242平方千米。1816年归属法国，1946年改为法国海外领地。1976年成为法国海外省。1985年成为法国海外属地。首府圣皮埃尔。

装不下如此多的海水，于是，它也只好倾倒出去，这样，格陵兰洋流就产生了，而前面提到过的拉布拉多寒流就是格陵兰洋流的孩子。

这故事太有吸引力了，让我停不下笔来。不过这一章已经用了太多笔墨，我必须结束了。

这一章可以仅仅作为一个背景——在这个关于气象学、海洋学和天文学的背景上，我们这场好戏的演员们马上就要登台演出了。

现在先暂时放下帷幕。

等幕布再升起时，舞台就为新的演出布置好了。

这场演出会告诉你，人类是怎样在群山、海洋和沙漠中找到道路的。只有征服了它们，这个世界才能成为我们名副其实的“家园”。

幕布再次升起。

第二幕：地图与航海学。

第四章

地　图

非常短的一章，介绍了一个非常引人入胜的大问题。同时也对人类如何在地球上缓慢地学习找到自己的道路做了一些考察

今天，地图对我们来说已经不可或缺了，我们无法想象没有地图的时代。在那样的时代，人们完全没有依据地图来旅行的观念，这就像我们现代人对借助数学方程穿越太空一样陌生。

古巴比伦人是杰出的几何学家，他们曾对整个王国的地籍做过测绘（这次测绘发生在公元前3800年，比摩西诞生要早2400年）。在他们留下的几块泥板上，有绘制出的他们疆域的轮廓。但它们还几乎算不上是现代意义上的地图。为了便于榨干臣服于他们的那些辛劳子民的每一分税款，古埃及人对王国也做了勘测。这些困难的工作证明他们已经掌握了足够的应用数学知识。但是迄今为止，仍未在法老的陵墓中发现任何现代意义上的地图。

古希腊人有着最强烈的求知欲，他们曾写下了无数地理论著，但对他们的地图我们几乎一无所知。古希腊一些发达的商业中心，似乎有雕刻着最佳航海路线的青铜板，指示给商人们地中海东部各地的航线。但是至今还没有一块这样的青铜板被发掘出来，我们无法知道它们究竟是什么样子。征服了空前辽阔的地域的亚历山大大帝，一定有某种“地理感”，因为他拥有一支职业的“领路人”队伍——他们走在军团最前方，能够精确地记录下他那支

不知疲倦地寻找着印度黄金的马其顿军团走了多远。但仍没有发现可以算是我们现代意义上的地图的哪怕一点遗迹、一张残片或者一句话。

古罗马人四处掠夺（直到欧洲的殖民时代开始以前，他们是有史以来最令人叹为观止的组织化的“正规军强盗”），他们走到哪儿就住到哪儿，路就修到哪儿，税就征到哪儿；他们到处把人绞死或是钉死在十字架上，到处留下他们的神庙和游泳池的遗迹。他们似乎一张地图也不需要就能统治这个世界性的帝国。尽管罗马的作家和演说家们经常提到他们的地图，而且还向我们保证这些地图是非常准确和完全可靠的，但是，流传到我们手上的唯一一张罗马地图（不算那张公元2世纪的微不足道的小小的罗马规划图）是那样原始粗糙，对现代人而言，除了满足对历史的好奇心外，没有任何意义。

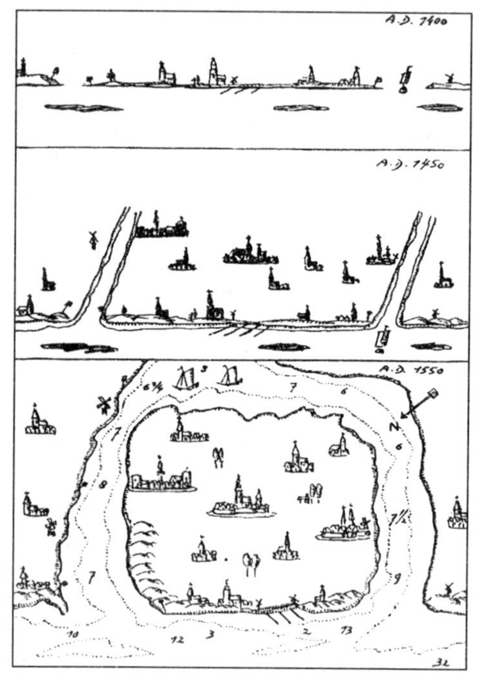

地图的演变

历史学家都知道普汀格尔地图，它是以奥格斯堡的执事康拉德·普汀格尔[1]的名字命名的。他是第一个想到用斯特拉斯堡的约翰内斯·古登堡[2]发

❶康拉德·普汀格尔（Conrad Peutinger，1465—1547）：是德国人文主义者、外交官、政治家、经济学家，也是著名的古文物学家。曾在意大利帕多瓦大学学习法律。在马库斯·威尔瑟及其妻子的帮助下，他搜集了大量图书，拥有了北阿尔卑斯最大的私人图书馆。他是最早出版古罗马文献的人之一。普汀格尔地图最早是由康拉德·策尔蒂斯（Konrad Celtes）发现并交给普汀格尔出版的，上面绘制了当时古罗马人已知世界的行军路线。

❷约翰内斯·古登堡（Johannes Gensfleisch zur Laden zum Gutenberg，1395—1468）：是德国的一位铁匠、金匠，著名的印刷家和出版家。他率先把印刷术引入欧洲。他发明的活字机械印刷机，提高了印刷的速度，降低了印刷的成本，引发了印刷界的革命，被普遍认为是最重要的现代发明。在文艺复兴以及改革时期、启蒙时代和科技革命的进程中，活字印刷术都扮演了重要角色，并为现代经济的发展奠定了基础。

明的印刷机来印刷传播古罗马地图的人。遗憾的是，普汀格尔手中并没有原件。他用的底稿是那张3世纪的地图原稿在13世纪的复制品，历经千年岁月，其中的许多重要的细节已经被老鼠偷去了。

即使这样，普汀格尔地图大体上的轮廓无疑与原件是一样的。假如这就是古罗马人的最高水平，那么，他们的地理知识还差得很远呢。我临摹了这幅古罗马地图，让你们自己来评判一下。耐心地研究一下这张地图，你就会渐渐明白当年罗马地理学家的水平到底如何。你也会发现，从那时至今，我们有了多么大的进步。对那个时代的要进军英格兰或黑海的罗马将军来说，这种意大利面条形状的地图是他们最先进的行军参考资料。

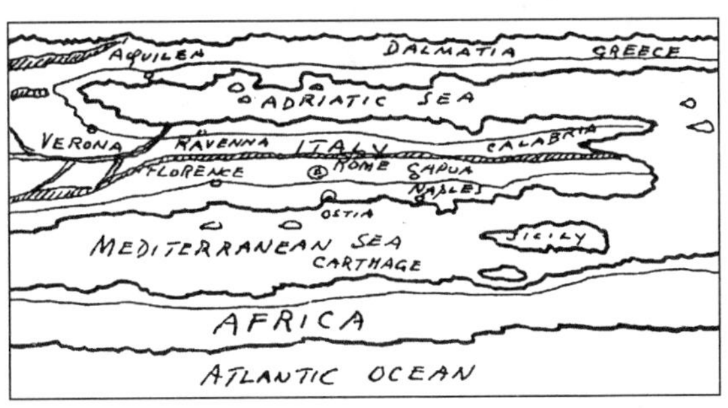

一张罗马地图

至于中世纪的地图，我们可以一笔带过。教会憎恶一切“无用的科学探索”。与莱茵河口至多瑙河口的最短路线相比，通往天堂的道路重要得多。于是，地图变成了滑稽的图画，满是无头的怪兽（这个奇特的形象源自于可怜的爱斯基摩人[1]，因为他们常蜷缩在毛皮大衣里，藏得连头都看不见了）、打响鼻的独角兽、喷水的巨鲸、半鹰半马兽、海妖、美人鱼和狮身鹫首的怪兽，以及所有其他恐惧和迷信混杂的世界的怪物。于是，耶路撒

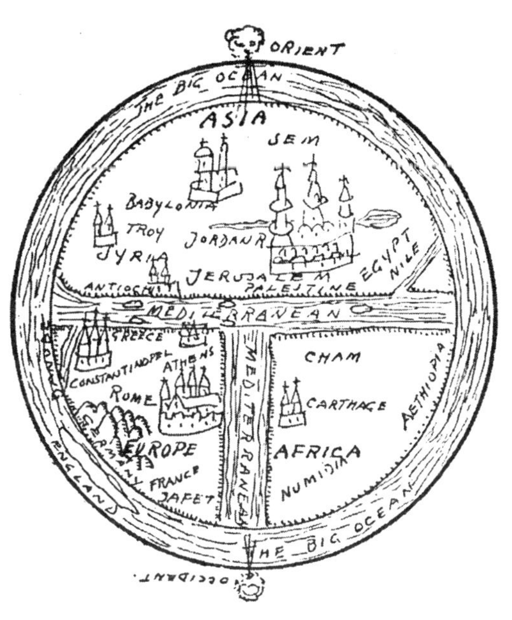

中世纪地图

[1]爱斯基摩人：因纽特人的旧称。

波利尼西亚编织地图

冷理所当然地成了世界的中心，印度和西班牙变成了世界的最边缘，没人能走得更远了。而苏格兰是一个孤立的小岛，巴别塔则有整个巴黎的十倍大。

同这些中世纪制图员画出的地图一比，波利尼西亚人的编织地图（虽然看上去就像是幼儿园的小孩子做的玩意儿，但实际上，它们却很方便和精确），堪称是航海家的杰作。就更不必提当时的阿拉伯人和中国人的地理学成就了。然而，他们被视为可鄙的"异教徒"，被排斥在文明之外。直至15世纪末，航海业最终发展成为一门科学之前，地图的绘制没有任何实质性的进步。

当时土耳其人占领了连接欧洲与亚洲的要地，一劳永逸地切断了与东方的陆路交通。于是，迫在眉睫的就是找到一条通往印度的海上通道。人们往常熟悉的那种通过观察邻近陆地上的教堂尖顶或是辨别岸边犬吠来进行航行的传统方法一去不复返了；人们不得不在数周里只能看到碧海蓝天的情况下航行；而这导致了航海术的巨大改进。

似乎古埃及人最远到达过希腊的克里特岛，不过，他们对那个大型岛屿的那次造访更像是一次被风吹离航线后的巧遇，而不是一次精心计划的发现之旅的结果。腓尼基人和希腊人骨子里仍然是"教堂尖顶"式的航海者，尽管也曾做过几件可歌可泣的大事，甚至远航到刚果河和锡利群岛❶。但是毫无疑问的是，甚至是在去刚果河和锡利群岛的途中，他们也尽可能地贴近陆地，而一到夜晚，他们就一定要把船拖到岸上，以免他们的船被吹到大海上

❶锡利群岛：面积21.5平方千米，处于英国西南部康沃尔半岛以西58千米的海面上，由50多个小岛组成。

去。至于中世纪的商人，他们的航线仅限于地中海、北海和波罗的海，并且从不敢走使远山的淡影在他们的视野里消失得超过几天的航线。

如果这些商人在大海中迷失了方向，他们找到最近的陆地就只有一个办法了。为此，他们航行时总是带着鸽子。他们知道鸽子会沿着到干燥陆地的最短路线飞去。当他们失去方向时，他们就放出一只鸽子，观察它飞行的方向，然后他们就向这个方向航行，直至看到了陆地上的山峰，从而能够驶进最近的港口去打听他们到了什么地方。

在中世纪，即使是一个普通人，也比我们更熟悉星星。他们不得不如此，因为他们没有那些印刷的历书和日历所能提供给我们的信息。聪明点的船长都能通过观察星星来找到航向，也能根据北极星和其他星座来制定航线。但是在北方，天空常常乌云密布，星星有时不太帮得上忙。如果那件外国的发明没有在13世纪下半叶初期传入欧洲，那么欧洲的航海仍会是依靠运气和猜测（通常是后者）进行的痛苦且代价高昂的事业。指南针的起源和历史至今仍是一个谜。我将告诉你的不是确切的知识，更多的只是推测罢了。

13世纪上半叶，一个小蒙古佬成吉思汗统治着一个疆域辽阔的帝国，其面积比过去最大的帝国还要大一些（其疆域东起黄海，西至波罗的海。这个帝国最后在俄罗斯一直维持到1480年）。当成吉思汗穿越广阔的中亚沙漠前往欧洲寻欢作乐时，似乎就带着指南针一类的东西。但是我们很难确定地中海的水手们是何时第一次见到了指南针——教士们所谓的“魔鬼撒旦亵渎上帝的发明”，但随后不久，指南针就指引着他们的船驶到了天涯海角。

但凡这类具有重要的世界性意义的发明，起源似乎都同样地模糊不清。某个从雅法或法马古斯塔回来的人在回到欧洲时可能带回了一个从波斯商人那儿买到的指南针。那个波斯商人告诉他，指南针来自一个刚从印度回来的人。于是消息很快就传遍了港口的啤酒吧：无论在什么地方，这个小针总能告诉你北在哪儿。人人都想看看这个有趣的被撒旦施了魔法的小针。当然，他们不相信这是真的。可尽管如此，他们还是请朋友下次去东方时给自己也带一个回来，他们甚至真的先付了钱。于是半年之后，他们自己也有了一个小小的指南针。这绝妙的东西竟然真的好用！从此，每个人都觉得必须拥有一个指南针了。大马士革和士麦那的商人们接到了紧急的指南针订货。而威尼斯和热那亚的仪器制造商们也开始制造指南针了。很快，我们听说欧洲各地都有了指南针。几年之内，这个小小的玻璃盖子的金属盒就随处可见了，没有人觉得这样一个人们司空见惯的仪器值得浪费笔墨。

关于指南针无法找到的神秘起源就说这么多吧。这种灵敏的小针早期的指引，使第一批威尼斯人从他们的潟湖航行到了尼罗河三角洲，从那时至今，人类对指南针的认识已经有了巨大的进步。比如，人们发现除了在地球上的少数几个地区外，它并不是指向正北方，而是指在略微偏东或偏西一点的地方——这种差别在术语上被称作“磁差”。这是由于地球的地磁北极南极与地理上的北极南极并不吻合，而是相距了数百英里。1831年詹姆士·罗斯爵士[1]第一个定位出地磁北极位于加拿大北边的布西亚·菲利克斯岛。而地磁南极则在南纬73° 与东经156° 的交会点上。

由于磁差的存在，仅有指南针是不够的，对一个船长来说还必须得有航海图，这张海图能告诉他世界各地的磁差。然而这就不得不涉及到航海学了。航海学是一门非常困难而复杂的学科，从来不是寥寥数语就能说透彻的。本书并不是一本航海手册，我只希望你能知道——13、14世纪指南针传入欧洲，从而使得航海不再仅仅是一种依赖侥幸猜测和毫无结果的复杂计算的课题，而是变成了一门可靠的科学。

而这仅仅只是一个开始。

现代人能够确切知道自己的航向是向北，还是北微东，或是东北偏北，或是东北微北，或是东北，或是东北微东，或是罗经仪上的32个“大方位”中的任何一个。然而中世纪的船长在大海中确定方位时，只能借助于除此之外的两种工具。

第一种是铅垂绳。铅垂绳的历史几乎同船本身的历史一样悠久。它能够测出海洋里任何一点的深度。假如你有一张正缓慢航行着的区域的海图，上面标示出了这片海洋的不同位置的水深，通过铅垂绳测定附近的水深，就能

---

[1] 詹姆士·罗斯（1800—1862）：英国海军军官。曾在北极和南极洲作过磁力测量。

确定你的位置。

另一种就是测程器。原始的测速器是一小块木片，把它从船头抛入海中，然后仔细观察这块木片从船头到达船尾共用了多少时间，因为船的长度是已知的，就能算出船经过某一点所需的时间，进而推算出船每小时能航行多少英里。

后来，木片渐渐地被计程绳取代了。这是种很结实的又长又细的绳子，每隔一个固定的长度就系一个绳结，并把末端系上一块三角形的木片。一个水手把绳子抛在水中的同时，另一个水手开始用沙漏计时。沙子都漏完之后（当然沙漏漏完的时间是已知的，一般是两三分钟），就把绳子从水中拉起来，数出在沙子从一个瓶中完全漏到另一个瓶中的时间里被拖到水中的绳结有多少个。这样，通过一个简单的计算就能知道船速有多快，这也就是水手们过去常说的“多少结”。

但是，在船长知道了他的航速和大体上航向的前提下，即便是他最仔细的计算，也仍可能被洋流、潮汐和风所搅乱。其结果就是，即使早就引入了指南针，一次普通的海上航行，仍然是件极度危险的事儿。于是，那些致力于从理论上解决这一问题的人意识到，要改变这种情况，就必须找到教堂尖顶的替代品。

教堂的尖顶、高高的沙丘顶上的树木、堤坝上的风车以及看门狗的叫声，在航海领域都曾发挥过非常重要的作用。我这么说绝对不是在开玩笑，因为它们是固定的点，无论发生什么都不会改变位置。有了这样的固定的点，水手就能够以此为基础做出推断。想起他上次到过那里，他会对自己说：“我必须继续向东航行。”或是：“我要继续向西或向南或向北航行，这样才能到达我的目的地。”那时的数学家（顺便说一下，他们非常杰出，尽管他们的信息不充足，使用的仪器也有很多缺陷，但是却能在他们的领域里取得同前人一样出色的成就）对这个问题的症结所在一清二楚，那就是他们必须要找到一个自然界的“固定点”来替代那些人为建立起来的“固定点”。

早在哥伦布（我之所以提到他，是因为1492年是个人人都知道的日期）

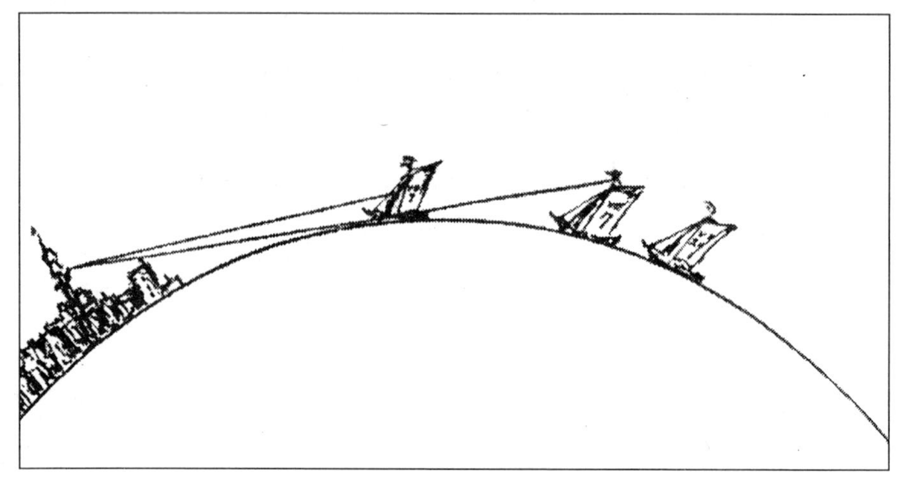

教堂塔尖与航海

之前的两个世纪，这项寻找工作就开始了，但直到今天这个拥有了无线报时信号、水下信号、机械动力操舵装置的时代，直到这个老舵手几乎都被“自动陀螺驾驶仪”淘汰了的时代，仍然没有完成。

设想你站在一个球体的表面，站在一座塔的下面，塔顶有一面飘扬的旗帜，你会发现这面旗帜就在你的头顶正上方，而且只要你仍在塔下面，它的位置就不会改变。但如果你从塔下走开，再去看它时，你的视线就得有一个角度才行，而这个角度取决于你和塔之间的距离。研究一下这幅图你就能清楚这个道理了。

一旦确定了这个“固定点”，剩下的问题相对地简单了许多，变成单纯的角度问题。而早在古希腊时期，人们就已经会测量角度了。正是他们建立奠定了解决三角形边角关系的三角学的基础。

这个问题把我们引入到了这一章中最困难的部分，事实上，也是整部书中最为艰涩的部分——我们现在称作经度和纬度的确定。比起确定一个人所处经度的方法，确定一个人所处纬度的正确方法的发现要早好几百年。确定经度（现在我们掌握这种方法了）看起来似乎要比确定纬度容易得多。可是对没有计时器的古人而言，确定经度有着难以逾越的困难。然而纬度只需通过认真观察，再加上一些更仔细的计算就能确定了，因此，这个问题就先解决了。以上所说的只是大体上的概况，以下我将做一个尽可能简明的解释。

在这幅图中，你看见的是一些平面和角。当你站在D点时，会发现自己位于塔的正下方，这就像你在中午12点的赤道上时，恰好在太阳的正下方一样。而当你走到E点的话，情况就有点复杂了。由于你所在的是一个球体，在计算角度时，你就需要做出一个平面。你需要从地球的假想中心点A画出一条直线，这条直线穿过你的身体，直至天顶——在天文学上，观察者正上方的天空上的点，叫作天顶（zenith），而与其正相对的在观察者正下方的天空上的点则叫作天底（nadir）。

这个问题太复杂了，为了便于你的理解，让我们做这样一道题。用一根毛衣针穿过苹果的中心，设想你自己就在这苹果的一面，靠坐在毛衣针上。毛衣针的顶端为天顶，下端为天底。再假定有一个平面过你所坐着或站着的位置与毛衣针成直角。当你在E点时，这个平面就是面FGKH，而你就是从这个平面上的直线BC对其进行观察的。为了使问题更简单，请再进一步假设你的眼睛长在你的脚趾上，恰好在你的脚与直线BC接触的点上。然后去望塔顶上旗杆的顶端，测量一下旗杆的顶端（点L）、你所在的方位（点E）和你假想的、与过天顶和地心点A的直线垂直的平面FGKH上的假想直线BC之间的角度。假如你懂三角学，有了这个角度，你就能知道你和塔之间的距离了。走到W点，再重复一遍这个过程。此时，点W就成了你与假想直线MN的接触点，直线MN位于假想平面OPRQ上，这个平面与地心到当前的天顶I点（天顶当然随你每一寸的移动而改变）的直线成直角。测出角LWM，你就能知道距塔多远了。

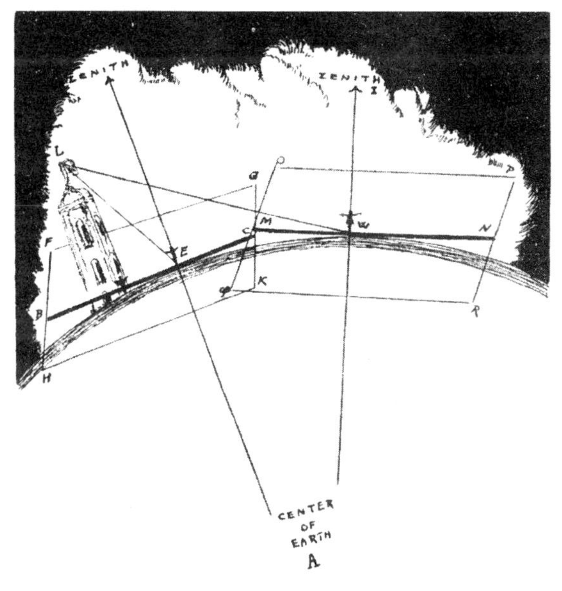

你看，即使采用了最简单的方式，问题仍十分复杂。这也就是我只写了现代航海学基础理论概况的原因。如果你想成为一名水手，你就得上一所

专业学校，用几年的时间去学习怎样做这些必不可少的计算，然后，再经过二三十年的对仪器、表格和海图的熟悉，船主们或许就会让你做船长，相信你有能力驾船在港口间航行。然而，如果你没有这样的雄心，你就永远也无法理解这些复杂的计算了。那么，你应该就会原谅我只注重概况，而把这一章写得简短了。

因为航海学完全是角度的科学，所以，直到欧洲人对三角学的再发现之前，航海学都没能有什么进展。尽管古希腊人在1000多年前就给这门科学奠定了的基础，但在托勒密（古埃及亚历山大城的著名地理学家）逝世之后，三角学就被作为一种奢侈而多余的学问给遗忘和抛弃了——它有点太过精巧了，显得不安全。然而印度人以及后来的北非和西班牙的阿拉伯人并没有这样的顾虑，他们崇高地继续着古希腊人留下的事业。“天顶”（zenith）和“天底”（nadir）（这两个词都是纯粹的阿拉伯词汇）这两个词就充分证明，当三角学再次被纳入欧洲学校课程里时（发生在13世纪），是作为伊斯兰的知识，而不再是基督教的学问了。但是在接下来的300年里，欧洲人奋力弥补他们失去的时间。因为尽管他们再次掌握了角和三角，他们发现自己仍然面临着寻找能取代教堂尖顶的远离地球的确定的固定点的问题。

这个崇高荣誉的最佳候选人就是北极星。因为北极星和我们是如此遥远，看起来就像静止不动似的。此外，它很容易辨认，远离陆地的时候，最笨的捕虾人也能找得到它。他只需沿着北斗七星最右边两颗星的直线方向看去就能发现它了。当然，太阳总是在天上的，可是它的运行轨迹还无法科学地标示在地图上，因此，最聪明的航海者才能借助得上太阳的帮助。

只要人们还被迫相信着“大地是扁平的”这一理论，其结果就是由此出发的所有计算结果都同客观事实彻底相背。16世纪初，这些权宜的理论终于走到了尽头，“圆球”理论淘汰了“圆盘”理论，地理学家们也终于能名副其实了。

他们做的第一件事，就是用一个同连接南北极的直线相垂直的平面把地球分成相等的两半，分界线就叫作赤道。赤道上的任何一点和南北两极都有着相同的距离。然后，赤道与两极之间又被均分为90等份，这样，在两极与赤道之间（请记住，地球毕竟是圆形的，所以每一条平行线事实上都是一个圆圈）就有了90条平行线，而每相临两条线之间的距离都是69英里，因为这个距离是所谓的极点与赤道距离的1/90。

从赤道开始向上（或向下），直至极点，地理学家给这些圆圈编上了号。赤道本身是0°，两个极点是90°。这就是纬度（这幅关于经纬度的图可以帮助你记忆它们的走向）。在数学计算中用数字表示纬度时就在它右边加上便捷的小小的符号“°”，它表示“度”。

这意味着巨大的进步。但是，即使这样，航海仍非常危险。为了让一个普通的船长都能掌握纬度问题，一代代的数学家们和航海者们投身于搜集太阳运行的数据，以及确定太阳在每一年的任何一天在每一个气候带的确切方位的工作中。

最终，任何一个有一定基础的航海者，只要能读会写，就能够在几英里的行进时间里判断出自己的位置距北极或是赤道多远了。用术语来说的话，就是他在北纬（赤道以北的纬度）或南纬几度。另外，一旦你越过了赤道，航行就变得有些困难了，因为南半球是看不见北极星的，你无法再依靠它来导航。这一问题最终也被科学解决了。16世纪末以后，纬度已经不再是一个困扰航海者的问题了。

然而，怎样确定经度的问题还悬而未决（经线与纬线垂直，这一点能让你很容易地记住它的方向是竖直的）。人类又花了两个多世纪的时间才成功地解决了这个谜团。在确定不同的纬度时，数学家们是以南极点和北极点这两个固定点为起始点的。“这儿，”他们说，“就是我的‘教堂尖顶’。北

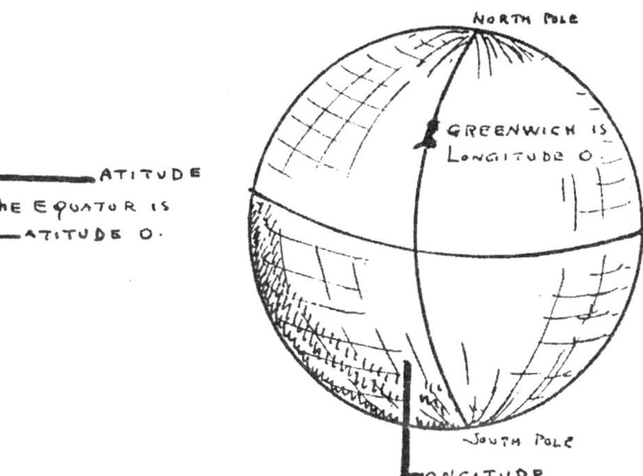

极（或南极）永远都会在那儿。”

但是，地球却没有“东极”或“西极”，因为地轴并不在那个方向上。当然，像经线这样穿过两个极点且环绕整个地球的圆圈，你可以画出无数个。但是，该把哪一条经线定为作为东西半球的起始分界线的“本初子午线”呢？有了这条线，水手们就可说：“我现在位于本初子午线以东或以西100英里的地方。”耶路撒冷是世界中心的古老观念在许多人心中仍根深蒂固，他们要求把穿过耶路撒冷的经线定为本初子午线，即纵向的“赤道”。但是，民族自豪感使这个计划没能实施，各国都想让穿过自己首都的那条经线成为本初子午线。即使是人类在这方面的自由思想应该已开阔了一些的今天，仍然有一些德国、法国和美国的地图分别把本初子午线定在柏林、巴黎和华盛顿。然而因为英国对17世纪（经度确定的年代）的航海学发展做出了最突出的贡献，而且建立于1675年的位于伦敦附近的格林尼治花园的英国皇家天文台监管着当时全世界的航海业，最后，经过格林尼治的那条经线就被作为东西半球的分界线，定为本初子午线。

这样，航海者终于有了经度上的“教堂尖项”，但他还面临着另一个困难：在汪洋大海中，怎样才能确定出自己与格林尼治子午线之间的距离呢？为了一劳永逸地解决这个问题，1713年，英国政府专门成立了一个“海上经度测定委员会”。为激励人们找到“在汪洋大海上测定经度”的最佳方法，这个委员会采用了设立高额奖金这种实用的办法。在两个多世纪前，10万美元可是一笔巨款，这让所有人都投入到这项工作中来了。当这个委员会最终在19世纪上半叶解散时，它已经为那些有价值的发明发放了超过50万美元的奖金。

现在，这些成果中的大部分已经被人遗忘了。他们所做的努力已经过时，无人问津。但是却有两项因这慷慨奖项而诞生的发明经受住了时间的考验，其中第一项就是六分仪[1]。

六分仪是一种复杂的仪器（一种小型海上观测仪，可以夹在腋下携

---

[1] 六分仪（sextant）：测量天体高度（仰角）或两个物标间水平夹角的一种手持式光学测角仪器。因其分度弧的长度约为圆周长的1/6而得名。作为航海工具，过去常被用于测量太阳或其他天体与海平线或地平线的夹角，现已较少使用。

带），它能测量出各种角距离。它是中世纪笨拙的星盘[1]和直角仪以及16世纪的象限仪的直接继承者。就像全世界都在同时解决同一个问题时常会发生的那样，有三个人都声称是自己最先发明了六分仪，并苦苦争夺这一荣誉。

相比于四年后的1735年诞生的天文钟这种准确可靠的计时器，六分仪的问世在航海界引起的兴奋要温和得多。天文钟的发明者约翰·哈里森[2]是一个钟表天才（在当钟表匠之前他是一个木匠）。他发明的天文钟计时非常精确，能够在任何气候下把格林尼治时间以任意的运输方式带到世界上的任何地区。这是由于约翰·哈里森在他的天文钟里增加了一个他称作“补偿弧”的装置。这个装置能够相应地调整游丝[3]因温度变化而在长度上发生的伸长或缩短，从而使得气候变化对天文钟几乎不产生影响。

在因为奖金发生的漫长而不体面的争吵之后，哈里森拿到了他的10万美元奖金（1773年，他去世前的第三年）。今天，无论船在哪儿，只要船上有一只天文钟，就能准确地知道格林尼治时间。因为太阳每24小时就绕地球运转一圈（实际上是另一种运转方式，为了方便，我采用了这样的表述），它每一小时就跨过15度的经线。所以，我们只要知道航船的所在地的时间和格林尼治时间，就能够通过这两个时间的差求出航船在本初子午线东边或是西边多远了。

举个例子来说的话就是：如果航船所在位置的时间（每个船长都能通过仔细的计算算出来）为12点，天文钟的时间（它告诉了我们准确的格林尼治时间）此时为2点，而我们知道太阳每小时会经过15度（也就是每四分钟经过1度），那么，因为我们的时间和格林尼治时间有两个小时的时间差，我们就

---

[1] 星盘（astrolabe）：中世纪出现的用于测量太阳或其他天体高度的仪器。后被六分仪取代。

[2] 约翰·哈里森（John Harrison，1693—1776），出生于英国西约克郡的威克菲尔德市，父亲是一位木匠。哈里森继承了父亲的手艺，并通过自学成了优秀的钟表匠。他同时对音乐有着强烈的爱好，后来成为拜若教区教堂唱诗班的指挥。20岁的时候，哈里森用木料制造了自己的第一台落地长钟。他发明的天文钟使安全的长距离海上航行成为可能。

[3] 游丝（balance spring）：调节计时器摆轮运动的细小弹簧。

一定驶过了2×15° =30° 。我们在航海日志（log-book）（一个小本，它之所以有这样的名称是因为在纸的普遍采用以前，这类数字都被记在一块木片上[1]）上记下：某日中午，我们的船抵达西经30° 。

今天，格林尼治天文台每天中午都会向全球报时。天文钟这个1735年的令人惊叹的发明已经丧失了很大的重要性，它很快就变成了一种多余的奢侈品。实际上，如果相信我们的航海家们，那么无线通信最终将淘汰我们所有的复杂的表格和耗费心力的计算。那么关于人类在未经勘测的汪洋大海上——在每一个波浪都同样让人非常绝望，即使是最优秀的水手也会在比写完这个句子还短的时间里就迷失方向的茫茫大海上——寻找航向的长长篇章，这充满勇气、耐力与智慧的奇迹篇章也就结束了。驾驶台上将不再有手持六分仪的气宇轩昂的人了，他会坐在他的船舱里，对着紧贴着耳朵的电话问道："喂，楠塔基特岛[2]！（或是：喂，瑟堡岛[3]！）我现在在哪儿？" 而楠塔基特岛或是瑟堡岛就会告诉他他目前所在的方位。事情就是这么简单。

为了能够平安、愉快且有收益地在地球表面行进，人类所付出的20多个世纪的努力并非毫无意义。这是人类历史上的第一次国际合作实验。中国人、阿拉伯人、印度人、腓尼基人、希腊人、英国人、法国人、荷兰人、西班牙人、葡萄牙人、意大利人、挪威人、瑞典人、丹麦人、德国人，都为这项有益的工作做出了自己的贡献。

合作史上的特殊的一章现在该结束了。但是还有许多其他要写的内容，这会让我们忙上很长时间。

---

❶航海日志，英文是log-book。Log这个词有木头之意，book是书本的意思，整个词直译就是"木头的本子"。这个词揭示了航海日志原初的形式。

❷楠塔基特岛（Nantucket）：，美国马萨诸塞州东南的一个岛屿，位于科德角以南，从科德角被大西洋臂湾楠塔基特湾分开。现在是浏览胜地。

❸瑟堡岛（Cherbourg）：法国西部城市，位于英吉利海峡上。

第五章

季节及其形成

“季节”（season）这个词源自于拉丁语动词“播种”（serere）。所以，“季节”本应该只用来指春天——播种时节。但是在中世纪刚一开始，它就失去了原本的单纯含义。另外的三个季节被加入其中，把一年分成了相等的四个部分：冬季，即“湿季”；秋季（autumn），即增长时期。（它的词根与“增加”［augmentation］或“威严”［august］的词根相同，不仅仅指“增长的月份”，也表示“威严重要的人物”）；夏季（summer），则是古梵语中对一整年的称呼。

先不说它们对人类的实际的和浪漫的影响，它们有着最普通的天文背景。它们是地球年复一年绕着太阳的漫长公转的直接结果。我会尽量简短直白地把这个问题阐述给你。

每24小时地球自转一周，每356天[1]绕太阳公转一圈。为了除去这天，让历法整齐一点儿（不，这不正确，但是这些国家现在是不是有时间达成协议来对其做像样的修订是非常有疑问的），我们有了366天的年份，即闰年。

---

[1] 地球公转一圈的确切时间约为365天又5小时48分46秒（回归年），那么以365天为一年则多出了5小时48分46秒，累计四年则为23小时15分4秒，所以补给闰年一天后，又少了44分56秒。这样积累100年所欠的时间为18小时23分20秒，逢100年不补则又多出了5小时41分40秒，那么400年则是22小时46分40秒，那么逢400年补一个闰年后，会在400年中差出1小时13分20秒。所以房龙在后文说现在的历法不正确。

每四年就是一个闰年。但末尾是两个“零”的年份不是闰年，比如：900，1100，1300，或是1900。不过能被400整除的年份不在此列。上一个例外的闰年是公元1600年。下一个将是光辉的2000年。

地球绕太阳公转所划出的轨迹并不是一个正圆，而是一个椭圆。尽管它还不算特别“椭”，但是，相比于正圆，它已经使我们对地球在空间中运行轨迹的研究复杂得多了。

地轴与过太阳与地球的平面的夹角并不是直角，而是一个66°的倾角。

地球绕太阳公转时，地轴仍始终保持着这样的角度，这就使地球上不同的地方出现了季节交替。

3月21日，太阳光刚好照射着地球的一半，因此，在这特殊的一天，地球上各地的白天与夜晚都是等长的。三个月之后，当地球走完了它公转行程的1/4时，北极就朝向了太阳，而南极则背离了太阳，于是，北极就开始庆祝它持续六个月的白昼了，而南极则沉醉进了它长达六个月的黑夜。当北半球进入拥有漫长而阳光灿烂的白天的夏季时，南半球的人则在火炉边阅读着好书，打发漫漫寒夜。当我们在圣诞节滑冰时，请记得阿根廷人、智利人正在受到阳光的炙烤，而每年当我们忍受着滚滚热浪时，他们又在打磨自己的冰

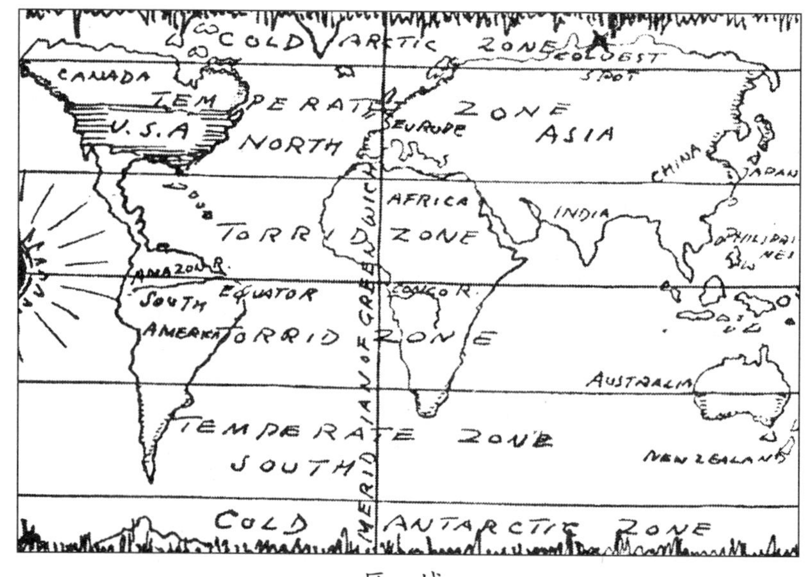

区 域

刀了。

有关季节的下一个重要日期是9月23日，因为在这一天里，全球各地的昼夜长度又一次相等。然后，在12月21日，南极朝向了太阳，而北极则背离了我们的热源。这时，北半球变得寒冷，而南半球则变得温暖了。

然而，地轴特定的倾斜和它的自转并非四季循环形成的全部原因。地轴66°的倾斜使地球被分成了五个气候带。赤道两旁的是热带。在这里，照射着大地的阳光基本是垂直的。而在热带与两极地区之间，太阳光不是那么垂直了，所以，它要比在热带时温暖更广阔的土地和水。最后，即使是夏天，由于两极地区太阳光的角度，69英里的阳光所要照射的地面会比其自身差不多要大一倍。

用文字很难把这一切阐释清楚。比起读这些内容所花的时间，在一些很棒的天文馆（planetarium）里，你能更快地理解这一切。但是，认为有必要建这样一座天文馆的城市少得可怜。你可以到市政委员会去，告诉他们你想要一座天文馆作为圣诞礼物。当他们费力地在字典里查找这个词时（这也许得让他们用上二三十年），你可以碰碰运气，试着用橘子或苹果，以及一支蜡烛和一点儿用于标出气候带的墨水来演示。火柴可以当作北极和南极。当一只苍蝇落在你自制的小小地球上时，不要耽于这样的联想："假如——只是假如——我们也只是这样的小虫，在一个被一支巨大的蜡烛所照着的巨大橘子的表面漫无目的地爬着——而这两者都只不过是一个巨人午后娱乐的小小玩具而已。"

想象是好事。

但不是在天文领域。

第六章

关于这个星球上的小块陆地

以及为什么它们中有的被称作大陆，而有的不是

我们全人类都无一例外地居住在岛上。但是在我们地球上的岛屿中，有些岛屿要远远大于其他的岛屿，所以我们把这些大岛专门划为一类，称作“大陆”。因此，“大陆”就是比其他诸如英格兰、马达加斯加或曼哈顿岛这样的一般岛屿“包含”或“结合”了更多地域的岛屿。难道令我们自豪的大陆是浮在地球内部较重物质上的孤零零的较轻物质的小岛，不过就像是漂浮在水盆里的软木塞一样?

然而并没有严格的划分标准。美洲、亚洲和非洲这最大的三块延伸而去的陆地是名副其实的大陆。而在火星天文学家看来，欧洲无疑更像是亚洲大陆的一个半岛（它或许比印度大一些，但并不大很多），但它却一直坚称自己是大陆。对于澳洲人，如果有任何人胆敢说他们钟爱的岛不够大，人口不够多，不配跻身于大陆的行列，那么他们肯定会为此而宣战的。与此不同，尽管格陵兰岛的面积是新几内亚岛和婆罗洲[1]这两个地球上最大岛屿面积之和的两倍，岛民爱斯基摩人却似乎心甘情愿地做平凡普通的人。而南极地区的

[1] 婆罗洲（Borneo），位于东南亚。面积73.6万平方千米。是世界第三大岛，仅次于格陵兰和新几内亚。约2/3地区为印度尼西亚领土。印度尼西亚称其为“加里曼丹”。

我们只能生活在高山与被称作海洋的谷地之间的土地上

企鹅如果不是如此谦卑和蔼，完全可以声称自己生活在一片大陆上，因为无须怀疑的是，南极地区的面积与北冰洋和地中海之间所有陆地的面积一样大。

我不知道所有这些混乱是怎样产生的。但是在许多个世纪里地理科学一直被忽视了。在那段时期，错误的观念就像附在被弃置于港口的船的龙骨上的那些藤壶[1]一样附着在地理知识中。随着时间的流逝（我们这段愚昧无知的黑暗时代持续了1400年），一些藤壶占据了如此巨大的比例，它们最终被误认为是船的一部分。

为了不增加新的混乱，我将遵循被普遍接受的划分方法，即有五块大陆：亚洲、美洲、非洲、欧洲和大洋洲。[2]其中亚洲是欧洲的4.5倍大，美洲是欧洲的4倍大，非洲是3倍，而大洋洲比欧洲还小几十万平方英里。因此，在一本地理手册中，亚洲、美洲和非洲都应该排在欧洲前面，但是，如果我们不只看大小，同时把某个地区对整个世界历史发展所产生的影响考虑进去的话，欧洲无疑是排在首位的。

让我们先来看看地图吧。事实上，比起文字部分，我们更应该多看地

---

[1] 藤壶（barnacle）：摄食浮游生物的贝壳类动物，属甲壳纲藤壶科。固着生活于海滨岩石、船体、软体动物以及其他大型甲壳动物上。常密集附着于船体，影响航速，且使船体容易污损。

[2] 现代地理学中是七大洲：亚洲、北美洲、南美洲、非洲、欧洲、大洋洲、南极洲。

图。这就像乐器之于学音乐，水之于游泳，想要学地理，地图是必不可少的。当你看地图——或者是比地图更棒的地球仪——的时候，就会发现就像可怜的、无人问津的大洋洲正好位于我们拥有最广阔海域的另外那个半球的中心一样，被北冰洋、大西洋和地中海三面怀抱的欧洲半岛恰好位于地球陆地最多的部分的中心位置。这是欧洲最得天独厚的地方，而且它的优势还不止这些。尽管亚洲比欧洲大了将近五倍，然而它有1/4的土地过于炎热，还有1/4的土地临近北极，只有一只驯鹿或是北极熊才会把那里作为永久居留地。

欧洲拥有一些得天独厚的优势，比起其他大陆来更胜一筹。意大利的脚趾——欧洲的最南端，尽管相当温暖，但距热带地区仍有800英里之遥。而欧洲瑞典和挪威的北部尽管已经深入北极圈，但它们的海岸却有墨西哥湾暖流的拜访，使它们能保持温暖，而拉布拉多岛虽然同在一个纬度上，却是冰天雪地。

而且，欧洲还有比其他任何大陆都要多的半岛和内海。想想西班牙、意大利、希腊、丹麦、斯堪的纳维亚半岛，以及波罗的海、北海、地中海、爱琴海、马尔马拉海、比斯开湾和黑海，把这种情况和最缺乏这些东西的非洲或南美洲比较一下就知道了。如此巨大的水体环绕着这块大陆的几乎每一部分，给这里带来了宜人的气候，使这里冬暖夏凉（这里的日子不轻松，但也并不艰难，普通人不会变得游手好闲［像非洲人那样］，也不会变得不堪重负［像亚洲人那样］）。这里的居民比任何地方的老百姓都更会把工作同娱乐结合得愉快而有裨益。

1914—1918年的这四年不幸的自杀式内战以前，欧洲人成了主人，并一直占据着广大世界的主人地位。帮助他们做到这一点的，不只是气候，他们的另一个有利因素是地理环境。当然，这样的地理环境的形成仅仅是巧合，而不是个人的功绩。但这并不妨碍他们从中牟利。猛烈的火山喷发、大规模的冰川入侵和灾难性的洪水泛滥塑造出了现在的欧洲大陆，其造成的群山被他们自然而然地当作国界，也使其几乎每一部分内陆都能享有直通大海的河流——在铁路与汽车发明以前，这是贸易与商业繁荣最关键的因素。

比利牛斯山脉把伊比利亚半岛与欧洲大陆的其他部分截然分开，它成为

山与海是最棒的天然边界

了西班牙和葡萄牙的天然边界；阿尔卑斯山对于意大利也有着类似的贡献；而在塞文山脉、侏罗山脉和孚日山脉的背后，隐藏着的是法国西部大平原。喀尔巴阡山脉作为一道屏障把匈牙利和广袤的俄罗斯平原分隔开。总的说来，在过去的800年历史中扮演着重要角色的奥地利帝国是一个四面环绕着险峻山岭的圆形平原，使它不受邻居的侵袭。假如没有这些屏障，也许奥地利根本就不会存在那么长时间。与此相同，德国也不单纯地是政治的偶然。它巨大的方形领土从阿尔卑斯山和波希米亚山向波罗的海缓缓地倾斜下去。而像英格兰或是古老的希腊爱琴海诸岛这样的岛屿，以及荷兰、威尼斯水城，似乎都是造物主为使它们能够发展成独立政治实体而设置的天然要塞。

甚至连俄国也常常被人描述成是一个人（已故的罗曼诺夫王朝的彼得大帝）可怕的攫取权力的欲望的结果。然而，比起我们有时候更愿意相信的原因，它事实上更是某些自然的和不可避免的原因的结果。位于北冰洋、乌拉尔山脉、里海、黑海、喀尔巴阡山脉和波罗的海之间的俄罗斯大平原，对一个高度集权的帝国来说位置非常理想。在罗曼诺夫王朝崩溃之后，苏维埃共和国能够轻松地生存下来，就是一个明证。

就像我说过的那样，欧洲河流的流向，使得它们能够对欧洲大陆的经济发展起最重要、最切实的作用。从马德里向莫斯科画一条线，你会发现，其间所有河流的流向无一例外地不是向北就是向南，使得每一片内陆地区都可以直达大海。既然文明总是发源于水而不是陆地，那么正是这些幸运的河流流向使欧洲得以成为最为富饶的地方，并成了世界的统治中心。直到发生了

1914—1918年那场灾难性的自杀式战争，它才失去了令人嫉妒的地位。就让地图来证实我所说的话吧。

相比于欧洲，我们北美洲的大陆有两列高高的山脉沿海岸线几乎平行地伸展开来，而占据了整个中间部分的中西部大平原，它唯一的入海通道墨西哥湾的密西西比河及其支流汇入了内海——远隔着大西洋和太平洋的墨西哥湾。再拿亚洲和欧洲对比一下，其局促皱缩的地表走势和纵横交错的山脉，让江河流向四面八方。而其中几条最重要的河流则穿越辽阔的西伯利亚大草原，消失在北冰洋。除了一些当地渔民以外，没人能从它那儿得到什么好处。再拿大洋洲来比较一下，那儿几乎算不上有河[1]。而非洲中部的巨大高原使水流不得不通过努力才能突破海岸边的高山峻岭，而海运无法通过这些河流通到内陆。这样你就会开始明白为什么拥有便利的山脉以及更便利的水系，拥有了漫长的海岸线（倘若它的海岸线像非洲或大洋洲的海岸线一样整齐，那么它的海岸线长度会是现在的9倍），以及拥有宜人气候和有利的陆地群中心位置的欧洲，注定会扮演领袖大陆的角色。

但是，只有这些自然条件并不足以使这个世界的小小角落称霸于它所有的邻居，还要加上人的聪明才智。而这易如反掌。因为北欧的气候对于激发人的脑力活动非常理想。这个地方的气候不太冷，让人非常舒适；同时对于人的日常工作来说，又不太热；而是恰到好处地让人想去做事。因此，一旦北欧人各自的国家安定了下来、作为精神生活不可或缺的最低限度保障的法律和命令建立起来，他们就立刻投身于科学探索，这最终帮助他们成为其他四个大洲的主人和剥削者。

他们的数学、天文学和三角学知识，使他们能够找得到返航线路，从而相当安全地在七大洋中航行；而他们对化学的兴趣导致了一种内部能点火的机器（这种奇怪的装置叫作“枪”）的发明，借助这个工具，他们能比历史上的任何其他民族或部落都更快、更精确地杀死人和动物；他们对医学的钻

---

[1] 指墨累河（Murray River），澳大利亚的主要河流，全长2589千米，流域总面积为1072905平方千米，不过年平均流量仅为每秒0.89立方米。

研，使他们能够对那些过去经常造成世界各地人口数量骤减的种种疾病相对免疫。最终，土地的贫瘠（与恒河平原和爪哇山区相比）以及对没完没了“小心地生活”的必要慢慢使他们逐渐养成了一种根深蒂固的节俭贪婪，他们常常不择手段地攫取财富。如果没有财富，他们就会被邻居们轻视为不幸的失败者。

印度的那个叫作“指南针”的神秘小装置的传入，使欧洲人能够不再依赖于教堂的尖顶和熟悉的海岸线，自由自在地航行；而船舵一经从船舷转移到船尾的改进（约发生在14世纪上半叶的一项重要改进，是人类有史以来最重要的一项发明，它让人对航向有了前所未有的把握），欧洲人就得以驶出他们小小的内海和地中海、北海、波罗的海，让浩瀚的大西洋变成了他们进行军事和商业远征的通衢大道。这让他们终于得以充分利用大陆正好在地球陆地群的中心这一天赐的好运。

这个优势他们维持了500多年。蒸汽船取代了帆船，由于贸易一直取决于廉价的交通方式，所以欧洲仍然能够继续保持领先地位。那些军事作家认为，一个拥有最强大的海军的国家可以向全世界发号施令，他们是对的。按照这条定律，威尼斯和热那亚取代了挪威人，而威尼斯和热那亚又被葡萄牙取代，后来，拥有世界性力量的葡萄牙又被西班牙取代，接着西班牙被荷兰取代，荷兰被英国取代，这是因为这些国家都曾一度拥有了数量最多的战船。然而今天，海洋往昔的重要性正迅速暗淡下去，海洋这贸易的昔日通衢大道正在日益被天空取代。也许，比起把欧洲降为二流大陆的世界大战来，那种比空气要重的飞行器的发明的影响更大。

那个热那亚羊毛商之子[1]因发现了海洋的无限可能而改变了人类的历史进程。

而美国俄亥俄州代顿市郊区的一间朴素的自行车维修店的店主[2]，他们自

[1] 指哥伦布。

[2] 指莱特兄弟，即哥哥威尔伯·莱特（Wilbur Wright，1867—1912）和弟弟奥维尔·莱特（Orville Wright，1871—1948），他们是飞机的发明者，人类航空的先驱。

幼对飞行怀有浓厚兴趣，曾用风筝和滑翔机做过千次飞行试验，从理论和实验两方面解决了飞机的稳定和操纵问题。1903年他们制成安装了一台自制的8.8千瓦（12马力）内燃机、带有滑橇的双翼飞机“飞行者1号”，并于当年12月17日在北卡罗来纳州基蒂霍克试飞成功，完成了人类历史上第一次重于空气的航空器的动力飞行。飞机留空时间12秒，飞行距离36米。这宣告了人类飞行时代的到来。所以，此后1000年里的孩子们也许不知道克里斯托弗·哥伦布是何方人物，但是他们却会对威尔伯·莱特和奥维尔·莱特的名字耳熟能详。

因为，正是这兄弟俩耐心而天才的构想的产物，把人类文明的中心从旧世界渐渐地转移到了新世界。

第七章

发现欧洲

生活在这里的人

生活在欧洲大陆上，欧洲的人口是南、北美洲人口之和的两倍。这个小小大陆边界内的人口比美洲、非洲和大洋洲的人口之和还多。只有拥有9.5亿人口的亚洲，超过了拥有5.5亿人口的欧洲。这些数据基本上是比较精确的，因为它们是由与国家联盟关联的国际统计学会收集整理的，这个学会聚集了许多能客观公正地考虑这项工作的学者，绝不会伪造报告以取悦哪一国的民族自尊心。

这个博学的团体还告诉我们，世界人口的增长速率为平均每年3000万。这是个非常严重的问题，因为以这个速度增长下去，世界人口将在大约60年内翻一番。而人类还有千百万年的路要走，我讨厌继续设想19320年，或193200年，或1932000年这样的以后的情况。在地铁站里，若“只有立锥之地”就已经很可怕了，而如果我们的地球也“只有立锥之地”，那简直完全让人无法忍受。

然而这就是我们的前景，除非我们愿意直面现实并在事情太晚以前采取某些行动。

当然，这是一个政治经济学的问题，而我们现在面临的问题是：欧洲大陆的这些在历史上扮演了重要角色的早期定居者是从哪儿来的呢？他们是最

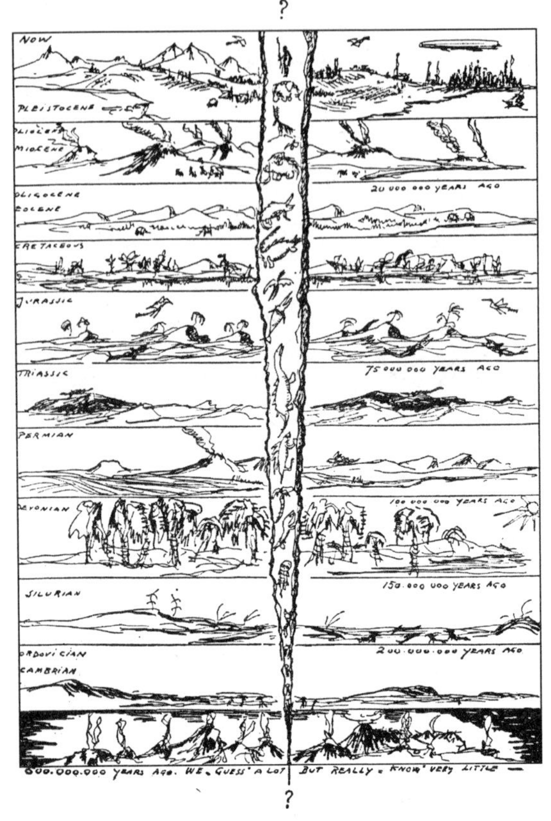

从动物到人

早到达这里的人吗？我不得不遗憾地说，答案肯定是非常模糊的。这批人可能来自亚洲，很可能是通过乌拉尔山和里海之间的间隙进入了欧洲。他们可能在这里发现了更早的移民和在他们之前的更古老的文明。在人类学家收集到比现在可以支配的资料更充足的资料之前，这些“故事”仍太模糊，不太适合纳入这本地理手册中。因此，我们的中心只能是后来者。

他们为什么会来这里？在过去的数百年中，有超过一个亿的人从欧洲这块旧大陆来到了美洲新大陆。他们这二者都是为了同样的原因而迁徙：为了免于饥饿，以及能为他们的生存提供更好的机会的西方土地。

就像日后的欧洲移民遍布于整个美洲大平原一样，这些移民混居于欧洲各地。在向着土地和湖泊狂奔的过程中，一切“血统纯粹的家族”的痕迹迅速地荡然无存了（在那些早期岁月里，湖泊比土地更为珍贵）。然而在大西洋沿岸一些更为隔绝的地区和某些深藏于险峻山谷的地方，少数弱小的民族继续过着自生自灭的生活，并为自己种族的纯正血统而骄傲，但是，他们与世隔绝的缺憾却是无法弥补的。因此在今天，当我们谈及“民族”这个词时，已经不带一点儿人种学上的纯正的意思了。

我们使用这个表达是为了便于描述一些很大的群体：他们说的是同一种语言（基本上相同）；他们有着共同的历史起源（基本上相同的）；在过去的有文字记载的2000年中，他们形成的性格特征、思维模式以及社会行为等让他们有一种共同的归属感。因为没有更好的词，对这样的人群，我们仍将其称为一个“民族”。

依据这种对“民族”（它就是代数等式中的未知数x，是专为解决成百上千的困难而发明）的解释，现代的欧洲人可划分为三个大民族和六个较小的民族。

首先是日耳曼民族，包括英格兰人、瑞典人、挪威人、丹麦人、荷兰人、佛兰芒人和部分瑞士人。然后是拉丁民族，包括法兰西人、意大利人、西班牙人、葡萄牙人以及罗马尼亚人。最后是斯拉夫民族，主要包括俄罗斯人、波兰人、捷克人、塞尔维亚人和保加利亚人。这三大民族人口占欧洲人口的93%。

其他的有200万的马扎尔人或称匈牙利人，还有略少于此数的芬兰人、大约100万的土耳其人后裔（他们居住在古老的土耳其帝国残存的一小片位于君士坦丁堡附近的地区），以及约300万犹太人。此外还有希腊人，他们已经和其他的民族如此彻底地混在了一起，我们只能猜测他们的血缘。但是他们在血统上比任何人都更接近日耳曼民族。最后是很可能同样具有日耳曼血统的阿尔巴尼亚人，尽管他们现在比时代落后了差不多1000年，但是他们早在古罗马人和古希腊人出现在欧洲大陆的五六个世纪以前，就已经在他们今天的农场上安居乐业了。还有爱尔兰的凯尔特人、波罗的海的列特人和立陶宛人、吉卜赛人。数目与血统都不明的吉卜赛人主要是作为历史的警戒而引人注目的：他们的经历是那些来得太迟的人，以及那些在最后一块土地也被别人占有之后才出现的人的前车之鉴。

以上就是生活在这块旧大陆的群山与平原之间的人。下面，我们来看看他们是如何改造地理环境的，反过来，他们又是如何适应地理环境的。因为正是与环境的斗争，才创造出了我们的现代世界。没有它，我们可能仍然在茹毛饮血。

在我们继续之前，让我来告诉你如何使用本书。

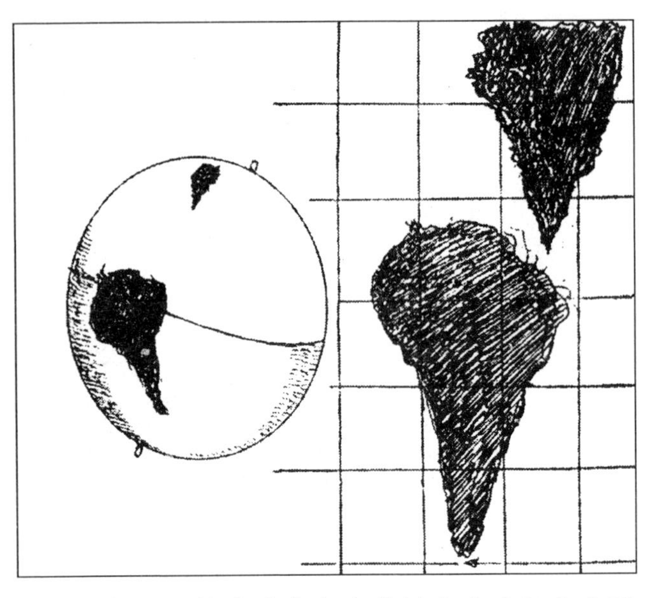

比较一下格陵兰岛和南美洲在地球仪和地图上的比例，注意它们的巨大差异

这本书应该配合着地图集阅读。有许多非常好的地图，所以几乎每个人都会这样去做的。地图就像是词典，即使一本糟糕的词典也比没有要强。

你很快就会发现，这本书中有大量的地图，但是它们并不能作为一本普通地图册的替代品。画出这些插图只是为了提供一些帮助你梳理正在讨论的问题的方法，我还希望（如果必须得实话实说的话）这些插图能激起你根据你自己的地理知识动手画地图的兴趣。你能够看到，平面的地图即使制作得再精巧，但仍然会与实际情况有些脱节。贴在地球仪上的地图接近正确了，但是也并不能免除这种怀疑，因为它们本应该是椭球体。我们把它们做成球体是出于方便。真实的地球自然是在两极略微扁平的，但只有用非常巨大的地球仪才能把这差异显现出来，所以，我们无须担心这点儿小小的出入。找一个地球仪来（我写作这部作品时就借助了一个从10美分店买来的地球仪铅笔刀），你可以随心所欲地使用它。但切记，它只是“近似”，并不是一个“公认的事实”。“公认的事实”只有在你努力获得船长的资格证书时才会出现在你的生活中。但这样的话，你就必须得花很多年去掌握一门非常难的课程。而这部作品并不是给专家看的权威书籍，而只是一本给想了解一些关于我们生活的地球的概况的普通读者的书。

现在，让我来告诉你一件事：把所有知识升华为图画，是最好、最便捷的学习地理的方法。不要模仿我的或者是任何人的画。假如你有担心，你可以参考我的画，但是，要把它们只视为一道地理“开胃菜”，一个关于你就要动手做的饭菜的礼貌性建议。

我已经根据我的地理知识为你画了很多样图，有平面地图，也有立体的地图。需要一些时间你才会习惯于这些立体图，不过，只要你理解了它们，你就不会喜欢各种各样的平面图了。我已经给了你像是从一些山顶上俯瞰的地图，不同的角度能帮你想象出地貌来。还有一些像是在飞机或齐柏林[1]飞艇上俯瞰的地图，以及一些只有在大海干涸时才可能显现出的地图。还有几张地图仅仅是非常漂亮而已，是装饰性的。而另一些则像是几何图形。你自己选吧，然后根据你的想法，自己动手画地图。

画图……你得找一个地球仪，不论大小，还得有一本地图册，再买一支铅笔和一个本子，然后就可以动手画你自己的地图了。

因为对学习地理而言，只有动手画地图这一种方法能够让你永远不忘。

---

[1] 齐柏林：德国的航空先驱，第一个硬式飞艇的大规模制造商。齐柏林飞艇是齐柏林公司所制造的硬式飞艇。在第一次世界大战中，有许多齐柏林飞艇被用于巡逻和战略轰炸。两次世界大战期间，齐柏林飞艇多次成功地跨越大西洋进行商业航班飞行。

第八章

希　腊

东地中海的岩石岬角，联结古老亚洲与新兴欧洲的纽带

希腊半岛处在比它大得多的巴尔干半岛最南端，与亚洲比邻而居，东临黑海、马尔马拉海、博斯普鲁斯海峡和爱琴海；南临地中海，同非洲隔海相望；西靠亚得里亚海，与意大利一水相连；北与多瑙河相依。

希　腊

我从未在空中俯瞰过巴尔干半岛，但我想，它从高空俯瞰起来，一定像是一只从欧洲伸向亚洲和非洲的手，希腊就是它的大拇指，色雷斯是小拇指，而君士坦丁堡则是这小拇指的指甲。其他的手指是那些从马其顿和塞萨利延绵至小亚细亚的山脉。这些山脉能看得见的只有上

面的部分，它们的下部被爱琴海的波涛所遮盖，但是假如从非常高的高空中看下去，它们无疑会很像半浸在水盆中的手指。

被覆盖着的强壮有力的山脊就是这只手掌的骨骼，它们总体上呈对角线状从西北向东南延伸而去。这些山脉有很多称呼，有保加利亚的、黑山的、塞尔维亚的、土耳其的，还有阿尔巴尼亚的和希腊的名字。不过只有几个值得你去记。

这其中的一条就是从瑞士阿尔卑斯山一直延伸至科林斯湾的狄那里克阿尔卑斯山脉❶。宽阔的科林斯湾把希腊半岛分为南北两半，三角形南部半岛曾被古希腊人误认为是一个岛屿（这也不足为怪，因为连接它和大陆的科林斯地峡只有大约3.5英里宽），他们把这个“岛屿”叫作伯罗奔尼撒或佩罗普斯岛。而佩罗普斯❷在古希腊传说中是宙斯的孙子、坦塔罗斯的儿子，被奥林匹斯人尊为所有运动健将之父。

于中世纪占领了希腊的威尼斯人不过是一群没有诗意的商人，他们对这个曾成为自己父亲待客晚宴上的菜肴的年轻人不感兴趣，他们发现，伯罗奔尼撒半岛的地图就像桑叶一样，所以就把它叫作摩里亚半岛，这就是现代地图集上普遍使用的名称。

这个地区还有两条山脉是互不相交的，一条在北部，叫巴尔干山脉，整个半岛因它而得名。不过它只是一条半环形山系的南端，这个山系的北部就

---

❶狄那里克阿尔卑斯山脉（Dinaric Alps）：阿尔卑斯山脉的东南段。从克罗地亚延伸至阿尼亚北部。西北—东南走向，长640千米，宽100—250千米。海拔1000—2000米，最高点耶泽尔察峰（Jezerce）海拔2693米。分两条纵列带，西为外迪纳拉，由石灰岩构成；东为内迪纳拉，由页岩、砂岩、结晶岩构成。

❷佩罗普斯（Pelops）：古希腊神话中宙斯的孙子。他的父亲坦塔罗斯在一次宴请诸神的晚宴上，为试探诸神是否能通晓一切，把自己的儿子佩罗普斯杀死并做成菜肴，因而触怒诸神。谷物女神德墨忒尔因思念被抢走的女儿珀耳塞芳涅，在宴席上心神不定，出于礼貌稍微尝了一块肩胛骨。而其余众神都识破坦塔罗斯的诡计，把佩罗普斯其余的身体放在盆中，由命运女神克罗托使他复活，复活后的佩罗普斯缺了一块被德墨忒尔吃掉的肩胛，用象牙补做了一块。坦塔罗斯后来被罚在冥界受难，站在齐脖深的水里，头上挂着果实。他口渴而想要喝水时，水就退下去；饿了想吃水果时，水果就被风吹走。

是喀尔巴阡山脉。两条山脉被“铁门”——多瑙河为流向大海而凿出的狭窄溪谷——截然斩断。离开了匈牙利平原的多瑙河，原本是流向爱琴海的，在被这里的山势阻挡后，不得不继续东行，汇入黑海。

遗憾的是，这道“墙”虽然隔开了希腊半岛与罗马尼亚，却不及阿尔卑斯山那么高，未能为巴尔干地区成功地阻挡从俄罗斯大平原吹来的凛冽寒风，所以半岛的北部雨雪不断。不过，阴云在抵达希腊之前被第二道“墙”——罗多彼山脉[1]阻止了。罗多彼山的意思是“玫瑰之山”（你能够在其他词中找到与“杜鹃花”［rhododendron］这个词相同的词根，如玫瑰树［rose-tree］、爱琴海上的“玫瑰之岛”罗德岛[2]［Rhodes］），暗示出它温暖宜人的气候。

罗多彼山脉约有9000英尺高，而位置临近著名的希普卡关隘（1877年9月，俄罗斯军队冲击此关隘时损失惨重）的巴尔干山脉至高点只有8000英尺高。对它身后半岛的气候，罗多彼山脉起了非常重要的作用。此外，1万英尺高的覆盖着积雪的奥林匹斯山像哨兵一样守护着塞萨利平原——真正的希腊从这里开始。

富饶的塞萨利平原曾经是内海，后来珀纽斯河（现代地图上的萨拉米比亚河）在那个著名的腾比谷中为自己开辟了一条河道，使巨大的塞萨利湖的湖水全部倾泻入塞洛尼基湾。从此，这里就变成了一片陆地。塞萨利是古希腊的粮仓，可土耳其侵略者对它却像他们对待任何事情一样漫不经心，与其说这是出于内心的恶意，倒不如说是因为他们不可救药的懒惰。对所有迫在眉睫的重大现实问题，他们只不过是耸耸肩，说一句：“有什么用呢？”而土耳其人刚被赶走，希腊的放债人就又牢牢掌控了农民，继续前人的做法。今天的塞萨利平原出产烟草。它拥有一个港口——沃洛港，当年阿尔戈斯的

---

[1] 罗多彼山脉（Rhodope Mountains）：是欧洲东南巴尔干半岛中的一座山脉，自保加利亚西南向东南延伸至希腊东北，海拔2926.8米（9596英尺），在罗马时代这个山脉是色雷斯与马其顿的边界。

[2] 罗德岛（Rhodes）：希腊东南一座岛屿，位于爱琴海畔，土耳其西南。岛屿东北端有罗德古城，其港口有罗德巨像。

英雄们就是从这里出发去寻找金羊毛的[1]——这个故事在特洛伊英雄们出生之前就已经很古老了。这里还有一个工业城镇拉里萨，它同时也是铁路枢纽。

我要给你讲讲拉里萨为什么会有一个黑人居住区这件稀奇的事，它能告诉你古代人是怎样莫名其妙地混杂到一起的。土耳其人并不在乎为他们作战的人的生死，为镇压1821—1829年的希腊人起义，他们从埃及属地调遣来了几个苏丹人军团。拉里萨是那场战争的大本营，战争结束后，可怜的苏丹人就被遗忘在此地，直至今日，他们仍然困在那里。

不过，你将在这本书里看到比这件事更莫名其妙的事。你会听到关于北非红皮肤印第安人、中国东部的犹太人，还有大西洋荒无人烟的岛屿上的马的故事。读一读这些内容，对那些热衷于“血统纯粹”的家伙很有好处。

我们从塞萨利出发，翻过品都斯山就是伊庇鲁斯。和巴尔干山一样高大雄伟的品都斯山，一直是伊庇鲁斯与希腊其他地区之间的一道屏障。亚里士多德为什么会把这里视为人类的发祥地，答案将永远是个谜。因为这里只有贫瘠的高山和四处游荡的牛群，没有海港，连条像样的公路也没有。当地的早期居民也所剩无几，因为在一次战役之后有15万伊庇鲁斯人被罗马人卖为奴隶（罗马人建立法律和秩序的臭名昭著的手段）。不过伊庇鲁斯还有两个有意思的地方，爱奥尼亚狭窄的水道把它们与大陆分隔开来，一个是伊萨卡岛，另一个是科孚岛。神话中英雄奥德修斯历尽千辛万苦所回到的故乡就位于伊萨卡岛。而科孚岛是淮阿喀亚人最初的家园，他们的国王阿尔喀诺俄斯就是瑙西卡之父。瑙西卡是古典文学中最美丽的女人，也一直是礼貌好客与优雅的典范。科孚岛隶属于爱奥尼亚群岛，最先被威尼斯人占领，后来又划归到了法国人的名下，接着英国人又掌控了这里，直至1869年它归还给希腊。1916年，溃败的塞尔维亚部队曾撤退到这个岛，几年前它还被法西斯海军的大炮不温不火地轰了几下，导致这里声名大噪。也许将来这里能成为一个冬季疗养的胜地，但是它也地处于欧洲著名的地震带之一。

---

[1] 古希腊神话故事，早于荷马时代。讲述了伊奥尔科斯城王子伊阿宋与希腊英雄们前往科尔基斯王国，历经重重磨难夺取金羊毛的故事。

狄那里克阿尔卑斯山有许多声名狼藉的地震记录。就在不久前的1893年，附近的桑特岛还遭受过一次非常严重的地震。可是，地震从未阻止人类去想去的地方，并且人们会低估风险的元素。我们会看到，比起不那么活跃的脆弱的地表，许多坡度舒缓的火山山坡上人口密度甚至更大。谁能解释得清呢！我从伊庇鲁斯继续南行，看哪！维奥蒂亚！

维奥蒂亚像一只巨大的空空的汤盘一样卧在阿提刻向南伸展的群山、塞萨利和伊庇鲁斯向北伸展的怀抱中。在这本书的开头，我曾提到自然对人的影响的问题，我提起维奥蒂亚是因为它就是这方面的一个典范。对美好的古典时代的普通希腊人而言，一个维奥蒂亚人，尽管他来自帕尔纳索斯山地区，来自诗神缪斯的家，来自耸立着德尔斐神庙的山坡，却只不过是一个乡下人，一个脑筋不灵的笨蛋、小丑、白痴、大老粗、呆子、厚脑壳的傻瓜，注定是舞台上所有廉价闹剧的笑料。

其实，维奥蒂亚人的智慧并不比其他希腊人差。军事家伊巴敏诺达[1]和传记作家普鲁塔克[2]都是维奥蒂亚人，不过，他们在很小的时候就离开了家乡。而留下的人则被科派斯湖的湖边沼泽产生的瘴气毒害着，用现代医学的术语来说，可能维奥蒂亚人都是疟疾的牺牲品，这种疾病不会使人聪明的。

法国十字军在整个13世纪都是雅典的统治者。他们开始把沼泽排干，改善了维奥蒂亚的环境。而土耳其人却任蚊子随心所欲地繁殖，使维奥蒂亚更加恶化了。在新王国的统治下，泥污的水终于被一个法国的公司和一个英国的公司先后排入埃维厄海，把这片内海的海底变成了一片肥沃的草场。

今天，维奥蒂亚人并不比一个雅典人或是一个布鲁克林的擦鞋工更"维奥蒂亚"。他们已经聪明到能从苏格兰人或亚美尼亚人身上多掏出5美分了。昔日的沼泽被排干了，瘴气无影无踪了，疟蚊也不见了。几个瘴气弥漫的沼

---

[1] 伊巴敏诺达（Epaminondas，约前410—前362年）：古希腊底比斯的政治家、将军，曾对希腊的战术常规做出改革，打败了斯巴达军队，从而结束了斯巴达对希腊各城邦的军事统治。

[2] 普鲁塔克（Plutarch，约46—约120年）：著名的古罗马传记学家，以《希腊罗马名人传》闻名于世。行文优美，思想深沉。对后世文学产生了很大的影响。

泽被排干之后，过去几个世纪以来一直被当作展品A、乡巴佬或是白痴来嘲笑的维奥蒂亚人，已经恢复正常了。

我们再去看看阿提刻——希腊的土地中最有趣的地方。现在从拉里萨到雅典可以乘火车去，这条线路和欧洲的主干线是相连的。但是在过去，从北方的塞萨利到南方的阿提刻去，只有一条路，那就是著名的温泉关[1]。它其实称不上是现代意义上的通道，而只不过是一条两山之间的大约45英尺宽的狭窄的山隙，位于伊蒂山与埃维厄海的海拉伊湾之间。公元前480年，为把欧洲从亚洲的铁蹄之下拯救出来，阻止薛西斯[2]部队的入侵，斯巴达国王利奥尼达斯和他的300名斯巴达勇士全部壮烈牺牲于此。200年之后，也是在这里，希腊人阻挡了野蛮的高卢人的入侵。甚至直到1821和1822年，在土耳其和希腊的战争中，这道关隘还起了重要的军事作用。今天，这条关隘已经看不见了。因为海水几乎后退了3英里，只留下一个五星级的洗浴场，让风湿病和坐骨神经痛患者在这些温泉中解除病痛（希腊语“thermos”的意思是“热”，“温度计”［thermometer］与“暖水瓶”［thermos bottle］这两个词都是从这里来的）。然而，只要人们给这些英雄以荣耀，这个以“温泉”命名的战场将永远名垂青史。

被爱琴海碧波所环绕着的阿提刻海岬，是一块小小的三角形土地。在它的群山之间有数不清的小山谷，每一条都直通入海，和风从海边吹来，空气清新宜人。古雅典人声称他们的睿智与卓识都应该归功于他们呼吸到的这令人愉快的空气。他们也许是对的。这里没有维奥蒂亚那种利于滋生疟蚊的污浊沼泽，这让雅典人非常健康。这让他们最先认识到人的肉体与精神不是一分为二的，而是一体的，健康的肉体对健康的精神是必要的，而肉体的健康

[1] 温泉关（Thermopylae）：希腊的一个狭窄的沿海通道中的渡河关口，名字源于几个天然温泉。

[2] 薛西斯（Xerxes）（约前519—前465）：即薛西斯一世，大流士之子，古波斯帝国国王，军事家。公元前485—前465年在位，曾亲率海陆大军远征希腊，但在萨拉米海战被打败。亦曾镇压古埃及、古巴比伦等地反抗波斯的起义。为人刚愎自用，晚年暴虐，死于宫廷政变中宰相阿尔达班之手。

也是离不开精神的健康的。

在如此清新空气中，从阿克罗波利斯能一眼望到俯瞰马拉松平原的彭特莱思山——它也是这座城市的大理石产地。但气候并不是使雅典人成其为雅典人的唯一因素，而直到今天这个因素还发生着作用。

海洋成为了阿提刻人走向世界任何一个角落的通道。在伊米托斯山（这里出产上等的雅典蜂蜜）、彭苔利托斯山和埃格柳斯山（在薛西斯的军队纵火焚烧雅典城的几天之后，那些逃出来的不幸难民就是在这埃格柳斯山上，目睹了薛西斯的舰队在萨拉米斯海峡的全军覆没）环绕的平原中央，有一座500英尺高、870英尺长、435英尺宽的陡峭的方形小平顶山，这不能不说是大自然的鬼斧神工的地理奇迹。来自北方的移民最先为这座山坡是峭壁的小平顶山所吸引，在那里能得到他们所需的一切——食物和安全。

一个很有趣的事实是：雅典和罗马（或是现代的伦敦或阿姆斯特丹），古代欧洲的最重要的城市都与大海保持着数英里的距离，而不紧挨着大海。早在它们建立的千百年前，位于克里特岛上的地中海世界的中心城市克诺索斯，常常遭到海盗可怕的突然袭击，这成了它们的前车之鉴。不过，雅典比罗马更靠近海一些。古希腊的水手在比雷埃夫斯（现在的雅典港）上岸后，能更快地和自己的家人团聚。而罗马商人则要三天才行。这的确是有点远了。于是，他们就不再回家了，定居在台伯河口。这样，罗马就渐渐地失去了和大海的紧密联系，而海洋对所有渴望世界霸权的国家有巨大的好处。

这些居住在方台山上的人——“高城”（即卫城）中的居民后来迁移到

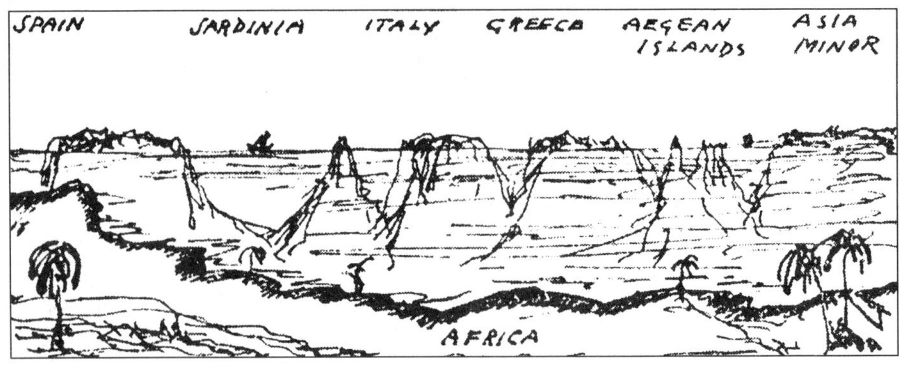

地中海

平原上了。他们在山脚下建造了房子、围墙，最后把这些要塞和比雷埃夫斯的要塞连成一片，开始了光荣的贸易与抢劫的生活，不久就让他们固若金汤的要塞成了全地中海最富饶的地方。他们的“卫城”不再被作为家园，而是变成了圣地——一座座白色的大理石神殿骄傲地矗立在阿提刻淡紫色的天空下——即使在今天，尽管土耳其人的军火库的爆炸炸毁了这座卫城的一部分很重要的神殿❶，但是，在那些能够以其完美展现出人类智慧的历史遗迹中，它仍然独特而辉煌。

希腊在1829年恢复独立时，雅典已衰落成了一个仅有2000人口的小村庄。1870年，它的人口增至45000人。如今，它有70万人口，增长速度与我们的某些西部城市差不多。在世界大战刚结束的时候，如果希腊不拿自己的命运开玩笑，愚蠢到把它们得到的极有价值的小亚细亚属地让出，今天的雅典就很可能是一支强大的爱琴海势力的中心。不过这些仍然可能在不久后发生。神的磨盘虽然缓慢，却不舍昼夜。这座以最机智聪明的宙斯的女儿❷命名的城市，一定会像这位从她父亲的脑袋里蹦出来的守护女神一样，拥有巨大的死而复生的力量。

巨大的希腊半岛最远的也是最南端的地方，是我们的最后一站。在这里，我们的自信心和祝福不再有效。以佩罗普斯这个不幸的王子的名字命名的这片土地，一直未从他因父亲的罪大恶极而遭受的诅咒中逃脱出来。在这里，海洋被雄伟的大山挡住了，一派阿卡狄亚的田园美景呈现在大山的后面。所有的诗人都把阿卡狄亚赞誉为诚实、质朴、可爱的牧羊姑娘和小伙子们的故乡。诗人们一向喜欢最热情地称颂他们最不了解的事物。阿卡狄亚人并不比其他的希腊人更诚实。如果说阿卡狄亚人不像其他那些老于世故的希腊人一样喜欢玩那些卑劣的骗人伎俩，那只是由于他们从没听说过这些伎

❶指雅典卫城上的帕提侬神庙。建于前447—前432年。1687年土耳其人把它当成了火药库，威尼斯舰队的炮弹不幸击中炸毁了它。

❷即雅典娜，传说中她全副武装地从宙斯的前额里蹦出而生。她是战争、工艺和智慧女神，也是城市的保护神，尤其是城市与文明的女神。雅典就源出她的名字。

俩。他们的确不偷东西，但在这个只有海枣和山羊的地方，实在没什么东西值得一偷。他们不撒谎， 是因为村子太小了，每个人都对其他人知根知底。他们在不优雅地，或是堕落而奢侈地敬奉埃莱乌西斯❶或者其他雅典的神秘的中心之人那些神的同时，也敬奉自己的神——伟大的潘神❷。在开粗俗的玩笑、像乡巴佬一样弱智这个方面，潘神丝毫不亚于任何一位奥林匹斯的神祇。

卡狄亚人一贯能征善战，但这一点对他们几乎没有什么好处。同大部分农民一样，他们厌恶法律，从不承认有谁是他们的头儿。

在阿卡狄亚山的南面，伸展着拉哥尼亚平原。这是一片肥沃的土地，它比阿提刻的谷地要肥沃太多了。然而这里就像它拥有的独立思想和主见一样一片荒凉，除去生活必需品之外，再无其他。斯巴达这座最奇特的古城就坐落于此。对北方的希腊人所憎恶的一切，斯巴达人都加以赞同。雅典人对生活说“是”的，斯巴达人则说“不”。雅典人相信天赋，而斯巴达人则崇尚效率与服务。雅典人骄傲地宣扬人的天赋，而斯巴达人却认为人与人平等。雅典人向外国开放，而斯巴达人却对外人关起大门或者杀死他们。雅典人是天生的商人，而斯巴达人却不能容忍被商业的铜臭玷污手指。从这两种政体的最后成败来衡量，斯巴达人做得并不太好，而雅典精神已传播到了全世界。斯巴达精神却随同产生它的城市一样灰飞烟灭了。

在今天的希腊地图上，你还能找到“斯巴达”这个名字。它只是一个贫寒的农民和卑微的蚕农生活的小村庄。它是1839年在古斯巴达传说中的遗址上重建的，资金是一个热心的英国人提供的，图纸由一个德国建筑师规划。但是人们都不愿意到那儿去。经过了将近一个世纪的努力，它有了4000人口。佩罗普斯的古老的诅咒！这个诅咒在半岛的另一端——史前的迈锡尼古堡完全应验了！

---

❶埃莱乌西斯：一个古希腊城市，是秘密宗教的发源地。

❷潘神：古希腊神话中的丰产神，外形有点像野兽。长着山羊的角、腿和耳朵。通常被描述成一个精力旺盛的好色之神。

伯罗奔尼撒半岛的著名港口城市诺普利阿面临着诺普利阿湾，在公元前5世纪被摧毁的迈锡尼城邦的遗址距此不远。比起雅典或罗马来说，迈锡尼对现代人来说具有更直接的重要影响。因为远在有文字记载的人类历史开始之前，人类文明最早就是从迈锡尼登陆，开始惠及未开化的欧洲的。

想要知道为什么是这样，就看看欧洲延伸到亚洲的巨大的巴尔干之手的那三根半潜于水下的“手指”，这些“手指”是由一系列岛屿构成的。除爱琴海东部被意大利占领的几个小岛之外，这些岛屿的大部分都属于希腊，由于没有哪个国家愿意为遥远大洋里的几块一文不值的破礁石开战，因此，这几个小岛也就一直留在意大利的版图内。为了方便，我们把这些岛屿分成两组，一组是靠近古希腊海岸的基克拉泽斯群岛，另一组是靠近小亚细亚的斯波拉泽斯群岛。如同圣徒保罗所知，这些岛屿彼此相距不远。因此这些岛屿就成为了古埃及文明、古巴比伦文明和亚述文明西进欧洲海岸的桥梁。在爱琴海诸岛上的亚洲早期移民的影响下，这些文明的“东方化”是很明显的。最终它们就以这种形式抵达古迈锡尼，所以，迈锡尼本来也应当像雅典一样，在后来成为古希腊世界的中心。

但是，这为什么没能实现呢？我们对此不得而知。这就像我们不明白马赛一样：这理所当然的继雅典之后的地中海统治者，不得不把霸主的荣耀交给一个现代化的妄自尊大的叫作罗马的小村庄。迈锡尼昙花一现的辉煌以及出人意料的崩溃将永远都是一个谜。

也许你会抗议，这些都是历史知识，而这本书是一本地理书。但是，就像其他许多古老的土地一样，在希腊，历史与地理也是交织在一起的，不可能对它们进行独立的讨论。而且，从现代观点上看，这一部分值得一提的地理内容是很少的。

有一条约三英里长的运河把科林斯地峡拦腰截断，但是，这条运河又窄又浅，大船是没有办法在其中通行的。由于与土耳其打了很多仗（在自己或是与保加利亚、塞尔维亚和黑山结为盟友的情况下），希腊的疆域几乎扩大了一倍。但是后来，希腊在它自命不凡的美梦中低估了土耳其人的战斗力，丧失了一半的新领土。今天的希腊人同他们的祖先一样，随时准备着出海。

蓝白相间的共和国国旗（1829年希腊重获独立时，它的第一位国王采用了这种古巴伐利亚的色彩）在地中海上到处飘扬着。甚至在北海和波罗的海中也能不时看见它，只不过不像济慈所描写的希腊古瓮那样，这些旗帜是很邋遢的。另外，希腊盛产无花果、橄榄和醋栗，并出口到喜欢这些美味的国家。

希腊能像她的人民热切期待的那样重获往日的荣光吗？也许可能。

这个曾被马其顿人、罗马人、哥特人、汪达尔人、赫鲁利人、斯拉夫人蹂躏过的国家；这个曾因诺曼底人、拜占庭人、威尼斯人和那些罪恶罄竹难书的十字军沦为殖民地的国家；这个几乎被阿尔及利亚人赶尽杀绝，然后大量进行移民的国家；这个被土耳其统治了差不多400年的国家；这个在世界大战时，被协约国当作军队后勤供应基地和战场的国家——它的苦难如此深重，要复兴真是如登天一般。但是即便一息尚存，也不要放弃哪怕最微小的希望。

第九章

意大利

> 由于它的地理位置，在时机到来时，它既可以是海上强国，也可以是陆上强国

从地理学的角度看来，意大利是一片巨大的废墟——一片庞大的山系的残留。它就像今天的西班牙的地形一样呈方形，渐渐缩小（几百万年过去，即使最坚硬的岩石也会如此的），直到最后消失于地中海的水下。如今，这古代的山脉只剩下了最东边的部分——亚平宁山脉，它从波河一直伸展到位于“靴尖”的卡拉布里亚。

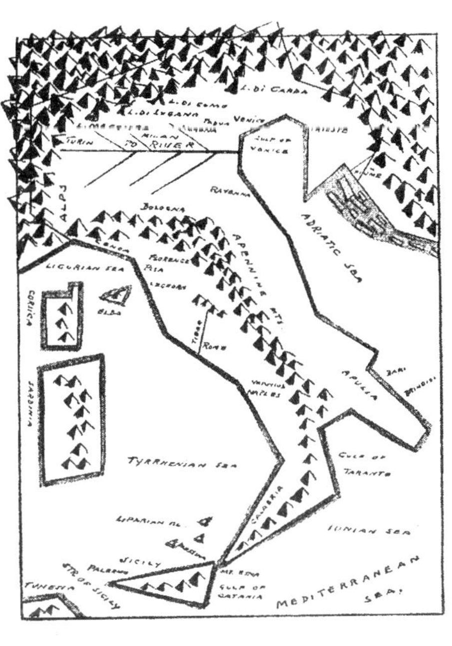

意大利

科西嘉岛、厄尔巴岛、撒丁岛是这片史前高原的遗留，当然还有西西里岛。这座远古高原上的山峰，如今只是散布于第勒尼安海中的一些小岛了。当这片陆地都被大海吞没时，一定是非常可怕和惨烈的。但这发生在大约2000万年前，那时，地球正在遭受最后一次的火山大喷发的浩劫，所

以现在没人知道发生了什么。而现在我们知道，这个事件给了后来的亚平宁半岛岛民巨大的福祉，它带给了他们一个有着温和的气候、肥沃的土地和优越的地理位置的国家。得天独厚的条件使它似乎注定要成为古代的强国，并且成为艺术与科学发展传播的最重要的因素之一。

希腊是一只伸向亚洲的手掌，掌握着尼罗河谷与幼发拉底河谷的古老文明。并把它们传播到欧洲大陆的其他地方。但是在那时，希腊自身却仍游离于他们施予种种恩泽的欧洲大陆。希腊就与一个孤岛没什么不同。事实上，它是半岛的事实并没有给它带来什么改观。整个巴尔干山脉的层层叠叠的山峦，把它与欧洲隔绝开来。

相反，意大利却既有三面环海的岛屿优势，同时又确实是北欧的陆地。它的这一优势常常被我们所忽略，因而常常被与西班牙、希腊相提并论。西班牙和希腊的确有许多类似的地方。比利牛斯山脉和巴尔干山脉都是横亘南北的不可逾越的障碍。而意大利的波河平原深深地插入欧洲腹地。它最北部城市的纬度比日内瓦和里昂还要高，米兰和威尼斯甚至比波尔多[1]和格勒诺布尔[2]的位置更靠北。而佛罗伦萨——我们不自觉地就把它当作了意大利的中心——则几乎与马赛处于同一纬度上。

再进一步来说，阿尔卑斯山尽管比比利牛斯山脉和巴尔干山脉高出了很多，但它的走向却造就了一条较便捷的南北通道。与意大利北部边境线几乎平行的莱茵河和罗讷河的流向横断了阿尔卑斯山，使得那些注入这两条大河的溪谷与河道垂直，于是就形成了通往波河平原的捷径。当年，带着整队大象而来的汉尼拔[3]就是从这里通过，打得希腊人措手不及，这也是这条捷径存在的首次证实。

因此，意大利才能成就她的双重地位：既是主宰着地中海世界的海上霸主，同时也是一支能征服和压迫欧洲各国的陆上力量。

---

[1] 波尔多：法国南部的一个港口城市。

[2] 格勒诺布尔：法国东南部的一个城市。

[3] 汉尼拔：迦太基将领，古代著名军事统帅。

直至地中海不再是一个世界性的海洋，美洲新大陆的发现使大西洋一跃成为了商业与文明的中心，意大利才丧失了它往日的优势。由于煤、铁资源的匮乏，使它根本无法与西方的工业国家竞争。但是，在几乎1200年的漫长岁月之中，即从公元前753年罗马建城到公元4世纪，意大利始终统治和管理着易北河、多瑙河以南的每一寸欧洲土地。

那些刚从亚洲迁移来的日耳曼蛮族部落，现在吵着要求炙手可热的“远西”地区的所有权，而他们的法律与秩序的观念最初却是由意大利人传授的，意大利人还让他们明白，同他们动荡的、肮脏的游牧生活相比，意大利人半开化的生活要优越得多。当然，意大利的难以计数的财富，正是来自于对别国的横征暴敛。不过，在征收重税之时，它也把一些“好的东西”传播到了这些国家，从而让这些不同地区的命运从此得到了改变。即使在今天，稍敏锐一点的观察者一眼就会发现，无论外貌还是观念，巴黎、布加勒斯特、马德里或者特雷沃的居民都和罗马人有某些相似之处。而他还会惊奇地发现，这些地方的商店招牌——无论是法语、西班牙语、罗马尼亚语，还是葡萄牙语，他都能看得懂。然后他就能意识到：“哦，我现在正在古罗马的老殖民地。如同今天的菲律宾属于美国，这整片土地过去都曾属于意大利。这里的第一批房屋是意大利的建筑师建造的，这里的第一批道路是意大利将军们铺设的，甚至这里的最早的交通和商业法规都是由中央政府意大利的语言写就的。” 然后他就开始明白这个国家享有的既是岛屿又是大陆的地理优势是多么得天独厚了。

意大利靠着这幸运的地理优势而征服了全部已知世界，但是同时，这优势无疑也有着负面的影响。一个由剧烈的火山喷发而诞生的国家，时刻都面临着被造就它的火山母亲毁灭的危险。意大利并不仅仅是拥有月光下的废墟、橘子树、曼陀铃音乐会和富有诗意的农夫的典雅之地，它同时还是一个典型的“火山爆发之国”。

在被恭恭敬敬地埋入坎波桑托的家族墓地之前，每一个年过古稀（这很容易，因为在意大利，笑声与礼貌是非常自然的，这就像抱怨的苦笑和粗野无礼在其他不那么得天独厚的国家里的情形一样）的意大利人都亲历过至少一次大地震和两次小地震。仅在1905—1907年之间，地震仪（最可靠的仪器，我希望所有的仪器都能像它那样精确）报告的地震就有300次之多。接下来的1908年，地震彻底摧毁了墨西拿。如果你想找一些重要的数据，这里有关卡普里对面的伊斯基亚岛的记录（数字的说服力往往比数页的文字更强）：

这个岛屿在1228年、1302年、1762年、1796年、1805年、1812年、1827年、1828年、1834年、1841年、1851年、1852年、1863年、1864年、1867年、1874年、1875年、1880年、1881年、1883年等都遭受过地震。

火山喷发了千百万年，使得意大利大片的土地逐渐被一层层厚厚的凝灰岩覆盖起来了——凝灰岩是一种由火山口剧烈喷发而出的火山灰所构成的软质岩石。由于这种火山凝灰岩层的渗透性极强，所以它对整个半岛山形地貌产生了决定性的影响。至少有4000平方英里的土地被火山凝灰岩覆盖着，罗马城那7座标志性的山也正是由变硬的火山灰堆积而成的。

向阳与背阴

人类历史产生之前的火山喷发还产生出了其他的地质构造，这使意大利的土地变化无常。亚平宁山脉贯穿整个半岛，几乎把这个半岛一分为二，而它大部分是由石灰岩构成的。这种软质的东西覆盖在年代更久远的比较坚硬的岩层结构上面，极易滑脱。对这种事，古意大利人十分清楚，所以，即使火山没有喷发，他们也会每隔20年就把每一块大领地的石头分界标勘察一下，看看它们是不是仍在原地。而对今天的意大利人来说，每逢铁路被挤压变形，或是道路断裂，或是可爱的绿色山坡上的一个村庄翻滚而下时，他们就会意识到这种土地的移动了（以惨痛的代价）。

当你访问意大利时，你会惊讶于有那么多的意大利村庄建在高山顶上。关于古意大利人躲到这些“鹰巢”的常见解释是他们对于安全的考虑。其实，这只是一个次要因素。他们远离了山谷里的水井和交通要道，住在极不舒适的山顶上，主要是为了避免被滑坡毁灭的惨剧。在山顶上，古老地质结构的岩基往往暴露出来了，能为未来的居民提供一个永久的居所。而覆盖着泡沫质石灰岩的山坡，上面就像流沙一样不可靠。因此，那些远看起来美丽如画的村庄，一旦身在其中却非常令人不适。

这把我们带进了对现代意大利的思索之中。意大利不同于希腊，并非仅仅能在过去辉煌。这个国家正充满着智慧和勇气，向新目标进发。如果它持之以恒，它在过去的一千年中因疏忽而造成的损失就会得到弥补，甚至再一次重返古代的荣耀，进入世界强国之林。

1870年，意大利重新取得了统一。意大利取得独立的斗争刚一结束，刚把外国统治者赶回了阿尔卑斯山的另一边（侵略者就是从那儿来的），他们那伟大的、近乎无望的重整山河的奋斗历程就开始了。

他们首先把注意力放到波河谷地　　整个半岛的谷仓。波河并不是一条很长的河流，如果你查阅一下世界河流相对长度的图表，你会发现，在欧洲，只有伏尔加河才有称作大河的资格。波河位于北纬45°附近，它虽然只有420英里长，但它的盆地却不小，有27000平方英里，既包括它的支流区域，也包括那些直接受波河影响的地域。这片流域虽不及其他几条大河所拥有的大，但波河也有着其他的独特之处。

这条大河能通航的河段约占全长的5/6，同时，它还是一条三角洲面积扩大最快的河流。波河三角洲每年都能扩大3/4平方英里，向外推进200英尺。如果这样持续1000年，这个三角洲就会扩展到对岸的伊斯特拉半岛，形成一个被7英里宽的堤坝所包围的内陆湖，使威尼斯成为这个湖中的岛屿，而堤坝之外，就是亚得里亚海。

波河裹挟了大量的沉积物，其中一部分沉积物沉积在河底，在河床形成了几英尺厚的硬硬的一层，波河也随之升高，为了防止波河泛滥，从古罗马时代直至今日，波河两岸的居民一直在修筑堤坝。因此，波河河面比它流过的平原要高出许多。在一些村庄，堤坝有30英尺高，河水流淌在屋顶的高度上。

波河流域也有一些其他的著名之处。从地质学上来说的并不太久以前，整个意大利北部平原仍然是亚得里亚海的一部分，阿尔卑斯山脉的峡谷——那些深受夏季游客喜爱的峡谷只是狭窄的港湾，就像现在挪威的半在水下的峡湾一样——这些峡谷就是昔日冰川融水的倾泻口。那时欧洲的大部分地区都被冰川覆盖着，当然，阿尔卑斯山的冰川的面积也比今天的要大得多。被石头厚厚覆盖着的冰川顺着山坡这通路滑下，岩石的外围就形成了“冰碛”。当两个冰川撞到了一块时，形成的冰碛就有普通的“冰碛”两倍高，这就是“中碛”。当冰川最终融化成水，这些压冰石留了下来，成为所谓的“终碛”。

这些“终碛”，是地理学上的“海狸堤坝”，它们把峡谷的高处封锁了起来。在冰川期，有大量的冰川融水倾泻而下，“终碛”的阻碍作用可以忽略不计，但是，随着冰川的消失，水越来越少了，而“终碛”越来越高出水面，一片湖泊就出现了。

意大利北部所有的湖泊，如马焦雷湖、科莫湖和加尔达湖，都是冰碛湖。当人类出现，开始灌溉之时，这些冰碛湖自然就成了蓄水池。当春天到来，冬雪消融，冰碛湖保存了所有过剩的水，这些水如果全泄在山谷里，就会形成最具破坏力的山洪。这样的话，加尔达湖的水位可以再升高12英尺，马焦雷湖能再升高15英尺，并且仍能容纳更多的水。用一个简单的水闸系统就能够控制这些水，并依据需要来开关控制这些湖水。

大波河平原的居民早就学会利用这些天赐的地理优势了。他们开凿出运河，他们把汇入波河的上百条小河用运河连通在一起，并修筑堤坝。今天，每分钟都有成千上万立方英尺的水流过这些运河。

波河流域也是理想的水稻种植区。1468年，第一根水稻苗被一位比萨商人引种到波河流域，如今，稻田已是波河中部平原最普通的景观了。其他的一些农作物，如玉米、大麻和甜菜等也被引入了这片大平原，尽管这里比意大利半岛其他地区的降水要少一些，但它却是意大利全境最肥沃的地区。

这个地区不仅仅为男人们提供了食物，它还为他们的妻子贡献了衣装。早在9世纪，源自中国的养蚕必不可少的桑树就被拜占庭（东罗马帝国。1493年，土耳其人攻占了它的首都君士坦丁堡，东罗马帝国灭亡）引入到了这里。桑树喜热，它在伦巴第地区（即波河平原。这个名称源于来自易北河河口的伦巴第人，他们是在那里居住了很久的条顿部落）找到了理想的生存环境。今天，波河平原从事丝绸工业的人大约有50万，他们出产的丝绸产品的质量远远优于“蚕的故乡”——中国和日本的同类产品。这种毫不起眼的小虫子，把最华丽的服装奉献给了我们。

无疑，波河平原各处的人口都是十分稠密的。然而，波河流域最早的城镇居民却同河流保持了安全的距离。这是因为他们当时的工程技术还未先进到能够建造稳固的堤坝，此外，那些每年春涝后形成的沼泽也让他们非常担心。都灵是坐落在波河平原的唯一一座重要点儿的城市，它是古老的萨沃伊议会所在地，如今它统辖着全意大利，并且还连接着通往法国和瑞士的关隘（通往法国的是蒙塞尼斯关隘，通往罗讷河河谷的是圣伯纳关隘——这个关隘以狗和修道院而闻名于世）。都灵地势较高，不用担心排水问题。而其他的城市，比如这个地区的首府米兰，它是五条重要商道（圣哥达、辛普朗、小圣贝纳德、马洛亚和施普吕根）的枢纽，则处丁波河与阿尔卑斯山之间的中间位置。而作为布伦纳通路——意大利与德国边境最古老的联结之一——终点站的维罗纳，则位于阿尔卑斯山脚下。著名的斯特拉地瓦利、瓜奈里和阿马蒂小提琴制作世家的故乡，就是波河平原上的克雷莫纳。至于伯杜瓦、摩德纳、费拉拉和博洛尼亚（欧洲最古老的一所大学所在地）都与波河这条它们赖以维持繁荣的大动脉保持着一段安全的距离。

威尼斯和拉韦纳这两座古代世界最浪漫的城市也是如此。威尼斯城的街道就是总长达28英里的157条运河。威尼斯原本是难民的藏身之地。比起亚洲移民大潮带来的危险，那些难民宁愿选择波河泥泞的岸边的不适。而来到了这里的难民们发现，这里的盐就相当于金矿，只要去捡就行了。垄断的盐业让他们走上了富裕的道路。这使他们的茅草小屋变成了大理石宫殿，使他们的渔船规模堪与战舰匹敌。在几乎整整三个世纪的时间里，他们是整个文明世界的殖民领袖，是最优雅而又最傲慢的戴着高帽的教皇、帝王和苏丹。后来当哥伦布发现了（当然，是认为发现了）通往印度的道路并安然归来的消息传到他们的商业中心的交易所时，出现了极度恐慌。股票和债券一下跌了50点。经纪人这一次成了预言家，因为威尼斯此后再也没能恢复过来。威尼斯精心保护的海上商贸通道变得一文不值。里斯本和塞维利亚取而代之，成为了国际货仓，欧洲各国都到那里去采购香料和其他的亚洲、美洲产品。堆满了金子的威尼斯成了18世纪的巴黎。大批有上流社会举止的纨绔子弟涌入这里，他们中有些也做些不那么体面的娱乐。狂欢开始几乎整年地持续，末日于是来临了。拿破仑的一个小分队就把这座城市占领了。美丽的运河仍在静静流淌，任人倾慕。又20年后，机动船出现了，使这里的风景大打折扣。

拉韦纳是波河的泥沙所造就出的另一座城市。现在它是一座内陆城市，被一片6英里长的泥土同亚得里亚海隔开。这个小水坑，当年一定会引得著名的客居于此的但丁和拜伦陶醉遐思。在5世纪的时候，它的重要性大于今天的纽约的重要性，因为那时它是罗马帝国的首都，是驻扎着庞大卫戍部队的重要海军基地，拥有最大的码头和木材供应。

公元404年，蛮族的势力日益强大，于是罗马皇帝认为罗马已不再安全了。为了更好地保护自己免遭蛮族的突袭，他把首都迁到了“海上城市”拉韦纳。从那以后，罗马皇帝和他们的子孙后代就在这座城市生活、统治和爱着，就像你现在静静地站在那些美妙无比的有着那个黑眼睛女人的镶嵌画上看到的一样。她原本是君士坦丁堡马戏团的一个舞女，后来却成为了著名的罗马皇帝查士丁尼一世的宠妃，死后拥有了一个很神圣的名字——狄奥多。

哥特人最终还是攻占了拉韦纳这座城市，并把它变成了他们的新帝国的都城，随后这里的潟湖开始涨水了。再后来，威尼斯和教皇互相争夺对拉韦纳的统治权，再后来，拉韦纳曾是一个可怜的被驱逐者[1]的家。家乡佛罗伦萨

---

[1]指《神曲》的创作者但丁。他因党派斗争不得不出走他乡，寓居并客死于拉韦纳。

对其贡献的奖赏，就是火刑柱的威胁。在拉韦纳城外著名的松林里，他寂寞地度过了余生，在他死后不久，这座古老名城也随之湮灭了。

我们还要再说说意大利北部。这个王国没有煤矿，但是她却拥有几乎无限的水资源。世界大战爆发时，这儿的水利建设刚刚展开。在此后20年里，你将会看到廉价的水电是如何取得巨大的发展的。原材料的缺乏一直是个大难题，不过意大利人凭借他们众所周知的勤劳俭朴，以及他们对生活和需要的清醒认识，会使意大利成为那些虽然富有资源却匮乏人才的国家的危险的竞争对手。

在西面，利古里亚阿尔卑斯山把波河大平原和地中海分开，它连接着亚平宁山脉和（狭义上的）阿尔卑斯山脉。由于寒冷的北风完全被挡住了，因此利古里亚阿尔卑斯山的南坡构成了著名的里维埃拉旅游胜地的一部分。里维埃拉是欧洲人冬季娱乐的场所，或者更准确地说，只是一部分欧洲人的娱乐场所而已，这些人能付得起长途路费和非常昂贵的旅馆费用。热那亚是这个地区的首府，是这个现代的王国的重要港口，拥有最宏伟的大理石宫殿——热那亚这个最强有力的竞争对手在同威尼斯争夺近东地区殖民地时期所建造的古建筑的遗迹。

热那亚的南部是一个稍小一点儿的阿尔诺河平原。阿尔诺河发源于佛罗伦萨东北25英里的山区，流经了佛罗伦萨的中心。中世纪的佛罗伦萨处于通往罗马的交通要道上，把欧洲各国同这个基督教中心联结到一起，使它得以睿智地发挥它优越的商业地位，成为中世纪世界重要的金融中心。特别是美第奇家族（他们本来是当医生，所以他们的原来纹章上的三枚药片变成了三只金球，后来被当铺作为标志），他们在金融方面的天赋尤为出色。他们不仅成为了托斯卡纳地区的世袭领主，而且还使他们的家乡成为15、16世纪最辉煌灿烂的艺术中心。

在1865—1871年之间，佛罗伦萨是新意大利王国的首都。它的重要性虽然后来有所下降，但仍然是非常令人向往的城市之一。在那里，如果金钱和品位是相对平衡的，那么一定能生活得非常惬意。

阿尔诺河流经了一片花园一般的美丽堪比爪哇岛的地方，而在它河口边的两个城市却没有多少历史重要性。比萨有一座著名的斜塔，但这不过是由于建筑师建造地基时的粗心大意，不过，它却为伽利略研究落体定律提供了巨大便利。另一座城市是里窝那，而不知是什么原因，在英国人的口中它变成了“来亨”。1822年，英国著名的诗人雪莱就是在这里溺水而亡，这座城市主要是因此而被人们记住的。

从里窝那向南，古老的马车驿道和现代的铁路沿着海岸延伸开来，车上的游客可以对厄尔巴岛朦胧地匆匆一瞥（拿破仑被放逐的地方，他从这里出人意料地突然重返法国，冲向了他最后的滑铁卢的宿命）。继续向前，就是台伯河平原了。在意大利语中，这条著名的河被叫作特维雷河（Tevere）。这条河流缓慢而混浊。它能让人模糊地想到芝加哥河，但却没有芝加哥河宽阔，它还让人想起柏林的施普雷河，但却远没有施普雷河清澈。塞宾山脉是台伯河的发源地，早期罗马人就是从这里掳走他们的妻子的。史前时代，台伯河河口就在罗马以西12英里远的位置，而现在这河口又朝前长了2英里。和波河一样，台伯河也裹挟着大量的泥沙，但台伯河平原与阿尔诺河平原的区别是巨大的。台伯河平原尽管比阿尔诺河平原宽阔，但阿尔诺河平原却更有生机、更为肥沃，而台伯河平原却是一片贫瘠，滋生着疾病。英语中“疟疾”一词就是中世纪的朝圣者们在这里创造的，他们认为“污浊的空气”（mal aria）就是让人得热病、高烧不退的元凶。出于对这种疾病的恐惧，太阳一下山，台伯河人就把他们的门窗遮挡得密不透风。但这种预防措施有一个很大的弊端，就是它也仔细地把那些小蚊子留在了屋里。我们也只是在大约30年前才认识到蚊子与疟疾之间的关系，所以，我们不应该嘲笑他们的这种无知。

罗马帝国时代，这片著名的罗马大平原（Campagna）被很好地排干了，人口变得非常稠密。当罗马警察一消失，整个地中海地区的海盗就猖獗起来了。直接面向第勒尼安海使罗马大平原几乎没有任何保护，成了海盗的理想目标。村庄被毁了，农田被荒废了，排水渠无人照料，疟蚊在死水中滋长。整个中世纪甚至直到30年前，从台伯河河口至奇尔切奥山的彭甸沼泽这片地区，人们或者绕道而行，或者乘马车飞驰而过。

问题产生了：这座古代世界最重要的城市竟然建在这样一个瘟疫肆虐的地区，真正的原因是什么呢？还有，为什么圣彼得堡也建在沼泽上？——为排干那儿的脏水，成千上万的人付出了性命。为什么人们会在一片荒凉的与任何城市相隔数百英里的高原上建起马德里？为什么巴黎偏偏坐落在一个盆地的谷底，常年饱受雨水的侵蚀？我无法解答。机缘兼有贪欲——或是有许多错误的著名政治预见！或是仅仅因为机缘本身或贪欲本身。我无从得知。而我写的这本书也不是一部哲学手册。

侵　蚀

罗马就建在那里，尽管这里气候对健康有害，夏季酷热、冬天寒冷，交流不便，但即使如此，这座城市依然发展成了一个世界帝国的中心和全球性宗教的圣地。在这样的情况下，怎么指望能有一种简单的解释呢！你可以去找上千种互相关联的解释，但不是在这本书里。因为，至少要写出三本像这本书一样厚的作品才能探究出这个秘密。

我不再对这座城市本身阐述更多的细节了。因为我是这个世界上最后一个对这个东半球的永恒之城进行裁决的人了。这大概要归因于我那些富有反叛精神的先辈。从公元前50年至公元1650年，他们觉得自己与罗马传播出的一切都存在着深深的分歧。站在古罗马集会广场上，我应该哀哭，我看到的只是一些流氓恶棍，他们打着将军与党魁的旗号，恣意地蹂躏着整个欧洲大陆和更广大的亚非地区，只是贡献了几条促进文明交流的大道，而这些大道似乎成了他们在那里犯下的罄竹难书的罪行的永久性借口。在那座纪念殉难者与圣彼得的大教堂之前，我本应当感到敬畏，然而，我却深感痛惜，这只是一座并不漂亮也不让人迷恋的教堂，它只不过比同类建筑大了一点，却浪费了无数的财富。佛罗伦萨和威尼斯的协调是我景仰的，我也欣赏热那亚的完美平衡的比例。我当然知道，有这样想法的只有我一个。彼特拉克、歌德，每一个取得了点成就的人，在看到布拉曼特[1]的穹隆的第一眼时，都会流下感动的泪水。由它去吧，我可不愿破坏你对城市的鉴赏力，你自己去看吧。我强调过，从1871年起，罗马就成了意大利王国的都城，而这座城市拥有一座城中之城梵蒂冈。1870年的一天，意大利王国的军队开进了这座城市，宣布了一项法令，梵蒂冈城从此由罗马统辖，梵蒂冈教皇的绝对统治权被剥夺了。直至1930年，梵蒂冈城才被归还给了教皇，而他在1870年被剥夺的绝对统治权也得到了恢复。

现代的罗马几乎没有工业。只有一些破破烂烂的古罗马时代的遗迹，它的主干道会让人联想到美国的费城，还有许多穿着很棒的制服的人。

我们接着就去另外一个城市，目前，那儿是整个半岛人口最为稠密的地区，那是一个地理与历史交织在一起的地方，它使我们再一次面对这个恼人的谜团："为什么这个占尽天时地利的城市没有把那个处于一条可怜小河的谷地上的居于主导地位的罗马取代呢？"

那不勒斯位于意大利西海岸一个优良海湾的前沿，是意大利西海岸最肥沃的土地，它的历史比罗马更为悠久。那不勒斯的建立者是希腊人。为了与危险的亚平宁部落开展商业贸易，希腊人最早是住在与他们保持安全距离的伊斯基亚岛上。但是，伊斯基亚岛也不是很安全，因为它顶着火山震怒的危险。希腊人只好朝大陆迁居。由于在移民之间不可避免的争吵（因为背井离乡的空虚和贪婪的总督的混乱统治），最终出现了内乱，有三四个小型的居民点被摧毁了（听来就像我们美国建国时一样），所以，一批新移民决定从

---

[1] 布拉曼特（DonatoBramante，约1444—1514）：意大利人，是意大利文艺复兴鼎盛时期的建筑师，为圣彼得大教堂进行了重建，不过地基刚完成他就过世了。

零开始为自己建立一个城市。这个城市被他们称为“新城”（New City）或者“那波利斯”（Neapolis），后来这个名字渐渐地演变成了“那波利”（Napoli）或是英语中的“那不勒斯”（Naples）。

在那不勒斯发展成了一座繁荣的商业中心时，罗马还是一个牧羊人的小村子呢！但是，那些牧羊人一定具有真正的管理天才，因为在公元前4世纪时，那不勒斯就已经成为罗马的一个“盟友”了。“结盟”只不过是一个好听的字眼，实际上它只是“臣服”的另一个说法罢了。从此，那不勒斯就成为次要角色，后来又为蛮族所占领，最终，它落入了波旁王室的西班牙后裔之手，而波旁王室的统治早就是一个可耻的暴政与对各种自由的思想行为进行镇压的代名词了。

即使这样，这个城市的自然优势还是这样得天独厚，成为了欧洲大陆人口最密集的城市。这么多人是怎样生存的呢？无人知晓，也无人关注。这种情况持续到1884年流行于那不勒斯的霍乱，现代意大利王国不得不清理这里的房屋。他们的清理做得非常聪明果断。

美丽的维苏威火山是这个奇妙的城市的背景。在所有已知的火山中，维苏威火山灰的喷发方式是最干净利落的，也是最有条不紊的。许多漂亮的小村庄环绕着这座4000英尺高的活火山，这些村庄盛产一种独特的烈酒——著名的“基督之泪”。早在古罗马时代，这些村庄就出现了。为什么不可以呢？当时的维苏威是一座死火山，在人类的记忆中，它有近1000年没有喷发过了，只是在公元63年，地下曾发生了一点儿小小的震动，但对意大利这个国家而言，这点小小的震动根本算不了什么。

然而16年之后，整个世界都因它而震惊了。在不到两天的时间里，海格利尼姆城、庞贝城和另一个更小的城市全部被一层层厚厚的熔岩和火山灰彻底地深埋起来，从地表永远地消失了。从那以后，维苏威火山远未“死”去的迹象至少100年就会显露出来。从原来的火山口上升了1500英尺的新火山口不断地冒出浓烟。根据1631年、1712年、1737年、1754年、1779年、1794年、1806年、1831年、1855年、1872年、1906年等这过去300年的统计数据，那不勒斯成为另一个庞贝城也是有可能的。

从那不勒斯南下，我们就到了卡拉布里亚省。这一地区饱经偏远之苦。尽管有铁路同北方相连，但是卡拉布里亚的沿海地区疟疾横行，中部地区则遍布着花岗岩，农业还是古罗马共和国时代的水平。

把卡拉布里亚与西西里岛分隔开来的是狭窄的墨西拿海峡。这条海峡只有一英里多宽，但在古代却以两个大旋涡而闻名，即斯库拉和卡里布迪斯。据说，假如航船偏离航道半码，它们就会被整个吞没进去。大旋涡所引起的恐惧足以让我们看到古代航海者的无奈，而现在的机动船能够轻松而安静地从这些大旋涡的中心穿过，根本不会注意到水流的扰动。

西西里岛优越的地理位置使它自然而然地成为了古代世界的中心。此外，这里的气候也非常宜人，人口稠密，非常富饶。同那不勒斯一样，由于西西里人的生活太优越、太轻松、太舒适，所以，在过去的两千多年里，面对外族群主的种种拙劣的治理，西西里人一直平静地忍受着。在结束了腓尼基人、希腊人、迦太基人（他们的居住地距非洲北部海岸只有约100英里）、汪达尔人、哥特人、阿拉伯人、诺曼人、法兰西人和因这个快乐小岛而得到头衔的120位王子、82位公爵、129位侯爵、28位伯爵及356位男爵对这个岛的掳掠与欺凌之后，西西里人就着手对他们那被本地的埃特纳火山损坏的房屋加以修缮。1908年的火山喷发让每个人记忆犹新，它彻底摧毁了墨西拿这个最重要的城市，导致了超过75000人死亡。

此外，还要说一下马耳他，虽然在政治上它并不隶属于意大利，但是马耳他就如同西西里的一个水上郊区。这个富饶的小岛正好处在西西里与非洲海岸的中间，因为它控制着苏伊士运河，所以也就控制了欧洲与亚洲的海上商道。十字军失败之后，马耳他岛就被献给了圣约翰骑士团[1]，从此以后，这些人就自称为马耳他骑士团。1798年，拿破仑在借道埃及和阿拉伯，想

---

❶圣约翰骑士团：耶路撒冷圣约翰医院骑士团。最初是由法国贵族吉拉德（Gerard）和几位朋友在耶路撒冷的圣若翰洗者教堂附近的医院成立，主要宗旨是照料伤患和朝圣者，直到1120年才开始作为一个军事组织进行活动，并以武力保护朝圣者免受异教徒攻击，成为耶路撒冷王国的一支重要军事力量。1530年，奉教皇克雷芒七世和神圣罗马帝国皇帝查理五世的命令，医院骑士团来到马耳他岛。

要把英国人从印度驱逐出去的远征中，顺手就夺取了马耳他岛。他想先把它占领，并最终实现他的梦想，就是把英国人从印度赶出去（这是个天才的计划，但最后还是失败了，因为沙漠远比他想象的要大得多）。两年之后，英国人以此为借口把马耳他岛夺走了，并从此赖在这里。意大利人为此非常懊恼，而马耳他人却对此满不在乎，因为如果是他们自己来治理，这个岛绝不会这样富庶。

我几乎没有提意大利东海岸，这是因为这里并不太重要。亚平宁山脉一直延伸至海边，所以建立大规模的城镇是非常困难的。而另一边的亚得里亚海岸边山崖陡峭不适宜居住，贸易也发展不起来。从北方的里米尼至南方的布林迪西（邮船从这里出发前往非洲和印度），中间没有任何重要的港口。

意大利的“靴跟”地区是阿普利亚。同卡拉布里亚一样，阿普利亚地区也饱尝远离文明之苦，它的农业也同卡拉布里亚一样，仍处于汉尼拔莅临此地时的水平。他滞留于此，为始终没有到来的迦太基人的支援苦苦等待了12年。

阿普利亚的一个城市拥有世界上最好的天然良港，然而，那里却门可罗雀。这个城市叫作塔兰托，这个名字还被赋予了一种毒蜘蛛和一种舞蹈，这种舞蹈是在被这种毒蜘蛛咬伤后用来避免睡着而进入致命的昏迷的。

地理因世界大战而变得非常复杂。说到现代的意大利，就不能不提伊斯特拉半岛，它是对意大利人在战争中的倒戈的奖励。曾是古老的奥匈帝国重要出口港的的里雅斯特，如今丧失了它的内陆地区，就衰落下去了。此外，由于整个亚得里亚海岸没有其他优良的港口，因此对日耳曼人而言，同样曾隶属于哈布斯堡家族的、隐藏在瓜尔内罗湾的最里面的阜姆港，是一个天然的对外港口了。由于担心阜姆会成为的里雅斯特的竞争对手，意大利人一直在索要这个港口的所有权。当政要们用《凡尔赛和约》拒绝了意大利的要求时，意大利人干脆就夺取了它。更准确地说，是他们伟大的作家兼恶棍邓南遮为意大利人夺取了这个港口。于是，协约国不得不先把阜姆港定为一个

“自由港”。而在意大利与南斯拉夫没完没了的谈判之后，阜姆港最终被割给了意大利。

在这一章里，只剩下撒丁岛没有说了。撒丁岛很大，但它的地理位置却很偏远，人口稀少，所以，人们常常忘记它的存在。然而，撒丁岛确确实实是存在的，它是欧洲的第六大岛屿，面积达10000平方英里。作为亚平宁山脉的几个最远端之一，撒丁岛背靠大陆，它的西海岸有天然良港，东海岸布满了悬崖峭壁，十分危险，没有一个方便的登陆地点。在意大利过去的200年中，撒丁岛扮演着有趣的角色。在1708年之前，它属于西班牙人，在此之后，它又为奥地利人所占领。1720年，奥地利人用撒丁岛交换了处于萨伏伊公爵们治下的西西里岛（他们的首府是位于波河流域的都灵）。有了撒丁岛，萨伏伊公爵们就骄傲地自称为撒丁国王（从公爵到国王是晋升的关键），这就是为什么现代意大利王国发源于以一个岛来命名的王国，而这个名不见经传的岛，10万个意大利人中都没有一个人见过。

第十章

西班牙

非洲与欧洲的碰撞之地

伊比利亚半岛的人以众所周知的鲜明的民族特点而著名。这些西班牙人凭借他们民族所特有的傲慢、彬彬有礼、自豪、庄重，能在任何地方、任何环境中被辨认出来。由于音乐也被用来发展“种族理论”，你甚至能从吉他和响板的演奏水平上分辨出哪一个是西班牙人。

也许如此吧，也许吉他和响板的演奏水平能够像高傲和自豪一样易于把西班牙人的身份显露出来。但我对此有着严肃的质疑。西班牙的气候干燥而温暖，这使他们能使用室外乐器。这才是西班牙人善于弹吉他和打响板的缘故。然而，假如美国人和德国人也来学习这些乐器的话，他们能比西班牙人弹奏得好得多。他们之所以没有西班牙人在这上面用的时间多，是因为他们的气候条件。在寒冷的暴雨不断的柏林之夜，你不可能好好地去打响板，这就和手指冻得发抖时不可能好好地弹吉他一样。至于他们的自豪、傲慢与彬彬有礼，难道不都是几个世纪以来的艰苦的军事训练的结果吗？从地理上来看，难道西班牙不更像是并非地处欧洲而是非洲的一部分吗？难道它不是注定会成为欧洲与非洲你死我活的战场吗？西班牙人最后获胜了，但是，长期以来他们不得不为之战斗的土地却给这个民族烙下了深深的印迹。假如西班牙人的发祥地是哥本哈根或者伯尔尼，他们会是什么样子呢？那样的话，他们可能就会成为非常普通和微不足道的丹麦人或是瑞士人。这样的话，他们可能就不打响板了，而是改为约德尔式[1]的高歌，因为那里会产生美妙回音的峭壁和山谷会激起人用约德尔式唱法高歌的欲望。而且，他们也无须费力地去耕种他们那荒芜的土地（非洲与欧洲的冲突是再一次荒芜的主要原因），去啃干瘪的面包，去喝发酸的酒了，他们能有很多的黄油，这是抵抗北欧不变的潮湿气候的必需品；喝的会是开胃酒[2]，粮食的充足廉价使杜松子酒[3]差不多成为了常见的全国性的饮品。

下面看看地图吧。还记得希腊和意大利的山脉吗？希腊的山脉是呈对角线状贯穿全国；意大利的山脉则几乎呈一条直线，纵贯南北，把意大利一分为二，两边又都留下了足够的空间，足够铺设连通国家两端的公路，还有重要的波河平原，它使亚平宁半岛成为了欧洲大陆不可或缺的一部分。

西班牙的山脉的走向是水平的，人们几乎可以把山脉看成可见的纬线。只要看一眼地图，你就能了解为什么这些山脉会成为任何有序的发展的障碍了。这些山是从比利牛斯山脉开始的。

全长240英里的比利牛斯山脉毫无间断地从大西洋笔直地伸展到地中海。它没有阿尔卑斯山高，所以似乎很容易就能从山口翻越过去，然而事实并非如此。阿尔卑斯山尽管很高，但也非常宽阔；所以尽管山路很长，坡度却较为舒缓，所以对人和货运马匹并不十分困难。而比利牛斯山却只有60英里的宽度，所以，对人来说比利牛斯山的山口就太陡峭了，只有山羊和骡子才能过去。不过据有经验的旅行者说，甚至连骡子也是很艰难地过去的。训练有素的旅行者（大多为职业的走私贩子）是能翻过去的，但也只是在夏季的几

---

[1] 约德尔式（Yodel）：是瑞士的一种传统唱法，特点为真假嗓音变换。

[2] 开胃酒（aquavit）：一种斯堪的纳维亚产的由马铃薯或谷物蒸馏制作而成的透明烈性酒。

[3] 杜松子酒（gin）：一种由裸麦或其他谷物蒸馏并加入杜松子等香料制成的无色烈性酒。

个月份里。工程师们在修建连接西班牙与外界的铁路时也意识到了这一点，他们建造的巴黎—马德里铁路线和巴黎—巴塞罗那铁路线这两条主干线都是沿大西洋和地中海的海岸线修建的。与此相对的是，翻越或是穿过了阿尔卑斯山脉的铁路线有六条之多。从比利牛斯山脉西部的伊伦到东部的菲格拉斯没有一条穿山而过的隧道，因为没有人能开凿出一条长60英里的隧道；也没有人能让火车在倾斜40°的轨道上爬行。

伊比利亚半岛

但西边还是有一个山口较容易通过，那就是著名的龙塞斯瓦列斯山口。当年，查理曼大帝的显赫的武士罗兰，为了孝忠于主人的利益，就是在这里与撒拉逊人❶战斗到最后，奉献出了自己的生命。700年之后，另一支法兰西军队取道这个山口攻入了西班牙。他们翻过了山口，但镇守着南方道路的潘普洛纳城却阻挡住了他们。在守城战中，一个名叫依纳爵·罗耀拉的西班牙士兵腿部受到了严重的枪伤。在养伤的时候，他萌生了一个创建基督教组织的想法，这就是后来著名的耶稣会❷。

比起其他任何一个宗教组织，耶稣会士们后来对许多国家的疆域变

❶撒拉逊人：中世纪基督教的一个用语，指所有信奉伊斯兰教的民族，尤其是指阿拉伯人。

❷耶稣会：天主教修士会之一。由依纳爵·罗耀拉创建于1534年，其组织仿效军事化进行编制，有严格的纪律。会规除了立“三绝”誓愿（绝财、绝色、绝意）外，还要求会士绝对地效忠教皇。16世纪，欧洲掀起了宗教改革运动，这个运动遭到了天主教会的反对，而耶稣会是天主教的主要反对力量。

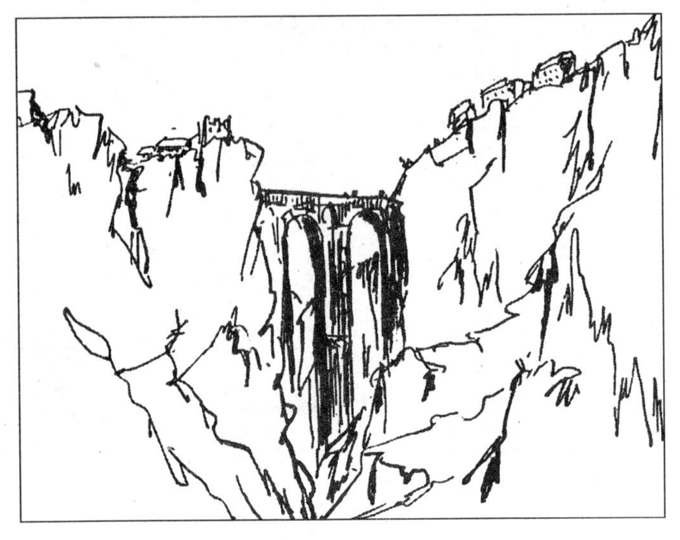
一个西班牙峡谷

迁都产生了巨大的影响，远远超过了那些不屈不挠地游说四方的方济各会的修道士们。发祥于此的耶稣会保卫着这个翻越比利牛斯山脉中部的唯一山口。

著名的巴斯克人能够从史前时代一直保全至今，无疑是凭借了比利牛斯山脉这道难以逾越的天然屏障。位于东部山区之巅的安道尔共和国能够保持独立，也正是依赖于这一天险。这些数量约为70万的巴斯克人如今居住在一个北起比斯开湾、东抵西班牙纳瓦拉省、西至桑坦德市和埃布罗河的洛格罗尼奥市的三角地带。“巴斯克”（Basque）的意思即英语中“吹嘘者”（Gascon），不过与著名的达塔南[1]队长的老朋友没有关系。罗马征服者把巴斯克人称为伊比利亚人，并把整个西班牙称作伊比利亚半岛。而巴斯克人则骄傲地自称为埃斯卡尔杜纳克人，这名字不像是欧洲人，倒像是爱斯基摩人。

也许你的猜测和我的一样明智，但来看看目前的一些有关巴斯克人的起源的理论。一些教授——他们是从头盖骨和发音方式上来研究种族起源的——认为，巴斯克人与我在几章前提到的柏柏尔人有关。柏柏尔人可能是史前欧洲最早的部落的后裔，即克罗马尼翁族。有一些人认为，巴斯克人是那个沉没海底的富有传奇色彩的神秘之岛——亚特兰蒂斯岛——的幸存者。还有人认为，巴斯克人现在居住的地方就是他们的发源地，所以根本不必探

---

[1]达塔南（约1610—1673）：法国路易十四的禁卫军队长。大仲马小说中英雄的原型。

究他们来自什么地方。不管真相到底如何，反正巴斯克人总能聪明地远离尘嚣。巴斯克人非常勤劳。有大约10万人之多的巴斯克人移居到了南美洲，他们是出色的渔民、卓越的水手、优秀的铁匠。他们默默地干自己的事，与报纸的新闻无缘。

由一位哥特国王在公元6世纪建立起来的维多利亚是巴斯克人最重要的城市。它也是一场著名的战役的战场。在那场战役中，一个名字叫亚瑟·韦斯利的爱尔兰人（他的英国头衔是更广为人知的“威灵顿公爵”）打败了科西嘉将军波拿巴（他以法国头衔“拿破仑皇帝”而著名）指挥的军队，使后者被一劳永逸地赶出了西班牙。

而安道尔这个奇怪的联邦总共只有5000居民。一条步道就是他们与外界联系的唯一方式。安道尔是中世纪那些奇妙的小公国中唯一的一个幸存下来的标本，因为作为前哨站的安道尔，愿意把珍宝奉献给某个远方的君主，然后它能远远地离开外面喧嚣的世界，毫不引人注意了。

安道尔的首都只有600人，但同冰岛人和意大利的圣马力诺人一样，这些安道尔人早在我们试行民主制度的800年之前就已经开始按照自己的意愿来管理国家了。安道尔作为共和国历史悠久，它的确值得我们的肯定与尊重。800年是一段漫长的岁月，我们自己在2732年时又会变成什么样呢?

从另一方面看，比利牛斯山脉与阿尔卑斯山脉迥然不同。比利牛斯山脉几乎没有冰川。从前，比利牛斯山曾覆盖了比瑞士山区还要厚的冰雪，可如今这里只剩下几平方英里的冰川了。几乎所有的西班牙山脊也是如此陡峭，难以攀登。即使南部安达卢西亚的内华达山，也只是在每年的10月到次年的3月间有一些积雪。

山系的走向当然直接影响了西班牙的河流。西班牙中部高原是一列历经数百万年的侵蚀的巨大的史前山脉的残存部分，几乎所有的西班牙河流都是从这个荒凉的高原发源的。这些河流水流湍急，有很多瀑布，从高原迅急地奔入大海，根本没有一条可以被利用为商道。漫长干燥的夏季带走了它的大部分水量，正如你所看到的那样，每年至少有五个月，干燥的曼萨纳雷斯河河床都会成为首都马德里的孩子们的假想海滩。

所以在此没必要把所有的河流名称都举出来。不过，葡萄牙首都里斯本的塔古斯河还是值得一说的。塔古斯河的航道几乎同西班牙与葡萄牙间的边境线等长。位于西班牙北部的埃布罗河也可以通航。埃布罗河是一条大河，穿过了纳瓦拉和加泰罗尼亚，小船能够畅通无阻，但在大部分河段里大船是无法通航的，只能在一条与河平行的运河中航行。瓜达尔基维尔河（Guadalquivir）（摩尔人的“大河”之意）把塞维利亚市与大西洋连通起来了，但它只能通行吃水深度在15英尺以内的船只。瓜达尔基维尔河在塞维利亚至科尔多瓦的河段只能通航小船。据说，科尔多瓦这著名的摩尔人的昔日首都本是以不少于900座的公共浴场而自豪的。后来，科尔多瓦为基督徒所攻占，人口因此从20万锐减至5万，900座公共浴场一所不剩了。过了这段河道，瓜达尔基维尔河也和大部分西班牙河流一样，成了峡谷遍布的河流（就像我们美国的科罗拉多河），而且严重阻碍了陆地上的生意，也无法成为商业水道。

因此，总的来说，大自然对西班牙毫不青睐。一片庞大的高原占据了西班牙广大的中心地区，这里又被一条低矮的山脉一分为二。这条分水岭是瓜达腊马山，北边是旧卡斯蒂利，南边是新卡斯蒂利。

卡斯蒂利是“城堡”的意思，这个名字听起来很不错。但它也如同那只有商标引人注目的盒装西班牙香烟一般虚有其名。卡斯蒂利和世界上其他的许多地方一样地荒凉萧索。南北战争时谢尔曼将军率军攻破佐治亚州之后曾说过一句话：如果一只乌鸦要飞越谢南多亚山谷，它得带上口粮才行。不知是有意还是无意，谢尔曼的这句话套用了两千多年前的罗马人的一个说法：一只想飞越卡斯蒂利的夜莺必须带着食物和水，否则它就会饥渴而死。这片高原周围的山太高了，足以把从大西洋和地中海飘来的云挡在外面，结果就不幸地出现了一片高原。

一年之中，卡斯蒂利要过九个月炙烤的日子，而另三个月则要受干燥寒风的侵袭。在卡斯蒂利这片荒芜广阔的高原上，大风呼啸，能感到这里有一点点舒适而生存下来的只有山羊。茅草是卡斯蒂利高原上唯一兴旺的植被，它的坚韧使它能成为编织篮子的好材料。

西班牙人把卡斯蒂利台地的大部分称为梅塞塔（即我们所谓的“平顶山”，了解墨西哥的人或是和“疯狂的凯特”一同冒过险的人都会对此很熟悉），这里与一片沙漠差不多。西班牙和葡萄牙的面积尽管远比英格兰大，但人口却只有英伦三岛的一半，原因就在这里。

如果想对这些破败贫穷的地区做进一步的了解，最好去读一读唐·米格尔·德·塞万提斯·萨维德拉的作品。你或许还记得他作品中的那个天才的小贵族堂吉诃德·德·拉·曼却。事实上，“曼却”其实是位于西班牙古都托莱多附近的那些内陆沙漠中的一个，是一片荒凉萧瑟的旷野。它们从过去至今一直点缀着卡斯蒂利高原。西班牙人认为“托莱多”是个不吉利的词，因为它的阿拉伯语原意是“荒凉”（al mansha），而可怜的堂吉诃德拥有的头衔只不过是“荒凉之王”而已。

在这样的一个国家里，大自然吝啬而顽固，人们要么老老实实艰苦劳作，从大自然手中谋取生存所需；要么就得像普通西班牙人那样生活，他的全部家当只需一头小毛驴就能驮走。这就是国家的恶劣地理环境所造就的最大的悲剧。

800年前，西班牙还是一个为摩尔人统治的国家。这并不是伊比利亚半岛的第一次外族入侵。因为这个国家蕴藏了宝贵的矿产。2000年前，铜、银和锌的地位如同今天的石油一样重要。哪里发现了铜、银和锌，各国军队就会到哪里去抢夺。当两大军事阵营在地中海地区出现之后，当闪米特人（迦太基人的一个分支，本属腓尼基侨民，残酷地压迫和剥削附属国）和罗马人（尽管与闪米特人既不同宗又不同源，但是对待附属国同样残忍）都开始密谋掠夺各国财富之时，西班牙就厄运难逃了。和许多国家地区一样，拥有丰富的自然资源也是西班牙人的不幸，于是，两伙有组织的强盗集团就把西班牙变成了一片战场，任由他们的雇佣军在此角斗。

这两帮强盗刚走，北欧蛮族又试图把西班牙变成一座攻打非洲便捷的大陆桥梁。

后来，在公元7世纪早期，一个有远见的骑骆驼的阿拉伯人统帅着一大批名不见经传的沙漠部落，开始了漫长的夺取世界霸权的征战。一个世纪之

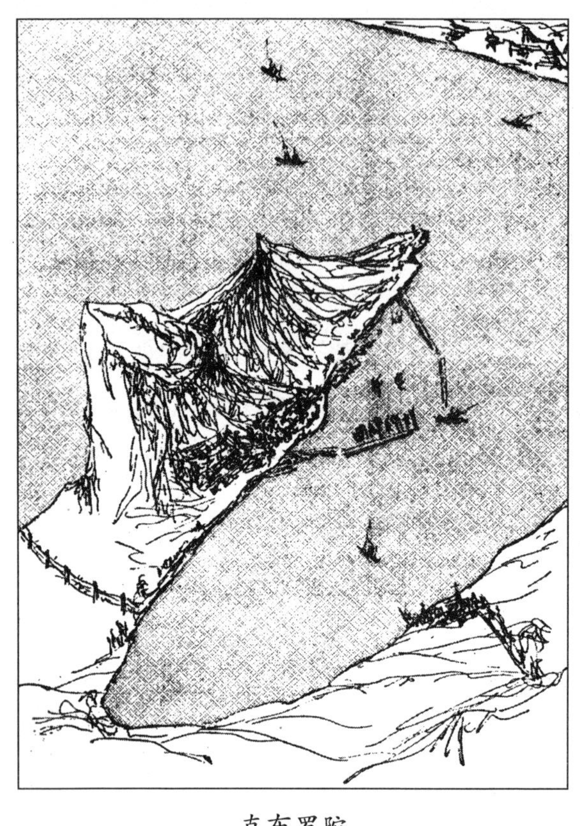
直布罗陀

后，整个北非地区都被他们占领了，而他们的下一个目标就是欧洲。公元711年，阿拉伯人塔里克（Tarik）[1]率战船驶往著名的猴子岩（欧洲唯一的一个一直有野生猴子的地方），他的军队未遭到任何抵抗就在直布罗陀附近的地方顺利登陆了。而这块著名的岩石（它并不像那个广为人知的说法一样，而是背靠大陆的）在过去200年中，一直是属于英国人的。

此后，古老的"赫拉克利斯之柱"就变成了穆斯林的属地。据传说，大力神赫拉克利斯当年一下就把欧洲和非洲的大山推开，造就了今天的直布罗陀海峡。

难道西班牙人不能抵抗阿拉伯人的入侵吗？他们全力以赴了。但西班牙的地貌让他们无法协同行动。因为平行的山系和河流的深谷把这个国家分隔成了许多独立的小块。要知道，西班牙至今仍然大约有5000个村庄处于与世隔绝的状态。一条根本不会令人目眩的、只有在一年里的一些特定时间才能通行的羊肠小道就是他们的对外通道。

历史与地理所能告诉我们的确切事实并不多，但是其中有这样一条：西班牙这样的国家正是宗派的滋长之地。宗派无疑是有一些益处的，至少同宗

---

[1]即塔里克·伊本·齐亚德，柏柏尔人，在穆萨征服柏柏尔人后，成为奴隶，随后皈依伊斯兰教，并加入阿拉伯军队，战功卓著，成为军事将领。公元711年，塔里克奉穆萨之命率军登陆西班牙，以少胜多，打垮了西哥特王国。后被穆萨囚禁，晚境凄凉。

同派之人能彼此忠诚，共同维护宗派的利益。但是，门阀宗派制度是一切经济合作与国际组织的天敌，这已为苏格兰和斯堪的纳维亚的情况所证明。尽管岛上的居民一向被认为是自私保守的人，是除了自己的弹丸小岛上的事以外，什么也不关心的人，但是，他们至少能与邻邦的人在一条船上共度一个下午，或是与他们共同去救援一艘沉船，听听外面世界的消息。可是，几乎不可逾越的大山让山谷居民与世隔绝，人人都是除了自己和左邻右舍之外一无所知了。

穆斯林之所以能够征服西班牙，是因为尽管这些摩尔人来自沙漠，并且严格恪守“宗派”观念，但是这一回他们是在强大领袖的号召和引领下，因此他们能齐心协力地统一服从指挥。这些领袖为同胞们确立了一个共同的民族性的目标，让他们把各自的想法抛开了。可是西班牙人却为了各自的小宗派集团的利益而钩心斗角，他们的内部仇恨通常比对共同外敌的仇恨更强，所以他们才会被这些外敌赶出自己的家园。接下来是西班牙人伟大的争取独立的战争，持续700年之久。在这700年的漫长岁月之中，那些北方的基督教小国之间互相背叛、钩心斗角，而它们之所以能幸存下来，全是因为有比利牛斯山这道天然屏障。在比利牛斯山的另一边，是西班牙人不敢招惹的法国人，而法国的查理曼大帝在含糊其词之后，最终不屑理睬这些小国，任由它们自然发展。同样是这700年，摩尔人把西班牙南部变成了一座名副其实的花园。这些从沙漠来的人对这些来之不易的水资源很珍惜，对在他们的家乡难得一见的花草树木也很珍视。庞大的灌溉工程被修建了，还有橘树、枣树、杏树、甘蔗和棉花也被引种到这里了。瓜达尔基维尔河的水力资源得到了充分的利用，科尔多瓦到塞维利亚的谷地被改造成了一片巨大的灌溉冲积平原和花园，这里的农民一年耕种四次。对在巴伦西亚附近注入地中海的胡卡尔河又进行了进一步地开发利用，胡卡尔河流域又增加了1200平方英里的肥沃土地。他们还引进了技术人员，大学建立起来了，农业知识得到了科学而系统的讲授。而西班牙人至今还在使用这些穆斯林修筑的公路呢！前面我们已经提到了他们对天文学和数学所做出的贡献，当时欧洲唯一一个关心医药与健康的民族就是摩尔人。对这些问题，摩尔人研究得很细致耐心，他们甚至把古希腊的作品译成了阿拉伯文，重新推介给了西方世界。另一个民族还因他们而做出了自己的贡献，对摩尔人来说这个方面所具有的意义更大。摩尔人不逼迫犹太人居留在保留地里，或是对他们采取更严厉的措施，而是给了他们充分的自由，这样，这个民族就得以把他们的商业和组织才能充分地发挥出来，使这个国家受益多多。有关西班牙这个人间天堂的消息也传到了那些仍在可怕的沙漠中承受着干渴煎熬的阿拉伯和柏柏尔部落。悲剧最终还是发生了。穆斯林征服了几乎全部的西班牙领土，基督徒们也不再构成威胁。这个靠全副武装的农民建造起来的王朝在舒适奢侈的环境中逐渐地颓废衰败了，而另一部分同样全副武装的农民却不堪重负，仍然在自家的耕牛屁股后面挥汗如雨。他们嫉妒的目光射向了在格拉纳达的阿尔汉布拉宫和塞维利亚的阿尔卡扎宫里寻欢作乐的人们。于是，血腥的内战和残酷的杀戮开始了，一个又一个家族消失了，一个又一个新的家族冒了出来。而在西班牙北部，强权人物趁机把小的帮派合并成了小片的领地，进而又汇聚成了小公国。渐渐崛起了卡斯蒂利、莱昂、阿拉贡和纳瓦拉这些家族。最终，西班牙人抛弃了古老的家族世仇，甚至城堡之邦的卡斯蒂利之女伊莎贝尔都成为了阿拉贡的费迪南德的妻子。

这场解放战争是伟大的，前后发生了3000余次艰苦卓绝的大小战役。而这场民族冲突又被教会演变成为了一场信仰之战。于是，西班牙人变成了十字军骑士，他们最高尚的目的就是毁灭整个国家，他们为这个理想而奋战。就在摩尔人最后的堡垒格拉纳达被攻克的这一年，通往美洲的航线被哥伦布发现了。六年之后，达·伽马[1]驶过了好望角，直达印度的路被发现了。就在西班牙人该把自己的家园夺回、应该对摩尔人已经发动起来的自然潜力继续开发时，一笔意外之财从天而降。靠着一种狂热的宗教热情，西班牙人轻易地让他们把自己想象成了神圣的传教士，然而事实上，他们什么都不是，只不过是一帮特别残忍、特别贪婪的强盗而已。1519年，西班牙人强占了墨西

---

[1] 达·伽马（约1469—1524）：葡萄牙航海家。1497年，他绕过了好望角，到达莫桑比克。之后两次赴印度，成为了欧洲绕好望角到印度的航道的开拓者。

哥，1532年又征服了秘鲁。从此他们就忘乎所以。滚滚涌来的黄金使他们所有的宏图远略堕落了。源源不断的黄金被笨重的大帆船送进塞维利亚和加的斯的金库。对从阿兹特克和印加劫掠来的财物，当一个人有能力去夺取，因而成为“金领阶层”的一员时，为避免自贬身价，他的双手是决不肯再去劳动了。摩尔人千辛万苦得来的一切成果都随风而去了。西班牙这个国家不再欢迎他们了。接下来就是犹太人。西班牙人成批成批地把他们投进肮脏的小船，任由船主处理，船在哪儿停靠，他们就得在哪儿上岸，而此时他们已一贫如洗了。复仇的火焰在这些犹太人胸中燃烧着，而苦难却使他们的头脑更加敏捷了。犹太人仇恨西班牙，在所有反对西班牙的事上都要加把劲。甚至连上帝也帮了忙，把一个一生都隐居在他自己建造的伊斯科利尔宫的国王送给了这些“黄金梦”的受害者。伊斯科利尔宫这座宫殿坐落在荒凉的卡斯蒂利高原边上，就在这里，这位国王建起自己的新都马德里。此后，三大洲的财富和全西班牙的人力都被用于阻止异教徒的入侵。由于长达700年的宗教之战，西班牙人被变成了一个这样的民族，他们宁信无不信有，只听皇室的命令。急剧膨胀的财富让他们疲倦，甚至还赔进了自己的性命。今天的西班牙人是伊比利亚半岛所造就，那么，在数百年的对这个半岛的忽视之后，西班牙人是否愿意按照自己的意愿去回头改造它呢？不在意它的过去，而是看它的未来。在一些像巴塞罗那那样的城市，他们正非常努力地实现着这个梦想！然而，这项事业是极其艰难的！

第十一章

法 国

应有尽有的国家

常常能听到这样的说法：尽管法国人居住在大陆上，而英国人居住在荒凉的雨水不断的小岛上，但一向不食人间烟火的法国人比英国人更为孤立保守。由于固执地对国际事务毫不关心，法国人已成为了一个最自私、自我中心主义最强的民族，是目前大多数事端的祸首。我们必须追本溯源才能彻底地了解这一切。地理与心态的特征都会深深埋在任何一个民族之中。地理和心态紧密相关，地理塑造心态，心态适应着地理。我们无法不看其中的一个而孤立地去探讨另一个。如果能深入了解地理和心态的本质，我们就能理解大多数民族的特性。正是由于这个事实，法国人不断地受到指责，而也是因为如此，在世界大战期间他们得到了毫无保留的颂扬。因为，这个国家的地理环境是他们的美德与恶行的直接原因。他们处在大西洋与地中海之间的得天独厚的地理位置上，完全能够自给自足，于是，他们自我中心的心态也就产生了。如果在自己家里就能够享受到宜人的气候和美丽的风景，又何必到别的国家去寻找改变呢？如果从怡人的、到处都是青翠的古堡田园的地方到布满沙丘的神奇的土地，或者从20世纪返回到12世纪，只需坐几小时的火车，那又何必去学习陌生的语言，去熟悉不同的风俗习惯而到别的国家去呢？如果菠菜能被做成一道人人都喜爱的菜，如果同任何一个别的国家相比，自家的日子和亲友非常好，那又何必去忍受糟糕的食物、酸酒和北方农夫的木讷僵硬的面孔，又何必去为支票和护照烦恼呢？当然，可怜的瑞士人平生所看见的除了山还是山，而可怜的荷兰人除了能看到几头黑白花的奶牛和一小块平坦青翠的草地，就再没有什么了。假如他们不能常常到国外旅游，一定会因单调无聊而死。德国人迟早也会厌倦一边放着动听的音乐，一边吃无味的香肠三明治的奢侈的吃饭习惯的。而即使是意大利人，也不可能一生都吃空心面。俄国人肯定也希望偶尔能舒舒服服地吃一顿饭，而不是只为购买半磅人造黄油却要排六个小时的长队。

和这些人比起来，法国人真是太幸运了，他们过得简直就是天堂般的生活。在法国，想要的什么都是很容易的，所以，法国人会说："有必要去背井离乡吗？"你可以说法国人顽固，说法国人错了。我希望自己会赞同你。但是，法国人在许多方面上的确是得天独厚的。首先，法国人拥有着温带气候、热带气候和介于二者之间的宜人的气候。法国拥有欧洲的最高峰，而它平坦的大地上的四通八达的运河，把法国各个工业中心连接了起来。法国人可以去阿尔卑斯山西侧萨瓦的小村庄，在山上用滑雪来消磨整个冬季。如果他更喜欢的是游泳，那么只要买一张车票，坐车去大西洋岸边的比亚里茨或者去地中海之滨的戛纳就行了。如果他对人物有兴趣，那么，他只需坐在巴黎的和平咖啡店，点上一杯加奶咖啡，静静地等候就好。或早或晚，那些曾是世界报纸头版人物的男女老少都会从这里经过。这些人物中有曾流亡的君主和即将上任的流亡君主，有小提琴家和钢琴家，有前程远大的男演员和正当红的女演员，还有那些使水银灯下的君主和普通老百姓发狂的舞蹈演员，你可以看到他们的音容笑貌，而且，他们的出现从不会引起任何的特别关注，因为，在1500年之中天天都是这样，即使是一个国王、一个皇帝，甚至教皇本人，都不会比一个新生出现在校园里更为引人注目。正是在这里，我们有一个地理政治的不解之谜。2000年前，这片飘着共和国三色旗——这面旗帜永远飘扬着，法国人一旦扛起了一面三色旗，就永远不会让它落下，除非岁月和风雨已使它磨损得无法辨认——的土地，它的大部分地区处于大西洋与地中海之间的西欧平原之上，为什么有一天这里竟然会发展成了一个世

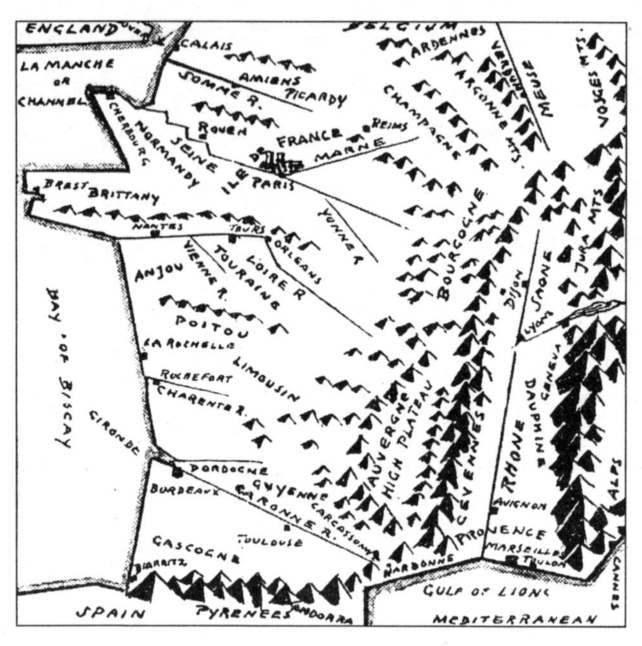

法　国

界上最集权的国家呢？其中的原因显然不带有任何地理因素。

一种地理学的观点认为，气候和地理条件对人类的命运有决定性的作用。这两个因素无疑是有作用的，但绝对不是永远都有作用。情况有时正好是与此相反的。摩尔人与西班牙人曾共同生活在一片土地上，在瓜达尔基维尔河谷的上空，公元1200年的太阳与公元1600年的太阳并没有什么区别，可是，公元1200年的太阳给这片花和果实的乐土带来了祝福，却在公元1600年把诅咒的光芒照在了这里已经废弃的水渠、遍布的杂草和焦渴的荒野上。瑞士有四个民族，他们说四种语言，却都能感受到一个大家庭的温暖。而尽管比利时只有两个民族，他们却互相仇视，甚至把亵渎对方军人的坟墓当成了每个周末的娱乐。冰岛人生活在一个面积不大的小岛上，他们的独立与自治却已经维持1000多年了。同为岛民的爱尔兰人至今仍不知“独立”为何物。世事往往就是如此。不论机械、科学和各种标准化发展到何种程度，一切事物中最不稳定、最不可靠的仍然是人类的本性，许许多多不可思议、不可预期的变化都是因人性而起，世界地图本身就是一个例证，而法国的客观情况正好可以为此作证。从政治上来看，法国是一个完整的国家。可是，如果认真观察地图，你就会注意到法国实际上是由两部分组成，他们彼此背靠着又是相对独立的，东南方的是朝向地中海的罗讷河流域，西北方的则是朝向大西洋的广阔平原。先看看古老的罗讷河流域。罗讷河发源于瑞士的一条不起眼的小河，直到离开了日内瓦流向法国纺织工业中心里昂时，才开始发挥出它的重要作用。罗讷河在里昂与发源于北方的索恩河汇合。索恩河的源头与默兹河的源头相距不远，就像索恩河（与罗讷河一起）对南欧的盛衰发挥过重要作用一样，默兹河与北欧历史也是密不可分的。罗讷河从源头流入利翁湾时，落差已达到了6000英尺，因此产生了大量不利于通航的湍流，现代化的汽船一直无法把这条大河彻底征服。

法国地形

尽管如此，由于古代非常廉价的劳动力——奴隶，它还是为古腓尼基人和古希腊人提供了一条进入欧洲腹地的便捷通道。如果船顺流而下，只需几天的时间，而逆流而上的话则必须由那些“古代的伏尔加纤夫”（同他们的俄国同行相比，他们的命运非常苦）牵引。通过罗讷河河谷，古老的地中海文明首次打开了欧洲内陆的大门。奇怪的是，那一地区最早的商业据点马赛（它迄今仍是法国最重要的地中海港口）坐落于河口以东几英里的地方（现今一条运河把它同罗讷河连接在一起），而并不是建在罗讷河河口。但马赛并未选错位置。早在公元前3世纪，马赛就已成为了一个重要的商贸中心，马赛的货币当时已经流入了巴黎周边和奥地利的蒂罗尔。而且马赛很快就变成了这一地区及其北部地区的首府。马赛这个城市后来遭遇了不幸：由于受到阿尔卑斯山蛮族的威胁，马赛市民就请罗马人来援助。罗马人当然来了，但他们按一贯的作风在马赛留了下来。罗马人把罗讷河河口地区变成了自己的一个“行省”（provincia），即普罗旺斯省（provence）。马赛地区在历史上扮演了一个重要的角色，它无声地证明了不是腓尼基人和希腊人，而是罗马人认识到了这块肥沃的三角洲的重要作用。于是，一个最令人困惑的历史与地理之谜再次出现了：汇聚了希腊文明与罗马文明的普罗旺斯，前面是开阔的地中海，后面是北欧广阔的中部大平原，拥有着肥沃的土地和理想的气候条件，具备了一切自然的优势，本来注定能成为罗马理所当然的继承

巴　黎

者，可在这场竞争中却成了失败的一方。在恺撒与庞贝[1]的争斗之中，普罗旺斯是庞贝的支持者，所以最后恺撒把这座城市摧毁了。然而，这只不过是马赛历史上的一件小事。不久后，马赛人又在这里做起了生意，而科学、艺术、文学和礼仪，由于在罗马已无处容身，就跨过利古里亚海，逃到了普罗旺斯，使这里变成了一个在蛮族重重包围之下的文明的孤岛。

当拥有财富与权力的教皇在台伯河畔的那个城市（在中世纪，罗马暴民比豺狼好不了多少，和我们美国的强盗一样凶残）也站不住脚时，就把教廷迁到了阿维尼翁。阿维尼翁的名气来自于人类在这里修建的首个巨型桥梁（这座桥在12世纪是一个世界奇观，但是现在，它的大部分已淹没在河中了）。教皇们在阿维尼翁还拥有一座经得住上百次围攻的固若金汤的城堡。在此后的100年中，普罗旺斯成了基督教领袖们的居住地，教廷骑士们在十字军中的地位十分显赫，其中的一个普罗旺斯世家还成为了君士坦丁堡的世袭统治者。但是，不知什么缘故，造物主在创造这片可爱的、肥沃的、浪漫的河谷时，把神力赐予了普罗旺斯，可她却并没有让它发挥出来。普罗旺斯河谷诞生过抒情诗人，然而，尽管他们被认为是抒情文学体裁的先驱者（在小说、戏剧、诗歌中，他们所开创的这种抒情体裁至今仍占有一席之地），而柔和的普罗旺斯方言却未能成为整个法国的通用语言。法兰西（与它的方

---

[1] 庞贝（前106—前48）：罗马共和国后期的政治家、将军。公元前48年被恺撒击败，逃亡到埃及，却遭害怕恺撒的埃及人的袭击而身亡。

言）是由北方创立的，法兰西民族也是由北方造就的，也是北方把法兰西文化的各种精华带给了全世界，但是，北方却并不具备南方的许多自然优势。在公元1600年的时间之前，没有谁能料到会发生这样的变化，因为，当时人们认为，这片南起比利牛斯山脉、北至波罗的海的大平原肯定会被纳入条顿帝国。是的，那是一种地理上的变化，而人类对它并没有什么兴趣，所以就出现了翻天覆地的变化。对恺撒时代的罗马人来说，欧洲的这一地区就是他们遥远的西部。因为这一块居住着高卢人——一个长着一头金发的神秘民族（希腊人把他们称为凯尔特人——所以罗马人把这里称为高卢）。当时，有两支高卢人生活在这里，最早的一支居住在阿尔卑斯山与亚平宁山之间的波河流域，这一支被称为“山南高卢人”或“山这边的高卢人”。当年恺撒破釜沉舟，勇敢地跨过了卢比孔河，这一支高卢人就被留在了那儿。另一支叫“山外高卢人”或“山那边的高卢人”，这一支高卢人在当时的欧洲是毫不重要的，但在公元前58至前51年恺撒的那次著名的远征后，这支高卢人就开始同今天的法国有了某种特殊的关系。这片肥沃的土地成了精明的罗马殖民统治者的首选之地，当地人不会强烈地反抗征税。

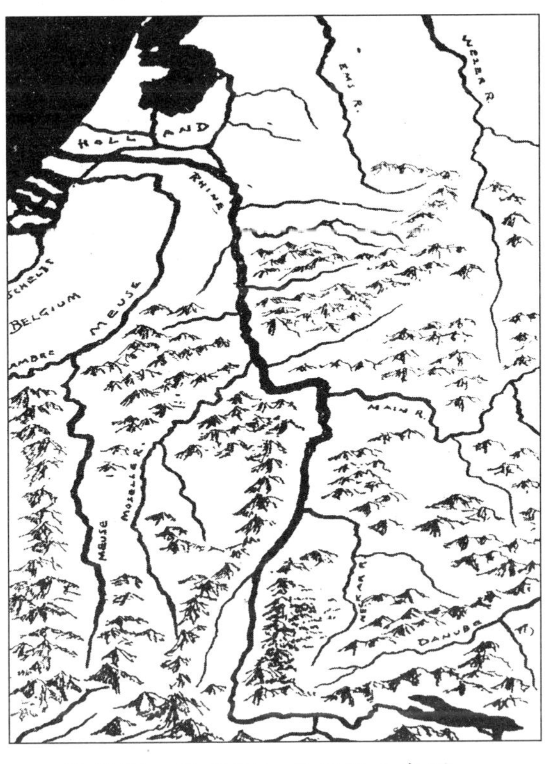

莱茵河、马斯河和它们的三角洲

北部孚日山与南部侏罗山之间的山口并不算险要，罗马军队（大部分是步兵）能够长驱直入地到达这个地方。不久，罗马的城堡、村庄、市场、教堂、监狱、剧场和工厂就撒满了法兰西大平原。在塞纳河上有一座叫鲁特西亚（今巴黎的古称）的小岛，是建造朱庇特神庙的理想之地。今天巴黎圣母院所在的地方就是昔日神庙的所在之处。岛上居住着凯尔特人，他们住的是用原木建造的房屋。这个小岛后来发展成了罗马帝国统治西部的大本营，这是因为这个小岛能直接通航到大不列颠（公元1—4世纪的罗马获利最多的殖民地），并且能对莱茵河与默兹河之间的动荡地区具有限制的作用。正如前面“地图”那一章所讲述的，让我们有时百思不得其解的古罗马人当时越过大洋和山谷寻找道路的能力，其实并不神秘。无论筑港口、建城堡，还是设商埠，在位置的选择方面，古罗马人有一种特殊的本能，从未出现失误。在巴黎的盆地度过了阴雨连绵的六周之后，一位漫不经心的游客会不禁问自己：“他们为什么偏偏选中了这么个破地方来作为古罗马人统辖西方和北方殖民地的大本营呢？”打开法兰西北部的地图，地理学家已经把这个问题的答案给出来了。几百万年之前，频繁的地震把这个地区弄得乱七八糟，山峰与山谷像赌桌上的筹码一样被推过来推过去。属于不同时期的四个厚厚的岩层被不停地翻转，最终就像中国茶具里的茶托一样，被一层叠一层地摞到了一块。从孚日山脉一直延伸到布列塔尼的那个岩层就是最下面也是最巨大的“茶托”，它的西侧的边缘深藏于英吉利海峡之下。从洛林直达诺曼底海岸是“茶托”的第二层。第三层“茶托”就是著名的香槟地区。它环绕着第四层，这里曾被称为法兰西岛，这称呼恰如其分。塞纳河、马恩河、泰韦河和瓦兹河环围着这个岛，岛的正中央就是巴黎。它能最有效地阻止外敌的入侵，这意味着绝对的安全。因为入侵的敌

用碟盏来表现法国的地形

人必须先攻下这些“茶托”陡峭的外延，而此时守军早已站在了最佳防御位置，万一不慎失守，他们还能够从容地退守下一道“茶托”防线，在退回塞纳河的那个小岛之前，他们能连续后退四次。最后，他们还能够把小岛周围的几座外桥烧掉，这样小岛就变成了一处无法摧毁的堡垒。

当然，巴黎还是有被一支士气高涨、装备精良的敌军攻克的可能，但是，这会非常艰难，刚刚过去的世界大战证明了这一点。把德军阻挡于巴黎城外的不仅是勇敢的英法军队，还有几百万年前的地质变动，它布置了一道道障碍，阻挡了敌人西进。为了争取民族独立，法国人进行了将近1000年的斗争。但是，法国人只需全力看好自己的西大门就可以了，而大多数国家不得不去对凌乱的四面边境同时进行防守。法国为什么能比其他欧洲国家更快地发展成一个高度中央集权的现代国家，原因就在这里。天然的低矮山脊把处在孚日山脉、塞文山脉与大西洋之间的整个法国西部划分成若干彼此独立的流域和半岛。塞纳河流域与瓦兹河流域在最西边，一条天然的通道将它们同比利时平原连为一体，而圣昆廷城自古以来就是这条通道的要害。圣昆廷城后来发展成了一个铁路交通的枢纽，1914年德军进攻巴黎时，这个城市是德国人的主要攻击目标之一。塞纳河流域与卢瓦尔河流域被奥尔良隘口连成了一片。奥尔良地区在法国历史上曾起过重要的作用。奥尔良城正位于南北交通要塞，法国的民族英雄，又称为“奥尔良贞女”的“圣女贞德”以及巴黎最大的火车站——奥尔良火车站这两个名称都与奥尔良城的地理位置有关。中世纪的骑士为奥尔良关隘浴血奋战，今天的铁路公司却互相抢夺奥尔良这个枢纽。世界在不断前进，可往往是前进得愈多，重复过去的地方也就愈多。今天的普瓦提埃铁路线把卢瓦尔河流域与加龙河流域连在了一起。正是在普瓦提埃附近，公元732年，摩尔人挺进欧洲的脚步被查理·马特所阻止。公元1356年，正是在普瓦提埃，黑王子[1]彻底消灭了法国军队，英国人在法国的统治又延长了100年。著名的加斯科涅地区位于广阔的加龙河流域的南边，它是勇敢的达塔南队长和尊贵的国王亨利四世的诞生之地。加斯科涅地

[1]黑王子：指英王爱德华三世的长子爱德华（1330—1376），英法百年战争中英国著名的军事将领。因其甲胄颜色是黑色而得名。

区通过加龙河上的图卢兹至纳博纳的河谷而直接连接了普罗旺斯地区及罗讷河流域。地中海岸边的纳博纳曾是古罗马人在高卢地区最古老的聚居地。

如同所有这样的古代商道（在有文字记载的历史以前，这条路就已经存在几千年了），奥尔良隘口永远是某些人的财富之源，其在敲诈勒索方面的历史同人类的历史一样悠久。假如你对此有所怀疑，请你到任何一个山口关隘，寻找1000年之前那条道路上最狭窄之处，你能在那儿看到三三两两，甚至几十处的古堡废墟。假如你略懂古代史，不同的石壁会告诉给你：在公元前50年、公元600年、公元800年、公元1100年、公元1250年、公元1350年、公元1500年，都有一些强盗在这儿建造要塞，向过路的商人强索过路费。

有时你还会惊奇地发现，有些地方并不是一堆荒凉的废墟，而是一个繁华的城市。但是，你在卡尔卡松市看到的那些堡垒、高塔、护城河崖和要塞能告诉你，一座隘口的堡垒要修筑得多么坚固，才能够抵挡得住凶狠饥饿的敌人的进攻，才能够得以保全至今。对法国地理概况的介绍到此就结束了。现在再简单地介绍一下生活在大西洋与地中海之间的这些居民的特征。他们有一种共同的协调与平衡的意识。几乎可以说，法国人一直在努力地做到“有条不紊”——但愿这个词不会让你产生枯燥、死板、迂腐的联想。是的，法国人拥有欧洲的最高峰——勃朗峰，但是这不过是一个自然事件，如同美国的老百姓对佩恩蒂德沙漠毫无兴趣一样，法国老百姓对勃朗峰的冰雪也毫不关心。法国人所熟知的不过是那些千百年来都没发生过变化的村庄（在任何一个国家中，它们都是最强大的力量）、小镇（这里的人们仍然按照他们祖先5000年前或500年前的方式生活着，或是努力地在维持着那种生活）以及巴黎——1000多年前，最高尚的生活方式和最伟大的思想就在这座城市里消失了。法国人所喜爱的不过是默兹河、吉耶纳、诺曼底以及皮卡第这些地区，它们的峰峦的起伏，它们的溪流的蜿蜒，那些河中的船舶和朦胧的雾霭，这些美景都被华托[1]画下来了。在世界大战期间，有一些关于法国的离奇的故事，它们不切实际，非常感伤。其实，法国人并非如此。与此相

---

[1] 华托（1684—1721）：法国画家，创立了抒情式的画风，有现实主义倾向。

反，法国人永远都能脚踏实地，他们是最有理性、最热衷的现实主义者。法国人懂得，一个人只有一次生命，而70岁是一个人的预期寿命。于是，他决不会浪费时间去做不切实际的梦，而是尽量让自己好好地享受当下的人生。人生就是这样，要充分地去享受！既然美食是现代人的最爱，那就让最贫困的人也学会烹饪吧。既然早在耶稣基督时代，美酒就是一个真正的基督徒的饮品，那就酿造最好的酒吧。既然全能的上帝认为应该让各种各样的愉悦视觉、听觉和嗅觉的东西充满这地球，那就不应辜负了上天的恩赐，而应充分地享受这一切，因为这样做就是在遵照全能的上帝的旨意。既然集体的力量大于个人的力量，那么就应该严格地让社会的细胞——家庭，对每个人的喜怒哀乐负责，而为了家庭的福祉，每个人也要贡献出自己的力量。这就是法国人生活的理想。

但是，法国人生活的另一面却不那么“理想”。这不理想的一面也是直接源自于前面提到的那些特征之中。家庭往往也会把生活由美好变成噩梦。无数老头老太太掌握着家庭的大权，正是他们变成了阻挡历史进步的绊脚石。为了子孙后代，节俭的美德蜕化成了悭吝、搜刮、偷窃、诈骗和勒索，甚至蜕化成对每一件生活必需品的斤斤计较，乐善好施也变成了一毛不拔。如果人与人之间的慷慨友善不再存在，文明的存在也必将会黯淡无光。总之，无论出身多么卑微，每一个法国人都抱有一种实用主义的人生哲学，这种哲学让他愿以最少的付出求得最大的满足。举例来说，法国人清楚人天生就是不平等的，所以他决不会去好高骛远。如果告诉法国人：每一个美国的年轻人将来都有可能当上他工作的那家银行的总裁，法国人就会说：“那又如何呢？”他们可不愿为了这个而辛苦！吃午饭花了三个小时又算什么大不了的？用这三小时去赚钱固然很好，可为此而放弃了舒适和快乐就太不值当了。当然，法国人在勤奋地赚钱，他的妻儿也在赚钱，整个国家都在赚钱，但他们是在按照自己喜欢的那种方式去赚钱、生活，对别人是怎么想的，他们毫不在意。这就是法国人的智慧，这种智慧虽然不能让法国人变得很有钱，可同其他国家所信奉的“成功”信条相比，这种聪明更能保证人们获得最大的幸福。一谈到大海，我都不必说海边的居民以捕鱼为生。他们当然以捕鱼为生，他们还能干什么别的吗？是挤牛奶还是挖煤窑呢？但是，把这个话题与当地的农业联系在一起的话，你就会发现一件有意思的事：在过去100年之中，大多数国家的人口大多都被吸引进了城市，而有60%的法国人却仍然坚守在农村。在欧洲，能经得住长期围困而无须从他国进口粮食的国家，只有法国一个。现代的先进的科学技术逐渐淘汰了古老的耕作方式，法国农民能够不再像他们那些在查理曼大帝时代和克洛维时代的祖先一样耕种了，彻底地实现了自给自足。

法国的每一个农民都是地主，所以他们能够继续留在农村。他的农场也许根本算不上是一个真正的农场，但那是属于他自己的农场。在英格兰和东普鲁士这两个欧洲旧世界的大国，那些姓名不详的、不知生活在哪里的大地主们拥有着大量的土地，而法国大革命把大地主们彻底地消灭了，不论是贵族还是教士，田地都被划分给了小农户。对大地主来说，要接受这种分配方式是很不容易的，但他们的祖先也正是借助同样的强制手段，才攫取了这些土地。而且，这场土地革命给整个法国创造了巨大的利益，它使法国一半多的人口同国家的命脉紧紧地联系在了一起。不过，有利的事也必有弊端。它导致了法国民族主义情绪的过度激烈。为什么法国人即使迁居到了巴黎，也只愿意同本村的人来往呢？为什么巴黎到处都充斥着专为某一地区的人服务的小旅馆呢？这种地方主义就是最好解释。为什么法国人极不愿意移居国外呢？一个人对自己的国家已经感到心满意足，他又为什么要跑到别的国家去呢！

下面再来说说法国农业。因为葡萄酒的酿造，法国的很大一部分地区就和土地牢牢地联系在了一起。整个加龙河流域都是葡萄酒文化的服务者。位于加龙河河口附近的波尔多市就是葡萄酒的出口中心，而罗讷河流域著名的葡萄酒出口港则是地中海岸边的塞特。广大的朗德平原位于波尔多的正南方，那里遍地污泥，有踩着高跷的牧羊人和可以常年在户外生活的羊群。第戎聚集了勃艮第地区出产的全部葡萄酒，而法国古老的加冕之城兰斯，则是香槟酒的分装地。工业生产在粮食生产与葡萄酒酿造都已不再能够维系国民的命脉时就变成了一个新的支柱产业。古代法兰西的帝王们不过是一群傲慢的笨蛋，他们只知道怎样残暴地压榨百姓，以及在漂亮的凡尔赛宫贵妇们身上一掷千金。法国宫廷被他们变成了世界时尚与文明的中心，全世界的人都蜂拥而来，学习他们的优雅礼仪，学习吃饭和用膳的区别。从法国最后一个旧时代统治者被身首异处并扔进了巴黎墓地生石灰中至今的150年后，全世界应该穿什么？该怎样穿？仍然在由巴黎引导。为欧洲和美洲提供了那些不能没有的奢侈品（不过大部分人还是喜欢简单的必需品）的工业都以法国为中心或依靠着法国，这为上百万的妇女提供了就业的机会。那些6美元或10美元一瓶（瓶子十分小，这是因为我们明智地对那些我们美国不能生产的产品征税）的香水的源头就是里维埃拉的望不到边的花圃。后来，煤和铁也在法国的土地上被发现了。那些巨大的煤堆和矿渣堆，使皮卡第和阿图瓦变得晦暗了。但在英国人努力阻止德国人进军巴黎的蒙斯战役中，这些垃圾堆竟然发挥了重要作用。洛林变成了钢铁中心，中央高原也成为了法国的钢铁基地。因为阿尔萨斯能为法国提供更多的钢铁，世界大战一结束，法国人就匆匆忙忙地把它收了回来。在被德国人管理的50年里，阿尔萨斯转而发展纺织工业。由于近年的发展，现在从事工业生产的法国人占了25%，现在他们能骄傲地宣称，他们的工业城市从外表上看来已经和英美的工业城市没有多大的差别了，一样地乏味无聊，一样地让人讨厌，一样地丧失人性。

第十二章

比利时

一纸条约造就的国家，除了国际协作的精神，它什么都不缺

现代比利时王国由三个部分组成：北海沿岸的弗兰德斯平原，东部的阿登山脉以及介于这平原与山区之间的一片地势较低、煤铁含量丰富的高原。在比利时，默兹河的轨迹是一条漂亮的曲线，它向北方不远处的低地流去，进入了沼泽。列日、沙勒罗瓦和蒙斯这三个城市是煤铁矿的主要蕴藏地（但凡以民主为目标的伟大战争都有一个奇怪的做法，即把那些煤、铁储量丰富的城市放在报纸的头版），它们的煤铁储量十分丰富，即使德、法和英的煤铁矿全部开采光了，比利时仍能在较长的时间里向全世界提供这两种现代社会的必需品。然而，比利时海峡沿岸地带都很浅，遍布着沙床和浅滩，地貌非常复杂，所以，这个有幸拥有德国人常说的“重工业”的地方却没有真正意义上的现代良港。尽管比利时人在尼乌波特、奥斯坦德和泽布吕赫开出了人工的港口，但安特卫普这个比利时最重要的人工港口却与北海有40英里之遥，而斯海尔德河入海之前的最后30英里的地段属于荷兰人。这一切都非常不合常理。从地理学上看，这样的安排也许是“偶然”的，但是在几个国家的代表在国际会议上用几页文件就能决定各国命运的世界，这样的安排又似乎是必然的。比利时就是一个由几次国际会议直接产生的国家。首先了解一下历史，看看安逸地围坐在绿呢桌前的那些大人们是如何随意地安排世界

处在形成过程中的煤

热

的。高卢贝尔吉卡人（他们与英国、法国的最早期的居民同属于一个民族）和一些日耳曼的小型部落居住在罗马帝国的属地高卢。这些弱小的民族在强大的罗马主子面前不得不俯首称臣。古罗马人一路北上，跨过了弗兰德斯平原，翻越了阿登山脉，一直进入到这片无法逾越的沼泽地。后来的尼德兰王国就是从这片沼泽地带孕育出来的。查理曼大帝[1]时代，弗兰德斯变成了法兰克人的一个小的行省。公元843年，根据不幸的凡尔登条约，它又被并入了洛泰尔中央王国。接着它又被分割成了若干个半独立的公爵领地、自治郡和主教辖区。然后它又被中世纪最精明的地产商哈布斯堡家族纳入囊中。但是，哈布斯堡家族并非是为了铁煤资源才来到这里，他们寻求的是稳定的农业收入和能够快速积累的贸易收入。所以，当时的比利时东部（它在今天仍是最重要的地区）就被视为一块洪荒之地。但弗兰德斯还是获取了发展自身潜力的全部机会，到了14、15世纪，这里已经成了北欧最富饶的地区了。

---

[1] 查理曼大帝（742—814）：法兰克国王，西罗马帝国皇帝，在位时间为800年—814年。

这主要得益于弗兰德斯优越的地理位置，使得中世纪的中型船只能够深入内陆；此外还得益于这片土地上早期统治者的能力，他们对工业发展采取了积极的措施，而不像当时别的封建领主一样，只是一心一意发展农业，对资本主义根本不屑一顾，就像教会瞧不起放贷取息一样。因为这些英明的政策，根特、布鲁日、伊珀尔和康布雷逐渐地壮大、发展和繁荣了。而他们所做的这些，别的国家也同样可以做到，只要这些国家的当权者允许人民去把握他们应得的机会。地理和人为的综合因素是这些早期的资本主义工业中心衰落的主要原因，而其中人为因素的比例更大一些。北海海潮的变化是地理方面的主要影响，它使大量的泥沙出人意料地堆积在布鲁日港和根特港，于是，陆地把这些港口彻底地掩埋了。而工会（互助会）最先还是表现为一股强大的力量之源，可后来却逐渐沦为了鼠目寸光的专制组织，它们的存在开始延缓和阻滞所有的工业活动。当这里的旧王朝覆亡之后，法国暂时把弗兰德斯兼并了。没有人出来干涉。在当时的形势和两国代表的努力下，弗兰德斯最终变成了一个安静的乡村：白色的农舍、可爱的小农场、美丽的废墟，这一切一定能激发出英国老妇人的情怀，画出最拙劣的水彩画。但是，在古老的宅院中的那些精心打磨的圆石之间，青青的野草仍然会长出来，它们从来没有停止过生长。宗教改革运动的作用很重要。一段短暂而强烈的动荡过去之后，弗兰德斯还是把马丁·路德教派抛弃了，仍然做

从人到鼹鼠

了罗马教廷的忠实者。而荷兰在独立之后，就匆忙地把老竞争对手的最后一个港口关闭了，这样，安特卫普就与欧洲隔绝了，而比利时则进入了一个漫长的休眠期，直到瓦特蒸汽机的巨大需求得不到满足时，人们才想到了比利时丰富的自然资源。外国资本迅速地涌进了默兹河谷，不过20年的光阴，比利时就成了欧洲主要的工业国之一。此后，瓦隆人地区或法语区（布鲁塞尔以西）就开始走向了繁荣。尽管它的人口只占全国总人口的42%，但它却是比利时全境最富庶的地区。而弗兰芒人却变成了半奴役化的农民阶级，他们的语言只有在厨房和马厩里才能使用，而在文明家庭的客厅中，弗兰芒话是绝不可以说的。

人们总认为国际会议可以把争端一次性地解决掉，出现永久的和平（就像100多年前的凡尔赛会议那样），但是，1815年的维也纳会议却让事情更复杂了。1815年的会议决定把比利时和荷兰合并为一个王国，这样，在法国的北边就能出现一支强大的势力来与法国相抗衡。而比利时人起来反对荷兰人，法国人（如人们所期望的那样）又跑过来帮比利时人。尽管联盟国家对此进行了干预（它们总是略迟一点），但是到了1830年，这个奇怪的政治联盟最终还是破产了。于是，科堡王室的王子、维多利亚女王之叔（利奥波德叔叔是一个很严肃的绅士，对他的小侄女产生了很深的影响）被推举出来，出任了比利时国王[1]。他那时刚刚拒绝了希腊人的同类邀请，并对这样的选择毫不后悔，因为新比利时王国最终还是获胜了，尽管荷兰人把斯海尔德河河口夺走了，但安特卫普却又一次成为了西欧最重要的港口之一。

比利时接着被欧洲大国正式宣布为“中立国”，但是，对这种纸上空谈，睿智的利奥波德二世[2]（王朝开创者的儿子）并不相信。他努力想让比利时王国摆脱奄奄一息的三流小国的地位，那样才能不再依靠周围强国的恩

[1] 指利奥波德一世（1790—1865），他原本是德意志萨克森—科堡亲王。在法国七月革命的影响下，比利时布鲁塞尔爆发了革命，1831年7月，国民议会推选他当国王。

[2] 利奥波德二世（1835—1909）：1865—1909年在位，执政期间依靠工商业资产阶级，对内推行自由贸易政策，把比利时变成工业国；对外推行殖民侵略。后又以个人的名义侵占了刚果的大片土地，号称“刚果自由邦”。1908年把这个地区转让给了比利时政府，当作比利时殖民地。

惠。利奥波德二世热情地邀请一位从中非返回欧洲名叫亨利·斯坦利的绅士来到布鲁塞尔，“国际非洲协会”[1]就是他们会谈的产物，而比利时靠着这个协会变成了现代世界上最强大的殖民强国之一。地处北欧最富饶地区的中心地带，比利时的地理位置十分优越，所以，它今日所面临的不再是经济上的问题，而主要是民族问题了。在基础教育、科学技术和文化发展等方面，弗兰芒人这个比利时第一大民族迅速地赶超了第二大民族——说法语的瓦隆人。由于在王国独立之后，弗兰芒人就失去了应有的国家管理权，他们一直在为政治上的权利斗争着。他们坚决要求弗兰芒语和法语享有一样的地位。这个问题就说这么多。为什么事情会发展成这样呢？我非常困惑。如同猫与狗一样，弗兰芒人和瓦隆人不能和平共处，可他们却有共同的祖先，他们共同的历史有将近2000年之久。下面我们会说到瑞士人。他们有德语、法语、意大利语和列托—罗马语（一种奇怪的罗马方言，完整保留的只有恩加丁山区）这四种语言，可他们却没有什么根本性的矛盾，能够相安无事。民族矛盾总是有根源的，但我坦白地承认，我对此是根本不能理解的。

---

[1] 国际非洲协会：19世纪70年代中叶起，西方列强开始加快侵略撒哈拉以南的非洲。1876年，比利时国王利奥波德二世召集英、法、德、俄和奥匈帝国，在布鲁塞尔召开了国际地理会议。会上成立了“国际非洲协会”，并在各国成立分会，其宗旨是要瓜分非洲这块“地球上唯一的文明未曾进入的地区”。此后，各帝国主义国家争先恐后地掠夺非洲的土地。

第十三章

卢森堡

历史的奇迹

在讲述瑞士之前，我还要先讲一个有趣的独立小公国，它就是卢森堡（意为小城堡）。如果不是在世界大战刚开始的几天曾扮演过重要的角色，这个小公国直至今日仍可能是不出名的小地方。当卢森堡还是比利时的天主教行省时，这里居民的祖先就已经生活在这里了。在中世纪，这个地区的首府曾被视为当时世界上“固若金汤”的城堡之一，因此，它一度发挥着至关重要的作用。卢森堡现在人口有20万。由于法国和普鲁士王国的长期不和，这两个国家曾为这块土地的归属权争执不休，1815年的维也纳会议最终决定，允许这块土地独立地作为一个小公国而存在，荷兰王室被指定为它的直接统治者，以补偿荷兰人被德国人抢走的土地。在19世纪，卢森堡公国有两次差点变成了德、法两国之间开战的借口。为了避免类似的麻烦，这个大城堡同比利时一样最终主动解除了自己的武装，正式宣布自己是“中立国”。世界大战爆发时，德国人想要满足自己对领土的贪欲，但又不想冒险从法国西部的“茶托”一样险峻的要塞攻进法国，就撕毁了这个中立条约，这样他们就能够从法国东北部的大平原长驱直入了。1918年，卢森堡终于从德国的统治下解放了。因为拥有大量的铁矿，即使在今天，这个小公国也仍然处于危险中。

第十四章

瑞 士

讲四种语言的山丘之国，拥有优秀的学校和团结的人民

瑞士由22个独立的小共和国（为了便于决策国家大事，这些小共和国的代表常在首都伯尔尼开会）构成，由于在瑞士钱币和瑞士邮票上常常有一个名叫海尔维第的农村女人，所以，在传统上瑞士自称为海尔维第联邦。在世界大战期间，这个国家大部分人（瑞士人中说德语的占70%，说法语的占20%，说意大利语的占6%，说列托—罗马语的占2%）多少有一点德国倾向（尽管还是保持着绝对的中立），一个理想化的英雄人物——一位名叫威廉·特尔[1]的青年渐渐地取代了海尔维第女神。不得不遗憾地说，海尔维第女神——这个在英格兰维多利亚时代中期由著名的艺术家所创造的女诗人，第一眼看上去很像一个英国人。瑞士共和国的这种双重本性在钱币与邮票头像的更迭上（这种现象并非为瑞士独有，几乎各国都有过这样的情况）得到了明显的表现。但是，这一切对其他国家来说都是无所谓的。对我们这些外人来说，瑞士不过是一个风景秀美的山地国家，而这正是我们这一章要重点介

[1]威廉·特尔：瑞士的传奇式英雄，传说中他生活在13世纪末至14世纪初，是瑞士乌里郡的一个农民，由于得罪奥地利当权者，被迫用弓箭射儿子头顶上的苹果。后因威胁杀死州长而被捕入狱，越狱之后，刺杀了州长。这个事件被认为是瑞士人民发动起来反对奥地利统治的一个信号。

绍的内容。

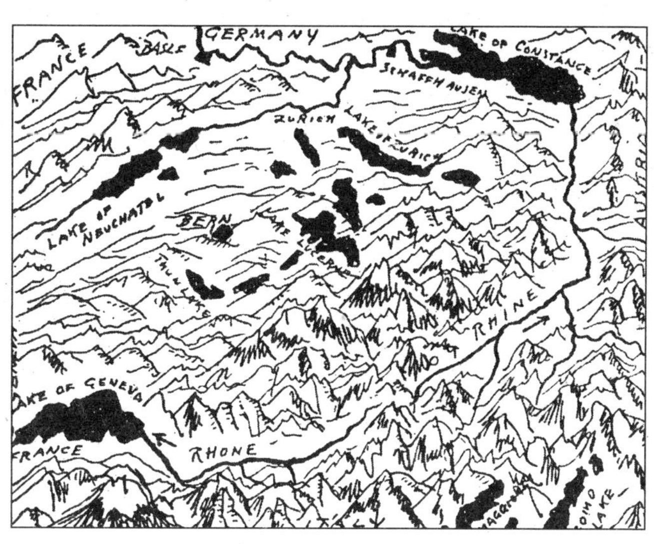

瑞　士

阿尔卑斯山从地中海一直延伸到了亚得里亚海，其面积与大不列颠岛几乎相等，而长度却几乎是大不列颠岛的两倍。其中属于瑞士的有16000平方英里，在这16000平方英里的土地上，盛产多种农副产品，森林、葡萄园或小块的牧场占据了其中约3/4的面积。湖泊或者悬崖占去了另外的1/4，而它们对任何人似乎都毫无用处。按每平方英里的人口数来看，挪威是22人，瑞典是35人，瑞士是250人，德国是347人，比利时是655人；但是，请不要误以为瑞士只有宾馆和游人，只是一座巨大的山区疗养院而已。瑞士不仅出产乳制品，阿尔卑斯山与图劳山之间的北部高原是欧洲最繁荣的工业区，而且，它几乎不需要原料。瑞士的水力资源无疑是极其丰富的，此外，它还享有正好位于欧洲的心脏地带的地理优势。凭借着这个优势，海尔维第共和国的产品不断悄悄地输入到周围十几个国家。类似阿尔卑斯山和比利牛斯山这样庞大而复杂的山系的形成，在前面已谈到。拿出半打干净的手帕，展平后一块一块地摞在一起，然后把它们朝中间挤，去观察这种推力所造就的褶曲、重叠的圆环和皱痕。地基或花岗岩地心（它们有上千万、上亿年的历史）就做这个实验的桌子，在这些古老的地层历经的几百万年的岁月中，比较年轻的地层缓慢地褶曲起来，开始形成了怪异的山峰，又历经几百万年的风雪侵袭之后，出现了今天的地貌。

这些巨大的褶皱最初有10000英尺至12000英尺高，它们渐渐地被侵蚀成一系列相互平行的山脉。但是这些山脉在瑞士的中心（即哥达山口的安德马特村）同另一条巨大而复杂的山脉（所谓的哥达山系）交错在了一块儿，这

山 口

就使得罗讷河从安德马特村流向了地中海，莱茵河从安德马特村注入北海，此外还有许多的河流也在安德马特村起源，它们成为了北部图恩、卢塞恩和苏黎世附近的大大小小的湖泊以及南部著名的意大利湖泊群的源头。而瑞士共和国正是在这些巨大的冰川、悬崖和深谷之间，诞生在这积雪的山峰、潺潺流水和冰川融水之间。瑞士此次能争取到独立和自主，是得益于务实的政策和特殊的地理环境。在过去1000多年的岁月里，这些半开化的瑞士农民世代居住在难以逾越的山谷中，从来不曾遭到比他们更强大的邻居的打扰。假如没有劫掠，打着至高无上的帝国大旗就没有任何意义，至多不过是从这些山中野蛮人手中抢走两张牛皮而已。但是，这些野蛮人十分危险，他们会打游击战，还善于从山顶上投掷巨大的石块，石块砸在人的头上，就像砸在一张羊皮纸一样上把它砸得粉碎。因此，如同对北美洲阿勒格尼山[1]后的印第安人一般，外面的世界彻底地遗忘了这些瑞士人。但是，随着十字军东征前后意大利商业贸易的激增以及教皇势力的逐渐扩张，北欧迫切地需要一条从德国直达意大利的便捷通道，从而避开经过哈布斯堡家族控制的圣伯纳山口或者布伦纳山口所要缴纳的几乎难以承受的关税。

就在这时，翁特瓦尔登、乌里和施维茨这三个森林州（瑞士独立的地区和小共和国）的农民共同出资（其实他们并不富裕）铺设了一条从莱茵河流域到提契诺河流域的道路。在山里开路的时候，若是手镐挖不动那些太硬的

[1]阿勒格尼山：北美阿巴拉契亚山系西北部的分支，在美洲开拓初期成为移民西进的障碍。

岩石（要从山中开道却没有炸药！），他们就用木头做一些窄窄的装置，从悬崖上悬下来，绕过那些障碍向前。他们还在莱茵河上建起了几座原始的石桥，只不过这些石桥除了在盛夏时节能步行通过之外，其他的时间都是无用的。400年前，查理曼大帝派人勘测了一条道路，但是并未修筑完工。这些农民把这条道路的一部分修复了。就这样，截至13世纪末，一个带骡队的商人已经能从巴塞尔经由圣哥达山口直抵米兰，而且不必担心骡子会跌断腿或被滚落的山石砸死。据说，早在1331年，教会僧侣就在圣哥达山口开设了旅馆，尽管这所旅馆直到1820年才开始向商人们开放，但这儿很快就成了南北商道中最热闹的一条线路。当然，翁特瓦尔登、乌里和施维茨那些大好人们付出了巨大的艰辛，却只索取一点点回报，但这些农业小国因为这条国际性的商道对卢塞尔和苏黎世市所带来的帮助和这一份稳定的收入，而获得了一种全新的独立感。这种独立感当然也与他们胆敢公然反抗哈布斯堡家族有很大关系。有趣的是，哈布斯堡家族也有瑞士农民的血统，只是他们从未在任何一本族谱中提及这一事实。坐落在阿勒河与莱茵河交汇处的哈比希茨堡（意为“鹰巢”）是哈布斯堡家族的老家，他们的族谱就保存在这个城堡中。

很遗憾的是，这一切都显得十分乏味。但是，为现代瑞士共和国打下基础的正是从阿尔卑斯山那条繁忙的国际商道中得来的实实在在的收入，而不是那个虚构出的威廉·特尔的勇敢。这个共和国是一个建立在世界上最有效的“公学”系统很有意思的政治实验品。尽管它的政治体制十分完善，也运行非常有效，不过如果你问一个瑞士人，瑞士的总统是谁？他们还得必须想一下才能回答。因为对瑞士进行管理的是一个类似于委员会的组织的联邦议会，这个议会有7名成员，每年都推选出一个新总统（一般由上一年的副总统继任）。每任总统依据传统（而不是宪法）由不同地区的人轮流担任，如果第一年是来自德语区的人，第二年就是来自法语区的人，第三年就是来自意大利语区的人，就这样地循环下去。瑞士总统与美国总统也有很大的不同。瑞士联邦委员会是通过7个成员对国家来进行共同管理，而瑞士总统不过是联邦议会的临时主席。总统既是联邦会议的主持者，也是外交事务的负责人。瑞士没有“白宫”，甚至连固定的总统府都没有，可见瑞士总统的地位是多

征服障碍

么无足轻重。假如要招待贵宾，只能在外交部设宴。有时这种宴会根本就没有欢迎法、美总统的招待会所应有的盛大庄重的场面，倒更像是小山村里的节日聚会。

瑞士的行政管理系统过于复杂，就不再详细地叙述了。但是到瑞士来访问的人常常会发现，许多地方都有一个诚实而睿智的人，这个人始终在监管着，看经办人是否睿智而诚实地把事情办好了。

我们再来看看瑞士的铁路建设。当然，这项工作中存在着大量的困难。两条大的干线纵贯瑞士的阿尔卑斯山区，把意大利同北欧连成了一体。巴黎、第戎、里昂与都灵（萨瓦公国的古都）被塞尼斯山隧道连在了一起。布伦纳铁路线穿越了阿尔卑斯山区，把德国南部同维也纳连通在一起，而且这条铁路线全程都没有隧道。而辛普朗铁路与圣哥达铁路既要爬山还要穿过隧道。1872年动工的圣哥达线修建得比较早，不过花了10年才建成通车，单单是开凿那条海拔达4000英尺，长9.5英里的隧道就用了8年。而从瓦森至格舍切的盘旋式隧道比这条隧道更值得我们了解。山谷的过于狭窄，使单轨都无法铺设，所以，铁路不得不从大山的中间盘旋式地攀越前进。除了这些特别的隧道外，圣哥达铁路线上还有59条隧道（其中的几条长达一英里）、48座普通的桥和9座高架桥。辛普朗线是跨越阿尔卑斯山区的第二条重要干线。辛普朗线从巴黎至米兰，途中经过第戎、洛桑、罗讷河流域和布里格。1906年，正值拿破仑的辛普朗公路建成100周年的时候，辛普朗线正式通车。这条著名的辛普朗公路是当时世界上最大型的公路建设工程，它有250座大型桥梁、350座小型桥梁和10条隧道。辛普朗线工程的建设比圣哥达铁路线要容易一些。辛普朗线首先在罗讷河河谷缓缓上行，行至海拔2000英尺高处后就进入了隧道。这是一条有12.5英里长的双轨隧道。长9英里的勒奇山隧道也是双轨，它把瑞士北部同辛普朗线及意大利西部连为了一体。

彭尼内山是阿尔卑斯山区中最狭窄险要的山脉，辛普朗线这条铁路就是从彭尼内山穿过的。彭尼内山地势非常复杂，在一片狭小的方形台地上至少含有21座高峰，它们的海拔全都在12000英尺以上，还有湍急的水流从140座冰川中倾泻而下。这些激流常常会在一列国际列车经过的前几分钟把铁路桥摧毁。但是，尽管时有水患，但车毁人亡的重大事故却从未发生过，这要归功于高效的瑞士铁路工人。正如前面讲过的，这个共和国虽然有些刻板，又相当地官僚，但什么事都不会听天由命的。想在瑞士生存太艰难了，也太缺乏安全感，所以“难得糊涂”之类的温和的人生哲学是绝不容许存在的。无论何时何地，总有人在监察着、在谨慎地守护着一切。然而，在这种守时和注重高效的传统中是根本无法催生艺术的辉煌成就的。无论是在绘画、雕塑，还是在音乐上，瑞士人在文学艺术领域没能取得任何成绩。但是，人类的历史中不乏“艺术”之国，而能一直稳定地保持着政治与经济的增长和发展的却只有极少数的国家。特别考虑到瑞士的体制能使每一个家庭都称心如意。我们有什么可苛求的呢?

第十五章

德　国

建得过迟的国家

为了方便介绍，我根据民族与文化的差异把欧洲各国做了分类。在前面，我已经介绍过了一些前罗马殖民地的国家，这些殖民地在独立了以后，仍然留有古罗马文明的痕迹。古罗马曾占领过巴尔干地区，当时拉丁语被至少一个国家（罗马尼亚）保留为官方语言；但在中世纪，巴尔干地区在蒙古人、斯拉夫人和土耳其人大举入侵之后，古罗马文明的遗迹已经被消灭得十分彻底了，因此把那些巴尔干国家放在目前的讨论中是错误的。所以，我们现在要离开地中海沿岸各国，走进另一类文明世界，这个世界是以北海及大西洋为中心，从条顿民族起源、发展而来的。这一地区有一片巨大的半环形平原（在法国那章已说过），这个平原从俄罗斯的东部山地（第聂伯河、德维纳河、涅瓦河及伏尔加河的发源地）一直延伸到了比利牛斯山脉。在日耳曼部落的那次神秘的西迁开始的时候，罗马人曾一度拥有着这个大平原的南部；而斯拉夫游牧民族似乎曾占领过平原的东部，这些不久前几乎被消灭的斯拉夫人突然地冒了出来，迅速壮大，如同澳大利亚的野兔一样杀不尽。当饥饿的条顿人侵入这片大平原时，这里只剩下了一片宽阔的方形地盘——东起维斯瓦河，北抵波罗的海，西至莱茵河三角洲，而在它的南部是罗马人修筑的堡垒，它提醒着每一位新来者：这里是禁区，不许进入。而这一地区的西部是山地。首先，阿登高原和孚日山脉位于莱茵河西岸；然后，由东向西依次是黑森林、蒂罗尔山脉、厄尔士山脉、里森格勃格山；最后，是几乎伸展到了黑海岸边的喀尔巴阡山脉。

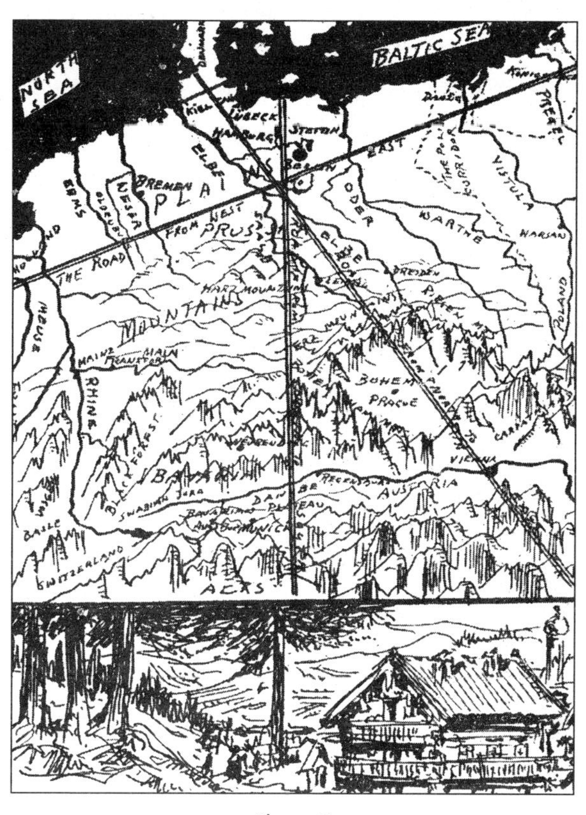

德　国

所有的河流因山势而向北流去。河流也是按从西向东的顺序来排列的，最西面的是莱茵河。在所有的河流里面，莱茵河是最富诗情画意的一条河，也没有哪一条山谷中的小河能像她那样让人不断地为她而战，为她流泪流血。然而说到底，莱茵河不过就是一条普通的小河而已。从长度上看，亚马孙河是莱茵河的5倍，密西西比河和密苏里河是她的6倍，甚至在美国根本不算长的俄亥俄河也比她长500英里。莱茵河之东是威悉河，在它的河口之上有现代化的城市不来梅。再向东是易北河，今天的汉堡就是由这条河流所造就的。然后是什切青城因之繁荣的奥得河，柏林及其周边工业区的产品由这个港口城市源源不断地出口到国外。最后是维斯瓦河和但泽港[1]了，今天的但泽港是一个由国际联盟派到这儿的特派员监管的自由港。数百万年前，覆盖着这片大地的是一片冰川，后来冰川退去，留下了一大片沙石荒原以及北海和波罗的海的无边的沼泽。北部的沼泽渐渐地出现了一片沙丘带，它从弗兰芒海岸一直延伸至临近俄罗斯的柯尼斯堡，柯尼斯堡曾是普鲁士的古都。随着沙丘地带的扩展，海潮就

[1]但泽港：现在的波兰港口城市格但斯克。

再也无法侵袭到沼泽，这意味着植被的出现，于是，土壤开始渐渐适宜树木的生长了，森林出现了。后来，那些古老的森林变成了泥炭矿藏，为人类的祖先提供了用之不竭的优质燃料。北海和波罗的海是这片平原的西北边界，其实被夸张地称作“海”的她们，只不过是两个巨大的浅浅的池塘。波罗的海的平均深度是36英寻，北海的平均深度是60英寻（1英寻等于6英尺），最深处也只有400英寻。而大西洋的平均深度是2170英寻，太平洋是2240英寻。看了这些数据，你就可以把这两片海域当作下沉的山谷。地表只要稍稍隆起来一点，就能造出一片干燥的陆地。

现在再来看看德国的陆地的地貌，但不是看现代的，而应当返回到人类跟随冰川撤退下去的印迹来到这里开始定居的年代，看看那个时候的地貌。一些野蛮的部落是这里的早期移民。这些部落主要以狩猎为生，也会种植一点农作物。不过这些蛮族的移民对美有一种执着的追求。当自己的地盘上没有装饰用的金银时，他们就会走很远的路，到别的地方寻求。早期的所有商道都是奢侈品的贸易通道，对奢侈品的争夺就是所有早期的民族冲突的起源。对这句话，很多读者可能会感到有点吃惊，但事实就是如此。是谁让古罗马人对北欧地理概况有所了解呢？正是那些商人，他们为了寻找琥珀——一种石化后的树脂，深入到了神秘的波罗的海沿岸，而琥珀只不过是古罗马贵妇们的头饰物罢了；能最有效地激起人们到太平洋和印度洋进行航海冒险，做出更多的地理发现的最大的动力，就是对一种坚硬的石灰石凝结块（女人们就这个物品当作首饰，以此来吸引他人的目光，让他们注意她们拥有可爱曲线的耳朵和柔美与纤巧的手指。这种东西有时能在牡蛎壳中找到）的热切需求。甚至那种让许多虔诚的人把《福音书》送给异教徒的动力，同对奢侈品的需求相比起来，都显得微不足道。为了龙涎香（抹香鲸体内的一种物质，为了获得这种物质，人类疯狂地捕杀可怜的抹香鲸），朝巴西、马达加斯加和摩鹿加群岛附近涌去的船只比捕捞鲱鱼、沙丁鱼或者其他食用鱼类的船还要多。只因为龙涎香是香水的一种原料，用它制成的香水散发着花的芳香，别有一番异国情调，同龙涎香比起来，食用鱼只是能吃而已，其魅力远不如香水。

由于服饰潮流的改变，17世纪的女人都在外套里面穿上让人看不出来的紧身衣（12道正餐不会给体型带来什么好的影响），而人类对北冰洋的认识，也随着女人对紧身衣的需求而大大地加深了。当巴黎人的帽子以插上白鹭羽毛为时尚时，为了白鹭羽毛，捕猎者就深入到美国南方的环礁湖中，追杀白鹭，拔下白鹭头上的羽毛（这些人并不去管这种行为将使白鹭——一切生命中最可爱、最高贵的一种鸟类——灭绝），他们所挺进的区域已远远超出了过去为生存需要而奔波的范围。这种事例举不胜举。一小部分富人为了吸引周围不那么有钱的人的注意力，常常大肆铺张地摆阔夸富，因而，所有的珍稀物品都可能成为他们追逐的目标。纵然是在人类的早期，引导着人类探险脚步的就已经是奢侈品而非必需品了。仔细研究一下史前的德国地图，那些古老的奢侈品贸易通道我们依然能辨认得出来，因为直至中世纪甚至到现代，大部分的商道仍在起着作用。想想3000年前的情景。在距离海洋几百英里以外的地方，坐落着哈茨山、厄尔士山和里森格勃格山这些南部的大山，向北延伸至北海和波罗的海的本是沼泽的大平原，早就变成了干燥的陆地，如今，茂密的森林覆盖在这片陆地上。伴随着冰川渐渐后退到斯堪的纳维亚半岛和芬兰，人类在这片土地上慢慢地推进，宣称这莽莽的荒野都归其所有。一些居住在南部山区的山谷中的部落发现，如果把树砍倒，卖给盘踞着莱茵河与多瑙河战略要地的古罗马人，他们就能得到相应的酬劳。而其他的条顿民族，不论是游牧部落还是村中的农夫，几乎都还没有看见过罗马人。一支古罗马的探险队曾试图深入到这个地区的中心，但是在一个黑暗、积水的山谷之中，这些探险者遭遇到了条顿人的伏击，全军覆没。从此以后，再无人敢进入这个地区了。不过，这并不意味着德国的北部完全与世隔绝。

史前时代的那条重要的东西方商道从伊比利亚半岛起始，沿着比利牛斯山通往巴黎的线路，经过法国的普瓦提埃和图尔河谷，通到了俄罗斯大平原。这条商道绕过了在德国境内的阿登高原，沿着中欧高地的边沿向前延伸而去，最终抵达位于苏联境内的北欧低地。这条商道一路向东，途中遭到了许多河流的阻挡，但是，总有水浅的河段便于让它通过。正如罗马城是在台伯河的浅水处建立起来一样，许多德国北部的早期城镇也正是在那些史前时代或古人类的聚居点的基础上发展而来。也许那些早期人类聚居点的位置，正好是现在人潮拥挤的火车站和繁华的百货商场。一些城市，如柏林、汉诺威、马格德堡和布雷斯劳[1]，都是在史前时代的原址上发展起来的。尽管莱比锡过去只不过是一个小村庄，坐落于斯拉夫大地的中央，但是它在古代欧洲曾是一个商贸中心。银、铅、铜和铁，这些从萨克森山区采来的矿物，在汇集到了莱比锡之后，沿河而下，被那些在欧洲商道上来往不断的各国客商所购买。当这条商道抵达莱茵河后，水上运输船队就成了长途陆地运输商队的强劲竞争对手。水上运输比陆地运输更快捷也更便宜。在恺撒发现莱茵河之前，许多专门从事货物运输的木筏就早已在这条大河上运行了。他们把货物从斯特拉斯堡（莱茵河在此处与弗克兰、巴伐利亚和符腾堡的内陆贸易区相连了）运抵科隆、低地国甚至不列颠诸岛。柏林与耶路撒冷相距万里之遥，但这两个城市所遵循的是相类似的地理原则，那就是它们都建在了重要商道的交叉处。耶路撒冷坐落在巴比伦至腓尼基的商道和大马士革通往埃及的商道的交叉点上，在犹太人听说过它的很久以前，它就已经是一个重要的贸易中心了。建在河畔的柏林也正是两条商道的交叉点，这两条商道一条是东西向的横跨欧洲大陆的商道，另一条是从西北至东南（从巴黎至彼得格勒，从汉堡至君士坦丁堡）的商道，因此柏林就成为了耶路撒冷第二。

在整个中世纪，德国地区仍然有无数个半自治的小公国。就在300年前，还没有迹象表明这块欧洲大平原的西部日后会成为一个世界大国。现代德国差不多是十字军运动失败的直接产物。当西亚再无可以被征服的新的土地（穆斯林最终证明了自己完全可以与基督徒匹敌）之后，这些无继承权的欧洲子弟就动手寻求其他的土地财富的来源。他们马上就自然而然地想到了坐落在奥得河与维斯瓦河之上的斯拉夫大平原，这里居住着野蛮的普鲁士异教徒。就这样，十字军运动一下子就从巴勒斯坦转移到了东普鲁士，商业中

---

[1] 布雷斯劳：今波兰西南城市弗罗茨瓦夫。

心也被从原先位于加利利的阿卡迁到了但泽以南30英里处的马尔堡。此后的200年，十字军骑士一直与斯拉夫人作战，结果是那些可怜的斯拉夫人的农庄被这些来自西方的贵族和农夫所霸占。1410年，在坦能堡，十字军骑士惨败于波兰人之手；1914年，还是在坦能堡，兴登堡[1]全歼了俄军。但无论如何，那些十字军骑士还是在这个地区立稳了脚跟，当宗教改革运动开始时，他们的力量仍是无法忽视的。当时，十字军的领导者是一位大公，他也是霍亨索伦家族的一个成员，他不仅加入了新教，还听从了马丁·路德的建议，自称为世袭普鲁士公爵，把他的都城定在了位于但泽湾的柯尼斯堡。从15世纪中叶开始，霍亨索伦家族的另一支就一直统治着勃兰登堡的那片荒凉的沙地，到了17世纪初，这个公国落到了这一支努力而聪明的霍亨索伦家族之手。100年后（即1701年），这一支本来已享有了“选帝侯”[2]称号的霍亨索伦家族自认为应该配得上更高的称号，于是为了谋取国王的称号，他们开始行动了。

神圣罗马帝国皇帝对此表示同意。哈布斯堡家族很愿意为好朋友霍亨索伦家族帮这个小忙。1871年，普鲁士国王霍亨索伦七世出任统一的德国的第一位皇帝。47年后，霍亨索伦家族庞大的“股份制”集团最终垮台了，普鲁士第九任国王兼现代德国的第三任皇帝被迫退位，开始流亡海外。但是，这个资本主义工业时代的最强大、最有效率的大国却是由这个十字军的残兵败将所组成的国家最终发展而来的。最后一位霍亨索伦正在荷兰当伐木工人，一切都已成为了过去。但是这些前蒂罗尔山的山民们的确具有非凡的才能，至少，他们能很明智地找到一批具有卓越才能的人来为他们服务。在他们原有的领地上，上天根本没有赐给他们任何财富。普鲁士的大地只有农田、森林、沙地和沼泽，再没有什么可出口的产品，而出口是任何想要获得贸易顺

---

[1] 保罗·冯·兴登堡（Hindenburg，1847—1934）：德国元帅，支持保皇派和法西斯组织。后出任总统，于1925—1934年执政。他于1933年，授命希特勒组织政府，致使德国政权落入纳粹党之手。在1914年的坦能堡战役中俄军萨姆索诺夫集团军被围歼，兴登堡在此役中担任司令。

[2] 选帝侯：德国有权参与选举神圣罗马帝国皇帝的诸侯。

差的国家的唯一手段。后来，在德国人发明了甜菜制糖法之后，情况稍微有所好转。但由于蔗糖比甜菜糖要便宜很多，而且蔗糖还能从西印度群岛进口，所以，不论是普鲁士人还是勃兰登堡人仍然都很贫穷。然而当拿破仑皇帝的海军在特拉法尔加海战[1]损失惨重后，他推行了“反封锁”法以打击英国，这导致了欧洲突然开始对普鲁士甜菜糖的大量需求，并且这种需求在持续地增长。同时，德国化学家发现了钾碱的价值，所以，钾碱储量丰富的普鲁士终于有一些可以出口的产品了。霍亨索伦家族在当时真是非常幸运，拿破仑失败之后，他们夺取了莱茵河地区。最早的时候，莱茵河地区并未表现出什么特殊的价值，但是，铁和煤在后来的工业革命中发挥出了极大的促进作用。而这个时候的普鲁士出乎意料地发现了自己拥有着非常丰富的煤矿和铁矿。500年的贫困终于结束了。过去，贫困教会了德国人认真勤俭地持家，如今，它又使德国人知道了如何进行大量的生产和低廉的销售。这个小小的条顿民族如今迅速地扩大了，而陆地再也无法为她提供更多的发展空间，于是他们开始走向海洋了。在短短不到50年的时间里，他们就成为了在海洋运输业方面收入最多的国家之一。当北海还是世界文明的中心时（在美洲的发现和大西洋成为重要贸易通道之前），汉堡和不来梅都曾有过重要的作用，今天，这两个城市的地位逐渐下降，拖累了赶超伦敦和其他英国港口的计划的实现。基尔运河于1895年正式投入使用了，这条开凿出来的运河，使大型船只开始能够从波罗的海直达北海了。运河网还把莱茵河、威悉河、奥得河、维斯瓦河、美因河、多瑙河（尚未完工）连在了一起，北海与黑海之间通航了，柏林也通过什切青运河能够直达波罗的海了。人类只要肯多动动脑筋，那么大多数人就能过上比较体面的生活。在世界大战之前，受着严格纪律约束的德国工人、农民虽不能说很富裕，但比起其他国家的同一阶层的人来，他们的生活条件更好，社会和医疗都更有保障。

---

[1] 特拉法尔加海战：拿破仑战争期间（1799—1815）的1805年10月21日，在西班牙大西洋沿岸的特拉法尔加角附近，英国舰队与法、西联合舰队展开了一场海战。这次海战的重要结果是使英国人在拿破仑战争时期掌握了制海权。

但是伴随着世界大战的凄惨结局，这一切都化为乌有了。这是一个悲剧，但它不属于这本书要讨论的内容。由于德国是战败国，它失去了繁荣的阿尔萨斯和洛林[1]这两个工业区，也失去了所有海外殖民地和商船队，也失去了它在1864年战争后从丹麦人手中夺来的石勒苏益格—荷尔斯泰因州的一部分土地。另外，普鲁士还被划走了数千平方英里的前波兰领土（这里已被德国彻底同化了），并归还给了波兰。这片在维斯瓦河岸边的从托伦到格丁尼亚和波罗的海的宽阔的长条地带于是又重新回到了波兰王国，波兰王国又能直达大海了。德国所剩下的只有西里西亚的部分土地，这片土地是18世纪腓特烈大帝从奥地利抢来的。许多宝贵的矿藏已割给了波兰，归德国控制的就只有纺织业了。过去50年中德国抢来的一切现在都被送回去了，其他国家把德国在亚洲和非洲的殖民地重新进行了瓜分，尽管这些国家已拥有了太多的殖民地，甚至都没有人口能向那里输送了。从政治上看，《凡尔赛和约》可能是一个完美的条约，但是，从应用地理学上来看，人们因它而对欧洲的前途产生了彻底的绝望。那些持怀疑论的中立者觉得应该给劳合·乔治[2]和已故的克列孟梭[3]一人一本基础地理手册，他们的想法显然是对的。

---

❶阿尔萨斯和洛林：1870—1871年普法战争后，战败国法国把这两个地区割让给了德国，法国在第一次世界大战之后又收回去了。

❷劳合·乔治（1863—1945）：英国自由党领袖，于1916—1922年出任英国首相，是《凡尔赛和约》的起草人之一。

❸克列孟梭（1841—1929）：法国第三共和国的总理，于1906—1909、1917—1920年间在位，是《凡尔赛和约》的起草人之一。

第十六章

奥地利

只有消失才会有人喝彩的国度

奥地利只有600万人口，可其中的200万人都挤在了首都维也纳。这种人口不均匀分布的结果，就是古老神秘的河畔城镇的慢慢消失；在拥有往昔荣耀的废墟中，老人们心不在焉地消磨着剩下的时日；而朝气尚存的年轻人早就匆匆逃到国外去了，在新的环境中开始了他们的新的生活；留在国内的年轻人，却不堪忍受窒息的日子。一首著名的圆舞曲赋予了多瑙河一个非常美的名字，可它的河水不是蓝色而是灰色的，它裹挟着泥沙东流而去，辜负了它的美名。现在的奥地利共和国是什么样子呢？过去的维也纳是一座古老而重要的科学、医学和艺术的中心，同时也是一座快乐之都，人们要是要求不高，对生活马马虎虎，就能过得很幸福，而维也纳会在今后的100年里逐渐衰落下去，重蹈威尼斯的覆辙。这个过去管辖了5000万人口的大帝国的首都，将沦落成一个只能依靠旅游业为生的小城市。维也纳除了把码头提供给那些把货物从波希米亚和巴伐利亚运送到罗马尼亚和黑海的船只外，再没有什么价值了。

奥地利的历史可上溯到古多瑙河君主国的时代。这个国家的本质从她的名字上得到了反映，她的野心也被这个名字泄露了。这个大帝国曾盛极一时，可随着时间的流逝，从地理的角度来看，她如今已变得十分复杂了。她已经被历史的无情变化弄得面目全非了，逝去的奥匈帝国用自己的盛衰为自然环境如何影响中央集权形成做了一个生动的注释。我们先把她的边界问题搁置一边，先看她的地理概况吧。从地理位置上看来，奥地利到意大利的脚趾尖和到丹麦半岛的鼻尖的距离差不多长，她几乎算得上是欧洲大陆的心脏。这是一块被群山包围的辽阔的大平原，西临蒂罗尔山和瑞士的阿尔卑斯山，北接波希米亚的厄尔士山、里森格勃格山和喀尔巴阡山。在喀尔巴阡山脉深处，有多瑙河一路穿行在南部的特兰西瓦尼亚山和巴尔干山之间。狄那里克阿尔卑斯山就像这个大平原的一道天然屏障，把来自亚得里亚海的寒风挡住。奥地利缔造者几乎没有什么地理知识，更不可能拥有一幅像今天的地图这样详尽准确的地图了。但是，如同美国西部的拓荒者一样，单单依靠本能，这群中世纪的征服者就占据了大片的土地。而这种征服和占有必然会导致大自然的惩罚，而无论人类怎样聪慧狡黠，也不得不屈服大自然的这种威力。在公元1000年之前，匈牙利大平原仍是人迹罕至，尽管许多部落从黑海沿着多瑙河向西来到了这个大平原，但都未能在这儿建立起牢固的统治。而经过与东面的斯拉夫民族的长期战争，查理曼大帝把一块东欧“界碑”竖在了这里。这块“界碑”是一个最终将统治这里的所有土地的公国诞生的标志。尽管匈牙利人和土耳其人不断地侵扰（土耳其人最后一次围攻维也纳的时间要比哈佛大学的建校时间迟得多），但在巴奔堡家族[1]和瑞士的哈布斯堡家族的行之有效的管理和强有力的保护下，奥地利公国总能得到保全。这个小国的国王后来居然还自荐出任了神圣罗马帝国的皇帝，而奥地利事实上算不上什么真正的帝国，既非罗马，又不神圣，它只不过是一个由许多说德语的民族组成松散的联邦。直至1806年拿破仑驾临之时，这个帝国还一直在“神圣”着，而神圣罗马帝国的徽章，这时已被想当皇帝的无产者拿破仑扔进了历史的垃圾堆。但这片土地并未从此沉寂下去。哈布斯堡家族不是聪明而是顽固，甚至在家园不保时，还敢对德有所图。它的痴心妄想在1866年彻底破碎了。普鲁士人把他们赶回了老家，他们只能永远地待在那片大山里。

---

[1] 巴奔堡家族：公元10—13世纪统治奥地利的一个家族。

这座当年由查理曼大帝建立起来的东部的丰碑，如今已沦落为一个末等的国家了。昔日的集权帝国被内乱打得分崩离析，再没有希望和前途。瑞士阿尔卑斯山脉连绵而下的山地，以及著名的蒂罗尔山脉的一小部分，就占据了它的大部分国土。而根据《凡尔赛和约》，蒂罗尔山的其余地区已交还给意大利，理由是这些地区曾经属于古罗马帝国。奥地利山区有两个城镇，一个是因斯布鲁克，另一个是萨尔茨堡，它们是有一些重要性的。因斯布鲁克因为河流的流经而满溢着中世纪的气息，这里是古人从布伦纳山口到意大利的必由之路。萨尔茨堡也算得上是欧洲最美丽的城镇之一，这里因是音乐大师莫扎特的诞生之地而闻名于世。它至今还把优雅的音乐和戏剧表演努力地展示给人们。奥地利连绵的山地和北部的波希米亚平原都没有产出半点有价值的东西，维也纳盆地也同样地一无所有。今日的维也纳是从古罗马人当年在维也纳盆地上建起的一座名叫文多博纳的军营发展而来的。公元180年，著名的哲学家，同时也是一生征战无数的罗马皇帝马克·奥勒留[1]，在同北部日耳曼蛮族打完他的最后一仗后，驾崩于此，使这个小聚居点多少染上了一些恶名。而直至1000年后，维也纳才初具城市规模。这要得益于十字军东征，因为它同时也是中世纪的一次人口大迁移。由于十字军东征者既梦想着到东方圣地去发财，又不想被热那亚和威尼斯的船主们敲诈，于是他们就从维也纳动身，沿着多瑙河东进，一路烧杀抢掠，直至当初上帝赐予亚伯拉罕的希望的土地。1276年，哈布斯堡家族占据了维也纳，把它变成了他们的广阔领地的中心，他们的领地一直在扩展，最后扩大到了前文提到的所有山区。1485年，维也纳再一次被匈牙利人所夺取了。1529年和1683年，这里又两次遭到土耳其人的围攻。然而，维也纳从每一次的战乱中幸存了下来，直至18世纪初，由于一个政策性的失误，这座城市才开始渐渐走向瓦解。当时它把自己公国不论重要与否的每一片领土，都交给了血统纯正的日耳曼裔贵族

---

[1] 马克·奥勒留（Marcus Aurelius，121—180）：年轻时曾跟希罗德斯·阿底库斯学习修辞学，跟弗伦特学习哲学，对斯多噶哲学最为推崇。于161—180年在位，经常对外发动战争。在转战南北的军旅生活中，他每天撰写自传体式回忆录《沉思录》，该书是部优秀的哲学作品。

管理。对所有人来说，统治者的权力过大都不是一件幸事。而那些温和的奥地利骑士也都开始变得更为温和仁慈，甚至脆弱了。在昔日的奥匈帝国，斯拉夫人占了47%，日耳曼人占了25%，余下的是匈牙利人（占19%）、罗马尼亚人（占7%），以及意大利人和吉卜赛人，意大利人约有60万人口（占1.5%），而吉卜赛人约有10万。因为紧邻匈牙利的地区对吉卜赛人似乎还有点尊重，所以他们主要集中居住在那儿。当时，其他的欧洲帝王们正慢慢地以史为鉴，开始变得睿智起来，而统治奥地利的日耳曼主子们显然不把历史的教训当回事。帝王和贵族们只有自觉自愿地肩负起领导的责任来，国家才能长治久安，但如果他们不用尽全力“领导”，而只是贪图享受“服务”，他们的末日就到了。维也纳人民被在抵抗拿破仑的战争中屡战屡败的奥军激怒了，那些高贵的公爵男爵们全部被他们赶出去了，不得不回到自己的领地，只能过与世隔绝的单调生活。此后，维也纳的地理位置就开始发挥出重要的作用了。随着贵族的离去，商人和制造商渐渐崛起。维也纳从古代的防御工事的重负中解放出来，开始迅速发展，成了东欧最重要的商业、科学和艺术中心。然而，世界大战给了维也纳致命的一击。它的繁华与荣耀一夜之间化为乌有了。就在几年前还是大帝国统治中心的它，如今实际上已和过去无半点相似之处。奥地利晦暗下去了。而当法国坚决反对把她并入德国时，她一下就没有任何希望了。

第十七章

丹　麦

以少胜多的典范

丹麦是一个小国（人口约有350万，住在首都的占了75万）。如果数量比质量更能说明人的本质的话，依据现代国家的标准，根本就不必介绍它了。但是，就把聪明才智应用于现实的美好生活（即作为古希腊人智慧的最高境界的中庸之道）之中，就由平淡渐渐演变出美好而言，丹麦就是一个典范，把特殊的关注和最崇高的敬意给她和那些斯堪的纳维亚国家是值得的。丹麦的领土面积只有1.6万平方英里，它没有矿藏、陆军、海军、山脉（海拔为600英尺，还不到帝国大厦的一半高），但是，她却能同12个志向更高远、面积更广大、军国主义倾向更强的国家相抗衡（如果有必要，我会提及这些国家的）。丹麦人完全靠自己的努力扫除了文盲，使人均收入成了全欧第二。而且，正如其他国家所知道的，他们实实在在地消灭了贫富差距，实现了共同富裕，这在世界上是绝无仅有的。看看地图，组成丹麦的是一个半岛和许多独立的小岛，岛屿间的海峡很宽广开阔，火车要是跨越海峡须由渡轮来运输。这里气候条件十分恶劣。整个冬季都有强烈的东风横扫着一望无际的丹麦大地，冷雨绵绵，使丹麦人不得不大部分时间都待在房子里。这样的环境造就了丹麦人爱读书的习惯，也把他们变成了学识最渊博的民族，他们人均藏书量高于其他国家的居民，在这个方面，荷兰人与丹麦人十分相似。

此外，风雨还滋润了丹麦人的牧场，使这里拥有了茂盛的草原和肥壮的牛群。这里出产的黄油能供应全世界黄油总量的30%。鉴于世界许多国家的土地都为土豪、地主所把持，民主的（不是从政治上，而是从社会与经济上看来）丹麦人并不鼓励大地主的发展。今天，丹麦王国有15万独立的农场主，他们各自独立经营着自己的小牧场，这些小牧场的面积从10英亩到100英亩的都有，而全国超过100英亩的牧场只有2万个。那些用最现代化的科学方法生产加工出来的乳制品，每天都被出口到国外，而这些科学方法都是当地农校传授的，它只是丹麦中学义务教育体制的一个延续。而黄油加工的副产品——乳酪，就变成了猪饲料，腌熏的猪肉被供应到英国市场。由于黄油和咸猪肉贸易所创造的利润远远大于了粮食生产的利润，所以，丹麦人宁愿选择进口粮食。这样做既经济又方便。波兰和立陶宛是两个大粮仓，而但泽则是他们传统的粮食出口港。汽船只需走两天就能从哥本哈根抵达但泽。进口的部分谷物被用于饲养家禽，于是，每年从这里出口到英伦诸岛的鸡蛋数以百万计，而不知何故英伦诸岛却从未出产过比甘蓝更好吃的东西。丹麦为了保证出口的农副产品能达到垄断的目标，政府对全部的出口产品都采取了严厉的控制措施，所以树立起了非常好的声誉，丹麦人的品牌被一致认为是绝对纯正的通行证。丹麦人和所有的条顿人都一样，也是玩命的赌徒。他们在过去几年的

丹麦与挪威、瑞典的对比

金融与股票投机中损失了无数的钱财。尽管银行倒闭了，但孩子、牛群和猪群依旧在，丹麦人又重操旧业了。现在，丹麦周围国家的破产率在不断地激增，火腿、鸡蛋这些原本的家常便饭，如今正在逐渐地成为普通人可望而不可即的奢侈品了，这成了他们唯一的担忧。

丹麦的陆上城市都不太有什么重要性。埃斯比约是日德兰（这是丹麦半岛的旧称，英国最早的居民就是从这里出发的）西海岸的一个港口，它是丹麦绝大多数农产品的出口港，也是日德兰地区最古老的基督教中心之一。在发现美洲前的400年，这一地区的许多人还在崇拜他们英武的异教神明。

小贝尔特海峡横亘在日德兰半岛和菲英岛之间（听说这里现在有一个修建一座跨海大桥的计划）。菲英岛是波罗的海群岛中的第一岛，安徒生的诞生地欧登塞市（为纪念奥丁神而得名）就在这个岛的中心（这里有孩子，有牛群和猪群）。安徒生这个贫病交迫的鞋匠之子，为人类做出了最伟大最慷慨的贡献。我们从这里跨过了大贝尔特海峡，就到了昔日的丹麦王国的中心——西兰岛。这个国家的首都，美丽的哥本哈根就坐落在开阔的海湾之滨，为它遮蔽波罗的海海浪的是小小的阿迈厄岛，它也是这个首都的“菜篮子”。哥本哈根在中世纪意为“商人之港”。今天的英格兰、挪威以及部分瑞典，都在9、10世纪时丹麦人统治的帝国内。而哥本哈根在那时只不过是一个小渔村罢了，而当时皇家官邸所在地则是在距哥本哈根15英里的内陆城市罗斯基勒，丹麦人就是在那里统辖着他们的那些外邦。如今，罗斯基勒已经衰落了，而规模仍在扩张的哥本哈根却变成了一个重要的城市，现在，它为全国20%的人口提供了各种消遣。丹麦王室目前就住在哥本哈根，几名身着漂亮制服的警卫在他们的国王外出游泳、钓鱼或是买香烟时会举枪致敬。此外，在这个国家里再也见不到什么军事力量的表现了。而往昔岁月里，丹麦这个小国曾经历过最艰苦卓绝的战争，甚至在1804年，它还在同普鲁士进行长期的对抗，最后，它自愿解散了自己的海军和陆军。由一支小型警察取代了原有的正规军，以维护她的中立地位，确保这块不大的土地能在今后的欧洲大战中生存下来。这就是不理睬世界、独享寂寞的丹麦。

丹麦王室一直都在努力避免在较敏感的报纸的头版出现，丹麦人很少有人有三件大衣的，可是每个人都有大衣，那里很少有人有汽车，可是女人、男人、孩子，几乎每个人都至少拥有两辆自行车。如果你在午餐时间前穿过丹麦的任何一条马路，对此就会有真切的感受。丹麦在以野心霸权为目的的世界中几乎没有什么作为，但是她却在以崇高理想为荣耀的世界中占有相当重要的地位。假如所有政权应当追求的最高目标是使尽可能多的人获得最大的幸福，那么，丹麦已经做到的事足以证明，她是够格作为一个独立国家永存下去的。

第十八章

冰 岛

北冰洋政治实验室

昔日极其繁荣的丹麦帝国，今天只有几块海外的殖民地保留了下来，世界的“第六大洲”格陵兰岛就是其中之一。似乎有珍贵的矿产资源（铁、锌和石墨）埋藏在这块大陆下，但是，冰川把这些财富完全覆盖了（格陵兰岛没有被冰雪所覆盖的土地只占了3%）。任何人都无法使用它们，除非地轴能再倾斜一些，让热带气候再度出现在格陵兰岛上。数百万年前的格陵兰岛曾是一片非常温暖的大陆，岛上煤矿的蕴藏量就能够证明这一点。位于设得兰群岛以北200英里处的法罗群岛是丹麦的另一块海外殖民地。法罗群岛的字面意义为“绵羊之岛”，这里有两万人口，首府是托尔斯港。当年，哈得孙❶跨越了大西洋并在最后抵达曼哈顿岛的航行就是从法罗群岛开始的。除了法罗群岛之外，丹麦还有一块殖民地——冰岛。冰岛是个十分特别的国家。遍布

---

❶亨利·哈得孙（Henry Hudson，生于约16世纪60年代或70年代，约卒于1611年）：17世纪早期的英国航海家和探险家。17世纪初，他四度从欧洲经北冰洋寻找通往亚洲的捷径，他也因此在北美洲发现了后来以他的名字命名的哈得孙河、哈得孙海峡和哈得孙湾。在第四次航行中的1611年，他的船在詹姆斯湾越冬后，由于他坚持继续向西行驶导致了船员的哗变，他和他的儿子以及另外7名船员被投到了一只小船上，在大海上漂流，从此杳无音信。

四处的火山产生出了各种奇异的现象，常常让人联想到火神伏尔甘炉子中那些神奇的火焰。这个岛国的政治情况十分独特。冰岛是世界上最古老的共和国，在美国独立之前的800年，它的自治政府就开始行使职能了，而且这种模式一直到今天还在运行，几乎没有被打断过。从挪威逃到这里的难民是冰岛上最早的居民，他们来到这个遥远的孤岛上是在9世纪的时候。尽管在冰岛4万平方英里的土地总面积中有5000平方英里被冰川和雪地永久地覆盖着，而全岛适于农耕的土地只有7%多一点，但和挪威的生活条件相比，冰岛还是好多了，所以，到9世纪初，冰岛上出现了4000块大大小小的自耕地，这些土地的主人都是自由的自耕农。这些自耕农承袭了日耳曼部落的早期习惯，组成了一个结构松散的自治政府。各地方的“会议人”组成“阿耳庭”（大议会），再由“阿耳庭”组成自治政府。在一个叫作辛格韦德利的火山大平原上，每年的盛夏时节都会召开阿耳庭会议。这个辛格韦德利平原距现在的首都雷克雅未克仅有7英里，而雷克雅未克作为首都的历史只有不过100年而已。

下面是什么

冰岛人民在独立之初的200年间付出了巨大的努力，谱写了人类历史上最壮丽的篇章。是他们发现了格陵兰岛和美洲（早于哥伦布500年），并且使冰岛（在这里的冬天，白昼只有4个小时）成为了比挪威本土更为重要的文明中心。然而，所有的日耳曼民族都有可悲的宿命——政治和经济的合作因个人主义的强势而被架空——厄运随之而来。13世纪，挪威占领了冰岛，丹麦接着又吞并了挪威，随后冰岛也被丹麦吞并了。丹麦人对冰岛这个弹丸之地没什么兴趣，放任法国甚至阿尔及利亚的海盗在冰岛上肆意蹂躏，把这个小岛压榨得民不聊生。所有异教时代的文学和建筑艺术都被人们遗忘了，昔日贵族和自由民们的木屋逐渐地被泥炭小棚所取代了。

19世纪中叶开始重现古代的繁荣了，要求彻底独立的呼声愈来愈高。现在，冰岛除了对外要承认丹麦国王为他们的君主之外，他们又能像1100年之前一样自治了。雷克雅未克是岛上最大的城市，尽管人口不及1万人，但却拥有一所大学。冰岛国总人口还不到10万人，但她却拥有出色的文学作品。冰岛没有村庄，只有一片连着一片的独立农场，他们受到的教育是很好的，老师给孩子们巡回授课。冰岛这个海角岛国很耐人寻味。只要人类凭着自己的睿智顽强地改变不利的环境，世界就会被改造得非常美好。冰岛同许多小国一样又一次对这一点做出了证明。不过，冰岛也并不是人间天堂。虽然墨西哥湾暖流为她带来了暖冬，但她的夏季太短了，谷物和水果来不及生长出来。另外还有长年不间断雨雪的侵袭。

冰　岛

冰岛共有29座火山，其中的海克拉火山最为著名。据历史记载，冰岛上的火山喷发总共有过28次，喷出的岩浆覆盖了上千平方英里的土地。冰岛也常常发生地震，它不仅摧毁了上百座农场，还常常会从坚硬的岩层中分出一道足有几百英里长的巨大的裂缝来。还有那些让来冰岛的旅行者觉得不很轻松的硫黄泉和滚烫的泥浆湖。间歇泉或者叫热水喷泉在冰岛上是最负盛名的，它们并不危险反而很有情趣。只不过这些间歇泉的活动如今是越来越微弱了。其中最有名的“大喷泉”喷出的热水有时能高达100英尺。

世世代代的冰岛人都是以岛为家的。在过去60年中，大约有两万人移居美洲，马尼托巴[1]就是这些冰岛移民的主要居住地。可是，其中的许多人后来又重返故里。因为尽管冰岛有让人不适的连绵不断的阴雨，但冰岛毕竟是他们自己的家园。

---

[1] 马尼托巴：一个位于加拿大中部的省份。

第十九章

斯堪的纳维亚半岛

瑞典与挪威

中世纪那些生活在快乐得像神话一样的世界的人，都非常清楚斯堪的纳维亚半岛来历的传说。传说当上帝创造了美好的世界之后，魔鬼前来窥探上帝到底做了些什么。当魔鬼看到世界非常可爱，他非常愤怒地把一块巨石扔向了人类的新家园。这块巨石落到了北冰洋，变成了今天的斯堪的纳维亚半岛。这块“巨石”太过贫瘠，人类根本无法在那里生存。但上帝想起他在创造其他大陆时，还剩下一些肥沃的泥土，于是就把这一点沃土撒在了挪威和瑞典的山区，但是这一点泥土是远远不够的，所以没有人会想要在这片荒凉的土地上谋生。因此瑞典和挪威的大片领土至今仍是洞穴巨人、土地神和狼人们的天下。这个“创世故事”也有一个比较科学的现代版，它建立在观察得来的事

山上贫瘠的土壤

实基础之上。地理学家认为，早在煤炭形成之前就有一块很广阔古老的大陆位于北冰洋上，它从欧洲一直延伸至美洲。斯堪的纳维亚半岛就是这块大陆的一部分。我们知道，今天的大陆是“不久前”才诞生的，而且就像树叶在水池中漂流一样，这些大陆今天仍然在移动。所有的陆地曾经是一个整体，后来它才被海洋分隔成了几块大陆。挪威和瑞典所在的那一侧大陆渐渐地下沉了，只残留了作为最东侧的边缘的斯堪的纳维亚山系。如今这片大陆留在水面的遗迹只有冰岛、法罗群岛、设得兰群岛和苏格兰，其余部分全部沉在北冰洋海底了。也许有一天北冰洋真的会因沧海桑田而重新隆起，变成坚实的陆地，而挪威和瑞典则会变成一片汪洋，成为鲸类和鱼类的天堂。挪威人对于这种可能的变化并不杞人忧天，他们最担忧的是如何谋生。挪威可耕作的土地不到其总领土面积（4000平方英里）的4%。尽管瑞典的农耕地比挪威多一些，占到了其总面

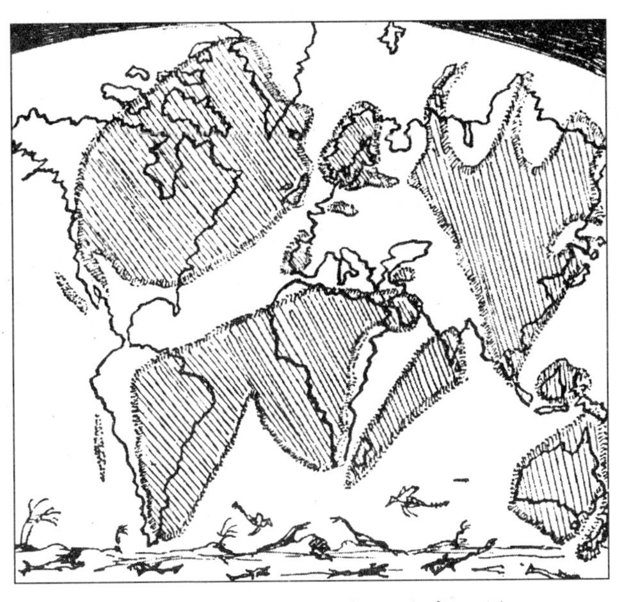
数亿年前的大陆和今天非常不同

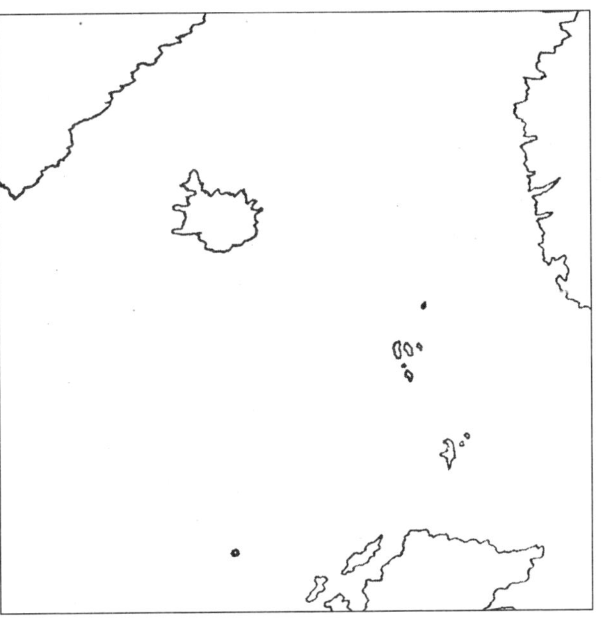
北极地区的地图，你能看到那里空空如也

挪 威

积的10%，但是仍然是严重不足的。

不过，造物主在别的方面对这两个国家进行了补偿。瑞典有50%以上的领土被森林所覆盖，挪威有25%的土地长满了松树和冷杉。他们懂得自己的国家并不具备发展农业的有利条件，因此，他们对这些树木进行有计划的采伐，对这份资源加以最有效的利用。从北角到林德斯奈斯的整个半岛，过去都曾被冰川覆盖，这是导致这里资源匮乏的最主要原因。山脊上的土壤被这些冰川剥蚀殆尽，整个半岛就像是一只被猎狗舔过的盘子。山上来之不易的土壤（要让土壤覆盖整片大地需要数百万年的漫长历程）不仅被冰川剥蚀了，还被冰川裹挟到了欧洲大陆。它们沉积到了整个北欧大平原上。对斯堪的纳维亚半岛的情况，曾在4000年前侵略过欧洲的亚洲尖兵们肯定是知道的。当时，这些东方侵略者跨过了波罗的海，来到了这个半岛，发现生活在这儿的是一些带有芬兰血统的游牧民族。这些亚洲人把当地的芬兰部落轻而易举地赶到了北拉普兰的旷野。但是，这些后来者又如何在这儿生存呢？有几个谋生的办法。首先，他们能出海打鱼。当远古的冰川向大海中滑落时，在海岸的岩层上留下了一条条深沟，留下了大大小小的海湾、峡湾，所以，今天的挪威海岸线十分曲折，比平直情况下的海岸线长了6倍。直至今天，挪威人还在以打鱼为生。这里所有的港湾都得到了墨西哥湾暖流的好处，甚至最北的哈默弗斯特也是不冻港。邻近北冰洋的罗弗敦群岛沿海盛产鳕鱼，鳕鱼好像特别喜欢北冰洋海水的冰冷洁净，每年都会游到这儿来繁殖，于是，靠此维生的渔民至少有10万之多。另外，当他们的拖船满载而归时，在岛上专门从事装罐工作的人还有10万之多。他们如果不喜欢渔业，就选择去当海盗。挪威的海岸线遍布着大大小小的海岛，它们的总面积占到全国总领土面积的7%。无数的浅湾、沙丘、峡湾和海湾把这些岛屿分隔开来，使航线非常复杂，为了确保从斯塔万格开往瓦尔德的汽船安全，有两位每隔六小时轮班一次的领航员为他们领航。

在中世纪，这一带水域根本就没有航标、浮标和灯塔（挪威最早设立灯塔的地方是林登斯纳，不过这也是不久前的事），外人完全无法靠近这段危险的海岸。关于挪威西海岸的大旋涡有一个可怕的故事，虽然这个故事有点夸张，不过这个大旋涡的确是一座水上迷宫，没有当地人引路的话，富有经验的船长也开不过去。海盗们因此就充分地利用了家乡的这一自然优势，把这片复杂的水域变成他们的大本营。为了能一举打到英格兰、爱尔兰和荷兰这些地方，这些海盗还对船只做了改进。他们一步一步地探索着前进的道路；一点一点地扩张着自己的势力范围。终于，法国、西班牙、意大利甚至君士坦丁堡都开始对他们感到不安了。回来的商人常常报告说，他们在自己国家附近的海面上看到了北欧海盗的龙旗。在9世纪早期，这些北欧海盗至少洗劫了巴黎三次。这些北欧海盗溯莱茵河而上，抵达过科隆和美因茨。而在英格兰，为了争夺这个国家的所有权，来自挪威的不同部落打得不可开交，就像现在的欧洲各国，为了一块石油产地动不动就会开战。同时，北欧海盗还发现了冰岛，并建起了第一个俄罗斯国家，他们在北欧的统治长达700多年。再后来，他们又组织了一支远征军，拥有多达200条船只（如果有必要，他们能在陆地上抬着这小船前进），从波罗的海一直攻到黑海，整个君士坦丁堡都为之惊慌失措，于是，东罗马帝国的皇帝慌忙把这伙北欧海盗收编了，让他们荣任皇帝的特殊卫队。

北欧海盗还从西边闯入了地中海，他们曾在西西里、意大利和非洲沿岸建立起他们的国家。而最后，他们又拜倒在教皇脚下，充当起罗马教廷讨伐异教徒的头号走狗。过去辉煌一时的挪威，如今又怎么样呢？海盗之国已经辉煌不再，而今天的小王国挪威备受尊重。挪威人在捕鱼并大量出口的同时还从事着远洋运输。另外，他们还为用哪一种语言作为官方语言而互相争执。世界原本是不会关注挪威国内的政治斗争的，但是挪威政府有着致命的错误——它的重要城市和火车站的名字两三年就要更改一次。说起挪威的城市，它们只不过能算是一些过度膨胀的村庄。在他们的城市里，甚至所有的狗都能彼此认识。特隆赫姆这个天然良港曾是挪威古国的首都，当波罗的海冰封之后，瑞典大部分出口木材就只能从这里出发运往世界各地了。在一个古老的挪威聚居点的废墟之上，挪威人建立起了今天的首都奥斯陆。这个古代的聚居点曾被大火所毁。奥斯陆这座城市本是由丹麦国王克里斯蒂安四世建造的，当时，她名字是克里斯蒂安娜，后来，挪威人决定把带有丹麦色彩的全部地名全都改成挪威的名字，于是就有了“奥斯陆”。奥斯陆紧临着奥斯陆峡湾，处于挪威农业最发达的地区。在这峡湾之外就是斯卡格拉克海峡，这个宽阔的海峡把丹麦同挪威远远地隔开了，其实它就是大西洋的一个岔口。挪威的城市斯塔万格、阿尔桑德和克里斯蒂安桑，要等到每天早晨9点的汽笛响过后，才可能显出一点生气来。卑尔根曾是古老的北欧商业同盟会——汉萨同盟[1]的所在地，它一度掌控着整个挪威海岸的商业。现在卑尔根与奥斯陆通过一条铁路连在了一起。特隆赫姆也有一条铁路线直达瑞典的波罗的海沿岸。纳尔维克是北极圈内的一个港口，这个港口专门向外输出瑞典拉普兰生产的铁矿砂。而特罗姆瑟城和哈默弗斯特市永远散发着鱼腥味。在纬度高于70度的地区，人类能过上这样舒适的生活是极为罕见的，这也是我提及这几个港口城市的原因。

这是一片坚硬而不肯屈服的土地，但也是一片神奇的土地。无法生存的农民只好在汪洋大海之上听天由命地四处漂泊。即使如此，这片土地的儿女们的心中仍然永远保持着对故园的眷恋和忠诚。如果有机会就坐船去北方看看吧！那里几乎都大同小异：颓败的几棵只够养活一只羊的草，两三座破败的村庄，五六间疏落的房舍，几条漂荡在海边的破船。汽船一周才来一次，当它再一次开进港口时，会让这儿的人满含泪水——终于又见到这条船了。

---

[1]汉萨同盟：13—17世纪北欧城市所结成的政治、商业同盟。同盟逐渐垄断了波罗的海地区贸易，并在西起伦敦、东至诺夫哥罗德的沿海地区建立了商站。15世纪同盟转衰，1669年解体。

但他们仍然坚守在这里，因为这里就是他们的家园，因为他们同自己的家园紧紧联系在一起。人与人之间的亲情是一个不可企及的梦想。可在博德或瓦尔德这两个世外桃源一样的地方，事情往往会发生奇怪的变化。当整个北极大平原在大西洋的一望无际的波涛中消失后，只有与挪威非常不同的瑞典还仍然留在斯堪的纳维亚山另一边。人们常问：这两个国家为什么不干脆合二为一呢？这样用于管理的钱可以省下一大笔呢。从理论上讲，这个出色的创意是切合实际的，可这两个国家的地理环境却让这个构想无法实现。在墨西哥湾暖流的精心呵护下，挪威气候非常温和，夏季多雨，冬季降雪又很少（在卑尔根，如果马儿看见不带雨伞和雨衣的人都会受惊而跑开的）；而瑞典是典型的大陆性气候，冬季漫长而寒冷，降雪量充足。挪威有许多又宽又深的峡湾，它们一直伸展到了内地；而瑞典的海岸低缓平直，虽有几个天然的港口，但其中值得一提的也只有哥德堡。这个港口因面临卡特加特海峡而比较重要。挪威自然资源非常贫乏，而瑞典却有世界上储量最为丰富的铁矿。由于煤炭资源的缺乏，瑞典不得不大量地向德、法两国出口铁矿砂。但在过去的20年里，瑞典开发利用了几条重要的瀑布，建成了几座水电站，已经渐渐改变了完全依赖煤炭发电的困境。瑞典的土地拥有大片的森林，这笔宝贵的财富使它的火柴工业十分发达，它的造纸业更是因此而举世闻名。

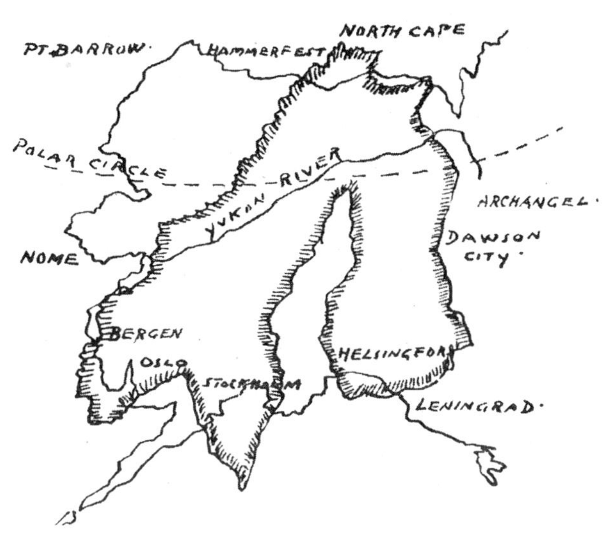

墨西哥湾流的影响

阿拉斯加有59万平方英里的土地和6万人口，挪威、瑞典和芬兰只有43万平方英里的土地，却拥有1200万人口。

瑞典人就像挪威人、丹麦人一样（也许还能说：除了英国人之外的所有日耳曼血统的民族一样），坚信人的智力有无穷的力量。瑞典科学家们能够充分地发挥他们的聪明才智，因此，化学家用木材加工所产生的废料做出了许多重要的发明和重要的改进。他们变废为宝，从木材废料中制造出了电影胶片和人造丝。斯堪的纳维亚山把半岛一分为二，其中处在寒冷而没有任何遮挡的一半是瑞典。同挪威相比，气候条件如此恶劣的瑞典的农业发展水平却要高一些。由于寒冷的缘故，瑞典人非常珍爱鲜花。每一个家庭都用鲜花和绿色灌木进行装饰，只为了在漫长的冬夜有一丝春天的气息。瑞典与挪威的相异之处还有许多。挪威昔日的封建制度随着黑死病一同消亡了，而黑死病这场发生在中世纪末期的大灾难，顷刻间让雄心壮志的北欧人感到了失败。而在瑞典，最大的地主——王室因高度集中了土地，其产生的巨大利益在今天还发挥着作用。现在，虽然这个国家的领导者是社会党人（就像大部分欧洲国家一样），奥斯陆和哥本哈根已经是高度民主化的城市了，但斯德哥尔摩却始终是一个贵族化城市，优雅的宫廷礼仪得到了认真的保持，于是两者之间形成了鲜明的对比。也许，瑞典的政治体制是在地理环境直接影响下的产物。与其相邻的挪威所面临的是广阔的大西洋，但她所朝向的却只是一个内陆海，瑞典的国计民生与历史文化都同波罗的海紧密地连在一起。在斯堪的纳维亚半岛还是一片荒芜、人迹罕至的时候，西边的挪威人与东边的瑞典人没有什么区别，外界都把他们叫作斯堪的纳维亚人。一句著名的祈祷词是：“仁慈的上帝，请你把我从斯堪的纳维亚人的怒火中解救出来吧！”而这可怜的人在说出这句话时，他们并不去细加思量到底是哪些斯堪的纳维亚人让他们感到恐惧。10世纪之后，这种情况有了改善。当时，居住在北方的斯维阿兰的瑞典人（其首府坐落在梅拉伦湖，瑞典首都斯德哥尔摩就在这个湖畔）和居住在南方哥得兰的哥特人之间爆发了一场空前激烈的内战。这两个民族有着相近的血缘，信奉着同样的神明（供奉神明的城市就在今天的乌普萨拉，而北欧最古老最重要的大学城就是乌普萨拉）。这场进行了200多年的内战大大地削弱了国王的势力，同时使贵族的实力又得到了极大的加强。基督教在这期间传入了斯堪的纳维亚半岛，刚巧的是，教士和僧侣们都支持贵族（但在大多数国家，情况是正好相反的），瑞典王室最终衰落下去了，于是丹麦王室对瑞典长达150年的统治开始了。这时，欧洲几乎把瑞典的存在遗忘了，直至1520年的那件震惊整个西方世界的骇人听闻的谋杀案——甚至整个人类都因这件罪行而蒙受耻辱。丹麦国王为了把和亲爱的瑞典臣民之间的全部冲突一劳永逸地解决，这一年丹麦国王克里斯蒂安二世举行了一个盛大的鸿门宴，邀请了所有瑞典贵族的首脑。宴会一散，刚才还是贵宾的瑞典人统统变成了阶下囚，他们不是被斩首就是被淹死。所有的瑞典贵族中，只有古斯塔夫一人幸免于难，不过早在几年前他的父亲埃里克·瓦萨就被克里斯蒂安二世处以斩首了。当时，古斯塔夫正在德国避难，惊闻这场血腥的大屠杀，他立刻返回了祖国，并且发起了一场自耕农的革命，最终把丹麦人赶出了瑞典，赶回了他们的老巢，于是，古斯塔夫自立为王，成为了瑞典新一代的国王。

新瑞典这个昔日的穷困落后的小国在国际舞台上的辉煌历史从此拉开。整个欧洲最坚强的捍卫新教的斗士是新瑞典，而抵御不断强大的斯拉夫人入侵的最后一座堡垒也是新瑞典。在默默无闻了数百年之后，俄罗斯人突然开始了他们征战的旅程。他们渴望着海洋，并向海洋不断进军，这些俄罗斯人直到今天仍未停下前进的脚步。显然，瑞典是唯一一个感受到俄罗斯人强大威胁的国家。于是，整整200年，瑞典人把他们的所有精力都用来对付俄罗斯人，试图把俄罗斯人阻滞在离波罗的海远远的内陆。但瑞典人最后还是失败了。俄罗斯人西进的猛烈势头只被延缓了几十年而已，最终他们还是打到了波罗的海的岸边。而瑞典的全部财力也被这场旷日持久的战争耗尽了。战争一结束，瑞典就被降为了二流国家，失去了她大部分的波罗的海出海口，而她对芬兰、英格门兰（今天的列宁格勒[1]所在地）、爱沙尼亚、利文兰和波美拉尼亚的统治也结束了。它的领土面积削减到了173000平方英里（其大小介于美国亚利桑那州和得克萨斯州之间），而人口甚至比纽约一个州的人口还要少一些（6141671人，而纽约为6930446人）。瑞典一半以上的领土都被森林覆盖着，欧洲大陆有将近50%的木材都来自于瑞典。瑞典人在冬季采伐树木，等到春季到来时才把木头从雪地里拖送到附近的河流，投入河谷之中。夏天一来，冰雪消融，暴涨的河水就把这些内地的原木带到下游的

[1] 今为彼得格勒。后同。

河湾去了。这条河流先充当了原木的运输工具，接着又为锯木场提供动力。这些锯木场能把原木加工成各种各样的成品——从4英寸厚的板材到小小的火柴棍。这时的波罗的海已经解冻了，船只能到达东海岸的任何一个地方，于是，这些木材制品就被汽船运往世界各地。木材制品的成本很低，只是伐木工人和锯木场的工资费用，而在时间充裕的情况下，汽船是最低廉的运输方式。这些汽船还是往返运输的。它们返回瑞典时一定也是满载而归的，当然，它们不会运回很贵的货物，因此，瑞典一直保持着合理的贸易顺差。他们在铁矿进口贸易中也采取了相同的模式。瑞典铁矿的质量特别好，所以，连那些拥有很多铁矿的国家也大量购买瑞典的铁矿砂。瑞典领土宽度只有250英里，相对来说，内地到达海洋也是比较容易的。造物主把丰富的铁矿储藏赐给了瑞典，有两座低矮的小山位于瑞典北部拉普兰的基律纳和耶利瓦德附近，它们就是神奇地堆积在地表的铁矿。在夏季，铁矿砂是被运往波的尼亚湾（位于波罗的海北部）的吕勒奥的；而当冬季到来，吕勒奥封冻时，铁矿砂就被送到挪威的纳尔维克港。纳尔维克港因为墨西哥湾暖流的呵护是一个不冻港。瑞典的最高峰凯布纳峰（有7000英尺高）距铁矿不远，全欧最重要的一家发电站就建在此处。尽管这家电站在北极圈内，但纬度的高低对电力没有什么影响。这家电站源源不断地把廉价的电力供应给了铁路和矿山机械。瑞典的南方是整个半岛上土地最肥沃、人口最稠密的地区，这是由于冰川从斯堪的纳维亚半岛北部剥蚀走的土壤中的一部分被带到了瑞典的南方。瑞典境内湖泊遍布，是仅次于芬兰的“湖泊之国”，湖面的面积达14000平方英里。瑞典人在湖泊之间开凿了运河，这些纵横交错的运河网为瑞典提供了最廉价的运输方式。这不仅给伯雪平这样的工业中心带来了巨大的利益，甚至也让哥德堡和马尔默这些重要的港口得到了许多好处。在一些国家，人类任由大自然驱使，最终成为大自然的奴仆；而在另一些国家，人类却对大自然肆意破坏，于是，就失去了大自然母亲的保护，于是这位创造了一切的母亲最终必然会把一切摧毁。还有一些国家，人类懂得要对大自然理解和尊重，互相维护彼此的利益。北方的斯堪的纳维亚三国就是这样的国家！

第二十章

荷 兰

北海岸边的沼泽之地所造就的王国

荷兰的英文是“Netherlands”[1]，它恰好表示了荷兰的地理特征：荷兰的地势低于海平面2至6英尺。如果史前那样大规模的洪水再度发生，阿姆斯特丹、鹿特丹以及其他重要城市都将被海水吞没。然而，这恶劣的自然环境也正是荷兰能够繁荣的原因。北海岸边的沼泽地过于狭窄，而荷兰人为了建设国家，就只能自己创造更多的土地。于是，人同大自然展开了艰难的斗争。荷兰人最终取得了这场硬仗的胜利。由于大自然的冷漠，荷兰人更加勤勉谨慎。这些美德在这样的生存环境中非常重要。公元前50年，古代罗马人第一次进入了这里的穷乡僻壤。这里遍地沼泽，有一条沙丘地带从比利时延伸到了丹麦，隔开了北海。包括莱茵河、默兹河及斯海尔德河在内的数不清的大大小小的河流从这条沙丘带穿过，汇入大海。这些河流不受河谷和大坝的约束，杂乱无章地在低地上流淌。每年的春天河道都会发生改变，泥土被冲刷进大海，陆地变成岛屿。13世纪的一场洪灾让70个村庄突然消失，转眼之间就有10万荷兰人丧生于此。这件事情是确有其事的。同他们的邻居弗兰芒人相比，早期的荷兰人的生活真是一种煎熬。但奇迹出现了。波罗的海

---

[1] “nether”意为“地下的”、“下部的”。

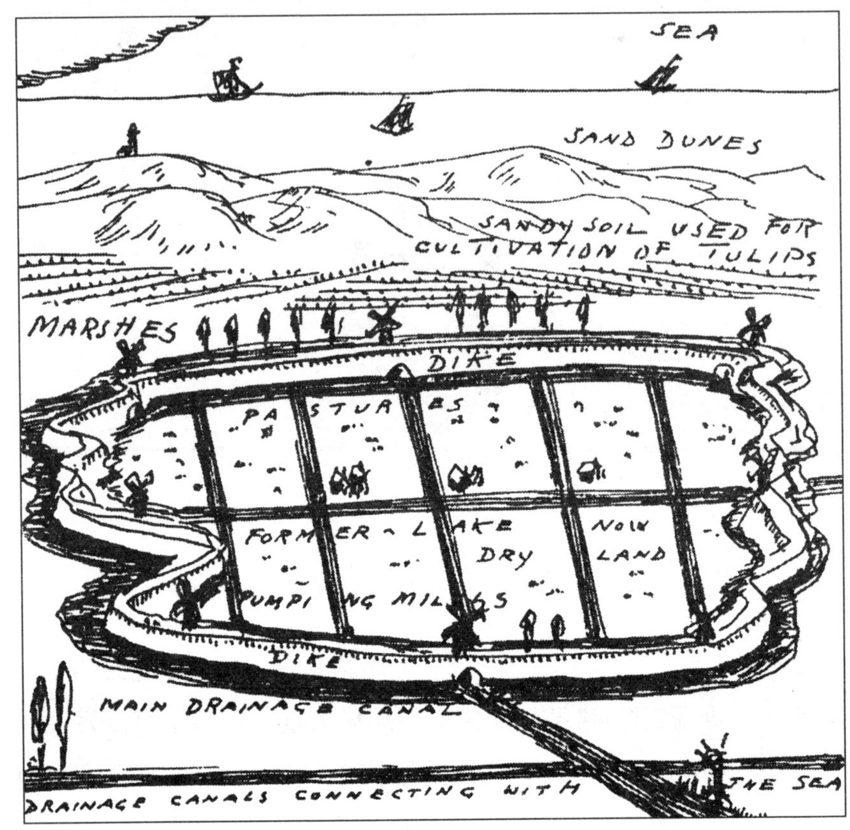

填海造田

的水温或盐度的奇异变化给荷兰人带来了难得的机遇。一天清晨，荷兰人一觉醒来就发现有一种名叫鲱鱼的波罗的海鱼突然大量地进入了北海，并从此生活在这里。在那个时代，鱼是人类最重要的食物之一，当时所有的欧洲人在每周五几乎都必定会吃鱼。一大批荷兰港口因鲱鱼的集体搬家而繁荣起来了，但与此同时，也有一大批波罗的海城市因此而衰落。从此以后，荷兰的这些港口城市如同今天的罐装鱼出口的情况一样，将鱼干源源不断地出口到了南欧诸国。就这样，鲱鱼交易带动了粮食交易，而粮食交易又推动了印度香料交易，荷兰自然而然地迅速崛起为新的贸易之国。

但是，这现实的一切又被命运终结，哈布斯堡大帝国将所有这些低地之国统统并入了自己的版图，并要求这些精力充沛的渔夫和农民必须服从坏脾气的哈布斯堡军官的命令。这些在一个独裁的宫廷中受过严格训练的军官们，根本不会脚踏实地。而这些农民和渔夫尽管运气不佳，未得到造物主的照顾，但他们却拥有一个务实的头脑和一身硬骨头，这样的两类人当然水火不容，于是，长达80年的荷兰独立战争爆发了，这些低地之国的人民最终迎来了自由的曙光。一些实用主义者成了这个新兴国家的统治者，他们深知“得道多助，失道寡助”，尤其是在与自身的利益紧密相关的时候。因此，荷兰人向那些因信仰等问题而在其他国家遭受迫害的人伸出自己热情的手，对他们加以庇护。大部分受到荷兰庇护的人（他们并未在荷兰长住，只有那不几个英国卑微的持不同政见者例外）都是在荷兰才获得了快乐的新生，所以他们个个对这个低地之国万分感激。这些受迫害者在他们自己祖国的动产全被他们的统治者剥夺了，他们的固定资产也全都被没收了，但这些人并非两手空空地来到他们的新祖国，他们带来的是非凡的才干与能力。他们把自己的才华毫无保留地贡献给了这个新祖国，为荷兰的贸易与文化的发展贡献了新的动力。独立战争一结束，只有100万人口的荷兰迅速地从一个废湖湖底的低地城镇崛起为统治欧亚大陆的国家，它的霸主地位维持了三代人。他们过着优越的生活，用大量的钱财购买庄园和外国名画（本国的作品当然远没有外国作品值钱）。他们尽可能地想让周围的人忘记他们的财富从何而来，而财富不久也就不再有了。凡事都是盛极而衰的，特别是人气。当他们不再努力地去把握现有的财富时，他们拥有的一切——不论是思想还是财富，都会很快失去。19世

海　堤

纪初荷兰的末日到来了。拿破仑（这个皇帝的地理知识刚刚够他打赢战争而已）宣布这个低地之国只是法国的一块三角洲，它本来是由法国的三大河流——莱茵河、默兹河和斯海尔德河冲积而成的，所以，从地理学上来说，法兰西帝国是她们理所当然的拥有者。拿破仑用随便地画在文件上的一个大大的“N”[1]就决定了这三个低地之国的命运，法国从此又多了一个行省，于是荷兰从此就被从地图上抹去了。

1815年，荷兰再次获得了独立，恢复了昔日的活力。这是一个拥有的殖民地比本土还要大62倍的殖民大国，阿姆斯特丹和鹿特丹因此成功地保持了印度产品集散中心的地位。荷兰历来就不是一个工业国家，除了在最南部的少量品质一般的煤矿外，荷兰本土几乎没有什么像样的资源。荷兰为她的殖民地提供的原材料还不到这些殖民地进口总额的6%。但爪哇、苏门答腊、摩鹿加、婆罗洲和西里伯斯的茶园、咖啡园、橡胶园以及奎宁的种植业都急需大量的资金，因此促进了阿姆斯特丹的股票交易，这里变成了当时欧洲股票交易的中心。为了筹措资金，世界各地的商贾甚至各国政府都来到了阿姆斯特丹，全欧都通过往来的商船在阿姆斯特丹与世界各地展开交易，当时荷兰的船舶总吨位也因此而跃居世界的第五位，而荷兰国内商船总吨位居于世界第一。荷兰境内河流网络密布，水路四通八达。荷兰人没有很强的时间观念，无论人还是动物的生活，从来都是不紧不慢的，所以，成本低廉的运河小船是铁路运输最强劲的竞争对手。大体上看来，荷兰王国有25%的领土并非是真正意义的陆地，而是经过不懈的努力从鱼儿和海豹手里夺过来的海底，所以，荷兰的大部分运河只不过是一些排水渠罢了。荷兰人依靠人力排干了海水，然后日夜守护着这些来之不易的土地。1450年以来，通过排干沼泽和围湖造地，荷兰的国土面积增加了1000多平方英里。实际上，知道了方法，围湖造地并不困难。先在选中的水域的周围筑起一道堤坝，然后，再在外面挖出一条深而宽的运河。为了以后在一系列复杂的水闸系统的帮助下使运河把水排入河流，要让运河与临近的河流连通。这些都做完后，就在大坝

---

[1] “N”是拿破仑（Napoleon）这个名字的第一个字母。

上竖起一些风车，再给风车配上一台水泵就行了，剩下的事就全部交付风和一个小小的汽油发电机。当湖水都被抽出，排进运河之后，在新出现的沼泽地中再挖出数条平行的沟槽，让风车与抽水泵继续工作，直到将地下水排干，这样就形成了干燥的陆地。有一些堤围湖地面积很大，能供两万多人居住。假如艾瑟尔湖的湖水能排干（这个工程耗资太大，目前几乎所有的国家都会因此而接近破产的）的话，这里最少能住下10万人。只要知道了堤围湖地占荷兰领土的25%，就不难理解在荷兰政府各部门的开支中，为什么“河流、运河与堤岸部”每年的开支都会比政府的其他部门大得多了。

阶梯闸运河

荷兰的东西两部分产生了一个奇特的对比。东部海拔稍高一点的地方很久之前曾是欧洲大平原同大海接壤的地方，而西边的低洼地带是一片沼泽三角洲，由莱茵河、默兹河和斯海尔德河三大河流慢慢冲积而成。如今，东部“高地”无人问津，而西部低地却一片繁荣富裕。大大小小的北欧冰川冰砾在过去的千百万年里沉积在这片东部“高地”上，所以，这里的土质类似于新英格兰，只是荷兰土壤的含沙量更大一些。荷兰王国本来就人满为患（荷兰的人口密度为625人每平方千米，法国为191人，而俄国为17人），而荷兰还有至少25%的土地根本无法进行农业生产（法国有不到15%的土地不能用于农业生产，而德国只是9%），这意味着荷兰的负担更沉重一些。由于东部与西部、繁荣地区与落后地区之间存在着非常显著的差距，荷兰所有的重要城市几乎都集中在了堤围湖地中心的那一小块三角地带。海牙、阿姆斯特丹、莱顿、阿勒姆、代尔夫特以及鹿特丹紧靠着那条著名的沙丘带，它们全都挤在了一块，差不多连成一体。300年前，荷兰就从这道“堤防”的脚下开始走向了强盛，也正是在那时，荷兰商人从波斯人和亚美尼亚人手中买回了郁金香的种子，从此，可爱的郁金香就成为了荷兰的“国花”。雅典城只有纽约市的8个城区那么大，荷兰也小得可怜，要从荷兰的一头跑到另一头，即使乘坐一辆慢腾腾的老爷车，也只需几个小时而已。同阿提刻地区一样，这是一块处在莱茵河、北海与艾瑟尔湖之间的弹丸之地，但我们却无法忽视她对世界科学与艺术的贡献，如果按照人口数量与领土面积的比例来衡量的话，她所做的贡献甚至比任何国家都大。一块顽石、一座荒山诞生了一个雅典城，而在一片沼泽中崛起了一个荷兰。两国突然的崛起是有相同条件的——这两地的国际贸易都得益于他们优越的地理位置。在漫长的岁月里，他们不是在劣势下坐以待毙，而是拼搏进取，形成了两个民族强大的精神活力与不竭的冒险精神，于是，希腊文明诞生了，荷兰的繁荣也出现了。

第二十一章

大不列颠

荷兰对岸维系着世界1/4人类的幸福的岛国

位于荷兰对岸的海岛，为世界上1/4的人谋求福祉。

如果在几年前，这个标题就应该是“大不列颠与爱尔兰”，但人类把这个在地理上一体的国家一分为二，强行地改变了造物主的安排，所有认真的作者不得不顺从于这个改变，用不同的章节来介绍这两个不同的国度。任何别的方法都可能带来更加复杂的矛盾。我可不愿意看到：为了“爱尔兰自由联邦的尊严所遭受到的不能容忍的侮辱”，爱尔兰海军进入哈得孙湾要求道歉。恐龙是不会画地图的，但当时的岩石一样能将恐龙的故事重述出来。岩石无处不在，岩浆在地表冷却形成了火成岩，而重压之下的岩浆生成了花岗岩，岩浆慢慢在江河湖海的底部沉积，生成了沉积岩，还生成了形似板岩和大理石，但实际的成分仍是石灰石和黏土的变质岩。整个地球表面都被这些岩石所覆盖着，它们杂乱无章，如同一个满是家什的房间突然遭遇到了飓风。英国人对打野兔充满着热忱，但对探索科学却毫无兴致，不过，他们中间却产生了非常多的第一流的地质学家。这和游泳健将往往产生于水乡，而卡拉哈里沙漠[1]腹地根本不会有游泳健将的道理是一样的。岩石就是人类的非

[1]卡拉哈里沙漠：位于非洲南部博茨瓦纳和纳米比亚境内，又叫作“卡拉哈里盆地”。

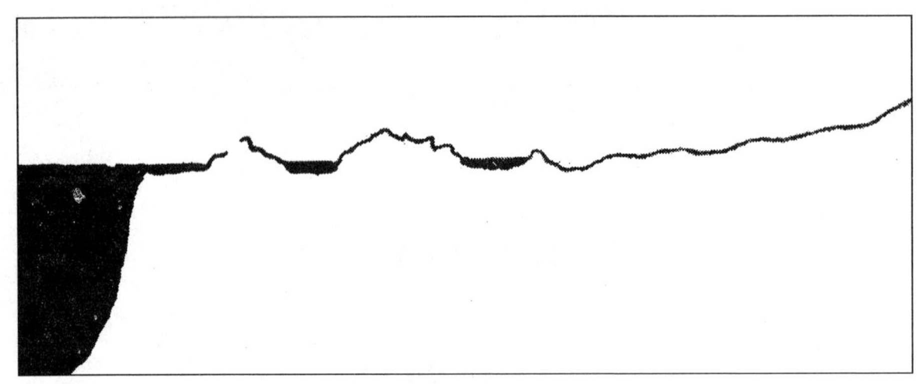

大西洋、冰岛、英格兰和欧洲

常有趣的地质实验室。不过，也正是由于英国有那么多一流的地质学家，我们对英格兰地质状况的了解才比对世界任何其他地方的了解都会多一些。

英国地质学家是如何描述大不列颠岛的起源的呢？先不要去想你所知道的欧洲地图，而是去设想一个刚刚从海平面上浮出的世界。它仍然还在新生的阵痛之中战栗着。一片广阔的大陆高高浮现在水平面上，如同纽约市的水泥路面被地下管道的爆炸炸开，突如其来的大爆炸把它撕得粉碎。同时，大自然正一点一点地塑造着这个新的世界。海风裹挟着大量水汽，持续地自西向东掠过，滋养着干渴的陆地，一层无边的绿草与蕨类植物产生了，各种各样的灌木和大树慢慢生长出来。海浪不断地拍打、撞击和摩擦着岸边，日夜不息。最终，如同在烈日下不断消融的冰雪，海岸也渐渐被侵蚀了。在大陆最高峰的最陡峭的悬崖上，突然间，伴随着一声巨响，冰雪从山顶呼啸而下，像一面死亡之墙一样无情地冲向宽谷的斜坡，深而窄的峡谷顿时被坚冰和碎石填满了。阳光普照、暴雨、冰雪、海潮的侵蚀，寒暑循环往复不息，这就是人类在这个星球上诞生时就已存在的世界。这片狭窄的土地被一道泛滥的洪水隔绝于外面的世界。这条鸿沟从北冰洋一直延伸到了比斯开湾。这片狭窄水域波涛汹涌，在它的彼岸是一座孤零零的高原。还有几块礁石在那边的海面上，似乎不是为了给人类居住，倒是为了海鸥的栖息。这就是英格兰。翻开现代地图，从设得兰群岛至兰兹角的距离相当于从美国哈得孙湾或南阿拉斯加至美加边境线的距离。如果在欧洲找类似情况的话，从挪威的奥斯陆到波希米亚的布拉格也是这个距离。换言之，英国是世界上人口最稠密的国家，有4500万英国人生活在北纬50°至60°之间，而处在同样纬度上的堪察加半岛常住居民却只有7000人，他们是靠吃鱼来为维持自己的生存的。

图画比文字更明白易懂，再来看看地图吧。英国东临北海（这里本来是一个低谷，星移斗转，它积满了水，变成了海洋），东面与法国隔海相望，英吉利海峡和北海看上去就像在大道上的一条小沟一样，横亘于两国之间。大伦敦位于英格兰平原上最深的低谷，另一边是有高山的威尔士。此外还有爱尔兰海、爱尔兰平原、爱尔兰山脉以及西边浅海上的几个小小的孤岛，而爱尔兰海也是一个灌满水的低谷。最后是圣基尔岛（因为路途太艰险，直至去年这里才有人居住）。此后地势开始骤然地不断下降。在这里，真正的大洋完全取代了巨大的亚欧大陆板块。我们应该在此对英国的内海、海湾和海峡做一番详细介绍，但不能只是罗列一大堆毫无意义的名字，以致让人看到后面就忘记了前头。可现在我们要说的是世界的头号大国之一。尽管这个国家只是一个小岛，却对世界上无数的人产生了长达400年的影响。但英国的成功既非一种幸运，也不是出于人种的优越，而是因为大自然鬼斧神工地把这个可爱的小岛摆在了东半球大陆群的中央，而这些尽心尽力的岛民又对这个得天独厚的优势加以充分利用。来看看澳大利亚吧，它孤零零地漂泊在辽阔的大洋中间，可怜地听天由命！没有邻居可以交流，更没有什么机会可以从外界获取新的思想。再看看英格兰，她所在的地理位置就像一只待在网中央的蜘蛛，到哪一方的距离都是相等的，而且，它四周的大海如同一条护城河一样环绕在她的周围，使她免遭外族的侵犯。在那个以地中海为文明中心的时代，这个地理位置是毫无价值的，直至15世纪末时，人们眼中的英国如同今天的冰岛一样，也只是一个遥远的、偏僻的小岛。这样的对白会让你留下深刻的印象："你到过冰岛吗？""没有，但是我的姨妈曾去过一次。那是一个可爱的小岛，岛上很有趣，可是太遥远了，去一趟要晕5天的船。"

1000年之前，英国在人们心目中的形象就是这样的。晕上三五天船，与今天从利思开往雷克雅未克的700吨汽船的舒适度相比，当时的罗马帆船的

北　海

舒适度的确差了很多。这个小岛本来处于地中海的文明世界之外，人们渐渐地才开始对她有了一些了解。那里居住着野蛮人，他们的脸上画着奇形怪状的花纹，居住在半埋在地下的圆形小屋里，四周是低矮的土墙。最终是罗马人把他们驯化了，这些野蛮人很听话，从来也不谈自己的“权利”，而且，罗马人从语言上认定他们与北高卢的凯尔特人是同一种族的。他们是不是对这片土地真的拥有“权利”呢？这一点很难说清楚，因为他们也是从更早的居民手中把这些土地夺过来的，只有在岛屿的东西两侧的一些很封闭的地方才有一些这些更早的居民的一点足迹。古罗马人占领英格兰岛长达400年之久，这个时间几乎同白种人在美洲的统治时间差不多。有一天，他们的末日突然来临。在此之前的500年里，面对凶狠的条顿民族，罗马帝国一直在努力地阻止他们闯进自己在欧洲的势力圈。但最终，他们的防线还是崩溃了，条顿人如潮水一般席卷了西南欧。罗马人急忙把分布在欧洲各国的罗马军队调集回来，只在英国东部留下了几个军团用以防御苏格兰的蛮族，守卫着背后的不列颠大平原，还保卫着威尔士的其他几个军事重镇的平安。没有一个大帝国能及时地对自己大势已去有所醒悟，倾覆多年之后，他们才会猛然惊醒——帝国早已面目全非！有一天，补给船没有像往常一样按时赶赴英格兰，这意味着高卢人失败了。此后，这些罗马军人就不得不留在了英国，从此与家乡永远失去了联系。不久，有消息传来，说在亨伯河与泰晤士河河口附近出现了一些外国船只，然后，达勒姆、约克、诺福克、萨福克和艾塞克斯等地的一些村庄遇袭并被劫掠一空。在东边的海岸线上设防，这是罗马人从未想到的事情，在过去，这是根本没有必要的。此前条顿人在那个神秘的力量（我们已无从知晓这是因为流浪的习性，是饥饿所迫，还是后有追兵的威胁）的推动下跨过了多瑙河，越过了巴尔干和阿尔卑斯山的山口，现在，它又引导着撒克逊海盗们从丹麦、从荷尔斯泰因蜂拥到大不列颠岛的海岸。

那时的罗马人肯定还住在漂亮的别墅区里，人们至今还在寻觅那些别墅的遗迹，可它们早已无影无踪了，这些罗马人就像美国弗吉尼亚州和缅因州最早的白种人神秘的无声无息的消失一样，也从人类世界中消失了。那些未能登上最后一班船回家的人骤然被命运的巨手攫住了，再也无法逃脱，有些人为自己的仆人所杀，女人被善心的当地人娶走了——那些不可一世的罗马殖民统治者的结局就是如此地离奇。接着发生了暴乱。由于凯尔特人在罗马人还是世界警察的那些岁月里曾是罗马人的爪牙，所以，他们遭到了自己的同胞的“斧头帮”——一些来自苏格兰和喀里多尼亚的野蛮的凯尔特人的屠戮。在如此悲惨的命运中，人往往会犯下致命错误——这个错误的念头导致了永远无法弥补的灾难：“去雇用一些善战的人来为我们打仗吧。”于是，从艾德河与易北河之间的那些沼泽和平原上的一个叫撒克逊的部落过来了许多骁勇善战的人，但仅仅撒克逊这个名字

灯塔之国大不列颠

英国拥有坐落于各大陆中心这个得天独厚的优势

无法说明他们的来历，因为整个德国北部都是撒克逊人的。而这些人为何又自称为盎格鲁人呢？这又是一个不解之谜。在他们来到英格兰几百年之后，才出现了盎格鲁—撒克逊人这个称呼。这个称呼如今已经是一个战斗口号了，代表了盎格鲁—撒克逊人的传统和盎格鲁—撒克逊人的血性。既然盎格鲁—撒克逊人已成为了一个神话，那为什么不让这个神话的主人公得意地自以为比所有人都优越呢？然而，历史学家很遗憾地宣称，盎格鲁人是以色列的失散部落中的一支，在史书中常常提起这些失散的部落，但没有人发现过他们的踪迹。而撒克逊人，他们不过是来自北欧的游牧部落，仅仅30年前还可能在大西洋航班的下等舱中看见他们。撒克逊人很强壮，不论是工作、打仗，还是娱乐和劫掠，他们永远都热情高涨。对于这块今日已成了他们世袭领地的土地，盎格鲁—撒克逊人当时用了整整500年才实现了统一。可怜的凯尔特人被迫使用了撒克逊人的语言，于是，凯尔特人原来从尊贵的罗马主妇的厨房里拣来的那几句拉丁文很快又被他们遗忘了。然而，好景不长的是，当条顿人的大批移民涌入英格兰岛时，盎格鲁—撒克逊人又被赶出了这个小岛。

1066年，英格兰又被诺曼底人变成了自己的附属国，这个小小的岛国第三次沦为了海外强国的附庸。不过，情况很快发生了逆转。诺曼底人认为英格兰这块殖民地比他们的法国本土还要好，于是，他们离开大陆，抛弃了原来的暂时落脚地——法国，定居于英伦三岛。然而到了最后，诺曼底人不仅丧失了他们在法国的全部领地，在英格兰的统治权也丧失了，他们的不幸命运却是英格兰的大幸。英格兰人从此开始意识到大西洋的存在，而不再向往大陆。纵然这样，假如没有发生亨利八世的恋爱事件，英格兰也不可能开始开拓远洋。亨利八世深深爱上了安娜·博琳，而博琳说要想走进她的心灵，必须要先走进一座辉煌的教堂才行，这就意味着亨利八世要先废掉他的王后——血腥玛丽[1]的母亲。这导致了英格兰同罗马教廷的决裂，甚至连教皇这个整个基督教世界最至高无上的权威都被触动了。然而由于西班牙人支持教皇，英格兰人就必须击败西班牙海军，为此要先学会航海。不然，这个独立的岛国就有沦落为西班牙的行省的危险。在这危急的形势下，英格兰人以国王的一场婚外情为掌控大海的契机，从此开始了全新的贸易，他们优越的地理位置就自然地决定了剩下的一切。

没有内部的斗争，也就不会有外在的改变。一个阶级只是为了另一个阶级的利益而自取灭亡，这样的结局是任何有理性的人都想要极力避免的。因此，在诺曼底人离开之后，为了避免农业被英格兰抛弃，那些掌握了国家最高权力的封建大地主们就自然而然地站出来反对政府开拓世界贸易。封建主义与资本主义从来就是冤家对头。中世纪的骑士认为商业贸易不是有身份的自由人应该做的事，所以他们对商业贸易不屑一顾。在他们的眼里，商人的地位就等同于美国今日的私酒贩子，你可以差遣商人，但决不会允许商人踏进你的家门。因此，当时的商人全都是外国人，其中德国人居多，此外还有著名的伊斯特利斯人——这是一个北海和波罗的海的民族。正是这些人让英国人首次认识到金钱毫无疑问具有极大的价值，“伊斯特利斯镑”就是今天的英镑的前身。犹太人经商有道，但他们全被英格兰驱逐出境，被禁止再踏入英格兰岛半步，甚至莎士比亚塑造夏洛克时，其素材也不过是道听途说的。英国的港口也有一点渔业贸易，但是，在此前的数百年里，内地绝大部分土地一直都是以农业生产为主。大自然对这片土地赐予了特别的恩惠，使它尤其适合于畜牧业的发展，土壤中沙石很多，虽然不适合种植谷物，但青草却能在此茂盛地生长，喂饱这里的牛羊。英格兰在一年中有8个月的时间在刮西风，这些西风带来了丰沛的降雨。如果你曾在冬天到过伦敦，肯定忘不了那里连绵不断的阴雨。正如介绍北欧诸国时所叙述过的，现代农业已不

[1]指玛丽一世（1516—1558），英格兰都铎王朝女王。天主教在英国的正统地位在她的统治期间得到了恢复，对新教教徒施以残酷的迫害，所以被人称为“血腥玛丽”。

再完全靠天吃饭了。在乔叟和伊丽莎白女王的时代，一切自然灾害都被人们视作上帝的旨意，根本无法去补救或挽回。尽管人类目前还不会人工降雨，但在化学工程师们的指导下，人们已学会了如何克服各种自然灾害。这个岛的地质结构也让居住在东部的地主们获益良多。从横断面上来看，英伦三岛就像是一只巨大的汤盘，它的东部平坦舒缓，而西部高高地翘起。英伦三岛曾经是一块古老的大陆，风雨把东部最古老的山脉侵蚀殆尽，而西部仍然有年轻的山脉正在崛起，需要1000万年或更久海潮和飓风才能把这个年轻的山脉磨平。这个年轻的山脉在威尔士（少数几个幸存的凯尔特语词汇之一）地区，这些大山像一道屏风，把大西洋狂风暴雨的侵袭挡在了东部的低地之外，保证东部大平原享有宜人的气候，让这里不仅适宜粮食生长，同时也适合畜牧业的发展。

人们因汽船的发明可以从阿根廷或芝加哥订购粮食了，因冷藏方法的普及而使肉类能从世界的这一边运送到另一边。富裕的国家都不必再完全依赖本国的农业生产来养活自己了。可是，就在100年前，整个世界还被那些供应粮食的地主主宰着。只要他们把粮仓一锁，就有成千上万人会因慢性饥饿而死。然而英国却没有饥饿的威胁。不列颠大平原是英国最重要的地区，它南起英吉利海峡，西至塞文河（这条河从威尔士与英格兰中间流过，最终注入英吉利海峡），北到亨伯河与默西河，东到北海，为这个国家贡献了丰富的粮食。当然，我所说的这块大平原和通常所说的平原并不是完全一样。它不像美国的堪萨斯大平原，那个平原就像一个烙饼一样平坦，相反，不列颠大平原是交替起伏的。泰晤士河（有215英里长，和长为315英里的哈得孙河差不多）流淌在平原中间，这条河发源于坎特伍德山——一个盛产绵羊的山区。著名的城市巴斯也位于这个平原。早在罗马人统治的时代，那些备受英国饮食习惯折磨的人常常会跑到这里，在温热的钙钠泉中洗个澡，再回去继续吃他们半生不熟的牛排和蔬菜，以“增强”他们的体质。流经奇尔顿山和怀特霍斯丘陵之间的泰晤士河，给牛津大学提供了一个进行划船比赛的场所。接着它就进入了坐落在东盎格鲁山与伯当山之间的泰晤士河谷。如果这块白垩岩地区不是被连接大西洋与北海的多佛尔海峡所截断，泰晤士河就有可能一直流到法国去。世界上最大的城市伦敦就在泰晤士河岸边。如同罗马和其他许多早已故去的城市，伦敦的问世绝不是偶然的，也并不是统治者一时兴起的结果，它在这儿出现完全是出于经济的需要。当时，无耻的摆渡人控制了南北交通，为了不受制于他们，人们决定在河上建造一座桥。桥址选在渡口的终点处，这里的河面并不太宽，足够2000多年前的建筑师造出一座安全牢固的桥梁了，这样，来往的商人和百姓就能够很方便地过河了。这就是伦敦城产生的原因。

当古罗马人被驱逐出英格兰时，英伦三岛已经面目全非了，但伦敦却依然矗立在那里。伦敦现在的人口是800万人，比纽约整整多了100万人。论面积，伦敦是巴黎城的4倍，是古巴比伦城的5倍——古巴比伦是古代最大的城市。为了能使个人的小天地不受别人的干扰，英国人不喜欢住鸽子笼一般的高楼大厦。因此，伦敦市一直在横向扩展，城里的高层建筑不多，而美国的城市却正好相反，始终在向上生长。伦敦的中心“城区”，如今只是一个办公区而已。在公元1800年时，这个城区还有13万居民，而今天只有1.4万人了。英国用庞大的资金进行海外的投资，每天来到城区办公的人约有50万之多，他们管理着高达数十亿的资金的流通与运作，同时还支配着数不清的从殖民地运来的货物。货场从伦敦塔一直建到了20英里外的伦敦桥下，个个都堆满了货物。为了解决货物的运输问题，并保证泰晤士河的畅通无阻，人们在河的两岸修建了许许多多的仓库和货栈。如果你想知道国际贸易是怎么一回事儿，就到这些货场去看看吧。你会遗憾地发现，和这里相比，纽约不过像是一个小小的村庄而已，与国际贸易主干线还相差很远呢。不过，事情将会发生变化。现在，国际贸易中心已经有了西移的倾向，但经验丰富的伦敦仍然是国际贸易的领头鹰，刚刚起步的纽约还只能对其惊叹而已。我们现在再去看看1500年前的不列颠大平原。群山环绕在它的南部边缘，康沃尔半岛位于它的最西端，对着在英吉利海峡那一边的法国的布列塔尼。直到200年前，康沃尔的凯尔特人还说着自己的语言。康沃尔是一片神奇的土地，这里矗立着一些同布列塔尼的石柱很相似的奇怪的石柱，这让人们认为，昔日这两地的居民本是同一支。另外，康沃尔半岛还是地中海水手所发现的第一块英格兰土地。为了寻找铅、锌和铜，腓尼基人（请记住，这个民族最鼎盛的时代是铜器时代和铁器时代）派出了探险队。他们在远征的途中曾到达过锡利群岛，并碰到了一群从云雾缭绕的大陆过来的野蛮人，他们和这些人在锡利群岛上以物换物，进行了交易。

普利茅斯是康沃尔半岛上最重要的城市之一，这里是一个军港，除了偶尔有几艘大西洋汽船进出这个海港外，极少能看到其他的船只。康沃尔半岛的另一侧是布里斯托尔湾，这里波涛险恶。17世纪，从美洲返回的船只常常因将布里斯托尔湾误当作英吉利海峡而进入，导致船毁人亡，所以，这个海湾在当时的地图上总是被标记为“错的海峡”。在布里斯托尔湾的北部是本来宁静的威尔士的群山。由于这里发现了煤、铁矿，而在旁边的安格尔西岛发现了铜矿，现在的威尔士已经成为英国最重要的工业基地之一。而现在作为世界上最大的煤炭工业中心之一的加的夫，原本是古代罗马人修筑的一个军事重镇。一条铁路从塞文河下经过，把加的夫同伦敦连接起来。塞文河铁路隧道工程与一座跨海大桥工程在工程界都有很好的评价，这座跨海大桥把威尔士大陆和安格尔西岛及霍利黑德岛连成了一体。金斯敦是一个属于爱尔兰首都都柏林的港口，从霍利黑德岛出发，能直航到大海对面的金斯敦。历史悠长的四方形的英格兰的每一座城市和村镇都饱经了岁月的沧桑。为了不把这一章英国地理变成整卷的世界历史，这些地方的名字我都不敢提及。这片土地至今仍是英国地主阶级灵魂的所在地。法国几乎没有大地主，而小地主的数量是英格兰的10倍。丹麦的小地主更多。而今，这些乡绅们的地位已远不如过去了，这些遗老在教别人如何穿高尔夫球裤外，除了打猎没有更有价值的方式来打发时光了。但这并非他们的过错，而是詹姆士·瓦特所造成的，他发明了那个有用的蒸汽机，使社会经济格局发生了划时代的变革。他这位就读于格拉斯哥大学的工具制造家，自幼偏爱数学，当他动手摆弄老祖母的小茶壶时，蒸汽还只局限于水泵这种又笨重又缓慢的玩意儿。可是，瓦特逝世之后，土地已不再是财富的唯一来源，蒸汽机成为了世界新的主宰。南方自古以来就是英格兰经济的中心，可是，从19世纪上半叶起，英格兰的经济重心就开始向北转移了。兰开夏郡的曼彻斯特棉纺机在蒸汽动力下高速

工业取代了农田

运转；而在约克郡，利兹和布拉德福德又因蒸汽机而成为世界毛纺织工业的中心；在所谓的“黑乡”，伯明翰有数以百万吨的钢板与钢梁在蒸汽的动力下生产出来；英伦三岛的产品被用这些钢材制造出来的轮船运到了世界各个角落。从人力到蒸汽机是一次巨变，也是人类历史上最伟大的一次变革。当然，蒸汽发动机必须有人来操作，让它开始和停止。而这项工作很简单，农民也能靠它来挣钱。于是，在城市的诱惑下，80%的农村人口涌入了城市，使城市迅速膨胀起来，让出租公寓的房产商们一夜暴富。这个时期，英格兰积聚了足够支撑英格兰很多年的大笔财富。许多人今天都在问，英国还能支撑多久呢？也许只有时间能回答——10年或者20年。英国的未来很值得人们研究。这个日不落大帝国的崛起与衰败与一连串的事件紧密相连。它的命运与古罗马帝国的命运非常相似。罗马帝国作为地中海文明的核心，为了维持其自身的独立和完整而不得不四处征战，而英格兰成为大西洋文明的中心之后，也面临和罗马人一样的情况。今天，世界性的大掠夺似乎已经暂时偃旗息鼓了。几年前还是一个大帝国的核心总部的英格兰，很快就会衰落为仅仅是一个在荷兰对岸的人满为患的小岛。这似乎是一场悲剧，不过，这正是人类所在的这个星球的规律。

如同美国最早的殖民者认识五个开化部落[1]的过程，古罗马的统治者认识苏格兰人也经历了一个循序渐进的过程。在帝国防线与诺森伯兰郡最后一片茅舍的北面的大山之中，有一些不好惹的凶悍的部落，他们就是苏格兰人。他们的居住条件很原始简单。他们以放牛牧羊为生。其他民族遵从父系，而他们的家族血统则是遵从母系。大山里没有真正的路，只有陡峭的羊肠小道，在这羊肠小道上，连马都望而却步。苏格兰人对一切文明都给予了激烈的抗拒，所以，想对他们进行文明教化是白费力气的，因此，根本不理睬他们是最好的选择。但苏格兰人也是一群凶猛的强盗，他们会突然从山上冲下来，把切维厄特丘陵上的羊群或是坎伯兰的牛群劫掠而去。为保护从泰恩河至索尔湾的地区，一路筑起了一道高墙，并用刀剑和绞刑架等来阻止他们的再次冒犯，就是一个较为明智的办法。并且奏效了。罗马人统治了英格兰400年，这期间苏格兰人除了几次大规模的进犯之外，几乎再没有侵入过文明世界。苏格兰人除了与爱尔兰岛的凯尔特同胞们保持着长期的贸易以外，几乎从不和外面的世界打交道，也几乎没有其他的物质需求。古罗马城墙早已变成了泥土，但现代的苏格兰人依然保持着苏格兰式的生活，并发展着苏格兰式的文明。苏格兰人能够保持独立的真正原因在于苏格兰的不好的地理环境。苏格兰的绝大部分都是山区，这里的山在人类诞生前几乎和阿尔卑斯山一样高。高山因风雨的慢慢侵蚀而渐渐变矮了，又被激烈的地壳上升推得乱七八糟；沉积在山谷中的泥土本来就少，大规模的冰川入侵又把这点泥土冲刷殆尽，难怪只有10%苏格兰人居住在高山区，而其余90%的人却拥挤在从西边的克莱德湾至东边的弗思湾的这一片不足50英里的狭长的低地里。苏格兰最大的两个城市——爱丁堡和格拉斯哥，都屹立在两座火山（从前多数重镇都会建在死火山山口上）喷发形成的山脉之间。古苏格兰的首府是爱丁堡，而现代英格兰的钢铁、煤炭、造船和制造业中心则是格拉斯哥。这两个

[1] 五个开化部落：指五个北美印第安人部落：切罗基、奇卡索、乔克托、克里克和塞米诺尔。

城市被一条运河连在一起。从洛恩湾经过另一条运河可以直达马里湾，这条运河使小型船只不必再在约翰奥格罗茨、奥克尼群岛和设得兰群岛——从爱尔兰伸向挪威北角的那块大陆在大浪中的遗留——之间冒险行驶了，而能直接从大西洋到达北海。然而，苏格兰格拉斯哥的繁荣并不意味着整个地区的繁荣。绝大部分农民还在为生存而挣扎，他们的劳动所得只能保证自己不会被饿死，甚至还不够让他们真正感受到活着的滋味。因为极端的贫困，苏格兰人对辛辛苦苦攒下的几个先令的“财产”视若珍宝，同时，这也使他们懂得了只能自力更生，只能依靠自己的才智和勇敢。他们苦苦挣扎在恶劣的生存环境中，懒得去管别人的闲话。斯图亚特王朝的詹姆士是伊丽莎白女王的苏格兰远亲，因伊丽莎白女王的遗嘱而继承了英格兰的王位，因这个历史的偶然使苏格兰从此纳入了英格兰王国的版图，于是，苏格兰人可以自由出入英格兰王国了。假如苏格兰人感到自己的小岛太狭小，容纳不了他们的雄心，那他就可以驰骋于英格兰王国的大地上。苏格兰人勤俭聪明，十分有节制，完全能够胜任边远地区的领袖任务。

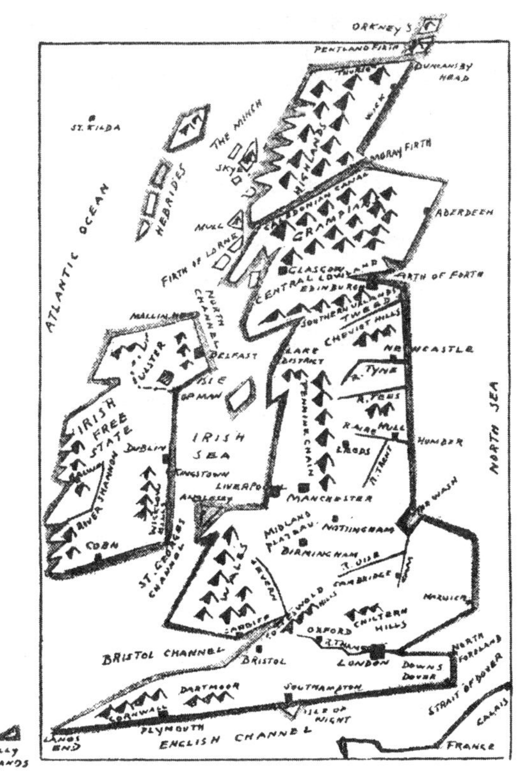

英格兰、苏格兰和爱尔兰

爱尔兰自由联邦

这里要说的是一个非常特别的故事，一个神秘的与人类命运有关的悲剧故事——一个民族本来有非常光明的前途，可是却为了一件毫无价值的小事而心甘情愿地放弃前途，而其邻国却满怀仇恨，随时准备对她进行羞辱和奴役。这是因为这些冲动的人还根本不懂得正大光明的自身利益才是人类生存的第一法则。谁是这个悲剧故事的罪魁祸首呢？无人知晓。是地质构造吗？大概不是的。爱尔兰群岛也是史前时代那块北冰洋大陆的残余。假如后来的地质变迁没有发生，这个群岛也许会更繁荣。但是，这个群岛的中心因地质变迁下沉到了海岸山脉以下，整个岛屿变成了一个汤盘。而河流本来是朝大海流去的，河道却也因这个下沉而变得蜿蜒曲折，根本无法通航。是气候吗？不！爱尔兰的气候与英格兰的气候并没有什么不同，或许爱尔兰只是更潮湿一些，雾更多一些。那是因为地理位置吗？也不是！发现美洲以后，在与新大陆有商业往来的欧洲各国中，在地理位置上最靠近、地理条件上最便捷的，都是爱尔兰。那么，到底什么是这个民族悲剧的祸首呢？恐怕又是那个让人无法理解的人性吧。在爱尔兰，人类又一次自暴自弃，把优势变成了劣势，把胜利变成了失败，把勇敢消磨成了无声的愤怒，最终只能默默地承受凄凉的命运。在这场悲剧中，民族传统又是一个什么样的角色呢？我们知道，爱尔兰人很喜爱他们的神话故事。几乎每一个爱尔兰戏剧和民间故事中都会有小精灵、小妖精、狼人和厉鬼之类的角色。说实在的，即使在今天这个乏味单调的时代，我们都烦透爱尔兰人的那些妖怪亲戚们了！这些又与“地理”有什么关系呢？你可能会这样问。这的确无关于山川、河流和城市分布的地理，也无关于统计煤炭和棉花进口量的地理。但是，人类并不是只为口腹之欲而已，而是拥有思想的力量的。爱尔兰就是一个只为思考和联想而存在的国度。当你在大海上遥望一个国家时，你也许会说：“这片陆地看上去的高度怎么样；大地或是棕色的，或是黑色的，或是绿色的。许多人生活在那儿，他们中有的人正在吃吃喝喝，有的人美丽，有的人丑陋，有的人幸福，有的人哀伤，有的人正在出生，有的人正在死去，有人死后得到了牧师的祝福，有人死后没有得到。”然而，这些都与爱尔兰没有多大关系。爱尔兰有点与众不同，或者说完全是与众不同的。寂寞的空气充满了爱尔兰的各个角落。昨天还是真实的东西，今天就成了谎言与疑虑，一件几个小时前还很简单的事，转眼就变得非常复杂了。与岛屿西侧的变幻莫测的大海相比，你脚下的这片土地让人更加不可理喻。同其他任何一个民族相比，爱尔兰人遭受奴役的时间都要长一些，沉重的历史压在他们的背上，使他们一直在抱怨。本来他们应该自省的，可他们的思想深处一定存在着某种认识上的错误，以致他们在千百年来一直郁郁寡欢。他们的这种错误认识深深扎根于爱尔兰这片沃土。爱尔兰人从未想到要在这片沃土上好好过日子，而是时刻准备着要去流血牺牲。当年诺曼底的征服者们刚刚在英格兰站稳了脚跟，就把贪婪的目光投向了爱尔兰海的对岸，而爱尔兰海不过和北海一样，本来也是一个山谷，后来才下沉为海洋，算不上名副其实的大海。爱尔兰岛本来是一个富饶的小岛，可岛内的情况大大助长了侵略者的野心。部族首领向来彼此不和，把全岛统　为一个爱尔兰王国的努力从来都是不可能实现的。对征服者威廉的同时代人来说，爱尔兰如同“一块颤抖着的草地”。爱尔兰牧师们都狂热地要把基督福音传遍世界，而他们自己的家乡却连一条公路、一座桥梁甚至任何交通设施都没有，更不用说任何能使日常生活方便、安适的重要设施了。由于岛屿的中央比四周低了很多，出现了一个大沼泽，而沼泽的缺点就是从不将自己淹没在深水中，因此，沼泽永远都会是沼泽。充满诗意的灵魂怎么会肯动手去洗刷碗呢？从来就无人会想要治理一下这个沼泽。

如果英吉利海峡干涸

当时，英法的统治者尽管都是叱咤风云的英雄人物，却能和主宰世界的领袖们维持一种很体面的关系。对于自己亲爱的教子约翰，教皇英诺森三世曾给予了紧急声援，他宣布《自由大宪章》无效，并对那些胆敢逼迫国王签署这样一份文件的贵族们发出诅咒，诅咒他们永堕地狱。一位爱尔兰酋长在爱尔兰内战中（我忘记了当时的交战方到底有多少人）被打得非常惨，于是，他就请求英格兰的亨利二世到爱尔兰来帮他打败强敌。这时，从罗马又伸出的一只看不见的手一直伸到了英格兰。英国籍的罗马教皇阿德利安四世非常热心，签署了一张羊皮书委任英格兰国王陛下出任爱尔兰的世袭君主。于是，一支由不足1000人的乌合之众和200个骑士组成的军队就开进了爱尔兰。原本一直过着快乐的原始生活的爱尔兰人这时不得不放弃在其他国家早已绝迹的部族制度，被英格兰人强行套上了封建制度的枷锁。从此，这个小岛再无平静的日子了。直到几年前，围绕主权问题的争端才算是告一段落，但是，说不准哪天它就会又像火山一样突然喷发出来，再次出现在世界各地报纸的头版头条上。爱尔兰的土地，正如爱尔兰精神一样，其存在全是为了谋杀和伏击。在这里，崇高的理想无可奈何地与卑鄙的变节缠到了一起，似乎爱尔兰人不全被杀光，冲突就永远不会终止，问题也永远得不到解决。这绝不是危言耸听，英格兰的统治者多次试图把爱尔兰人赶尽杀绝，然后再搜刮这些不幸者的全部财产，以奉献给国王和他的亲信们。1650年，凭着他们奇妙的直觉和超凡的空想，爱尔兰人再一次在一个荒唐的时间做出了一个荒唐的决定——支持一文不值的查尔斯国王来发动人民起义。这次起义遭到了克伦威尔毫不留情的镇压。几百年后，在爱尔兰人脑海中，仍然深深地烙着当年克伦威尔在爱尔兰犯下的滔天罪行。这是一次企图一劳永逸地把爱尔兰问题解决掉的尝试，爱尔兰人口因这次大屠杀而锐减到了80万，饿死者更是不可胜数（爱尔兰人的出生率一直都不高），那些讨到钱、借到钱或者干脆偷到了钱的人，只要攒够了一张船票，就急急忙忙逃离出家乡，宁可流亡国外。走不了的人则会守着逝者的坟墓，满怀仇恨，他们只能以土豆为食，期待着有朝一日能报仇雪恨。他们一直等啊等啊，一直到了世界大战才终获解脱。从地理位置来看，爱尔兰是属于北欧的。从思想状态上看，不久前的爱尔兰还处于古地中海时代。爱尔兰取得了自治权，能和加拿大、澳大利亚和南非平起平坐了，可是直到今天，它还与整个世界有一段距离。他们并未为全岛的统一而努力奋斗，与此相反，他们分成了彼此为敌的两派。南部的天主教徒占爱尔兰总人口的75%，他们组建了都城在都柏林的“自由之国”。外来的新教徒后裔则主要居住在北部阿尔斯特六郡，他们选择了继续居留在英国，并不断地向伦敦的英国议会派出自己的代表。这就是爱尔兰目前的状况。没有人能够预测到一年之后或十年之后会是什么样。但这是1000多年以来爱尔兰人第一次掌握了自己的命运。现在，爱尔兰可以自由发展他们的港口了，科克、利默里克和戈尔韦被他们建设成了真正的海港。他们还实行了在丹麦已经非常成功的农业合作制。爱尔兰的奶制品完全不比别国的同类产品逊色。爱尔兰终于可以作为一个独立自由的国度，屹立于世界民族之林了。但是，爱尔兰人真的能把他们的过去忘记，睿智地去筹划未来吗?

爱尔兰

第二十二章

俄罗斯

地理上难以断定归属亚洲还是欧洲的国家

以美国政府的角度来看，俄国并不存在。俄国的领导人是非法的，他们的大使也被美国拒之门外。美国政府还警告美国人，访问俄国，后果自负，华盛顿是不会对他们伸出援手的。然而，俄国占有了这个星球1/7的陆地，其面积是欧洲的两倍，美国的三倍，她的人口数量相当于欧洲最大的四个国家的人口之和。可是，尽管美国把外交官都派到了蒙罗维亚[1]和亚的斯亚贝巴[2]，但是却对莫斯科熟视无睹。造成这一切的根源，从表面上看，似乎是政治原因，可是，实际上的原因却是地理的。俄国比任何国家都更有地理的背景问题。它到底属于欧洲还是属于亚洲呢？连俄国自己都说不清楚，犹疑不决。这种犹豫的态度引发了文明冲突，这种冲突又造成了俄国的现状。为了说明问题，我采用了一张简单的地图。不过，首先还是来解答俄国到底是欧洲国家还是亚洲国家。你可以把自己假设为楚科奇人——一个居住在白令海峡的海岸的部落中的一员，假如你对自己的生活方式（这不能怪你，因为在东西伯利亚的冰天雪地之中生存实在是太难了）并不满意，再假设你决定像霍勒斯·格里利[3]所说的，“到

❶蒙罗维亚：利比里亚首都。

❷亚的斯亚贝巴：埃塞俄比亚首都。

❸霍勒斯·格里利：美国报纸的编辑和改革家。

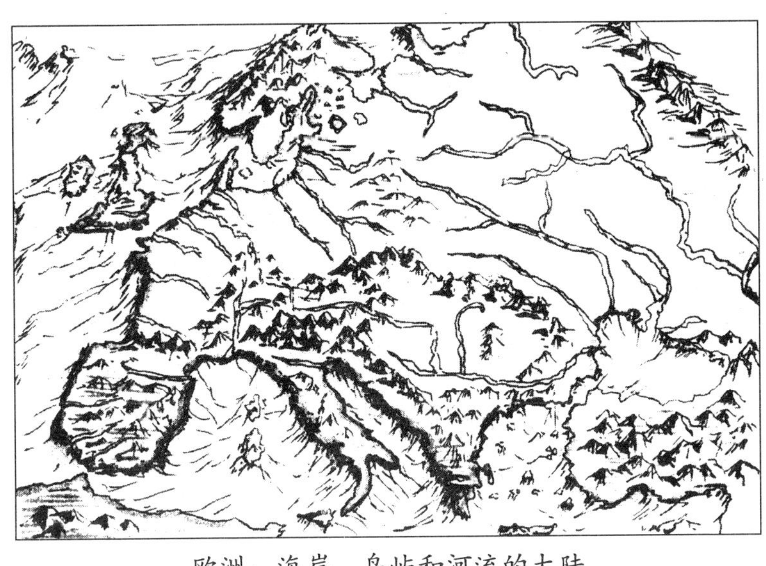
欧洲：海岸、岛屿和河流的大陆

西部去”，而且，你不喜欢住在山区，而是向往着一片大平原，就像是你儿时故乡的那种平原，于是你动身西行。你能畅通无阻地走上两年，在这两年里，除了会遇到十几条宽阔的大河外，再无其他阻碍。最后，你会抵达乌拉尔山脚下。地图上的乌拉尔山被标注为界山，它是亚欧两个大洲间的天然屏障，其实这座山作为一道屏障并不太够格，第一批俄罗斯探险家（他们实际上是一伙逍遥法外的亡命徒，可一旦发现了有价值的东西，他们就立刻被尊称为“探险家”）抬着他们的船只跨越了乌拉尔山，进入了广阔的西伯利亚大平原。你去试试抬着船去爬洛基山脉或者阿尔卑斯山吧！翻越了乌拉尔山，你还要艰难跋涉6个月或更久的时间，才能最终抵达波罗的海。从太平洋到大西洋（波罗的海也是大西洋的一部分）是个漫长的旅程，而你自始至终都是走在平坦的大地上。这是一大片平原，不过它只是一片更大的平原的一部分，这个最大的平原覆盖了亚洲的1/3和欧洲（这是因为这片大平原与德国平原连成一片，直抵北海）的1/2。但是，它却是俄国致命的缺憾，它因此而直面北冰洋。

它就是昔日的俄罗斯大帝国的祸根，也是苏联极大的不幸。在过去的数百年里，俄国人徒劳无功地为靠近“温暖的海洋”而耗尽了钱财并为此流血死亡。罗曼诺夫王朝垮台后，建立了新的苏联政权，但这政权就如同一幢有80层高的大楼，拥有8000个房间，却只有两个小窗同三楼后面的防火通道连通，此外再无任何出入口了。也许你会认为美国够大了，其实，这不过只是

东西伯利亚

因为英国、法国都小得可怜。而这片处处飘扬着苏联国旗的大平原的面积是法国的40倍，是英国的160倍。鄂毕河是她的第一大河，其长度与亚马孙河几乎相等，而她的第二大河——勒拿河同密苏里河一样长。她的内陆海——位于西部的里海的总面积几乎是休伦湖、苏必利尔湖、密歇根湖及伊利湖的面积总和。她中部的咸海比休伦湖大4000平方英里，而东部的贝加尔湖几乎有安大略湖的两倍大。苏联南部的山峰横亘在欧亚边界上，高度几乎可与美国的最高峰抗衡，阿拉斯加的麦金利山高度为20300英尺，而高加索的厄尔布鲁士山高达18200英尺。西伯利亚的东北角是地球上最寒冷的地方，苏联在北极圈以内的领土面积几乎是法、英、德及西班牙四国面积之和。无论从什么角度来看，俄国人都喜欢走极端。他们常年在光秃秃的荒原和冻土上生活，这样的生存环境对他们无疑产生了很深的影响，在其他国家的人的眼里，他们的举止和处世原则肯定是有点古怪的。千百年来，他们对上帝一直很虔诚，不停地向上帝祷告，然而有朝一日，他们却突然抛弃了上帝，把上帝从学校里摒除出去。几百年来，他们一直都心甘情愿地服从于一个在他们心目中非常神圣的人的命令，但是，有一天，他们却突然揭竿而起，把这个人打倒了，接受了另一种许诺会把巨大幸福带给他们的政权。显然，罗马人从未听说过“俄罗斯”这个名字。古希腊人去黑海淘金时（“金羊毛”的故事还有印象吗？），曾遭遇到一些野蛮的部落，这些人被古希腊人称为“喝马奶的人”，从流传至今的希腊古瓶上的画能判断出，哥萨克人的祖先就是这些人。当俄罗斯人初登历史舞台时，他们居住在一块四四方方的土地上。这块土地南至喀尔巴阡山和德涅斯特河，西至维斯瓦河，北至普里佩特沼泽，东至第聂伯河。立陶宛人、列特人（拉脱维亚的一个民族）以及普鲁士人——俄罗斯人的近亲——居住在这块四方形土地北部的波罗的海沿岸的大平原上。追根溯源的话，身为现代德国的统治者的普鲁士人，不过就是斯拉夫人的后裔。芬兰人居住在四方地的东部，如今他们被局限在北冰洋、白海和波罗的海之间的那一小片土地上。四方地的南部居住着凯尔特人、日耳曼人，或是这两个民族的共同的后裔。

之后不久，在中欧平原上四处游荡的日耳曼人部落发现，只要去袭击那些北方邻人的营地，就可以抓到他们需要的仆人和苦役。这些北方的人是温驯的民族，不管命运如何不好，他们总是会耸耸肩，嘟哝一句：“算了吧，生活就是这样。”这些北方邻人似乎有自己的名字，那名字听起来像“斯拉夫尼”。那些奴隶贩子经常袭击喀尔巴阡山地区以劫掠人口，他们常说又抓了多少奴隶或斯拉夫人。后来，“奴隶”这个词就成为了商品名称，专指那些不幸地成为别人合法财产的人。而这些最早的奴隶或斯拉夫人则逐渐强盛

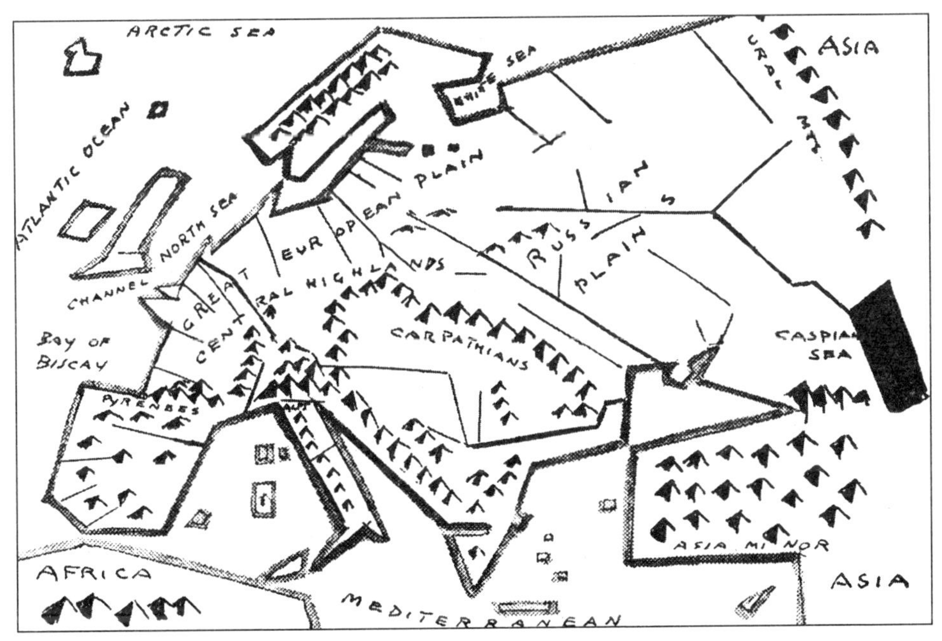

欧 洲

起来，形成了当今世界最强有力的中央集权国家。他们同历史开了一个大大的玩笑，而且，我们不幸成为了这个玩笑的对象。假如我们的祖先稍微有点远见，我们就不至于沦落到如今这步田地了。对此，我会进一步讲述的。开始，斯拉夫人还老老实实待在他们那一小块土地上，后来，他们的孩子越来越多，人口急剧地膨胀，所需的土地也越来越多了。于是他们想西进了，可前进的道路被强大的日耳曼部落所阻挡；他们又想去地中海的繁华世界，可罗马和拜占庭横亘在中间，只有东方没有阻碍。于是，斯拉夫人大量地涌向了东方，拓展出了更为广阔的土地。他们跨过了德涅斯特河和第聂伯河一路到达伏尔加河岸边。伏尔加这条大河哺育了无数俄罗斯人，她为他们提供了取之不竭的鱼类，这条大河也就被俄罗斯农夫称作“母亲河”。伏尔加河是欧洲最大的河流，她的源头在俄罗斯北部中央高原的群山之间。最早的俄罗斯人就是在这里修筑了大量的城堡和要塞，建成了俄国大多数早期城市。为了最终回归大海的怀抱，伏尔加河在高山之间蜿蜒盘转了一个大弯之后，才掉头向东奔波而去。由于受到了山势的挤压，伏尔加河的西岸平坦而低矮，东岸却陡峭高耸。从位于源头附近的特维尔到终点里海的直线距离虽然只有1000英里，但是，经过一次次的回转弯折，伏尔加河的河道足有2300英里长。伏尔加河流域的面积有56.3万平方英里，与德、法及英三国的面积之和相当，比密苏里河流域大了4000平方英里。但是，同俄国的一切事物一样，伏尔加河也有她

俄罗斯风光

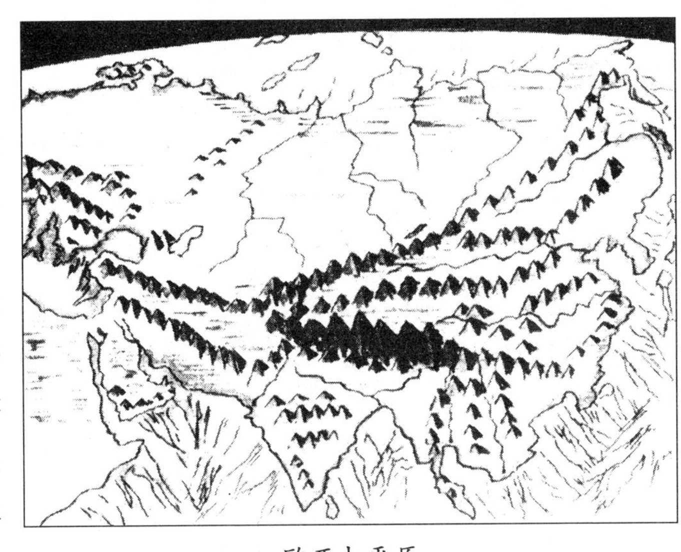
欧亚大平原

自己奇怪的地方。伏尔加河是举世闻名的航运河流（世界大战前，在这条河上的舰队有4000多艘船），但是，当她流到萨拉托夫时，河面就与海平面持平了，而下游的几百英里河段就完全在海平面之下。其实也并不足以为怪，因为伏尔加河的终点是里海，而里海处于多盐沙漠的中央，今天里海的海拔比地中海还要低85英尺呢。再过100万年，里海海拔大概就会和死海一样了——死海目前在海平面以下1290英尺（这是世界海拔的最低纪录）。

人类餐桌上的鳟鱼鱼子酱几乎全部来自伏尔加河，伏尔加河被视为鳟鱼鱼子酱的母亲河。我说“被视为”，是因为伏尔加河其实是不能直接出产这种鱼子酱的。与此相比，使俄罗斯佳肴美名远扬的是金枪鱼这道美食。

在有铁路以前，人类贸易往来或者劫掠征战的主要通道就是河流与海洋。由于西面的强大的条顿部落把通往大海的道路切断了，而南下之路又有作为竞争对手的拜占庭人阻挡，没有找到新领土之前的俄罗斯人只能依靠自家的河流。从公元600年至今，俄罗斯的历史一直都和伏尔加河与第聂伯河这两条大河紧密相连，其中第聂伯河尤为重要，因为第聂伯河是那条从波罗的海至黑海的重要商道的一部分。同德国平原上的那条商道一样，这条商道也是很古老的。

看看地图吧，我们从北方出发，会看见芬兰湾同拉多加湖（和安大略湖面积相仿）被涅瓦河连在一起。著名的城市列宁格勒就在涅瓦河畔。从拉多加湖向南流去的小河沃尔霍夫河连通了拉多加湖与伊尔门湖。洛瓦季河位于伊尔门湖的南边，洛瓦季河和多瑙河很近，两条河之间地势平坦，可以开展

古老的俄罗斯贸易路线

水陆联合运输。游客能从北方出发，一路自在地顺流南行，取道第聂伯河，直抵黑海。第聂伯河在黑海的入海口，距离克里木半岛只有短短的几英里。商业贸易无国界，也无种族。驱使人类把斯堪的纳维亚的货物千里迢迢地运往拜占庭帝国的是利润，人们之所以在这些地区留下来也正是因为这里有利可图。在基督纪元开始后的五六百年里，顺着加利西亚和波多利亚（喀尔巴阡山外围）间的因地质下陷出现的低谷，这条便捷的商道直达俄罗斯大平原。但是，当这个地区挤满了斯拉夫移民，一切都改变了。那时的商人变成了雄踞一方的霸主，建立了自己的王朝，而不用四处奔波了。虽然俄罗斯人非常聪明，但他们却从来都不擅长于治理国家。他们缺乏逻辑思维，无法像条顿人那样细致缜密。他们疑心太重，却无法集中精力。他们最喜欢沉思，热衷辩论，却不善于集中权力，果断处理世事。但是，当个地方诸侯却不是太难。最初，俄罗斯人的野心并不大，他们只要有一片安身之地就足够了，半君主制的宫廷建立起来了，加上侍从、臣民的家园，形成了最早的俄罗斯城市。

城市——尤其是充满活力的新兴城市，是格外引人注目的。君士坦丁堡的牧师们听说又出现了一批拯救人灵魂的好去处，就如同几百年前的斯堪的纳维亚人划船南下，急急忙忙划着小船沿第聂伯河北上。很快，他们就和当地的诸侯混熟了，修道院成为王宫的一部分。接着，罗曼诺夫王朝出现了。这时，南部的基辅和富有的商业城市大诺夫哥罗德（位于伏尔加河和奥卡河的交汇点，与下诺夫哥罗德无关）已经非常知名了，这里的繁荣景象甚至连西欧国家都知道。同时，就像俄罗斯农夫在过去几千年中所做的一样，他们耐心地、不停地生儿育女。当发现自己需要更多的土地时，他们就再度开拓土地，从乌克兰河谷这欧洲最富饶的大粮仓出发，向俄罗斯大平原挺进。到达了平原高地后，他们沿着河流继续向东前进。他们不慌不忙（对俄罗斯农夫来说，时间并没有意义）地沿着奥卡河谷前进，最后到达伏尔加河，于是新城诺夫哥罗德建起来了，这个城市也就成了周围平原地区永远的管辖之所。但对历史而言，“永远”并非就是永恒。13世纪早期，俄罗斯人的野心被一场灾难暂时地打垮了。数不清的矮个子黄种人顺着乌拉尔山与里海之间的宽谷，从东向西奔驰而来，源源不断的骑兵队会让人误以为所有的亚洲人都西迁到了欧洲中心。那些西方的挪威—斯拉夫小诸侯国们大惊失色。短短的三年时间，鞑靼[1]人就占领了俄罗斯所有的平原、河流、内海和山区。完全因为偶然（鞑靼人的马蹄染上了瘟疫），德国、法国和其他的西欧国家才得以幸免。当新的一群战马能投入战争以后，鞑靼人又一次开始了西征。但由于德国和波希米亚的城堡固若金汤，这

过去的俄罗斯

[1] 鞑靼：早先被蒙古所灭的民族，西方一般把蒙古泛称为鞑靼。

些侵略者不得不放弃这里，他们绕了一个大圈，在匈牙利大肆烧杀劫掠，然后又折回了俄罗斯的东南，在那儿安顿下来，享用战果。此后200年之中，只要看见让人闻风丧胆的成吉思汗的那些子孙们，信仰基督的男女老少就必须拜倒，去亲吻他们脚下的泥土，胆敢违抗的人会被立即处死。

欧洲人得知了所有这一切暴行。但是，由于斯拉夫人是按照希腊人的方式供奉上帝的，而西欧各国却是按照罗马的礼仪供奉上帝，因此，欧洲人对此只不过是作壁上观。他们在心里说，谁让你们这些卑贱的俄罗斯人不皈依正统教派呢？就让异教徒无法无天好了！就让异教徒的皮鞭大声地甩下去吧！虽然受人奴役的命运是悲惨不幸的，但那是你们应得的报应。最终，欧洲人也为他们的冷酷付出了沉痛的代价。这些俄国人用宽阔的肩膀扛起来了当权者强加给他们的一切重负。他们在鞑靼人统治的250年中养成了逆来顺受的坏习惯。让他们去背负这沉重的枷锁吧！这不幸的负担他们再也无法摆脱。而后来的莫斯科公国，就是从俄罗斯平原东部的一个古老的前沿哨所发展而来的。这个小公国的统治者为建立一个自由国家立下了赫赫功劳。1480年，约翰三世（即俄罗斯历史上著名的伊凡大帝）拒绝向金帐汗国[1]的主子交纳年贡，公然进行反抗。50年后，这伙外来的侵略者被击败了。不过，虽然这些残忍的统治者消失了，但他们的制度却留存下来。新的统治者是一个很“务实”的人。30年前，土耳其人攻陷了君士坦丁堡，东罗马帝国的末代皇帝在圣索菲亚大教堂的台阶上被刺。但他还有一个刚好是罗马天主教徒的名叫佐伊·帕里奥洛加斯的远房亲戚。罗马教皇认为这是一个大好时机，能够借此把希腊教廷这只迷途的羔羊召回他自己的羊圈。于是，他极力撮合伊凡与佐伊的婚姻。婚礼如期举行，佐伊更名为索菲亚。但罗马教皇的如意算盘却落空了。伊凡更加不听话了，他发现这是他取代拜占庭王朝的大好机会。君士坦丁堡代表东、西罗马帝国的盾形纹章是著名的双头鹰，他就把它作为自己的纹章，并确立了他至高无上的神圣皇权，把朝臣贵族都视为奴仆。他还在他的小小的莫斯科宫廷里实行着从前拜占庭的礼仪，自视为当世唯一的

[1] 金帐汗国：成吉思汗长子朮赤的封地，东至额尔齐斯河，西至多瑙河，南至高加索，北至保加尔地区。

“恺撒大帝”式的强权人物。在家族荣誉的鼓舞之下，他的孙子终于宣称了自己是俄罗斯所有治下领土的皇帝。随着1598年鲁雷克王朝的最后一个皇室成员的离世，斯堪的纳维亚人在俄罗斯的统治终结了。15年内战后，一个莫斯科贵族——罗曼诺夫家族的一位成员自封为沙皇。随着罗曼诺夫们政治野心的不断膨胀，俄国版图渐渐地扩大了。罗曼诺夫家族的统治者们虽然有许多昭著的劣迹，但他们也有同样多的美德，所以，我们最好还是忽略他们犯下的错误吧。

他们都有着一个坚定的信念——要为子民打通一条直达大海的通道，任何代价都在所不惜。最终，他们在南方杀出了一条血路，可以直达黑海、亚速海和塞瓦斯托波尔了，但是，他们去地中海的道路却被土耳其人遏制着。俄土战争使10个哥萨克部族成了俄罗斯人的加盟者。这些哥萨克部落的祖先是哈萨克人、海盗、流浪汉或逃奴。在过去的500年里，这些人为躲避波兰或鞑靼主子的奴役，一直藏匿在荒野中。俄罗斯人又同瑞典人打仗了，瑞典人在“三十年战争”❶中夺得了波罗的海周围的全部土地。又经过了50年的征战，俄罗斯人把瑞典人也击败了。于是，彼得大帝在涅瓦河的沼泽中调遣了成千上万的人民建起了新都圣彼得堡。但是，因为芬兰湾每年会封冻四个月之久，“开阔的大海”仍然是一个遥远的梦。俄罗斯人又沿着冰原中心的奥涅加河与德维纳河北上，把阿尔汉格尔斯克这个城市建立在了白海之滨——北冰洋沼泽荒原的尽头。但是，卡宁半岛的不毛之地对于欧洲来说实在是太远了，像哈得孙湾的冰雪海岸一样遥远，甚至连荷兰和英格兰的商船都远远地避开摩尔曼海岸。看来，俄罗斯人又前功尽弃了。除了向东，他们再无出路。1581年，一批来自欧洲各国的约有1600人的逃奴、流浪汉和战俘越过了乌拉尔山，在东进途中，他们被迫与遇到的第一个鞑靼首领展开了你死我活的肉搏，结果大获全胜。战败者的财产被这伙不法之徒彻底瓜分了。但他们知道，莫斯科人的势力范围太大了，与其等着俄罗斯大帝的军队追来，把他们当作叛徒、逃兵而处以绞刑，还不如把这片土地献给大帝，凭着这份贡

❶三十年战争：发生在1618—1648年的欧洲的国际性战争。战争双方中一方是德意志新教诸侯与丹麦、瑞典、法国的联盟，另一方是德意志皇帝、德意志天主教诸侯和西班牙的联盟。以后者的失败而告终。

献，应该能赢得一个真正的爱国者的美名，还可以拿到一份奖赏。于是，这支臭名昭著的先锋队的这种独特的殖民方式持续了一个半世纪之久。几乎荒无人烟却非常肥沃的大平原在这些恶棍脚下无限地向前延伸着，这里北有广阔无际的平原，南有郁郁葱葱的密林。鄂毕河很快就被他们甩在身后，他们抵达了叶尼塞河岸边。1628年，他们到达勒拿河，1639年，到达鄂霍次克海岸边，1640年之后，他们在南面的贝加尔湖建起了第一个重要的城镇。1648年，他们又抵达阿穆尔河[1]。这一年，哥萨克人德日涅夫顺西伯利亚北部的科雷马河而下，抵达北冰洋边。他沿着北冰洋海岸线到达了亚洲与美洲分界处的海峡。当他返回后讲述这个发现时，并没有引起人们的注意。8年后，俄罗斯雇用的丹麦航海家维丘斯·白令再一次发现了这个海峡，以他的名字来命名这个海峡的申请得到批准，于是，这里就成了白令海峡。

从1581年至1648年的仅仅67年时间里，俄罗斯人就把整个西伯利亚据为己有了。与此相对，我们美国的祖先们从阿勒格尼山走到太平洋岸边，却用了整整200年。显然，俄罗斯人并不像人们所想象的那样迟钝。他们并未满足于拥有西伯利亚，最后，这些俄罗斯人还染指北美洲。在乔治·华盛顿尚在人间的很长时间里，俄罗斯人在北美洲的殖民地都十分繁荣，今天的锡特卡就是当年他们用大使加百里列的名字命名的一个要塞。俄美两国于1867年在锡特卡市举行了正式移交阿拉斯加的仪式。如果说到胆识、精力及勇敢的冒险精神，早期俄罗斯开拓者远远强于我们的美国祖先。但是，莫斯科和彼得堡的当权者却仍然有着亚洲人的帝王观。俄罗斯广袤的国土蕴藏着丰富的宝藏，它们在静静地等待有智慧的人对它们的开发利用。可是，俄罗斯人却对西伯利亚大平原上的牧场、森林和矿藏熟视无睹，反而把这里当作一所庞大的监狱。大约17世纪中叶，在叶尔马克[2]翻越了乌拉尔山的50年之后，西伯利亚有了第一批囚徒。他们是一些教士，由于不肯按希腊教会的规矩做弥撒，因此被流放到了阿穆尔河畔，冻死、饿死，听天由命。此后，被流

[1]阿穆尔河：中俄边界河流，即黑龙江。

[2]叶尔马克（生年不详，卒于1585）：哥萨克人，是逃亡者和探险家。1581年他开始征服西伯利亚。

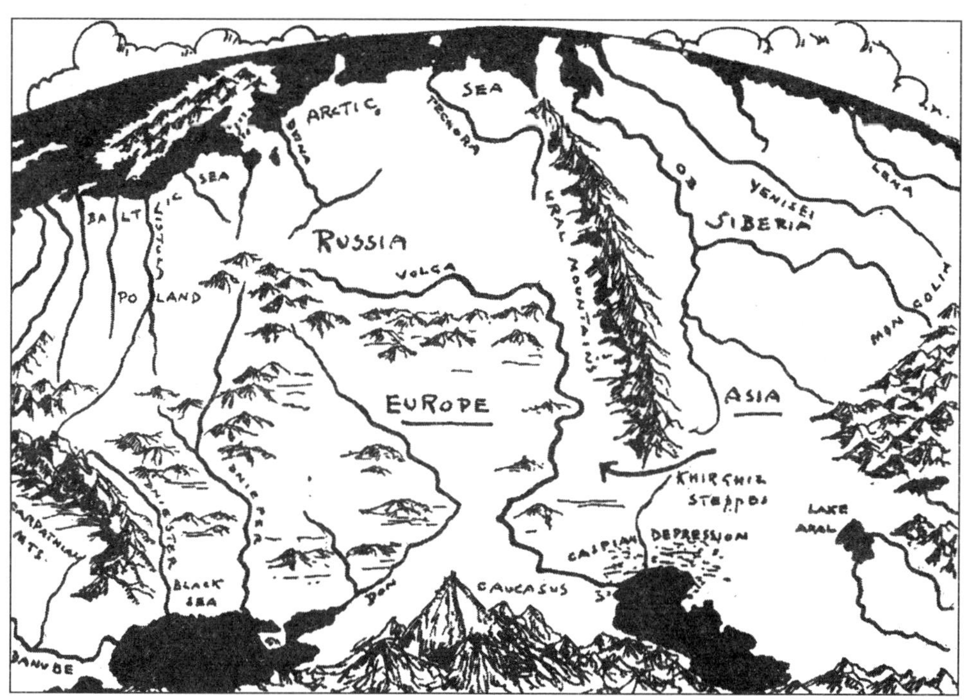

俄罗斯大平原

放的人源源不断地来到了这里。因为冒犯了沙皇政府推行的亚洲式的大一统暴政，无数的男男女女（常常会有儿童）被大批地赶到了西伯利亚荒原中。1863年，集体流放达到了一个高峰。波兰人的最后一次大起义失败后，有5万的波兰爱国者被迫从维斯瓦河迁移到了托木斯克和伊尔库茨克地区。没有具体的统计数据表明当时到底有多少人被流放到了西伯利亚。1800年至1900年间，由于各国政府的压力，流放的政策稍放宽了一点，但每年被遣送到西伯利亚的人仍达2万之多，而且，普通的罪犯、杀人犯、小偷、窃贼之类的人还不包括在这个数目之内。这些人往往不能与那些精神境界高尚的人相提并论，那些人的错误仅仅在于为并不值得他们热爱的同胞付出了太多的热情。

服刑期限一满，就会在流放的村子附近划一小块耕地给那些幸存者，于是，这些幸存者就变成了自耕农。在理论上，这是一个不错的做法——让白人遍布全国，沙皇政府也因此能够向那些欧洲的股东们展示，西伯利亚并不像报纸上所说的那么糟糕。理智也包含在西伯利亚的疯狂之中，“囚徒”们将被教化成有益于社会的劳动者。可是，实际上，这个做法执行得太巧妙了，以致所谓的“自由移民”大都消失了。也许，他们跑进了原住民部落，成为了穆斯林或无神论者，永远地告别了基督文明。也许，他们在逃跑途中被狼撕掉了。对此，我们无从知晓。俄罗斯警察的统计数据表明，不知去向、逍遥法外的逃犯始终有3万到4万之多。也许这些人躲进了深山老林，宁愿忍受大自然的折磨，也不愿待在沙皇的监狱之中。

俄国昔日的农奴制和易货制一打破，就被资本主义制度和工业大生产迅速取代了。在林肯签署《解放黑奴宣言》的前几年[1]，俄国就已经解放了农奴。为了让他们能够生存下来，俄国政府还给每一个农奴划分了一小块从大地主那儿夺过来的土地，但是这块土地太少了，远远不够农奴用来维持生计。结果，不论是大地主还是农奴都心怀不满。与此同时，人们发现了俄罗斯大平原丰富的矿藏，外国资本开始源源不断地涌入。人们建起了铁路，开辟了汽船的航道，来自欧洲各国的工程师们穿过一圈半原始的村庄，满身泥泞地到了一座和巴黎大剧院相仿的豪华剧院门前，此时，他们会不禁自问：这怎么可能？

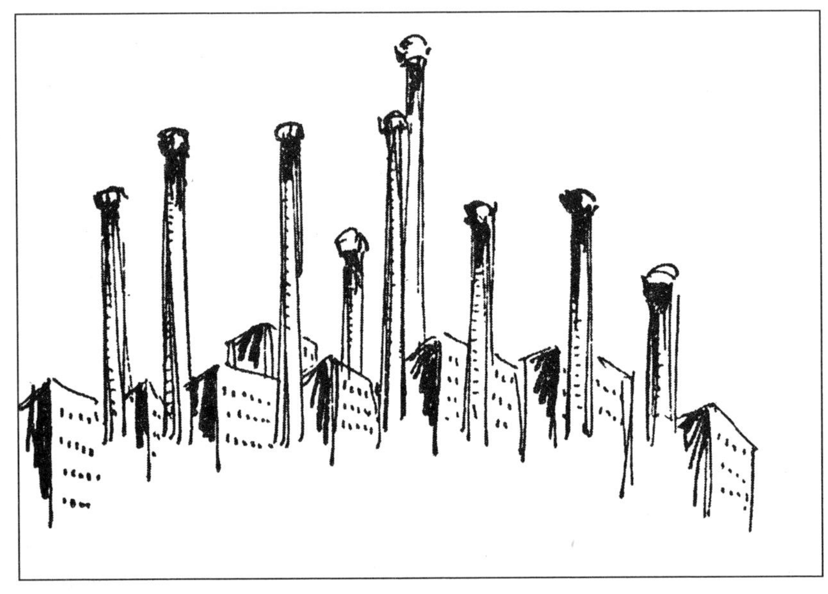

新俄罗斯

[1] 美国林肯政府于1863年1月1日发表了《解放黑人奴隶宣言》。

那种昔日使得俄罗斯王朝的缔造者们战无不胜、攻无不克的勇猛锐气，此时已渐渐地耗尽了。坐在当年彼得大帝的宝座上的是一个身体孱弱、整日消磨在教士和女人堆中的人[1]。他拿王位当抵押，不得不接受了伦敦、巴黎那些高利贷者开出的条件，卷入了一场大多数人都反对的战争，此时，他已在自己的死亡判决书上签了字。

一个从西伯利亚流放地归来的矮个子男人推翻了旧世界，重建家园的行动开始了。他抛弃了欧洲的旧体制，也抛弃了亚洲的旧体制，一切陈腐的体制都被他抛弃了。他用未来的眼光规划建设新家园。

不管怎么说，这片俄罗斯大平原总算有了新的活力，全世界都在对它拭目以待。也许，布尔什维克主义只是一个神秘的空想，但在俄国却是一个残酷的现实。

[1]指尼古拉二世（1868—1918），罗曼诺夫王朝的末代沙皇。

第二十三章

波　兰

过去因被作为“走廊”而备受蹂躏，今天终于有了自己的“走廊”

波兰的不幸有两个原因：一是错误的地理位置，二是错误的民族。对兄弟俩来说，他们往往会情深意厚；可是这种情况放到两个国家，同宗同族却绝不是什么好事，波兰人恰好就与邻邦俄罗斯人同属于斯拉夫民族。波兰人的起源，现在已经无从考证。波兰人同爱尔兰人一样（这两个民族有许多相似之处）都是坚定的爱国主义者，他们不愿意好好地工作和生活，却时时刻刻准备着去为国牺牲。根据波兰历史学家的考证，波兰人祖先的英雄事迹可以追溯到诺亚时代，据说，当时的波兰英雄是挪亚方舟上的偷渡者之一。不过，在较真实的历史文献中波兰人名字的第一次出现却已经是查理曼大帝及其勇士死去的200年之后了。波兰在黑斯廷斯战役[1]结束后50年才渐渐为人所知，之前人们还认为波兰地处于远东某个偏远的角落。就我们现在所知，波兰人最早是生活于多瑙河河口的，东方的侵略者的侵袭，迫使他们远走他乡，一路向西逃到了喀尔巴阡山脚下。他们穿越了俄罗斯人放弃的地区，终于在欧洲奥得河与维斯瓦河之间的大平原上找到了一片“乐土”，从此栖身于沼泽与森林中。然而，这却是他们最不幸的选择。一个在这块土地上生

[1]黑斯廷斯战役：1066年10月14日，诺曼底的“征服者”威廉击败了英格兰国王哈罗德。

活的农夫就像是一个坐在中央火车站[1]出口正中的人，不可能安宁下来。实际上，这片土地既是欧洲的前大门，也是一条任人通行的走廊。想到西面去攻打欧洲占据北海，就必须从波兰出发；想到东面去劫掠俄国，也要借路波兰。波兰是连通东西的唯一通道。腹背受敌的波兰，不得不把每一个农夫都训练成战士，把每一座庄园都加固成堡垒。波兰也因这种军事化的生活而付出了沉重代价。不得不长年都在备战打仗的国家，是说不上有商贸活动的。维斯瓦河岸是波兰的中心地带，它的几个大城市都坐落在这里。南方的克拉科夫正处于喀尔巴阡山与加利西亚[2]平原衔接地带；华沙则位于波兰平原的正中间；位于维斯瓦河河口的但泽的贸易要依靠外国商贾才能维持。而波兰内陆人口稀少，一片凋败的景象，与这几个河畔城市的繁荣形成了鲜明的对比。波兰平原上除了第聂伯河，就没有其他河流了，可第聂伯河是俄罗斯人的河。犹太人操纵着国内一些必需品生意，他们为了避难才从莱茵河逃进这片荒凉之地，这是由于当年的莱茵河地区产生了许多著名的犹太人聚居点，而满怀神圣热情的十字军骑士血洗了这些聚居点。辛勤的斯堪的纳维亚人建立了俄国，他们也许会给波兰带来一点盼头的，可是，他们却根本没有进入波兰这片土地。他们干吗要来波兰呢？这里既没有四通八达的商道，也没有君士坦丁堡那样的城市能抚慰他们长途跋涉的辛劳。波兰人就这样陷于痛苦中。德国人是恨波兰人的，因为波兰人属于斯拉夫民族，但他们却没想过他们也是自己的罗马天主教的兄弟。俄国人看不起波兰人，因为他们不是希腊天主教徒，但他们却不考虑波兰人是他们的斯拉夫兄弟。土耳其人也憎恶波兰人，因为波兰人既是天主教徒又是斯拉夫人。

中世纪的立陶宛皇室曾为波兰人做了许多贡献，假如立陶宛皇室仍然一息尚存，波兰就有机会发生剧变。可是，亚盖沃家族[3]统治下的许多大地主

---

[1] 中央火车站：指纽约火车站的中心站。

[2] 加利西亚：今波兰东南部维斯瓦河上游河谷，农林和石油资源丰富。在历史上是俄国和奥地利长期争夺的目标。

[3] 亚盖沃家族：公元14—16世纪统治东欧的家族，立陶宛大公亚盖沃是这个家族的创始人。

和大贵族不仅在自己辽阔偏远的庄园中实行独裁，他们还四处打仗，发战争的横财。最后一个亚盖沃国王于1572年驾崩后，这些大地主和大贵族们终于把波兰变成了选举制君主政体。这个政体从1572年延续到1791年。这个政体在被推翻之前就已经变得不伦不类了。波兰人厚颜无耻地把王位卖给出最高价的人，而且无人质疑。法国人、匈牙利人和瑞典人相继当上了波兰人的主子，然而，这片土地除了是一块能榨取不义之财的土地，对他们再无价值。而那些外国主子们忘了向他们的波兰走狗示宠，让波兰的贵族顿感委屈，如同1000年前的爱尔兰人一样，他们请邻居帮忙来取得"他们应得的权利"。一见有这等好事，作为邻居的普鲁士人、俄国人和奥地利人高兴得不得了。他们还未来得及采取行动，独立的波兰就已不存在了。经过1795年的最后三次瓜分，俄国人划走了波兰18万平方英里的领土和600万人口，普鲁士划走了波兰5.7万平方英里的领土和250万人口，而奥地利则划走了波兰4.5万平方英里的领土和370万人口。125年之后，这个可怕的事件才终于结束。出于对俄国势力过于强大的担心，协约国走向了另一个极端。他们不但把新的波兰共和国的疆域扩大到了前所未有的规模，还把一些本不属于波兰的土地也划给了波兰。为给波兰找一个出海口，他们划出了一条"波兰走廊"——一条狭长地带，它从原先的波兹省直通到波罗的海，把普鲁士拦腰截断，普鲁士从此分开为互不相连的两部分。这是一条不幸的走廊，不需要什么渊博的地理和历史知识，就能预见到它未来的命运。这条走廊将会成为一个使德国和波兰永远互相仇恨、互不信任的借口，无论哪一个国家强大起来，都会不惜一切代价地去毁灭另一个国家。美好又可怜的波兰将再度沦落为欧洲和俄国间互相争夺的对象。波兰出师大捷，看上去似乎取得了辉煌的战果。但是，国家之间筑起的仇恨堡垒将无法解决现代经济与社会问题。

第二十四章

捷克斯洛伐克

凡尔赛和约的另一个牺牲品

如果以经济学和大部分城市居民的文化程度作为标准来衡量斯拉夫人的国家，捷克斯洛伐克是目前为止最为优越的国家。然而，捷克斯洛伐克却是一个人为拼凑出的国家。捷克斯洛伐克的自治权是作为他们在世界大战中离弃了奥匈帝国的回报而获得的，它现在是由波希米亚、摩拉维亚和斯洛伐克三部分组成的，很难说它能不能幸存下来。

首先，捷克斯洛伐克是一个内陆国家；其次，900万人口的捷克人信奉天主教，而人口达400万的斯洛伐克人信奉新教，他们之间是没什么亲密的感情的。捷克地区曾是说德语的奥匈帝国的一部分，同其他国家一直保持密切的联系；而斯洛伐克人曾遭到匈牙利统治者多年的残暴奴役，几乎从未从卑微贫贱的社会地位中解脱出来过；处在波希米亚和斯洛伐克之间的摩拉维亚人拥有全捷克斯洛伐克联邦最肥沃的土地，但却毫无政治地位，因此，捷克人与斯洛伐克人之间一直进行着无休无止的世仇争斗，摩拉维亚人根本就插不上嘴。捷克人对待斯洛伐克人的态度几乎和当年匈牙利人对斯洛伐克人一样，而匈牙利人只是最近才学会开始尊重少数民族的权利。种族问题到底会有多严重呢？任何一个想了解和研究的人都会礼貌地用中欧国家作为例子。根本看不到希望的中欧形势的确让人感到很绝望。中欧地区最糟糕的国家不是捷克斯洛伐克，但她的三个斯拉夫人的民族却长期不和，彼此仇视。而且，中世纪时，为了帮助开发厄尔士山和波希米亚森林中的丰富矿藏，条顿人后裔——300万的日耳曼人来到了波希米亚，他们使这里的情况更加复杂和恶化了。

1526年，哈布斯堡家族夺去了波希米亚在中欧的全部地产。此后的388年里，波希米亚地区沦落为奥地利的殖民地，但它的境遇并不算太坏。日耳曼人的中小学、大学，以及日耳曼人一丝不苟的性格，把捷克人塑造成了一个优秀的民族，一个在斯拉夫人种中唯一知道怎样带着目标和意志坚定地去工作的民族。但是，复仇是受压迫民族的本能。一个受压迫的民族不会因为主子的善待，不会看在几件圣诞礼物的分上，就抛下前耻去喜欢他们的主子。一旦获得了自由，他们就会把过去的压迫者打倒。于是，如同匈牙利语在斯洛伐克地区的遭遇一样，捷克语成为了官方语言，德语却沦落为被人勉强能接受的民间语言。新一代的捷克人完全严格地接受了捷克民族传统语言文化的教育。从爱国主义的角度来看，这的确是正确的。但是在过去，每一个波希米亚孩子都要学德语，他说出来的话有至少1000万人能听得懂，而今天，新一代的孩子们被局限在几百万说捷克话的人之中了。如果有一天他出国，就会变得手足无措。这种既无商业价值又无文学历史的语言，有谁肯费力去学呢？如果捷克政府领导人的水平比其他中欧国家的领导人高，他们会渐渐地鼓励教育体制去恢复过去的双语制。但那些语言学家们厌恶把一种国际语言作为政治煽动的工具，他们不愿意看到所有的党派联合到一起，所以，这个计划会遇到极大的阻力。

在哈布斯堡家族的独裁统治下，波希米亚不仅成为了一个富饶的农业地区，它同时也是一个工业十分发达的省份。波希米亚不但拥有煤和铁，而且还因复杂的玻璃制造工艺而闻名于世。此外，勤劳的捷克农民一向对家庭手工业（他们每天在田间耕作12小时，回家之后还要做一些东西）很内行，因此，波希米亚人的纺织品、地毯和鞋子都天下闻名。过去，波希米亚产品运到奥匈帝国的每一个地方都不用交税——哈布斯堡家族仅有的几项优惠政策之一——而今天的帝国已经分崩离析，各个小国都用重税的壁垒来试图搞垮邻邦的贸易。以前，一车啤酒从比尔森至阜姆能通行无阻，没有海关，也没有任何税费；可如今却需要通过六道关卡，缴六回税，换六次车，耽搁好几个星期，等抵达阜姆时，啤酒早就酸了。从理想主义的角度来看，小国的独立自主是好事。但是，当小国为了生存而苦苦地同自然环境抗争，做着艰难的挣扎，就不能算是理想的了。1932年的人还遵循着1432年的思想行事，这时，我们还能有什么办法呢！

为了方便去捷克斯洛伐克的旅行者，我再补充一点。布拉格的名字改为了“Praha”，而不再是“Prague”了，从布拉格旁流过的河流仍然流向易北河，只是名字不再叫莫尔道河了，而是沃尔塔瓦。比尔森是喝啤酒的好地方，它也改名了（在那儿仍然能喝到啤酒）。对那些不喜欢啤酒而想饱餐一顿的人来说，卡尔斯巴德是一个令人满意的好地方，如今那个地方叫卡罗维发利，以前的马里安温泉今天已变成了玛丽亚温泉了。如果你从布鲁诺到普雷斯堡去，你应该坐从布尔诺发往布拉迪斯拉的火车。如果你询问列车员，而他正好是经历过布达佩斯统治斯洛伐克的时期的匈牙利人，他就会一直盯着你看，除非你继续解释说你打听的其实是波若尼。可见，这个半球上的那些荷兰、瑞典和法国的殖民地大概都不会维系得比捷克斯洛伐克更长久。

第二十五章

南斯拉夫

《凡尔赛条约》的另一个产物

南斯拉夫的官方称谓是塞尔维亚、克罗地亚和斯洛文尼亚王国。塞尔维亚人是南斯拉夫的三个部落（这个说法其实是不合适的，“部落”这个词像是在说非洲原住民，会冒犯到他们）中最主要的一个。他们居住在东部，在最后汇入多瑙河的萨瓦河岸边。而首都贝尔格莱德就位于这萨瓦河与多瑙河的交汇处。克罗地亚人居住在多瑙河的另一支流德拉瓦河与亚得里亚海之间；而德拉瓦河、伊斯特拉半岛和克罗地亚之间的那个小三角地带则被斯洛文尼亚人占据着。现代塞尔维亚还包括了几个小的部落，黑山就是其一。黑山是一个风景如画的小山地国家，那里的人民曾因同土耳其侵略者争战了400年而闻名于世，另外，当我们随着《快乐寡妇》这曲华尔兹起舞时，也会甜蜜地回忆起这个小山地国。昔日奥匈帝国的著名遗产——波斯尼亚和黑塞哥维那还是被塞尔维亚接收了。这块土地是奥地利人从土耳其人手里夺回来的，它本来就属于塞尔维亚人，所以，塞尔维亚人同奥地利人之间有着深深的积怨，它最终演绎成了1914年奥地利大公的被刺，这个事件成了世界大战的导火索（当然，它并不是真正的世界大战爆发的根源）。曾遭受了500年奴役的塞尔维亚（我习惯于使用过去的称呼——其实所说的就是南斯拉夫王国）终究还是一个巴尔干国家。世界大战之后，南斯拉夫得到了亚得里亚海的海岸线，但是，它的出海口后面就是狄那里克阿尔卑斯山。即使修建铁路，穿山越岭（这要花费巨资的），但这里除了拉古扎（现在的杜布罗夫尼克）之外就再无其他良港。作为中世纪殖民地商品最大集散地之一的拉古扎是地中海世界里唯一的一个不肯接纳美洲和印度新航线的港口。在新航线发现后，拉古扎的大商船仍然在固执地走着卡利卡特[1]和古巴的航线。直到最后，他们愚蠢地加入了注定要失败的无敌舰队，葬送了最后的船队。令人遗憾的是，杜布罗夫尼克至今仍未能给现代轮船提供便利。阜姆和的里雅斯特是这里的另外两个港口，尽管它们都本是南斯拉夫的天然良港，但是，它们中的一个被凡尔赛和会的那些老爷们送给了意大利，另一个被他们自己给留下了。虽然他们并不真正需要这个只有威尼斯才能与之媲美的港口城市，但威尼斯正热切地渴望能重返过去的“地中海女王”的宝座。就这样，杂草在的里雅斯特和阜姆的码头上疯狂地滋长着，而南斯拉夫对此无能为力，只能通过三条老路线把自己的农产品输送到国外去。这些农产品的一条调配线路是顺着多瑙河到达黑海的，它就像纽约的商品经过艾尔湖和圣劳伦斯河才运到伦敦一样南辕北辙；第二条线路是在多瑙河上逆流而上，到达维也纳，再穿山越岭，到达不来梅、汉堡或鹿特丹，无疑这是代价高昂的运输；最后，也许能靠火车把这些农产品运到阜姆的，可是意大利人为了打击他们的南斯拉夫对手，当然会用尽一切手段的。

在过去，奥匈帝国的从中作梗使南斯拉夫变成了一个内陆国。可在世界大战之后，它并未因为摆脱了奥匈帝国而使自己的状况得到任何改善。令人难过的是，当年引发这场浩劫的主要因素竟然是猪。南斯拉夫唯一大宗出口的产品是猪，而奥地利人和匈牙利人为了切断南斯拉夫的这个唯一能获利的生计，对猪的进口课以重税。

奥地利大公的遇刺身亡，不过是把全欧武装力量动员起来的一个借口。对猪课以重税才是巴尔干半岛东北角的各民族间矛盾的看不见的根源。我要

---

[1] 卡利卡特：印度西南部的一个港口城市，亦是交通和贸易的中心。向外输出椰干、咖啡、茶叶、香料等商品。

告诉你们的是，南斯拉夫的猪之所以能够迅速繁殖，主要是因为橡树子。在亚得里亚海、多瑙河与马其顿山区之间的这个三角地带，到处都是繁茂的橡树林，所以，这里才能有这么多的猪。如果不是罗马人和威尼斯人为了造船不考虑后果地砍伐了许多山上的树，今天这里的森林会更加广袤。对南斯拉夫的1200万人而言，除了猪以外，还有什么其他东西能让他们吃饱穿暖吗？这里还有煤铁资源，不过，如今世界各地都有煤铁资源，用火车把南斯拉夫的煤铁运到德国港口的费用太高了，而正如前面所述，南斯拉夫本身没有一个像样的港口。南斯拉夫在战后得到了一大片匈牙利平原——沃伊沃迪卡平原，这里非常适合发展农业。德拉瓦河和萨瓦河谷地出产玉米和谷物，这片平原上的居民因此能够自给自足。摩拉瓦河又与瓦尔达尔河相连，是一条理想的商贸通道，连接了北欧与爱琴海上的塞萨洛尼基港。沃伊沃迪卡平原还同欧洲铁路主干线相连通，尼什（君士坦丁大帝的诞生地，而在那次倒霉的进军“圣地”途中，德皇“红胡子”腓特烈一世也曾在此短暂停留，得到了塞尔维亚王子斯蒂芬的热情款待）与君士坦丁堡及小亚细亚因此得以连在一起。不过，南斯拉夫是不太可能发展成一个发达的工业国家的。南斯拉夫如同保加利亚一样宁愿当一个达到小康的斯拉夫农业国。斯科普里和米特罗维察有的是身高6英尺的农民，而曼彻斯特和谢菲尔德到处是伦敦佬似的工人，如果谁把这些农民与工人做比较，难免不会产生怀疑，这样的命运是不是真的无法改变呢？就像奥斯陆或者波恩一样，贝尔格莱德也许永远会安于一个可爱的小镇，但是，它也许有一天在规模上真的会与伯明翰或芝加哥竞争一下。好莱坞伪文化的诱惑，绝不会使塞尔维亚农民把祖先的传统价值观念抛弃。

第二十六章

保加利亚

巴尔干国家中最明智的一个，因它那个爱收集蝴蝶的国王在一战中站错了边而饱尝苦果

保加利亚是斯拉夫人国家的最后一个（这些小国都是20世纪以前的斯拉夫人入侵欧洲的产物）。假如在世界大战之中保加利亚没有错误站在失败者的队伍里，那么，今天它的面积会大得多，人口也会多得多。不过，纵然是一个最小心的国家，也难免会出现这样的错误。希望保加利亚下一次会幸运。在巴尔干半岛，假如“下一次”指的是战争，这就意味着是6年或12年之后。这么说，还是有点低估了那些好斗的、狂野的巴尔干人。但是，难道我们真的清楚一个普通的塞尔维亚或者保加利亚少年在他的人生刚刚展开时，他继承的到底是祖先的哪种传统呢？仇杀？残暴？奴役？抢劫？斗殴？强奸？纵火？我们对保加利亚最早期的居民一无所知。人们发现了他们的头盖骨，可是头盖骨是不会讲话的。他们是与神秘的阿尔巴尼亚人、希腊历史上的伊利里亚人以及多灾多难的奥德修斯的同胞同源吗（据说，奥德修斯来自一个神秘的民族，这个民族有独特的语言，有史以来，他们世世代代在亚得里亚海沿岸的狄那里克阿尔卑斯山居住，如今，他们成立了自己的国家，他们的统治者就是当地部族的首领。维也纳裁缝才把这位首领的新衣送过来，他就急不可待地在他的新首

都——地拉那坐到了王座上去了（地拉那有98%的人是文盲）。另外，保加利亚是否是吉卜赛人的故乡呢？这些吉卜赛人被人称为“Wlachs”，他们四处流浪，欧洲各地都有他们的身影。以他们的名字命名的地区有英国的威尔士和比利时的瓦隆等。对这个疑问，我们得坦承自己无法解答，还是把它留给哲学家吧。当人类踏入了编年史时代，到处都是无穷无尽的侵略、讨伐和死亡！正如前面所说，保加利亚有两条交通要道处在乌拉尔山和里海之间的峡谷里。一条要道向北翻越喀尔巴阡山，进入北欧平原茂密的大森林；另一条要道沿着多瑙河，穿过布伦纳山口，把饥饿的野蛮人带进了意大利腹地。古罗马人对这一点看得很明白，因此，为了抵挡那些“外国渣滓”——他们喜欢这样称呼那些卑贱的野蛮人，古罗马人把巴尔干用作意大利的第一道防线，他们的一切最终都被这些野蛮人摧毁了。由于兵员不足，意大利人不得不放弃巴尔干，逐渐退守到意大利半岛。大移民终于告一段落，而保加利亚人的祖先却没有留下半点蛛丝马迹。他们被斯拉夫人同化得非常彻底，现代“保加利亚人”所说的斯拉夫方言中，已经没有一个古保加利亚的词汇了。当然，这些新来的征服者往往地位非常不稳定。他们要提防南方的拜占庭人（拜占庭人是古罗马帝国在东部的幸存者，但他们却身在罗马而心向希腊），而在北方和西方始终有匈牙利人和阿尔巴尼亚人突袭的威胁。另外，还有十字军骑士——一群圣徒汇成的恶魔之师，来自于欧洲各国的这些没有继承权的世家子弟们，在各国流窜，时刻准备着用同样凶残野蛮的方法对土耳其或是任何一个斯拉夫国家进行洗劫。最后，土耳其人的金戈铁马杀过来了，陷于绝望中的保加利亚人不得不请求欧洲的紧急救援，请他们帮助保卫基督徒的土地免遭亵渎。那些恶魔在博斯普鲁斯踏上了圣索菲亚大教堂的台阶，玷污了希腊人最神圣的圣殿。听了博斯普鲁斯难民们的血泪控述后，全保加利亚马上陷入一片死寂，然后是极度恐慌。被焚毁的村庄燃烧的烈火，把天空染成血色，土耳其大军正顺着马里查河不断西进，整个河谷血流成河。然后土耳其人开始了对保加利亚人长达400年的残暴统治。直至上个世纪初，才有了一点点微茫的希望。塞尔维亚的一个小猪倌发动了一场革命，并最终当上了国王。希腊与土耳其人接着展开了最后的殊死一搏，欧洲还为此牺牲了一位英国诗人[1]，在传染病流行的小村迈索隆吉翁，他蹒跚地亲吻了死神。最后，保加利亚人展开了100年的艰苦卓绝的战争，终于赢回了自由。巴尔干朋友一直在为信仰而殉难的悲剧中扮演着主角，让我们以慈悲心肠去怜恤他们吧！保加利亚是现代巴尔干诸国中最重要的一个国家。它拥有两片肥沃的土地，一片是北方平原，处在巴尔干山脉与多瑙河之间；另一片是菲里普波利斯平原，位于罗多彼山脉与巴尔干山脉之间。这里适宜各种农作物的生长。菲里普波利斯平原因两座大山的保护而能享受地中海温和的气候，它的农作物通过布尔加斯港被输送到国外。从瓦尔纳港出口的就有北方平原出产的谷物和玉米。保加利亚大城市不多，它基本上是一个农业国家。首都索菲亚位于四通八达的商道中心，这个城市曾是土耳其统治者的大本营。400年的漫长岁月，土耳其统治者们坐在位于斯特鲁马河畔的固若金汤的王宫里，向除了波斯尼亚和希腊之外的整个巴尔干半岛发号施令。欧洲最终看到了他们的教内同胞正蒙受着侵略者铁蹄的蹂躏和他们的苦苦挣扎。对发生在保加利亚的暴行，格莱斯顿[2]首相的议会曾多次对此进行了讨论，但是，第一个起来采取行动的国家却是俄国。俄军曾两度翻越巴尔干山脉挥师南下，昔日的希普卡关战役和普列文要塞战役已名垂千古了，人们最终明白了：只要人类还处在从被压迫受奴役的阶段向相对自由的世界迸发的过程中，战争就是不可避免的。1877—1878年的俄土战争——斯拉夫人远征军的最后一战，最终把保加利亚从土耳其人的枷锁下解救出来了。为什么如今在巴尔干诸国中要数保加利亚的学校最优秀呢？当时，保加利亚变成了一个独立小公国，而它统治权却握在一个日耳曼人手中。这意味着，这些保加利亚农民将学会条顿人的思维方式，保加利亚人将在聪明和老实之外学到严谨的条理和逻辑。战争消灭

---

[1]指英国浪漫主义诗人拜伦（1788—1824）。1823年4月，拜伦出任了伦敦希腊委员会代理人，援助争取独立的希腊人抗击土耳其。后拜伦因受寒而病死。拜伦有一只跛脚，所以后文有“蹒跚”一说。

[2]威廉·尤尔特·格莱斯顿（William Ewart Gladstone，1809—1898）：19世纪的英国政治家，自由党领袖，在19世纪出任了四届英国首相。

了所有的大地主，保加利亚农民也像丹麦、法国的农民一样，能拥有自己的土地了。每个人都在积极地工作和学习，文盲迅速地减少了。这个全是农民和运输木材的船只的小公国所蓄积的坚强与能量是无穷无尽的，它也许和塞尔维亚一样，永远竞争不过那些西欧的工业国家，然而，其他国家消失了，保加利亚却能依然保持屹立不倒。

第二十七章

罗马尼亚

拥有一个王室与石油的国家

巴尔干半岛的斯拉夫人国家都阐述完了，但是，巴尔干还有一个国家，报纸头版常常被它悲哀的消息所占据，让人无法忘怀。罗马尼亚农民是没有过错的，他们就像全世界的农民一样，在自家的田园里默默耕种，默默地过着日子，默默地死去，与世无争。罗马尼亚一切不幸的根源都是盎格鲁—日耳曼王室，这是一个带着难闻味道的粗俗王朝。30年前，盎格鲁—日耳曼王室继霍亨索伦王朝的德高望重的查尔斯王子之后成为了新王朝的统治者。但这个新王朝不过是蒙上帝的照顾而已，由德国首相俾斯麦[1]和英国首相狄斯累利[2]建立起来的。1878年，在柏林为上帝捐完税后，俾斯麦和狄斯累利两个首相决定把瓦拉几亚提升为一个独立的小公国。由于上帝深深地眷顾着这

---

❶俾斯麦（1815—1898）：普鲁士人，于1862年至1890年出任首相，在位期间推行“铁血政策”，通过战争统一了德意志，并在非洲、大洋洲攫取了大量的殖民地。号称“铁血宰相”。

❷狄斯累利（1803—1881）：英国人，保守党领袖，两度出任首相。在托利党改组为保守党时发挥过重要作用。通过他的努力，英国得以控制了苏伊士运河，并帮助维多利亚女王加冕为印度女皇。他于1878到1879年发动了侵略阿富汗的战争，并于1879年发动了对南非祖鲁人的战争。

片位于喀尔巴阡山、老山和黑海之间的大平原，假如当时公国的王室同意迁居到巴黎，罗马尼亚肯定会是另一番光景。罗马尼亚可能会像与它邻近的乌克兰一样成为一个富饶的大粮仓；由于人们会在老山与瓦拉几亚平原相交的普洛耶什蒂市附近做出重大发现，罗马尼亚还可能成为欧洲最大的石油库。不幸的是，大地主们控制了位于多瑙河同普鲁特河之间的瓦拉几亚和比萨拉比亚平原。他们通常不居住在当地，也从不把来自这些土地的收入用在那些用辛勤劳动为他们积累财富的人身上，而是喜欢在首都布加勒斯特或巴黎挥霍。全部石油都是由境外投资者开采的，同样，外国人也经营着西本伯根和特兰西瓦尼亚的铁矿。这片山区原来控制在匈牙利人手中，由于罗马尼亚在世界大战中加入了协约国，这里是作为回报从战败国手中划给罗马尼亚的。老山本来就属于罗马尼亚达契亚省，12世纪时，匈牙利人夺去了它。另外，匈牙利人对待老山的罗马尼亚人，就像罗马尼亚旧王国对待老山的匈牙利人一样，这冤冤相报的历史，我们还是忘记它吧。这些民族问题错综复杂，除非到地球上所有民族主义的思想都消失掉，它们似乎永无解决之日。根据最新统计，前罗马尼亚王国有600万人，其中有550万是罗马尼亚人，余下的50万是吉卜赛人、犹太人、保加利亚人、匈牙利人、亚美尼亚人以及希腊人。如今的新王国——所谓的大罗马尼亚，有1700万人口，其中罗马尼亚人占了73%，匈牙利人占11%，乌克兰人占4.8%，日耳曼人占4.3%，俄罗斯人占3.3%，他们居住在位于多瑙河三角洲南部的比萨拉比亚和杜布罗夫。这些民族相互之间不但毫无血缘关系，而且他们互相仇恨，不过是由于一纸和约而被强扭到了一块，所以，激烈的内战一触即发，除非那些外国投资者肯为挽救他们在这片土地上的投资而进行干涉。俾斯麦曾说，整个巴尔干半岛还敌不过一个波米兰尼亚（德国的一个古地区）投弹兵。的确如此。大量事实证明，这个前德意志帝国的缔造者——这个坏脾气的老头的话千真万确。

第二十八章

匈牙利

或者说是其残存的部分

身为蒙古人的后裔的匈牙利人（或叫马扎尔人［他们更喜欢这样自称］），是唯一的一支扎根于欧洲大陆并建立了自己的王国的蒙古人。他们很为自己的民族而自豪，而他们的远亲芬兰人，却一直是别人的附庸。或许在他们现在的悲剧中，匈牙利外在的好斗性是极不必要的；但匈牙利作为一道天然屏障，在抵御土耳其人的入侵上为欧洲的其他地区做出了重要贡献，这是不容置疑的事实。正是充分看到了缓冲国匈牙利的重要地位，教皇才提拔马扎尔人领袖史蒂芬[1]出任匈牙利帝国的国王。当土耳其人想在欧洲肆意横行时，匈牙利把他们挡在了欧洲的大门之外。欧洲的第一道防线就是匈牙利，一旦这道防线被敌人摧毁，还有波兰这第二道防线。匈牙利在一个出身并不高贵的符拉迪克贵族约翰·匈雅提的领导下，变成了维护宗教的正统的卫道士。不过，蒂萨河和多瑙河两岸的大平原如此广阔，当年鞑靼骑兵曾在此流连忘返，进而又在这个平原定居。如今这里却变成了内乱的根源。强权在开阔的地理环境里更容易滋长，进而他们会去奴役自己的邻居，因为这样的环境不靠山不靠海，贫苦的农夫是无处可逃的。在这样的地理环境下，匈

[1] 史蒂芬：即史蒂芬一世（977—1038），马扎尔大酋长之子，匈牙利的第一任国王。

牙利变成了大地主的王国。这些大地主远离中央政府，对在他们土地上的农民施行着残酷的虐待。这些受压迫者们很快就不再在乎自己是土耳其人还是马扎尔人了。1526年，当苏丹苏莱曼一世向西挺进时，为对抗入侵者，匈牙利末代国王仅仅征募到了2.5万抵抗者。在莫哈奇大平原上这2.5万匈牙利人阵亡了2.4万人，几乎全军覆没。国王本人和他的王公大臣们也都战死沙场，有十几万匈牙利人被押到君士坦丁堡，他们后来都被小亚细亚的奴隶贩子买走了。土耳其人兼并了匈牙利的大部分领土，剩余的部分又被奥地利的哈布斯堡家族占去了。为了这块不幸的土地，入侵者与哈布斯堡家族展开了旷日持久的拉锯战。直至18世纪初哈布斯堡家族才把匈牙利的疆土全部占有，双方才停战。然而，战火并未就此熄止。为了反抗日耳曼人的奴役和获取独立，新一轮战争又开始了，这场独立与自由之战打了整整200年。匈牙利人靠勇敢赢得了独立，当然，这不过是形式上的独立，是有条件的独立。匈牙利人获得了一定的自治权，同时也接受教皇授权奥地利皇帝兼任他们的国王。可是，马扎尔人认为这来之不易的权力只应属于他们，因此，当匈牙利一摆脱外国的奴役，马扎尔人就开始把民族压迫强加于各个非马扎尔血统的民族之上。这项民族压迫政策显露出了匈牙利人的目光短浅和缺乏理性，于是很快就出现了众叛亲离的局面，弗塞勒管理议会不得不托管了匈牙利。在托管期间，匈牙利人自己也认识到，尽管匈牙利是一个古老的处于教皇治下的国家，可人口已从2100万锐减至800万了，3/4的领土都拱手送给了那些受之有理的邻邦。

这一切给匈牙利的昔日荣光蒙上了一层阴影，与孤城奥地利可谓“同病相怜”。匈牙利根本不能算作工业国，匈牙利大地主们还没有闻惯烟味，也不能忍受工厂里必不可少的大烟囱。所以匈牙利大平原仍然保持着农业国的传统，农用地比例高于任何其他国家。既然世世代代精耕细作，匈牙利本应该是一个富饶之国了，可实际上，这里却民生凋敝。仅仅从1896年到1910年，移民离开自己祖国的匈牙利人就有100万之多。种族问题为什么如此复杂，让这个古老虚弱的国度如此难堪？对此，马扎尔人是最清楚的，所以，他们也涌进了逃离的队伍，许多人不辞辛苦地来到美洲，参与建设我们的美国。有数据表明：在由一小撮封建地主掌权的国家里，和匈牙利一样的遭遇也曾出现过，只是不像匈牙利这样严重而已。在16世纪初的土耳其战争开始前，大约有500万人生活在匈牙利大平原上，这个平原当时是一个人口稠密的地区。后来，土耳其人占领了这里，在他们不到200年的统治期里，这里的人口减少到了300万。当最后匈牙利人把土耳其人从普斯陶（马扎尔人对这个平原的称呼）赶出去时，这个平原已是人丁稀少、满目疮痍了，于是，中欧各国居民纷纷赶来抢占无主的土地。但是，马扎尔贵族们认为这些高贵的骑士阶级是这片土地天经地义的主人，因此，他们不肯把自己所享有的任何权利给予新移民。虽然新移民已经占了全匈牙利一半的人口，但他们仍然是一个被剥夺了权利的阶级，自然也就无法对他们的新家园产生真正的爱国之情。正因为如此，在世界大战期间，匈牙利人对民族内部凝聚力的缺乏和民族内部矛盾才有了深切的体会。而这一切毫不意外地最终导致了双重皇权体制的土崩瓦解，如同一座老屋因地震而突然倾塌。

第二十九章

芬　兰

在艰苦的自然环境中通过辛劳与智慧获得成功的另一个例子

我们的叙述在从欧洲转移到别处之前，还有最后一个国家了。现代的土耳其能看见的欧洲早年战果只剩下了君士坦丁堡城和色雷斯平原的一小块了，所以，还是把土耳其留到明天再说。而芬兰却实实在在是欧洲的一部分。

芬兰人曾分散地居住于俄罗斯各地。但在人数上占有绝对优势的斯拉夫人不断地把芬兰人向北方驱逐，一直把他们赶到了俄罗斯同斯堪的纳维亚之间的那条狭窄而干燥的地方。芬兰人于是就在这片土地定居下来了。居住在森林里的拉普兰人不为难芬兰人，因为正是为了远远避开欧洲文明，拉普兰人才迁移到了斯堪的纳维亚半岛的拉普兰地区。拉普兰人对自己能够离群索居感到很满意。芬兰与其他欧洲国家是截然不同的。冰川曾覆盖了芬兰千百万年，巨大的冰川将芬兰的土壤层剥蚀殆尽，如今芬兰适于耕作的国土只有总面积的10%。裹挟着冰川冰碛的冰河在缓慢地流淌着，那些石块和泥土被冲击到巨大的深谷而沉积下来。后来冰川期结束了，地球变暖了，冰雪也消融了，山谷里就积满了水，在芬兰境内的许多地方形成了大大小小的高山湖泊。芬兰是一个低地之国，很少有海拔超过500英尺的地方，因此“高山湖泊”这个词并不表示芬兰是“瑞典第二”。芬兰境内的湖泊有4万个之多。如果把湖泊间的沼泽也算在内，芬兰的湿地面积大约占了国土面积的30%。这些湿地被森林围绕，而芬兰国土总面积的62%被森林所覆盖，这是芬兰最珍贵的自然资源，它让芬兰成为了世界大部分地区的用于制造书和杂志用纸的纸浆提供者，这种纸浆中的一部分在芬兰就被制成了纸张。芬兰没有煤炭，但它有一些湍急的河流可以发展水电。但是芬兰的气候和瑞典类似，每年河流有五个月处于封冻期，这时，水电站当然是不能运转的。所以，此时木材就只能用船只运到国外了。芬兰首都赫尔辛基（直到世界大战前，这里还叫作赫尔辛福斯）不仅是国家的政治中心，还是芬兰木材出口的主要港口。在本章结束之前，我还希望你能了解到教育对一个民族所能起到的作用。居住在斯堪的纳维亚与俄罗斯之间的花岗岩地带的几乎全都是蒙古族后裔。后来，这个花岗岩地带的西部说芬兰语的那部分，为瑞典人所拥有，而居住在这个花岗岩地带的东部的卡累利阿人变成了俄罗斯的附庸。来自东方的芬兰人经过瑞典人500年来潜移默化的影响，已经成为了开化文明的欧洲民族，并在许多方面都已超过了那些地理位置更优越的国家。而与芬兰人同宗同源的卡累利阿人，也在俄国人统治下度过了同样漫长的500年，虽然有希望在将来能够对科拉半岛和摩尔曼斯克海岸丰富的资源加以开发和利用，但在他们被俄国沙皇征服的地方，他们仍在停步不前。而芬兰作为瑞典一个省，直至1809年被瑞典割让给俄国时，它才第一次接触到了斯拉夫文化。当时的芬兰，文盲率为1%，而卡累利阿人的文盲率居然高达97%，这就是俄国沙皇统治教化的产物。这是两个同源的民族，在如何拼写cat和tail上，本是应有相同的能力的。

第三十章

亚洲的发现

早在2000年前，希腊的地理学者们就在为“亚洲”一词的本义而争辩不休了，所以今天的我们要想解决这个问题肯定是徒劳的。有人认为Ereb，即“黑暗”，是小亚细亚水手对太阳所落的西方的叫法；Aeu，即“辉煌”，是水手对太阳升起的东方的叫法。这个说法看上去也并不比其他说法强到哪去。欧洲大陆的人们开始认识到他们并不是世界的中心，认识到他们的家园不过是辽阔大地上的一个小小半岛，这是从什么时候开始，又是怎么发生的呢？这才是更值得人类关注的问题。一片广阔大陆，其人口数量远远超过了欧洲，而且，他们中大部分人的文明程度远远要比欧洲高。当特洛伊英雄们手持原始武器互相厮杀时，他们的这些“史前兵刃”早就被智慧的中国人当作陈年古董摆进博物馆的陈列室了。一般认为，第一个到亚洲的欧洲人是马可·波罗，然而，事实并非如此。早就有人在马可·波罗之前去过亚洲了，只不过我们对那些人的具体情况知之极少。地理学往往是如此发展的：引导人们去了解亚洲地理的是战争而不是和平。希腊人因同大洋对岸的商业贸易往来而熟悉了小亚细亚；同样，欧洲人因特洛伊战争而加深了对亚洲的认识。在欧洲人地理知识的拓展上，古波斯王国的三次大规模西征更是做出了很大的贡献。希腊之于波斯的价值超过了西印度群岛之于进兵荒野、进攻迪凯纳堡的布雷多克将军的价值吗？我对此有点怀疑。200年后，亚历山大大帝“回访”亚洲，这次回访已经不再是纯粹的军事行动。欧洲人第一次对绵延在地中海与印度洋之间的那块大陆有了客观的了解。自高自大的罗马人无法真正对“外面的”世界感兴趣了，只是出于维持他们在罗马老家纸醉金迷的奢侈生活的目的，他们才尽量去奴役一切可以奴役的国家，榨取税赋。对这些罗马主子来说，那些被奴役者除了勤恳地干活修路、缴纳捐税以外，是毫无用处的。罗马主子默许了他们的争斗。罗马人甚至懒得去弄明白那些国家究竟发生了什么。假如他们在那些地方的统治出了问题，他们就派兵用暴力来重建和平，用屠杀来恢复秩序。一旦一切恢复平静，他们又继续去享福了。本丢·彼拉多[1]只是一位既不恃强凌弱也不软弱无能的典型的罗马殖民地统治者。他统治下的罗马殖民地“井然有序”。对殖民地的民众，他巧妙地做到了不作为，得到了家乡罗马人的高度评价。若是马克·奥勒留这样的怪人偶然当上了国王，为了满足自己的好奇心，他就遣派外交使团出访神秘的远东。当返回罗马的使团讲述那些怪异的所见所闻，却不过是博来一时的轰动罢了。罗马人很快就听腻了这样的陈词滥调，于是又天天坐进圆形剧场，观看那些骇人的演出了。十字军的东征使欧洲人对小亚细亚、巴勒斯坦和埃及有了略微的了解，但在他们心中，死海东岸仍然还是人类世界的尽头。是一位穷困潦倒的作家，而不是严肃认真的“科学”探险，才让欧洲人最终意识到了亚洲的存在。这是一位梦想着一夜成名的受雇用的文匠，他在　本书里描绘了一个他从未见过的国家。马可·波罗的爸爸和叔叔都是威尼斯商人，他们因商业贸易而同成吉思汗的孙子忽必烈汗有了关系。忽必烈汗恰好是一个非常睿智的大汗，他认为他的子民如果能学一点西方的务实精神，一定会受益良多的。于是，当他得知了有两个威尼斯商人常常到阿尔泰山脚下位于阿姆河与锡尔河之间的土耳其斯坦的布哈拉来之后，就邀请二人前往元大都北京。两位威尼斯商人应邀而来，他们受到了忽必烈汗的尊重和礼遇。滞留了几年之后的他们请求忽必烈汗准许他们回家探亲。忽必烈汗命二人回家待一些时日后重返北京，并且要把二人经常提起的那个聪明伶俐的

---

[1]本丢·彼拉多：公元1世纪罗马驻犹太和撒马利亚地区的总督。在他的默许纵容下，耶稣被钉死在十字架上。

男孩——其中一人之子，另一人的侄子——一起带来。历经三年半的长途跋涉，他们一家于1275年重返元大都。年轻的马可果然名不虚传。元大都的朝廷极度恩宠于他，敕封他为一省大员。24年之后，马可思乡心切，取道印度（乘船）、波斯和叙利亚，最终返回了家乡威尼斯。马可常常对邻居们谈起忽必烈大汗的富有，说起高堂庙宇中的金像以及朝中大员妻妾们的丝绸衣裳，可他的邻居们对他的“天方夜谭”不屑一顾。人们怎么可能相信这样的奇谈呢，所以，他们就给他起了个“马可百万”的绰号！因为谁都知道，即使君士坦丁堡帝国的皇后也仅仅拥有两只丝绸袜子而已。如果不是生逢其时，如果威尼斯与热那亚之间没有出现一个小小的争端，如果“马可百万”不是一条威尼斯战舰上的指挥官，不曾沦为胜利者热那亚的阶下囚，他的传奇故事也许会同他一起默默无闻下去。马可·波罗在监狱里待了一年，他的狱友是一个名叫鲁思梯谦的比萨人。鲁思梯谦当过作家，经过他的改写，亚瑟王故事和法国低级小说中一个中世纪的尼克·卡特的故事曾一度成为意大利语的通俗读物。他马上敏锐地认识到了马可·波罗的见闻具有极大的商业价值。于是，在监狱里的他就把马可·波罗的传奇故事全部记录下来了。就这样，一部巨著被他奉献给世界。直至今日，人们对这部作品的兴趣仍如同14世纪初版时一样火热。这部作品之所以能畅销不衰，或许就是因为书中不断提起的黄金和其他各种各样的财富。对东方帝王的豪华与富有，罗马人和希腊人也曾含糊地提到过，可是，马可·波罗不一样，他曾亲身经历过这一切。从此，欧洲人寻找直达印度捷径的计划就提上了日程。但是，要完成这项计划是非常难的。葡萄牙人终于在1498年抵达了好望角。10年之后，他们到达了印度。又过了40年，他们在日本海岸登陆。与此同时，麦哲伦自西向东航行，发现了菲律宾群岛。这时，欧洲人开发南亚的热情空前高涨。这就是亚洲的大纲。

前面我已经讲述了西伯利亚是怎样被发现的。下面我将一一隆重地讲述那些对其他亚洲国家的初次拜访。

第三十一章

亚洲对世界其他部分的影响

如果说欧洲人为人类贡献了文明，那么亚洲人则为人类贡献了宗教。更为有趣的是，主宰人类的三大宗教——犹太教、基督教和伊斯兰教——都是来自亚洲的。当年那些犹太教教徒被宗教裁判所处以火刑时，施暴者还有受害者所信奉的神灵都是源自亚洲大陆。驱使十字军骑士和伊斯兰教徒互相厮杀的教条也都是来自于亚洲的。当一个天主教传教士同一个孔门弟子辩论时，他们各自所坚持的也都是亚洲的思想观念。亚洲不仅是人类宗教信仰的渊源，而且还把文明基本框架奉献给了人类。当我们对西方的科技发明和社会进步人吹人擂时，请记得西方人夸耀的进步不过是延续了东方人早就开端了的进步。我们不禁会有这样的怀疑：如果没有学到东方人贡献出来的基本原理，西方人究竟能取得怎样的成就呢？希腊人的智慧并非出自一时的灵感。数学、天文学、建筑学和医药学的进展也并不像雅典娜——她全副武装地从宙斯的脑袋里蹦了出来，时刻准备为消灭人类的愚昧而光荣地参战——那样经历了漫长、痛苦而微妙的过程才获得。这些知识的真正发祥地是在亚洲的幼发拉底河与底格里斯河流域，而不是欧洲的希腊。科学和艺术一起从巴比伦来到了非洲。在非洲，它们被肤色黝黑的古埃及人所掌握。直至古希腊人的文明到了较高水平，理解了几何图形的精妙与方程式的精巧，我们才能把它称作真正的“欧洲”科学。而且，在2000多年前，这所谓的真正的欧洲科学的老祖宗早就已经在亚洲大陆发扬光大了。亚洲大陆对人类的贡献远

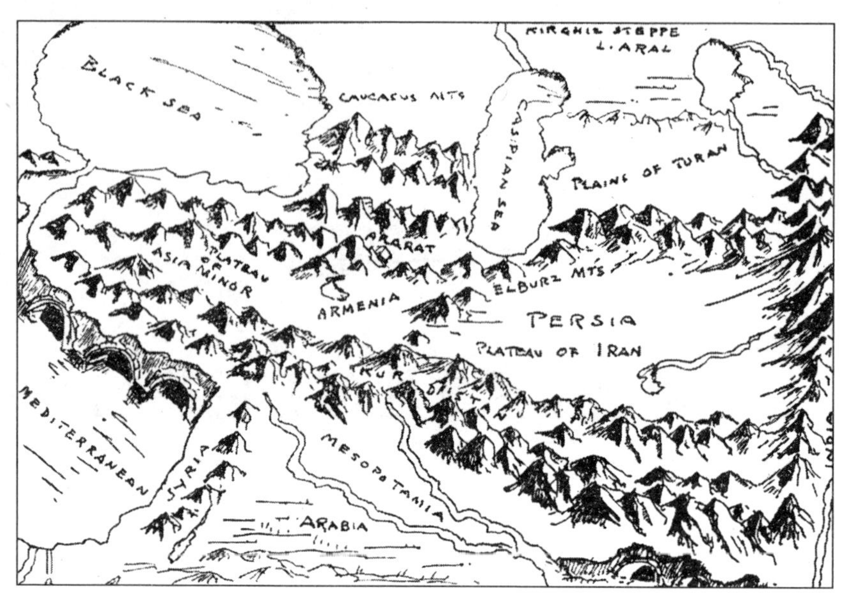

联结欧亚的陆桥

不止这些。狗、猫、羊和猪，以及所有能为人类服务的爬行动物，包括驯顺的牛、忠诚的马，所有的家禽和家畜，都是亚洲人驯化的。在蒸汽机时代到来之前，这些家畜和家禽对人类做出了多么大的贡献，只要想起这一点，我们就会觉得西方人亏欠东方人的实在太多了。在欧洲人的食谱中的所有的水果、蔬菜也都是来自于亚洲大陆。鲜花是西方人家居生活中必不可少的，它们中的大部分也是亚洲人的贡献，甚至欧洲的全部家禽也都是罗马人、希腊人或十字军骑士从亚洲带回来的。亚洲是一个东方圣人，但是也并非总是乐善好施到不断地把恒河与黄河流域的财富布施给西方可怜的野蛮人。亚洲还是一个令人害怕的监管人。来自于亚洲的匈奴人在5世纪蹂躏了整个中欧；700年之后，原本是生活在中亚沙漠地带的部族鞑靼人步匈奴人的后尘来到欧洲，是他们把俄国变成了亚洲的附庸，并对欧洲所有其他国家构成了长久的威胁。在长达500年的岁月里，土耳其人这个亚洲民族肆意践踏东欧，使得今天的东欧仍然是满目疮痍。再过100年，也许又会看到一个统一的亚洲再一次踏上西征之路，为了给那些在伯索德·施瓦茨发明火药枪之后牺牲的亚洲人报仇雪耻，急切地要西方人血债血偿。

第三十二章

中亚高地

总面积1700万平方英里的亚洲可以被划分为五个部分。

首先是在北冰洋岸边的北部平原，这就是在“俄国”那一章中已经说到的大平原，然后是中部高原、西南高原、南部半岛，最后就是东部半岛了。北部大平原已经说过了，所以我们可以直接从第二部分开始。

亚洲中部高原是以一系列较低的山脉开始的，这些山脉横亘在亚洲中央，全部都是自东朝西或自东南向西北平行地伸展而去，其中没有南北纵贯的山系。因猛烈的火山喷发地表发生了严重的断裂、褶皱、弯曲和变形，形成了一系列山脉。比如，在贝加尔湖东部有雅布洛诺夫山脉，贝加尔湖西部有杭爱山脉、阿尔泰山脉和天山山脉。成吉思汗的故乡戈壁沙漠所在的蒙古高原就位于这些山脉的东部，而这些山脉的西侧是广袤无边的大平原。戈壁沙漠再往西就是地势略低一些的东土耳其斯坦高原。还有帕米尔河谷，帕米尔河最终消失于罗布泊的沙漠里。瑞典旅行家斯文·赫定使罗布泊闻名于西方。从地图上

西藏高原

看，帕米尔河如同沙漠中的一条小溪，可是，它却比莱茵河要长1.5倍。不要忘了，亚洲大陆的一切都是庞然大物。在土耳其斯坦高原北边的阿尔泰山和天山之间有一条通往吉尔吉斯大草原的通道，它在地图上被标注为准噶尔盆地。这条通道是当年那些去欧洲烧杀劫掠的沙漠民族——匈奴人、鞑靼人和突厥人西进的必由之路。

在塔里木盆地以南——更准确地说是西南，地形变得十分复杂。帕米尔这片巨大的高原横亘在塔里木盆地与阿姆河（流入咸海的河流）河谷之间。希腊人很早就听说过帕米尔山，从小亚细亚和美索不达米亚直达中国就要经过这里。这些大山就像是层层壁垒，但是，人们想越过重重山脉只要翻过几个山口就行了。这里的山口比美洲和欧洲的最高峰都高许多，雷尼尔山不过14000英尺，勃朗峰是15000英尺，而这些山口的平均海拔都在15000至16000英尺之间。这些大山使一切地表的褶皱都相形见绌了。但帕米尔高原还只是一个起点而已，从这个高原开始，一座又一座巍峨的高山向四面八方伸展。北面有前面提到的天山山脉，还有昆仑山脉——它隔开了西藏同塔里木盆地；还有不长却非常陡峭的喀喇昆仑山脉，以及喜马拉雅山脉。喜马拉雅山脉把印度同西藏隔开，它的平均海拔高度达29000英尺（即5.5英里），并创造世界最高峰的纪录。其最高峰是埃佛勒斯峰和干城章嘉峰。平均海拔为15000英尺的西藏高原的面积是俄罗斯面积的40%，那里有常住人口。与此不同，南美的玻利维亚高原平均海拔只有11000英尺到13000英尺，却是一片人迹罕至的无人区。这说明人类承受大气压的限度也会随环境的变化而变化。如果到墨西哥可爱的首都小住几日，里奥格兰德[1]的人都会感觉到很不适。他们事先会得到告诫，让他们不要走得太快，如果走过了半个街区，他们的心跳就会变得很快，必须休息一会儿来恢复到正常的状态。然而墨西哥城的海拔不过7400英尺而已。相比之下，西藏人每日要走过的路程长达100个街区，而且背上往往还要驮着政府强加的重担。他们还得翻越山岭，还得爬过许多甚至连骡马都会畏途不前的陡峭的山口。对西藏人来说，这些山口

[1]里奥格兰德：巴西一个港口城市。

山间裂谷

就是他们通向外界的唯一的通道。西藏比同在亚热带的西西里岛偏南了60英里，但是，西藏的积雪却有长达半年的时间不融化，气温通常会低至零下30摄氏度之下。风暴常常从南部荒凉的盐湖上掠过，扬起了积雪和飞沙，西藏人的生活也因之而暗淡。但是，喜马拉雅山的确是雄心勃勃的登山者心中的圣地。这片大山常年积雪，屹立在亚洲这个“巨人之洲”的中央，它令阿尔卑斯山脉自惭形秽。相比于它，阿尔卑斯山简直就是孩童们在沙滩上堆起来的一个小沙丘。它比阿尔卑斯山要宽一倍，面积大13倍，山上冰川的长度有瑞士冰川的4倍。喜马拉雅山脉中海拔在22090英尺之上的高峰有40座，许多山口的海拔都有两倍于阿尔卑斯山山口的高度。

喜马拉雅山和西班牙、新西兰的大山一样是年轻的山脉（其形成时间比阿尔卑斯山还晚），其年龄的计算单位是百万年而不是千万年。大概需要更久的日照和更多的风雨才能让这座大山夷为平地。但是，大自然对大山从来就是毫不留情的，她夜以继日地做着破坏。事实上，几十条山涧、小溪、河流已经在喜马拉雅山冲刷出了无数不规则的深谷。印度河、恒河与布拉马普特拉河[1]这印度三大河流正愉快地瓦解着这座大山。

---

[1]布拉马普特拉河：即中国的雅鲁藏布江的下游。

和其他的大山相比，长达1500英里的喜马拉雅山脉有着自己的独特之处。它不仅是中国和印度这两个邻国的自然国界线，而且，它广大的面积中还隐藏着几个独立的小王国。其中就有尼泊尔，那是著名的廓尔喀人的家园。这个独立的小国只有600万人口，面积却比瑞士共和国大3倍。还有克什米尔地区（欧洲的老奶奶们的披肩就是源自此地，英国人的锡克军团也是从这儿招募的），那里的面积是8.5万平方英里，有300多万人口，它如今已沦落为英国的一个辖区。

最后，再看一下地图，你就会发现印度河和布拉马普特拉河真是太独特了。它们流出喜马拉雅山的路线不同于莱茵河从阿尔卑斯山发源的路线，也不同于密苏里河发源于洛基山的路线。这两条大河并不是发源于喜马拉雅山，而是发源于它的背后。印度河起源于喜马拉雅山与喀喇昆仑山之间，布拉马普特拉河则先自西向东横跨了西藏高原，然后才突然回转，变为自东向西流淌，与恒河汇合。恒河在喜马拉雅山与印度半岛中心的德干高原之间向南奔流，汇入了布拉马普特拉河，最后共同注入了大海。

地质学家称，喜马拉雅山至今仍然在不断升高。地球的外壳如同人的皮肤一样也能伸缩变化，所以，地质学家的判断应该是正确的。据我们所知，瑞士的阿尔卑斯山正在缓慢地自西向东移动，而喜马拉雅山则像南美的安第斯山脉一样，在慢慢地上升。大自然这实验室唯一的定律是必须不断地运动、变化和发展，不遵从这一定律的就注定消亡。

第三十三章

亚洲西部的巨大高原

在帕米尔高原的西边，有形成了一系列高原的巍巍高山，这片高原向西不断伸展，直达黑海和爱琴海。这些高原在人类历史上发挥过极其重要的作用，所以，它们的名字对现在的读者来说并不陌生。先说说最重要的那部分。除非西方的人种学家的推断是错误的，否则，现代西方人所属的人种正是源自于印度河与东地中海之间这些高原和河谷之中，而且，这个地区也是人类文明的起点所在。人类正是在这个地区对科学的基础有了初步的认识，在这儿建起了人类道德规范的首要规则，而这些规范区别了人和动物的本质。自东向西，首先会看到伊朗高原。这是一片处在群山的怀抱之中的盐碱沙漠，它的海拔在3000英尺以上。尽管北面靠着里海和卡拉库姆沙漠，南临波斯湾和阿拉伯海，但是，伊朗高原的降雨却非常稀少，所以在整个高原没有一条河流可以值得一提。在俾路支地区（一个从1887年起就被英国占领的地区）有几条不起眼的小河，它们最后汇入了印度河。当年在从印度返回欧洲的途中，亚历山大大帝的军队因缺水而全军覆没于此，所以，这里的沙漠让人却步。有一座吉尔特尔山把俾路支地区同印度分开。

几年前，阿富汗新任统治者在欧洲非常张狂，一度引起了轰动。帕米尔高原向南伸展出一座大山——兴都库什山，阿富汗的一条重要河流——赫尔曼德河从这里发源，最后它消失于伊朗与阿富汗边境上的锡斯坦盐湖。阿富汗的气候要比俾路支地区好得多，而且，无论从哪个方面来说，阿富汗都更加重要。阿富汗中部是印度到北亚和欧洲的古代商道的必经之路。这条古商道以阿富汗西北边疆的首府白沙瓦为起点，通往首都喀布尔，又翻过了著名的开伯尔山口，横跨阿富汗高原直达西部的赫拉特。大约50年前俄国与英国发生了战争，就是为了争夺对阿富汗的绝对控制权。而阿富汗人也个个都是凶悍勇猛的战士，因此，尽管那些南来北往进入阿富汗的人本身是没有恶意的，但也不得不十分小心谨慎。1838—1842年的第一次阿富汗战争，给世人留下了几乎难以磨灭的印象——几个英国人跑回去报告说，由于他们想把一个不受人民欢迎的领袖强加给阿富汗，结果阿富汗人把和他们一同去的其余英国人全部杀死了。此后，英国人再进入开伯尔山口时总是小心翼翼的。1873年，俄国人占领了希瓦，开始朝塔什干和撒马尔罕推进了，于是英国人开始担心他们清晨醒来就会听见俄军在苏莱曼山边军事演习的枪声，于是，英国军队也被迫向前开进。最后，沙皇派代表前往伦敦向尊贵的女王政府保证，女王也派代表前往圣彼得堡向尊贵的沙皇政府保证，他们各自在阿富汗的行动没有一点点私欲，相反，这是一种值得尊重和颂扬的善意举动。英、俄工程师正在为了一个了不起的建造铁路的计划而努力工作，帮助未开化的阿富汗人直通海洋，以接近西方的文明。

不幸的是，这个宏大的构想因世界大战而中断了。俄国人的势力一直扩大到了赫拉特。如今，你能从赫拉特坐火车动身，取道土库曼社会主义加盟共和国马雷，抵达里海之滨的克拉斯诺沃茨克港，再乘船去巴库和西欧。而另一条路线是从马雷经过乌兹别克共和国的布哈拉和浩罕，最后抵达巴尔克。谁又能想到，坐落在巴克特利亚古国这巨型废墟中央的、在3000年前和今天的巴黎一样重要的巴尔克，如今却沦落成了一个三流的小村镇。巴尔克是拜火教（又称波斯教）这个拥有完善道德体系的宗教的诞生地。这个教宗不仅控制了全波斯，还拓展到了地中海地区，改头换面的拜火教甚至还得到了罗马的热烈欢迎。拜火教在较长的一段时期内始终是基督教的心腹大患和强劲对手。英国人修造的铁路从俾路支的海德拉直至巴奎达，又从巴奎达直通阿富汗的坎大哈。出于对他们在第一次阿富汗战争中失败的耿耿于怀，1880年英国人在阿富汗实施了大肆报复。伊朗高原还有一个值得注意的地方，那就是波斯。凡事物极必反，曾一度如日中天的波斯，而今衰落下去了。波斯这个名字是昔日绘画、文学最高境界的代表，是生活艺术最高准则的代表，那时，它一定是一个有魅力的富饶的国度。波斯于公元前6世纪达到了第一个辉煌时期。当时，波斯是一个横跨欧亚大陆的大帝国的中心，这个帝国东起印度，西至马其顿，但是，她最终被亚历山大大帝所灭。500年之后，薛西斯与冈比西斯时代的疆域又被萨桑王朝收复了，拜火教再次发展起来，恢复了原来的面目。所有的拜火教经文被他们搜集整理成为一卷，于是诞生了有名的《亚吠陀》经解合刊。伊斯法罕的玫瑰终于在这片沙漠之中绽放了。

公元7世纪早期，伊斯兰教打败了拜火教，阿拉伯人征服了波斯。如果人们用文学来认知一个国度，那么，对一度在库尔德斯坦和呼罗珊省之间的这片沙漠上繁荣昌盛的高雅艺术，用一个尼沙普尔人的儿子奥玛开阳[1]的作品就能逐步地展现出来。一个数学家[2]歌颂爱情的欢愉和美酒的甘醇，用四行诗和代数学构造出了他的全部人生。只有那些十分完善和成熟的文明才可能在教育的殿堂里拥有如此睿智的人物作为老师。现代人纯粹是出于私欲才对波斯有了兴趣。波斯发现了石油，对一个太弱小、无法保护自己的国家，这其实是最糟糕的事。按理说，任何一个地方的地下矿藏都应归属于世世代代居住在这个地方的人。然而，事实并非如此。居住在油井附近的成千上万的男人女人只能偶尔在那里找到一份收入很低的工作，而几个苏丹的密友虽然远在德黑兰，却能因为拥有采油特许权而大发横财、财源滚滚。利润悉数落入了那些外国投资商的腰包，而这些人只知道“波斯”不过是一种地毯的名称而已。波斯真的不幸，她似乎是一个这样的国家：混乱无治，永远无法摆脱贫困。她的地理位置不但没有给它带来半点好处，反而让她深受其苦。波斯不过是一片沙漠，但这片沙漠却连接了东西方，沟通了两个大洲，这意味着她

[1] 奥玛开阳（约1025—1133）：波斯诗人，天文学家。

[2] 指花拉子密，原名穆罕默德·伊本·穆萨（780—850），阿拉伯人，著名的数学家、天文学家，其著作《积分和方程计算法》是世界上第一部代数学专著。

永远都是一个战场，永远是敌对双方争夺的目标。这不仅是波斯一国的巨大不幸，也是整个西亚地区的巨大不幸。

亚美尼亚是一片非常古老的高原，位于伊朗高原的西面，它和小亚细亚是从帕米尔向地中海一路绵延的高原的最后部分。这又是一个在夹缝中挣扎的国家，同亚美尼亚的火山岩地表已日久年深一样，亚美尼亚已经多年不景气了。从欧洲前往印度必须取道亚美尼亚高高的库尔德山。在那些长途跋涉的旅行者中，肯定混杂有一些杀人不眨眼的人。有17000英尺高的阿拉加茨山是亚美尼亚的最高峰，它比埃里温平原高出了整整1万英尺。当年的大洪水退去后，挪亚方舟登陆的地方就是阿拉加茨山。这一定是确有其事的，因为14世纪时，比利时物理学家约翰·德·曼德维尔曾详细考察此地，并在山顶发现了方舟的残骸。但亚美尼亚人是地中海人种，和我们是近亲。他们究竟何时来到此地呢？我们不能确定。不过，从现在的死亡速度看来，亚美尼亚人很快就会死光。这是由于仅在1895—1896年这一年，就有数以万计的亚美尼亚人被这片高原的统治者土耳其人屠杀，而且，土耳其人还算不上是最残酷的杀手，他们的野蛮还不及库尔德人的一半。亚美尼亚人都是虔诚的基督信徒。他们皈依基督教的年代要早于古罗马人，所以，亚美尼亚人的教堂仍然保留着神职世袭等一些古老的体制。但在西方正统的天主教徒看来，神职世袭制是非常大逆不道的。因此，当库尔德的入侵者开始屠杀劫掠亚美尼亚时，欧洲人只是袖手旁观而已。英军在世界大战期间被围困在美索不达米亚，协约国为了解围，从亚美尼亚包抄了土耳其军队的后路，于是，亚美尼亚人又一次无辜遭殃。亚美尼亚的凡湖、乌尔米耶湖虽然可以跻身于世界最大高山湖泊之列，却一直鲜为人知，这时，它们名字也突然出现在时事新闻中了，甚至连古拜占庭王朝的亚洲前沿重镇埃尔祖鲁姆，在十字军之后也从未得到过这么多的关注。战争即将结束时，全世界都因亚美尼亚人而大吃一惊。带着对所有践踏过他们民族的怨恨，亚美尼亚人加入了苏联的阵营，于是，在高加索山脚下的黑海与里海之间，出现了阿塞拜疆与亚美尼亚加盟共和国。我们接下来离开土耳其人以及土耳其的世代牺牲品，继续向西，进入小亚细亚高原。昔日的小亚细亚曾是奥斯曼大帝国的一个小小行省，而如今是土耳其人称霸世界的残留。小亚细亚高原同欧洲隔海相望，西临马尔马拉海、博斯普鲁斯海峡和达达尼尔海峡，北靠黑海，南抵地中海，整个南部横亘着托罗斯山。一条著名的铁路线——巴格达铁路横贯在小亚细亚这片稍矮的高原上，连接了伊斯坦布尔和底格里斯河上的巴格达。在过去30年中，巴格达铁路线一直起着十分重要的作用。西亚的重要港口士麦那、叙利亚的大马士革和阿拉伯世界的圣城麦地那都在这条巴格达铁路线上。巴格达铁路线是如此重要，它始终都是英国与德国的争夺对象。英、德两国刚刚达成协议，法国就站了出来，也要在将来的铁路收益中分一杯羹。法国就这样取得了小亚细亚北部的铁路控制权。由于北部的特拉布宗这个亚美尼亚和波斯的出口港，通往西方的交通线有待进一步建设，所以，外国工程师就开始测绘地形了，准备在小亚细亚这片古老的大地上再修筑一条新铁路了。雅典殖民地的希腊哲学家第一次认识到了人类的本性与世界起源的地方，就是小亚细亚；庄严的教会为世界贡献了坚定信仰，欧洲人在这个信仰的支撑下生活了1000年，这也是发生在小亚细亚的；圣徒保罗的出生地和他布道救人的地方，是在小亚细亚的塔尔苏斯；土耳其人与欧洲人争夺地中海控制权的战场也是小亚细亚；一个阿拉伯骆驼骑手在一个破败的沙漠小村子里，成为了安拉唯一的使者与先知，这个村子还是在小亚细亚。

按照规划，这条新铁路避开了沿海地区，将阿达纳、亚历山大勒达、安蒂奥克、特里波利、贝鲁特、蒂雷、西顿以及雅法——巴勒斯坦岩石海岸上唯一的港口，山区货物进出口的主要港口——这些古代和中世纪的神秘港口都绕开了。正如德国人所希望的那样，这条新的铁路线在战争爆发后发挥了巨大的作用。由于这条新铁路是德国人用最好的设备建成的，再加上有两艘德国大军舰停泊在伊斯坦布尔，因此，土耳其人“反复思索”后，还是加入了轴心国。在其后的四年中，从战略上能看出这条铁路派上了大用场。因为这场战争的胜负主要由海上和西线决定的，西线全面瓦解崩溃后，东线在很长的一段时期内仍然牢不可破。让全世界奇怪的是，土耳其军队1918年的出色表现，与他们的祖先塞尔柱人[1]相比毫不逊色。塞尔柱土耳其人征服了整个亚洲之后，1288年，又把他们渴求的目光射向了博斯普鲁斯海峡对岸君士坦丁堡坚不可摧的城墙背后。小亚细亚尽管也是欧亚大陆桥的一部分，但是，亚美尼亚和波斯的伊朗高原那样的厄运还从未降临到它身上，所以，直到那时小亚细亚高原仍然相当富饶。主要的原因是小亚细亚不但是这条古商道的重要组成部分，而且还是印度和中国通往希腊与罗马的商道终点站。在我们这个世界峥嵘初现时，地中海地区的学术活动和商业活动的活跃地早就不再是希腊本土了，而转移到了已成为希腊城邦殖民地的西亚各地。亚洲古老的血统与欧洲新兴的民族在小亚细亚融合在一起，一个睿智而敏捷的独一无二的民族出现了。今天地中海东部的各个民族，尽管在公平买卖、忠诚守信等方面名声不太好，但是，我们还是能从中看到一点那古老血统的影响，因为数百年来其他民族始终未能将它同化掉。最终，塞尔柱王朝分崩离析了。这支武装毫无仁德，始终陷于重重敌意之中。昔日的大帝国何其辉煌，如今只剩下了这个小小的半岛。过去不可一世的苏丹们，而今已尘封在棺材中了。苏丹的先辈在亚得里安堡居住了近百年之后，终于在1453年迁都到君士坦丁堡。当时，整个巴尔干半岛、匈牙利全境和俄国南部的大部分地区都是他们领地。而如今，土耳其人在欧洲的领地就只剩下这两座古都了。庞大帝国的毁灭、今日的土耳其的衰败都是四百多年的暗无天日的统治的恶果。在长达几千年的时间里，君士坦丁堡这个世界上最古老、最重要的垄断商业城市曾是俄国南部的谷物集散地；它也曾备受大自然的青睐，拥有号称“金角”、“丰饶角”的海港，那里的鱼多得能够养活全天下的人；还是这个君士坦丁堡，它如今已沦落为一个三流的省会城市。战后的君士坦丁堡已经破败不堪了，希腊人、亚美尼亚人、斯拉夫人和十字军的余党以及东地中海沿岸形形色色的人种充斥了整个城市，这里就像是一个民族大杂烩，已无法重振土耳其民族的昔日雄风，也无法再带动国家发展成为一个现代化国家了，因此，

---

[1] 塞尔柱人：古土耳其人的一支。他们于12世纪在小亚细亚建立了塞尔柱王朝——鲁姆苏丹国，这里在13世纪前期进入鼎盛时代。

新的土耳其国家领导人为了重整河山，做出了一个明智的决定，迁都到了君士坦丁堡以东200英里的安纳托利亚山中的安卡拉城。安卡拉这个城市也非常古老。公元前400年，一个叫作高卢人的部落曾居住在这里，就是这些高卢人，后来在法兰西大平原成为霸主。安卡拉同重要商道上的其他城市一样，也曾经历过了许多盛衰。安卡拉曾被十字军占领，也曾被鞑靼人践踏，甚至它的整个周边地区还在1832年被一支埃及军队摧毁。但是，凯末尔·帕桑决定把安卡拉建设成光复故国的新都城。他排除万难，用居住在土耳其的希腊人和亚美尼亚人做交易，换回了在这些国家居住的土耳其人。他还重建军队，出色地为土耳其人恢复了信誉。土耳其因凯末尔而得到了世界的持续关注，只是，在长达1500年的战争蹂躏和混乱状态之后，安纳托利亚大山还能吸引到华尔街金融家的目光吗？这很难说，因为，华尔街金融家不断寻求的是有价值的投资对象。但小亚细亚永远是亚欧两大洲商贸往来最重要的地区。士麦那昔日的地位再次得到了恢复。古代女战士——亚马孙人在士麦那进行过统治，建立了国家，自那以后，这个港口城市就一直繁荣下来。亚马孙人的国家是一个纯女人的国度，这个国家有一个奇异的风俗，每年只允许外面的男子进来一次，其唯一的目的就是延续亚马孙女战士的种族，但在这个女人国，男孩一出生，就会被处死。

当年圣徒曾在以弗所发现了亚马孙女战士的神灵——处女守护神狄安娜仍在被当地人供奉着。如今，以弗所已经从地球上消失了，但是古以弗所城的周边地区仍极有可能发展成世界上最大的无花果种植园。从以弗所向西，越过了帕嘉马废墟（一个古代文学艺术的中心，为后人贡献了丰富的羊皮书），铁路线从特洛伊平原上绕过，与马尔马拉海岸边的班德尔马连在一起，乘船从班德尔马至斯屈达尔只需一天，东方特快列车（伦敦—加莱—巴黎—维也纳—贝尔格莱德—索菲亚—君士坦丁堡）取道斯屈达尔驶向安卡拉和麦地那，再途经阿勒颇—大马士革—拿撒勒—卢德（在这里可以换乘汽车去往耶路撒冷和迦法）—加沙—伊斯梅利亚—坎拿哈，跨过苏伊士运河，沿着尼罗河逆流而上，最远能够到达苏丹。如果世界大战没发生，西欧完全可以通过这条交通大动脉把五湖四海的乘客和来自各地的货物运送到印度、中国和日本去，并从中获得巨大的利益。但四年战火造成的巨大破坏尚未彻底恢复过来，人们还是宁愿搭乘航班。居住在小亚细亚东部的库尔德人是亚美尼亚人的宿敌。同苏格兰人或大部分山里人一样，库尔德人的血统观念很强，各个部族各自为政，非常看重个人荣誉与民族传统，所以他们对工业化大生产和商贸活动敬而远之。库尔德民族非常古老，根据古巴比伦的楔形文字的文献和色诺芬[1]作品中的记载，库尔德人和西欧人本属于同一个种族，但他们后来皈依了伊斯兰教。正因为如此，他们毫不信任那些信仰基督的邻邦。世界大战之后，那些被炮制出来的穆斯林国家也对周围的那些基督教国家不屑一顾。不过，他们这样做自然是有他们自己的道理的。现代人都知道，当"官方谎言"被西方大国作为一种战略时，人们就有理由对这些东西耿耿于怀了。当和平的希望出现时，人们并没有对此欢欣鼓舞。旧仇尚未报完，又结下了新的仇恨。几个欧洲大国以"托管人"的身份对昔日土耳其大帝国的部分领土指手画脚，而"托管地"和"殖民地"差不多，只不过名称稍微好听了一点。在怎样对待当地人这件事上，与当年的土耳其人相比，这些托管人的所作所为没有更"仁慈"。由于法国人曾在叙利亚做了一笔很大的投资，因此，战后，法国人很快就控制了叙利亚，并组建了一个"法国高级委员会"，带着大批军队和巨额资金开始接管300万非常不愿意被"托管"的叙利亚人。很快，前叙利亚的几个大民族就把相互之间的宿怨放在一边了。犹太人不再蔑视基督徒和穆斯林了，而基督徒也不再虐待犹太人了，库尔德人同自己的世仇黎巴嫩马龙教派天主教徒握手言欢了，他们如今只有一个共同的敌人——法国。为了维持自己在叙利亚的统治，法国人不得不竖起了许多绞架，于是，社会秩序被重建了，叙利亚很快就沦为了"阿尔及利亚第二"。但是，这并不表明叙利亚人接受了现实，只不过在民族领袖被绞死后，剩下的叙利亚人还没有足够勇气和力量来继续抗战。在两河流域出现了一个伊拉克王国，古巴比伦和尼尼微的遗迹都是这个王国的领土。但伊拉克

[1] 色诺芬（Xenophon， 约公元前430—前354）：苏格拉底的弟子，古希腊城邦雅典的贵族、军人、奴隶主、历史学家，著有《万人远征记》等。

王国被迫沦为了英国的附庸，所以，新上台的费舍国王并不能真正享有汉谟拉比或亚述纳西拔的自由。如果要做出的决定稍比挖掘古巴比伦排水沟更重要一些的话，费舍国王就不得不等待伦敦的恩准。在两河流域的还有巴勒斯坦（腓力斯人的土地）。巴勒斯坦是一个很奇异的国度，我甚至不敢对她进行长篇大论，因为那样的话，也许对这个小国的专题讨论就会占据这部作品的剩余部分。石勒苏益格—荷尔施泰因是欧洲最不起眼的小公国，而巴勒斯坦这片土地的面积比这个小公国还小，但是，她却在人类历史上发挥着比任何大国都重要的作用。

耶路撒冷

犹太人的祖先本来居住在荒凉的东美索不达米亚，后来，他们离开了自己的村庄，穿越了阿拉伯北部沙漠，跨过西奈山与地中海之间的平原，先在埃及生活了几百年，最后，他们终于在朱迪亚山和地中海之间那一小片狭长的沃土上停下了流浪的脚步。经过了几次与当地原住民的激战，他们最终占领了一些城市和村庄，建立了独立的犹太人国家。他们在巴勒斯坦这片土地上的生活一定很不幸。犹太人在西侧无法接近大海，因为整个海岸地带都被腓力斯人和来自克里特岛的非闪米特人的民族占据了；在东侧，他们与亚洲的其他地区隔绝着，因为有一条深达海平面以下1300英尺的纵贯南北的大裂谷。

这条大裂谷北起黎巴嫩和前黎巴嫩之间，沿着约旦河河谷、太巴列湖（又名加利利海，位于海平面以下520英尺）、死海（位于海平面以下1292英尺。作为美洲大陆最低点的加利福尼亚的死谷，也不过在海平面以下276英尺而已）向南延伸，穿过了古伊多姆古国（莫阿布人曾经居住的地方）的遗

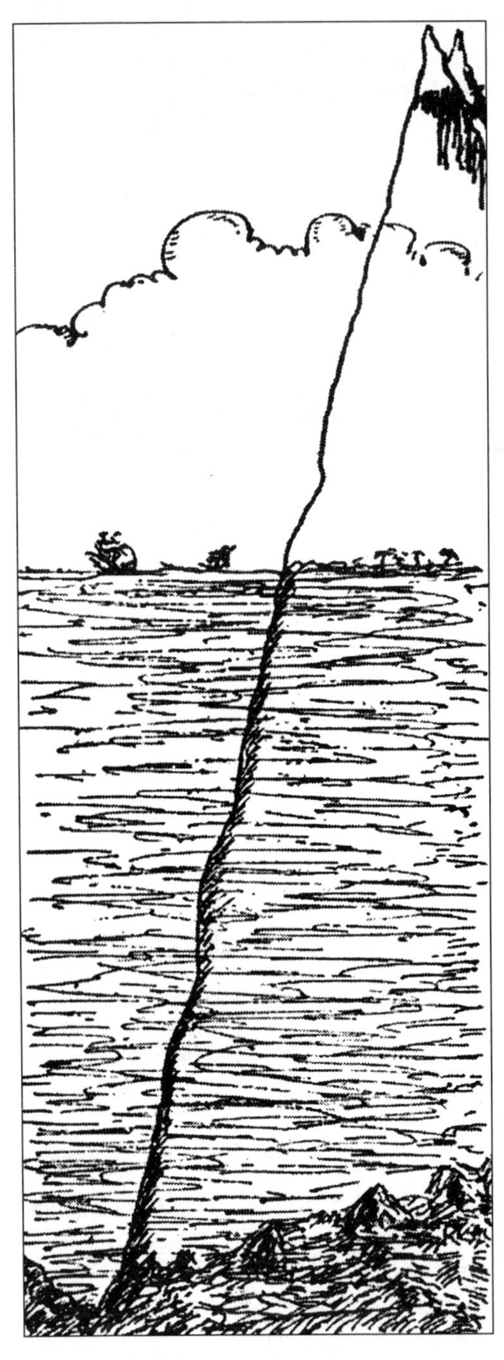

最高的山峰之巅与海洋最深处之间的距离是11.5英里，相当于地球直径的1/700

址，最后到达红海北部的亚喀巴湾。当初，施洗约翰曾选择了巴勒斯坦作为自己的永久居住地。这条大裂谷的南边是世界上最荒凉、最炎热的地区。到处都是沥青、硫黄、磷矿石和其他吓人的混合物。用现代的化学方法能从中提取出很有价值的东西（战前，德国人曾在这里成立过一家很有实力的死海沥青公司），但古人却对这里望而生畏，他们深信，由于对罪恶之神的报应而不是因为一次普通的地震，这个罪恶深重的地方才被摧毁了。翻越了同大裂谷平行走向的朱迪亚山的第一批东方移民看到那儿的景象和气候同南部大不相同，这里呈现出来的完全是另一种风光，这时他们一定万分欣喜，因为这一块“流淌着奶与蜜的地方”被他们找到了。如今的巴勒斯坦几乎没有鲜花了，牛奶或蜂蜜难得一见。这并非是气候变化的结果，今天的气候同当年耶稣信徒云游布道时的气候并没有什么不同。当年，从北部的达恩到南部的贝尔谢巴，到处都有椰枣和佳酿，旅行者的需求能随时随地得到满足，这些耶稣信徒一路上不用为吃饭忧虑。整个巴勒斯坦的面貌是因土耳其人和十字军骑士这些恶魔而改变的。犹太人王国时代和后来罗马统治时代所存留下来的大量灌溉工程被十字军破坏了，后来者土耳其人又摧毁了残存的部分。于是，这要靠充足的水源才能丰收的土地就干涸了。最后，人们或是坐以待毙，或是离乡背井，以致这里人去城空，耶路撒冷沦落成了贝都因式的村庄。当年，在蛮妻萨拉的威逼下，亚伯拉罕不得不把庶子以实玛利和他的生母夏甲赶走。阿拉伯人认为他们就是那个可怜的以实玛利的子孙。但萨拉的阴谋落空了，以实玛利及生母并未在沙漠中饥渴而死，正好相反，他娶了一个埃及女人，并成为了全阿拉伯民族的始祖。今天，以实玛利和他的母亲还安葬在天房[1]之外，这里成了麦加最神圣的地方，无论路途多么艰难，每一个穆斯林一生之中都要来圣地朝觐至少一次。阿拉伯人一占领耶路撒冷，就在那块黑色圣石上建起了一座清真寺。传说数千年前，亚伯拉罕的另一支嫡系后裔所罗门——阿拉伯人的远亲，也曾在同一地方建造了一个著名的寺庙。对巴勒斯坦这片土地的未来，还能有什么期待呢？英国人进驻耶路撒冷时，这个城市里的穆斯林（叙利亚人和阿拉伯人）占了80%，犹太人和非犹太基督徒只占20%。英国是当今世界上最大的穆斯林帝国，身为统治者的英国人，当然不愿意得罪他们忠实的臣民，于是，就把50万巴勒斯坦穆斯林交到了10万犹太人手中，任由他们处置，因为要对穆斯林们为所欲为，别有目的的犹太人的理由实在是太多了。结果呢，凡尔赛和会之后的又一个妥协方案被炮制出来了，而且，这些“和约”和“调解”永远无法让所有的人都满意。如今，巴勒斯坦受着英国的托管，这两个敌对民族之间的争端就由英国人负责调解，总督也是从英国的最知名的犹太人中由选举而生。于是巴勒斯坦变成了一个不折不扣的殖民地，一点儿也享受不到阿瑟·贝尔福[2]所描述的“彻底的政治独立”，在巴勒斯坦运动[3]之初，贝尔福曾说，巴勒斯

---

[1] 天房：指麦加大清真寺内的一座内有黑色圣石的方形石殿，是全球穆斯林朝觐的中心。

[2] 阿瑟·贝尔福（1848—1930）：曾任英国外交大臣、首相。1917年，出于维护英国殖民地统治的目的，他发表了《贝尔福宣言》，支持犹太人在巴勒斯坦建立一个同阿拉伯抗衡的犹太居留地。

[3] 巴勒斯坦运动：即犹太人的复国运动。

坦这片土地将成为犹太民族未来的家园，但是，现在看来却只是一些不诚恳的甜言蜜语。假如自己清楚在古老的家园要做些什么，犹太人就不会把事情弄得这样复杂了。东欧正统的犹太教徒尤其是俄国犹太人，希望能让巴勒斯坦这片土地维持原样，并把它变成一所大神学院，再建上一个小型的希伯来博物馆。让死人去埋葬死人吧——这句著名的格言则是年轻一代的。他们认为，如果耽于对往昔的荣耀与辉煌的耿耿于怀，就会严重地影响建设明日的荣耀。他们想把巴勒斯坦建设成为一个同瑞士或丹麦一样的现代化国家。巴勒斯坦不应该始终沉浸于多年来艰辛的、寄人篱下的痛苦回忆，而是应该让国民把精力放在筑路、修渠这些现代化建设之上。也许这几片石头当年曾是丽柏嘉[1]汲水用的井石，而现在却成了她的这些子孙后代前进的绊脚石。巴勒斯坦大部分地区呈自东向西的斜坡，大部分地区始终被从海上吹来的和风拂过，这和风使整个大地有了滋润的甘露。如果把巴勒斯坦荒芜的土地开拓出来，这个地区就会因无花果而有不错的收益。也许死海地区唯一的重要城市杰里科会再一次成为椰枣的贸易中心。外国慈善家不会把巴勒斯坦当成自己的猎物，因为这里既没有煤矿也没有石油。只要耶和华和占人口大多数的穆斯林们愿意，他们完全可以安心地解决自己的问题。

---

[1] 丽柏嘉：《圣经》中的一个人物，是以色列人的祖先雅各的母亲。

第三十四章

阿拉伯

什么时候起，亚洲失去了本属于它的一部分

正像普通地图和地理手册所描绘的那样，阿拉伯属于亚洲的一部分。但是，一个对地球地理一无所知的滑稽的火星游客就很有可能得出完全不同的结论，他会认为内夫得沙漠——那片著名的阿拉伯沙漠，不是别的，仅仅是撒哈拉沙漠的延伸而已，只不过被那条名为红海的微不足道的印度洋浅湾分隔开罢了。

红海的长度差不多是它宽度的6倍，海里布满暗礁。平均深度约为300英寻，但是，与印度洋的亚丁湾相接的部分，只有2至16英寻深。很可能这片充满着火山岛的红海直至波斯湾形成之前都还只是一个内陆湖泊而没有被称之为海，就像北海一样，是在英吉利海峡出现之后才被称为海。

说到阿拉伯人，他们似乎并不热衷于追究自己的国家到底是属于非洲还是亚洲，而是用“阿拉伯岛”自立门户了。阿拉伯的领土十分辽阔，是德国的6倍，但是，它的人口却还不及大伦敦（英国的一级行政区之一），与国土面积完全不成正比。但是，这700万现代阿拉伯人的祖先一定拥有着超凡的身体和心理素质，才能以一种非凡的、不依赖于大自然馈赠的方式，让全世界铭记。

首先，古阿拉伯人居住在气候条件根本不适宜人类生存的地方。阿拉伯

半岛不仅像撒哈拉沙漠一样一条河流都没有，而且还是地球上最酷热的地区之一。半岛的最南端和最东端虽然多雨但环境又过于潮湿，不适合欧洲人居住。半岛的中部和西南部山区的海拔几乎达到6000英尺，太阳落山后不超过半个小时，气温就会从80华氏度骤降为20华氏度。在这巨大的温差下，人和动物都无法生存。

假如没有地下水供给，阿拉伯半岛整个内陆地区就会变得空无一人。至于沿海地区的状况，除了亚丁湾英国聚居地以北之外，也都相差无几。

尽管从商业的角度来看，阿拉伯半岛都不及曼哈顿的一片低洼之地，但从对世界文化的影响来看，阿拉伯文化对世界文明的贡献，曼哈顿却无法超越。

有趣的是，阿拉伯半岛从来没有像瑞典和法国一样形成完整意义上的国家。世界大战期间，协约国由于急需周边的援助，就轮番向他们许诺，因此，战后从波斯湾至亚喀巴湾，一系列独立国家像雨后春笋般地冒出来。独立国甚至蔓延到北部的约旦河两岸。这个国家横亘在巴勒斯坦和叙利亚沙漠之间，由听命于耶路撒冷的埃米尔[1]进行统治。大部分的独立国都很小，像是波斯湾沿岸的哈萨、阿曼，南部的哈德拉毛，红海沿岸的也门和阿西尔以及汉志。[2]其中汉志不仅拥有自己的铁路（巴格达铁路线已铺设至麦地那，还会延伸到麦加），而且麦加和麦地那——穆罕默德的诞生地和安息地、伊斯兰世界的两座圣城，都在其境内。

早在7世纪初，麦加和麦地那这两座沙漠绿洲还寂寂无名，穆罕默德的出现使他们名声大震。穆罕默德生于567—569年间，父亲在他出生前几个月就过世了，他出生没多久又失去了母爱，贫穷的爷爷把他抚养长大。穆罕默德很小就已经替他人赶骆驼，跟随商队走遍阿拉伯半岛，还曾渡过红海去往非洲一带，也可能去过阿比西尼亚，当时，阿比西尼亚正试图要把阿拉伯半

---

[1] 埃米尔：伊斯兰国家的酋长和高级官员的敬称。

[2] 哈萨是现在沙特阿拉伯东部省份；哈德拉毛为现在也门共和国东南部地区；阿西尔是现在沙特阿拉伯西部省份；汉志是现在沙特阿拉伯西部省份。

岛变成它的殖民地（当时向来不和的沙漠部落正打得难解难分，无法一致对外，是一个千载难逢的好时机）。

短短几年内，一个民族就能取得如此成就，说明它一定拥有超群的体魄和非凡的智慧。据那些同穆斯林打过交道的人（包括拿破仑，虽然他对女人的品位比较一般，但对优秀的军人慧眼独具）说，阿拉伯人是凶猛的战士。阿拉伯民族智慧超群，他们对科学有着浓厚的兴趣，这一点中世纪的阿拉伯大学就是最好的证明。但是，他们最终还是走向了衰败。至于为什么会这样，我无从知晓。如果要在此高谈阔论地理因素对民族特征的影响倒也简单，那么，沙漠民族永远是伟大的征服者，是世界的霸主这个结论也就顺理成章了。事实上并非如此。也有很多沙漠民族一直默默无闻，很多山地民族也能做出轰轰烈烈的大事业，也有很多山地民族一直浑浑噩噩、无所事事，从未洗脱过醉鬼的恶名。我也无法从所有民族的成功与失败中总结出一条基本定律。

但是，历史常常会重复上演。穆斯林因18世纪中叶的宗教改革运动[1]而摆脱了一切繁文缛节和盲目崇拜，他们的生活因瓦哈比倡导的生活方式而变得简单。这次的改头换面或许又会使阿拉伯人再度踏上征途。如果欧洲因连年内战耗费自身的精力，穆斯林就会同1200年前一样，成为欧洲最可怕的敌人。由于阿拉伯人总是威严地板着脸，不苟言笑，不搞娱乐，人们称阿拉伯半岛为硬汉的生产基地。阿拉伯人的生活需求很简单，他们从不觉得自己的生活中缺少什么，所以，无论在金钱还是物质面前，他们都不会动心。

白人尊贵的观点在阿拉伯、亚洲、非洲、美洲和澳大利亚这些地方，不像我们希望的那样根深蒂固。

---

[1] 指18到19世纪瓦哈比发起的阿拉伯半岛的伊斯兰宗教与政治运动。

第三十五章

印　度

大自然与人类都投入了大生产的地方

亚历山大大帝最早发现了印度。但是，亚历山大大帝虽然横穿锡克族的家园——旁遮普平原，跨越了印度河，却未深入印度的腹地，那里才是真正的印度人的聚居地。时至今日，印度人一直与世隔绝地在喜马拉雅山与德干高原之间的恒河流域生活着。直至公元1500年，葡萄牙航海家达·伽马航行至马拉巴尔海岸，并在果阿登陆，欧洲人才首次揭开了这个奇异王国的神秘面纱。

既然开通了以香料、大象和黄金寺庙著称的印度与欧洲间的海上通道，也就开启了地理学史上的一个新纪元。为了满足地图的市场需求，阿姆斯特丹的地图生产商们不得不加班加点，拼命地干活。此后，欧洲人把这块富庶的半岛的每个角落都翻了个底儿朝天。下面先简单介绍一下印度地貌。

阿拉伯海至兴都库什山之间，纵贯印度西北的吉尔特尔山和苏莱曼山把印度同外界隔绝开来。兴都库什山至孟加拉湾的喜马拉雅山，又在北部呈半环形地包围着印度，使其彻底与世隔绝。

注意，在地图上，与欧洲相比，印度的比例被缩小了。其实印度的面积几乎同除去俄国以外的欧洲相匹敌。倘若喜马拉雅山被搬移到欧洲大陆，它就会从法国的加莱一路延伸至黑海，其中海拔高度高于欧洲最高峰的山峰至少有40座，山上冰川的长度会是阿尔卑斯山冰川的平均长度的5倍。

印度是地球上最炎热的地区之一，多个地方年平均降水量保持着全球最高纪录（年均降水达1270厘米）。印度有3.5亿人口，有语言和方言150种。90%的印度人仍然过着靠天吃饭的日子，如果某一年降水不足会有200万（这是1890—1900年的平均数）以上的人死于饥荒。现在，在英国人的帮助之下，四处蔓延的瘟疫渐渐被控制住了，种族之间的混战也平息了，并建设了许多水利灌溉设施，印度人也开始掌握了一些基本的卫生常识（这些当然是印度人自己掏腰包），但这却导致印度的人口出生率持续上升。如果人口继续按这个速度增长下去，回复到过去的贫困状况是迟早的事。如果饥荒和瘟疫再一次降临，儿童的死亡率必将回升，人们会从早到晚不停地往贝拿勒撒山搬运尸体。

印度主要河流的流向与山脉的走向是平行的。西部，印度河的上游穿过旁遮普省全境，然后从北部山区冲出，形成了一条为亚洲北部一些贪婪的征服者挺进印度腹地的便利通道。恒河，又称为印度人的圣河，它一路奔腾向东，与发源于喜马拉雅山群峰的布拉马普特拉河汇合后注入孟加拉湾。布拉马普特拉河的上游本来也几乎一路向东，但在卡西丘陵受阻，才掉头向西，很快与恒河合流。

恒河流域与布拉马普特拉河流域是印度人口最稠密的地区。大约只有中国还有像这样的那么几个地方，几千万人拥挤在一片狭小的土地上，争抢着那一本就少得可怜的生存资料。两条大河的汇合处的加尔各答，是一片泥泞而潮湿的三角洲，印度最重要的加工业中心就坐落于这片三角洲的西岸上。

恒河流域物产丰富，本应是一片沃土，但由于长期的人口过剩，致使整个地区逐渐难以为继。首先，恒河流域盛产大米。印度人、日本人、爪哇人种植水稻并非是他们喜欢吃大米，而是因为水稻产量很高。在这些虽然需要以英尺甚至英寸来丈量的土地上，大米的亩产量比在同样大小的土地上种植其他作物的亩产量要高得多。

然而，水稻种植却是又脏又难。说脏可能有点难听，但用它来描述水稻种植却是最恰当不过的了。成千上万的男男女女的大部分岁月都是在泥水和

稻 田

粪肥中蹚过去的。先是要在泥土中培育出水稻的秧苗，待秧苗长到差不多9英寸高时，再把它们一个个用手拔出，移栽到水田里，直至收获季节都要保持水田的水量充沛。待稻谷收割完后，再利用一种很复杂的排水系统把稻田里恶臭扑鼻的泥浆排进恒河。而聚集在贝拿勒撒的虔诚信徒又拿这些恒河水作为他们的饮用水和洗澡水。尽管如此，贝拿勒撒的信徒却认定，流入了水田泥浆的恒河水是无比神圣的，它比任何形式的洗礼都更能洗净人类的罪恶。贝拿勒撒是印度的罗马，也可能是世界上最古老的城市。

恒河流域还有一种农作物，叫作黄麻。100年以前，黄麻这种植物纤维第一次被带入了欧洲市场，成为亚麻和棉花的替代品。黄麻是植物内茎的皮，它的生长和水稻一样需要消耗大量的水。黄麻收割后，要先放入水中浸泡，几周后再剥除表皮，把内里的纤维撕出来，最后运送到加尔各答的黄麻加工工厂，加工出黄麻口袋、黄麻绳索，甚至可以编织出印度人穿的一种较为粗糙的衣服。

恒河流域的另一种出产是植物靛蓝。它可以用来提取蓝色染料。不过，最近人们发现煤焦油中也可提取出蓝色染料，并且比从植物中提取更为经济实惠。

最后一种作物就是鸦片。鸦片在印度被当成一种能减轻风湿病患者痛苦的药物。为了耕种赖以生存的水稻，大多数人都是在没膝深的烂泥里度日的，患上风湿也就在所难免。

恒河流域平原外侧的山上，原本被古老的森林覆盖的地方，如今都变成了茶叶种植园。由于茶叶这种小树叶的灌木的生长需要具备湿热的气候条件，故山坡就是最适宜的地方。在山坡上，茶树柔软的根茎不会被流水伤及。

恒河平原南部是接近三角形的德干高原。高原上主要出产三种产品。中部以种植棉花为主，也种植一些小麦。由于中部降水太少，经常出现饥荒。西部和北部山区种植印度柚木。柚木质地坚硬，不会弯曲变形，对钢铁也没有腐蚀性。铁制蒸汽船发明之前，柚木在造船业应用十分广泛。直至现在柚木还在应用于其他行业。

至于德干高原沿海地区，西面是马拉巴尔海岸，东面是科罗曼德尔海岸，降水充沛，盛产大米和小米，供养着沿海地区的大量居民。

德干高原也是印度唯一一个勘探出煤、铁和金矿的地区，但是，德干高原上多急流险滩，不利于航行，所以，这里的矿藏并未得到完全开发。铁路建设更不用说了，这里的人根本不会去乘火车。因为没有什么有价值的产品能够拿出来做交易，因此，他们从不走出世代居住的小村庄。

科摩林角东面的锡兰岛[1]也是印度半岛的一部分，大陆与锡兰岛之间横亘着保克海峡，那里布满暗礁，挖泥船必须持续地工作来保证船只安全通行。但是，在锡兰岛与大陆之间，有一座暗礁与浅滩架起的奇特的大陆桥，人们称之为“亚当桥”。有这样一个传说，当年亚当和夏娃忤逆天意，惹得上帝勃然大怒，之后，他们就是经由这座亚当桥，从伊甸园逃往尘世。据印度人的说法，锡兰岛便是过去的伊甸园，而且，对现在的印度人来说，锡兰岛仍不失为一座人间天堂。锡兰岛不仅气候温和，土壤肥沃，风调雨顺，物产丰饶，而且，还远远地避开了印度的恶魔。印度内陆居民认为佛教是一种神圣的精神力量，不是常人能及的，所以舍弃了佛教。而在锡兰岛，人们却虔诚地供奉佛祖。对佛祖的信仰，也使他们淡化了至今仍在印度宗教中占重要地位的森严的种姓制度。

地理与宗教的关系比我们通常的想象要密切得多。在印度这样的国家，

---

[1] 锡兰岛：今天的斯里兰卡。

宗教对人们的影响无时无处不在。千百年来，宗教一直在印度人的思想观念中，处于绝对的主导地位。什么应当想，什么应当说，什么应当做，什么应当吃，什么应当喝，都处于它的指导之下；什么不应当想，什么不应当做，什么不应当吃，什么不应当喝，都处于它的禁止之下。

在其他一些国家，人类的正常发展也常受到宗教的干预。比如，中国人为了表达对去世的先人的崇敬，常常把先人埋葬在南山坡，世世代代在寒冷多风的北山坡耕作。结果呢，人们对先人的确是尽了孝道，但与此同时，孩子们却有可能要遭受饿死和被迫卖身为奴的悲惨命运。事实上，一些怪异的清规戒律、宗教禁忌以及家法族规等都会或多或少地对每个民族（也包括我们）起着禁锢作用，对民族的进步产生消极的影响。

为了认识宗教给印度带来的影响，我们不得不回溯到史前时代，至少是希腊人首次到达爱琴海3000年之前的那个时代。

那时，印度半岛的居民是达罗毗荼人，一个深色皮肤的种族。或许，达罗毗荼人就是德干高原最早的居民了。原居住于亚洲中部的雅利安人（与我们的祖先同宗同源），为了寻找更适宜的栖身之处，纷纷离开故园。他们分成两拨，一拨一路西迁，定居于欧洲，甚至还漂洋过海，去向北美大陆；另一拨则一路向南，翻越了兴都库什山脉和喜马拉雅山之间的山口，在印度河、恒河和布拉马普特拉河流域定居，进而继续南下，到达了德干高原，又沿着西高止山与阿拉伯海间的海岸线前行，于印度半岛的最南端和锡兰岛落脚。

同原住民相比，移民而来的人们武器更加精良，如同所有强大的民族对待弱小民族的方式一样，雅利安人也是那样对待原住民的。雅利安人嘲弄达罗毗荼人，称他们是一群黑鬼，还夺去他们的稻田，抢走他们的女人，因为雅利安人的迁移队伍中的女人太少了（穿越开伯尔山口的路途太过艰险，他们无法从中亚带着足够的女人南下）。如果当地的达罗毗荼人稍微流露一丝反抗的意思，就会被杀死，那些幸存下来的达罗毗荼人被赶到岛上最荒凉的角落，听天由命，自生自灭。

但是，原住的达罗毗荼人数量上的优势，使这个文明程度偏低的民族反而比文明程度偏高的雅利安人的民族产生了更大的影响力。为控制这种局面，唯一的方法就是把这些“黑鬼们”严格地限制在原来的聚居之地，禁止他们出来活动。

当时的雅利安人像现在的西方人一样，将印度社会划分成不同的阶级，各个阶级之间等级森严，界限分明。“等级观念”的盛行连美国这样的文明程度较高的国家也无法避免。基于被欧洲社会所默许的偏见的纵容，犹太人深受等级观念的迫害；在美国，还颁布了体现等级观念的相关法律条文，迫使南方各州的黑人不得不乘坐种族隔离的汽车。纽约虽一直被视为一个开明的城市，但正是在纽约，也找不到一间可以和深肤色的朋友（黑人、印度人或爪哇人）共进一餐的饭店。借由卧铺车或坐式卧铺车只提供给白人的方式，美国铁路也助长了人们的等级观念。至于哈莱姆黑人的“等级观念”，我并不是很清楚，但是，当看到德国籍犹太人为其女儿嫁做了波兰籍犹太人儿子之妇而感到深深的耻辱之时，我就认识到“出人头地、绝代超群”的思想在人性中是普遍存在的。

在美国，社会与经济行为尚未彻底地被“等级观念”主宰。晋升到另一个阶层的大门虽然看似被牢牢锁住了，但是，大家都知道，只要拼命地去推，或者找到那片小金钥匙，再或者干脆用力去砸开外面的窗子，就迟早有一天会走进那扇门。而在印度，通往各个等级间的大门都被雅利安人用巨石封得死死的。各个阶级只能被禁锢在自己的小圈子里，永无出头之日。

这种等级制度绝不是偶然形成的。它的建立既非自娱自乐也不是要讨他人欢心。在印度，等级制度的出现是出于恐惧。僧侣、军人、农夫、手工匠人——这些雅利安人征服者绝望地看到：达罗毗荼人虽然遭到了征服和掠夺，但达罗毗荼人数量上的优势使他们害怕，所以，他们必须采取一种自我保护的措施，强迫达罗毗荼“黑鬼们”“待在他们该待之地”。雅利安人不仅这样做了，而且不断为之努力着。他们建立起一种森严的“种姓制度”，其他民族想都不敢想——雅利安人将等级制度包裹上宗教的外衣，宣布只有三个上层阶级可以享受婆罗门教，将他们认为的卑贱的原住民排斥于通往神圣的精神世界的大门之外。每个上层阶级为了免遭玷污，维持阶级血统的纯

在印度，到处都是印度人

正，用一整套烦琐的宗教仪式和神秘的风俗来保护自己，最后，对于那一整套既毫无意义又令人无所适从的宗教禁忌，也只有当地人才能够应对得了。

这种制度在日常生活中到底发挥了什么样的作用呢？不妨这样设想一下：如果在西方社会过去的3000年中，一个人可以选择的职业范围不得超出他的父亲、祖父或者曾祖父的职业范围，那么，这个人会有怎样的创新精神呢？

种种迹象表明，印度正处在社会文明和精神文明复苏的黎明前夕。但是，直至目前，印度等级社会中的最高统治者——婆罗门世袭僧侣们，仍在极力阻挠变革的发生。那个属于权威领导者的正统宗教有一个含糊不清的名字——婆罗门教。梵天是他们所尊崇的神，同宙斯和朱庇特一样，梵天即为万物之始、众生之母、万物之终。然而，梵天仅仅是一个抽象的精神概念，对普通百姓来说，它过于模糊不清，不够真实具体。印度虽然也有大城市，但始终是一个农业国。农村的人口比例达到70%，剩下的人才分布在大家熟知的那几个城市里。

位于恒河和布拉马普特拉河河口的城市是加尔各答。起初，加尔各答还只是一个无关紧要的小渔村，但到了18世纪，就演变为克莱武[1]反法运动的中心，最后一跃成为印度最重要的港口。苏伊士运河通航后，要运送货物

[1] 罗伯特·克莱武（1725—1774）：英国殖民主义者，孟加拉省总督。反法运动是18世纪中叶为了争夺印度东海岸的卡尔纳提克而发生于英法两国间的战争。

到印度或旁遮普省时，汽船可以直达孟买或卡拉奇，加尔各答的景象就大不如前了。

孟买是一座小岛城市，是东印度公司的杰作。起初，孟买只是一个出口港，负责东印度公司的海军基地与德干高原的棉花出口。但由于这个港口绝妙的地理位置，全亚洲的人都被孟买吸引了，竞相赴孟买定居，其中还包括波斯最后一批拜火教教徒。这些波斯人成为了孟买最有财力、最具智慧的一个阶层。他们死后从不采用火化，因为他们崇拜火，在他们眼里火是神圣不可玷污的东西。所以，孟买也逐渐成为一个奇异的地方。在孟买，波斯人死后实行天葬，让秃鹫们来啄食掉死者似乎是最完美的安葬方法。

德干高原东部的马德拉斯是科罗曼德尔海岸最主要的港口城市。再稍微往南一点便是本地治里——一个充满法国风情的城市。提到本地治里就让人回忆起那段英法当年为了争夺印度半岛的掌控大权而激烈交火的岁月，还令人联想起迪普莱克斯与克莱武交锋的时期，悲惨的加尔各答黑洞事件也是在这次的决战之中发生的。[1]

印度最重要的城市当然都分布在恒河流域。首先是莫卧儿王朝位于西部的旧都德里。谁控制住了德里，谁就成为了全印度的主宰。由于德里是可以完全遏制中亚出入恒河流域的咽喉要道，莫卧儿王朝就选择德里作为自己的首都。再往南就是亚格拉。曾有四个莫卧儿王朝的国王在亚格拉定居，那个为他深爱的女人修建泰姬陵的国王[2]就是这四个人中的一个。沿河而下就到了安拉阿巴德，城如其名，这是穆斯林的一座圣城。在安拉阿巴德附近是勒克瑙和坎普尔，此地因为发生了1857年大暴动而著名。沿河南下就来到了印度人的罗马和麦加——贝拿勒撒。印度人不仅在贝拿勒撒的恒河圣水中沐浴，还希望能死在贝拿勒撒，并在死后葬在恒河两岸的山上，把骨灰撒进神圣的恒河中。

---

❶约瑟夫·迪普莱克斯（1697—1764）：法属印度的总督。加尔各答黑洞事件：发生于1756年，当时，孟加拉纳瓦卜攻下了加尔各答后，146名英国俘虏被关押在一间命名为黑洞的小房间里，其中123人窒息而亡。

❷指莫卧儿王朝的沙杰汗。

我最好就此停笔。不管你是谁，是一个历史学家、化学家、地理学家、工程师，还是一个普通的游客，不论何时，只要涉及印度，都会觉得自己置身于深奥的道德与精神问题的旋涡中。在踏进印度这片神秘莫测的土地时，我们这些西方人要加倍小心谨慎才是。

2000年前，在博学的尼斯与君士坦丁堡共同组成的圣人委员会企图把宗教公式化时，他们不久就征服了西方。关于这些人的祖先，我已经写过了，他们在自己的教义和信念中建立了很晦涩的观点，那些日子把我们的邻居们的头都搞晕了，而且这种状况也许会在未来的12个或更长的世纪中持续下去。随便地去指责我们不懂的事真是太容易了。就我所知，关于印度的事多数都是很奇怪的。这给了我一种不适的感觉，一种让人困惑却无法让人兴奋起来的感觉。

我记得我的祖父母一辈一样也是有这种感觉的。

现在，我终于开始认识到他们是正确的了。就算他们不是一直正确的话，他们也不会总像我曾经以为的那样，总是错的。这一课对我不轻松，但我认为很有必要，它告诉了我要谦虚。上帝知道，我需要这种精神。

第三十六章

缅甸、泰国、越南和马来西亚

哪一个占据了另一个亚洲南部大半岛?

亚洲南部半岛的面积为巴尔干半岛的4倍，那里拥有四个古老王国，有独立的，也有半独立的，还有别国的殖民地。位于南部半岛的最西边的是缅甸。在1885年之前，缅甸还是一个独立的王国，但后来，英国取得缅甸人的同意和一些其他国家的支持，将缅甸末代国王放逐，并把缅甸并入了大英帝国的版图。我想除了缅甸末代王本人之外，没有人会对这件事提出异议。然而末代国王本人并不是土生土长的，他是北方的舶来品，整个南部半岛也都不甘受其统治。对这一点，缅甸的山脉要负主要责任。缅甸北部边境有一座东西走向的高山，俨然一个天然的屏障，将印度拒之门外。但是，缅甸境内的五座大山却都纵贯南北，为在中亚大平原生活的民族提供了一条便捷通道，他们可以从这里顺利地到达孟加拉湾、暹罗湾甚至中国南海等富庶的沿海地区。他们所经之处，不只是留下无数断壁残垣、荒田废地、焚毁的城市，也留下了许许多多他们的子孙后代。缅甸末代君主就是其中之一。

我们不必因为缅甸末代国王的不幸而过分难过。正是他，为了庆祝自己登基，重演了一场古老亚洲的悲剧——杀死自己的所有亲属。从前，土耳其帝国的苏丹为了以防万一，也常常采取这种残忍的手段。就像假若有朝一日你当上了南美洲某共和国的总统一定不能忘记购买意外保险一样。但是这个发生在上世纪80年代，杀尽上百个兄弟、子侄的血流成河的事件，实在令人无法容忍。于是，英国总督便趁机赶走了这位末代暴君并取而代之了。自此，缅甸这个拥有3%印度教徒和90%佛教徒的小国迅速繁荣昌盛起来。从仰光至曼德勒一路通航的伊洛瓦底江很快成为商贸运输的大动脉，每天都有无数船只在江上来来往往，运输大米、石油等物资，成就了缅甸历史上前所未有的景观。

缅甸东面与暹罗接壤。多纳山脉和他念他翁山脉伫立在缅、暹两国边境。由于暹罗的西侧是英国的占领地，东侧是法国殖民地，而英法两国相互提防、排斥，暹罗才保全了它独立国的地位。另外，暹罗国王也为王国鞠躬尽瘁，这也是暹罗王国得以幸存的另一个重要因素。18世纪后期一个中国人领导暹罗从缅甸独立出来，他的后裔老国王朱拉隆功在位将近40年。这期间，他一直小心巧妙地利用东西两边的邻居互相牵制，并适时做出一点小小的让步，并挑选来自威胁不大的小国人士取代英国人和法国人来做自己的顾问。睿智的朱拉隆功国王还建立了大学，自此，暹罗的文盲率由原来的90%降至20%。他还修建铁路，疏浚湄南河，使其通航里程达400英里以上。他还搭建了一套出色的通信系统。另外，暹罗的军人们也都训练有素。暹罗王不仅把暹罗发展了一个很可靠的同盟，而且也有可能变为潜在的威胁力量。

暹罗的首都曼谷位于湄南河的三角洲上，人口已达100万，但是，大多数居民仍然在湄南河河边的小船上居住，俨然一派东方威尼斯的画面。暹罗并不排斥外国移民迁入，所以，很多勤劳的中国人能自由地跑到曼谷定居。目前，迁往曼谷的中国人已占其总人口的1/9。暹罗也迅速发展成重要的大米出口国。暹罗森林茂密，经济价值非常可观，其中重要的出口品之一就是柚木。另外，马六甲半岛的一部分也在暹罗境内，那里蕴藏着世界上最丰富的锡矿。

然而，总体说来，暹罗政府反对国家工业化。所有热带地区的居民如果想要生存，必须首先发展农业和简单的手工业。让欧洲成为工厂和贫民窟的天下吧，亚洲只希望永远守护着自己的农田和村庄，西方人可能不会喜欢，但它们十分符合东方人的口味，当然工厂就不在其中了。

另外，暹罗的农产品与多数发达的农业国有些不同。这里除了中国人饲养的100万头猪之外，还有600万头驯化的水牛和6822头大象。暹罗大象不仅能在田里帮主人干活，还可用来出租，充当起重机和重型大卡车。

法国人占领的那部分半岛便是法属印度支那，它自南向北，大致可划分为五个部分。首先是柬埔寨，位于湄公河大平原的三角洲，盛产棉花和胡椒。柬埔寨虽然名义上是独立王国，但实际却受法国人的监管。吴哥窟位于柬埔寨的腹地、洞里萨湖北边茂密的森林之中，是柬埔寨一个引人入胜的历史遗迹。吴哥窟是由高棉族这个神秘的民族创建，但对于高棉族，我们却知之甚少。公元9世纪，高棉族人在柬埔寨北部的吴哥建立都城。建都工程十分浩大，每一面城墙都至少有2英里长、30英尺高。最开始，高棉族人受印度僧侣的影响信奉婆罗门教，但是，到了10世纪，他们又改信佛，并把佛教定为国教。借此，高棉族人的精神世界也产生了转变，这一转变也体现在随处可见的寺庙和殿堂结构之中。这些在公元12世纪至15世纪之间建造的建筑，在吴哥被摧毁后，还是为后世留下了惊人的古建筑废墟。即便是举世闻名的玛雅遗产与吴哥古迹一比，也充其量只是一些头脑简单的初学者的作品而已。

另外一种说法是，吴哥早在湄公河三角洲形成之前就已经建造在海面上了。如果真是如此，就意味着大海后退了300英里。这简直是一个奇迹！据相关史料记载，纳拉文的海岸线曾后退近5英里，比萨的海岸线曾后退近7英里。关于吴哥的来龙去脉或许永远是个谜。虽然吴哥在柬埔寨的历史上只是昙花一现，但它当时的地位比今天的纽约还重要，而现今吴哥不存在了，变成了明信片上的一道泛黄的风景，如果是在巴黎殖民地展览会上，参观者花一个便士就能买得到。更为匪夷所思的是，吴哥成为世界文明的中心时，巴黎却还只是一个由简陋的房屋七七八八地拼凑而成的小渔村，到处都散发着难闻的鱼腥味。

今天的湄公河三角洲已经成为法属印度支那殖民地的一部分了。1867年，在对墨西哥的扩张遭到重挫的情况下，法国为了挽回一点颜面，占领湄公河三角洲。西贡是湄公河三角洲上的一个天然港湾。数千名法国官员管理着西贡的400万印度支那人，并热切地盼望着能尽早结束这份苦差，早日荣归故里，平静地度过晚年。

印度支那的东面即为安南，虽然从1886年起，安南就开始受到法国的“保护”，但是，它仍旧维持着独立王国的地位。安南的主要产品是木材，但是，安南山虽多却无路，所以仍然处于欠开发的原始状态。

安南的北部十分重要，不仅有红河这条重要的河流，而且盛产煤和水泥。安南实际上属于中国的一部分，它同中国一样，是棉花、丝绸和糖的产地和出口国。从1902年以来，法国在安南首都河内设立政府，统治着整个印度支那。1893年，法国人吞并了法属印度支那的一块狭长的地带，也就是现在的老挝。半岛最南端被一分为二，一部分包括在英国的管辖之下的四个半独立状态的小公国，即所谓的“马来联邦”。另一部分就是英国皇家殖民地，即官方的“海峡殖民地”。在这片海拔高达8000英尺的山区，蕴藏着丰富的锡矿石。故对英国人来说，控制马来半岛极其重要。半岛的气候也适合各种热带作物的生长，而且几乎是零投入高产出。处在马六甲海峡岸边的槟城，是橡胶、咖啡、胡椒、木薯淀粉、槟榔膏等产品的大量出口地。新加坡坐落在附近的一个小岛上，其人口已经超过50万。

新加坡城扼守着从南至北、自东向西的海上通道，具有重要的战略地位。新加坡又名“狮城”，有着同芝加哥相似的建城历史。最早的建造者是著名的荷兰殖民地官员斯坦福德·莱佛士，他那时就已经预见了狮城重要的战略位置。当时，狮城还是荷兰的殖民地，可荷兰本土却已经沦为拿破仑帝国的附庸。虽然今天新加坡人口总数已经超过50万，但是直至1819年以前，狮城还是一个灌木丛生的荒凉之地。在新加坡，各种东方的面孔、语言、风俗都随处可见。像直布罗陀一样，狮城也是一座坚固的堡垒。人们要修筑一条从狮城开始直通曼谷的铁路线，但是目前还未修到缅甸的仰光。当东西方之间的冲突不可避免地发生时，新加坡便会发挥其特殊的作用。像是预见到了这个前景，一大批酒吧在新加坡涌现了出来，其富丽堂皇在整个东方乃至世界都有口皆碑。另外相当值得一提的是，在一年一度的跑马会上，狮城所耗费的巨资也与都柏林旗鼓相当。

第三十七章

中　国

东亚的巨大半岛

中国是一个泱泱大国，边境线长达8000英里，几乎与地球的直径等长，领土面积比整个欧洲大陆的面积还要大。

中国人口约占世界总人口的20%。当早在欧洲人的祖先只识得在脸上涂抹得五颜六色，用石斧砍杀野猪之时，中国人就已懂得怎样使用火器，怎样书写了。要把中国这样一个大国清清楚楚地讲述出来，这么短的篇幅内是绝对做不到的，我只能描绘出一个框架，一个大概的轮廓。至于更为详细的内容，如果你有兴趣，可以自己慢慢去了解。与中国有关的文字，多到足以装满两三座图书馆。

中国像印度一样也是一个半岛国家，不同的是这个半岛呈半圆形。而且，中国并不像印度那样被高山围绕，近乎与世隔绝。中国的山脉就像手指一样叉开，从西边一路延伸，使那个直抵黄海之滨的富饶的大平原，在面临中亚凶猛的冲锋军时，几乎没有任何遮拦。

为了克服地理上没有天然屏障的不利条件，在公元前3世纪（罗马人和迦太基人争夺着对地中海的控制权）时，中国的皇帝秦始皇修建了一座巨大的城墙，自东向西连接起辽东和嘉峪关，以及甘肃以西戈壁沙漠的边缘，城墙长1500英里、宽20英尺、高30英尺。这就是举世闻名的万里长城。

长城是月球上的天文学家能看到的唯一一个人类用双手筑成的建筑物

这道人造的屏障一直完美地履行着自己的职责，直至17世纪满洲人攻取中原时，万里长城才崩溃。无论如何，人们对这座傲然屹立了近2000年的巨型人造壁垒，始终心怀敬意。且不说我们在10年前修建的一些堡垒今天已经无法使用了，还得搭上一大笔费用翻修。

南部的长江和北部的黄河把中国在这个巨大的近似圆形的版图划分为三块。北京所在的华北地区，夏季较为炎热，冬季较为寒冷，这样的气候致使当地人多以小米为主食而不是大米。中部地区，由于祁连山脉挡住了北方刮过来的寒风，所以，气候较为温暖，人口也较稠密。这里的居民爱吃大米，却不知黍米为何物。华南地区，夏季湿热，冬季也不冷，热带地区所有的作物在这里都能种植。

华北地区又可一分为二，一个是东部平原，另一个是西部山区。西部山区又是著名的黄土高坡，土壤十分肥沃，土质极为疏松，雨水一落到地面就立刻渗透进去了。但是西部地区也被小溪和大河冲蚀得沟壑纵横，交通运输像西班牙一样极为不便。

华北平原位于直隶湾边上，由黄河携带的大量泥沙冲积而成。这里没有什么重要的港口，船只也几乎无法航行。黄河北边修建了一条运河，虽然不能通航，却是北京的排水系统，负责整个北京城的污水排泄。由于现今中国的局势瞬息万变，所以，关于北京我只能说它是900年的天朝帝都，或者说，从征服者威廉在英国登陆开始，北京还一直是中国的首都所在地。但是这本书出版之时，北京是否仍旧是中国的首都，或者变成中国的一个普通城市，又或者沦为了某个日本将军临时或永久的驻地，这些我都无从得知。

北京的历史十分悠久，见证了无数的荣辱兴衰。公元986年，鞑靼人占领了北京，更名为南京，即“南方的都城”。12世纪，汉族光复了北京，称之为“燕京府”，但并未在此定都，只作为一个二流的省会城市。又过了50年，另一支鞑靼人又把北京拿了回去，再次易名为“中都”，即“中部的都城”。100年过后，成吉思汗率大军占领了北京城，可是，成吉思汗本人却仍然钟情于蒙古沙漠中的帐篷，拒绝在此入住。直至后来著名的忽必烈大汗继位，与成吉思汗截然相反的是，他全面修缮了北京这片废墟，并更名燕京，又称“大都”。不过，当时北京城的蒙古名字叫作“甘巴努克”，意为“大汗之都”，其名声大噪。

后来，汉人再次将鞑靼人驱逐出了中原，自己做皇帝，是为明朝。燕京自此又成北京，即“北方的朝廷”。从此，北京一直是中国的统治中心，只不过与外界的联系不多。这种闭关锁国的局面一直持续到1860年。那一年，一名仪表堂堂的欧洲使节以官方身份被允许入京朝觐大清皇帝。其父就是将古希腊大理石雕刻献给大英博物馆的额尔金。

万里长城在其鼎盛时期犹如一道铜墙铁壁，坚不可摧，城墙有60英尺厚，又高达50英尺，城墙上还修建有方塔和通道，就像一道要塞。北京城的建筑风格也是许许多多一个套着一个的内城，由内而外分别为皇宫、满洲城、汉族城，就像一座迷宫，到了19世纪中叶，还多出了一座外国城。

虽然北京城内有许多寺院和庙宇，但是，中国人却不是像印度人那样虔诚的佛教徒。为什么除了人口都在过度膨胀之外，中国和印度再无共同之处呢？这是因为中国人和印度人有着截然不同的民族品格。

印度人十分崇尚神佛，他们把寺院和庙宇建造得最为宏伟、漂亮和豪华，甚至不惜为此耗尽贫苦农民辛苦换来的所有钱财。“宁掷百万造神庙，不花分毫于黎民”这句婆罗门僧侣们的口号就是其真实写照。而中国人虽然看上去也是佛门弟子，但是，他们从上至下，都受到了精明的孔子的影响。孔子是公元前6世纪后半叶中国出现的一位了不起的哲理大师，他提出了这样一条普遍信条：不要在关于来世的那些模糊的虚无的辩论之中虚掷岁月。这一信条在中国得到了广泛的贯彻和执行，中国人所要做的就是“看得见、摸得着的事”。所以，中国大部分税收都被用于公共设施的改善，比如，修筑水渠、建造长城、开挖运河、疏浚河道，等等。至于寺院和庙宇，只要修筑到神灵不会怪罪的程度也就足够了。

古代的中国人是一个拥有着艺术天才的民族。相比于恒河流域的民族，中国人用小得多的代价获得了更大的成就。去中国的游客不论在何地都不可能看到像印度那样庞大的神庙建筑群。北京以北60英里的明皇陵里那些长眠于地下的帝王的守护者只是几只大型动物的雕塑，还有寥寥几座供奉着不几尊大佛像的庙宇，仅此而已。其他中国神像都比例适中，不大不小，可是，印度人的艺术品看起来很不和谐，让人有一种不舒服的感觉，即使陈列在博物馆中时也是如此。而中国人的书画、雕塑、瓷器和真漆都比印度人的艺术品更适合欧美的家庭，所以，西方人更喜爱中国的艺术品。现代中国的商业地位也不可小觑。中国的煤炭储量位居世界第一，铁矿储量位居世界第二，假如有朝一日英、德、美三国的煤炭采光了，西方人仍然可从山西省得到温暖。山东省处在直隶的东南方，直隶湾和黄海的分界线就是它所在的山东半岛。除了位于直隶湾附近的黄河平原之外，山东的大部分都是山区。黄河曾经流入黄海，但它却在1852年突然改道，北上进入直隶湾。什么才是洪灾？黄河的那一次改道所造成的洪灾才真正让人们有了认识。如果想弄清楚黄河改道究竟意味着什么，就不妨做个假设，如果莱茵河有一天突然决定改道流进波罗的海，塞纳河决定不注入斯开湾，而转入北海了，那事情就十分明显了。17世纪末以来，黄河已改道10回了，目前的河道是否还会改变呢？我们不敢断定。在世

中国的京杭大运河

界其他地区，大河的堤坝很容易控制住河水，但是，对黄河和长江这样的大河来说，堤坝有点力不从心了。1852年，黄河堤坝足有50英尺高，而它们被洪水冲毁时，就像一张纸片被撕开一样。你也许听到过中国人被称为黄种人的说法；你也有可能读到过有关“黄祸”之类的报刊文章。中国人面孔的颜色与“黄色”和“中国”之类的概念常被我们联系到一块儿。但是在很久之前，中国的统治者就自称为“皇帝”了，这个词发音与“黄帝”相同，但不是黄肤色子民的“皇帝”，而是他们居住的这片黄色土地的“皇帝”，即“黄土地之帝”。整个华北地区都被黄河携带的大量的黄泥染成了黄色——河水、道路、房屋、土地、海水，甚至于男女老少的衣服也是黄色的。因为这黄色的泥土，这个民族才有了这样的名字，而实际上，他们的肤色并不比西方人的肤色更黄。

为了让子民不再冒险在大海上做长途旅行，而能平安地从北部到达中南部，根据一位中国皇帝的命令，在13世纪开凿出了一条连通了黄河和长江的大运河。从开通以来，长达1000多英里的大运河一直尽职尽责地运输着来来往往的船只，直至1852年黄河改道，运河和黄河故道被一起摧毁了，大运河才废弃。但是，这条世界上最长的大运河说明了这片黄土地的统治者们多是一些开明的帝王。现在我们重新回到山东半岛。半岛海岸线上的花岗岩十分坚硬，产生了几个很重要的港口城市，威海卫港就是其中之一。英国人直至不久以前还控制着威海卫。当年，俄国人占领了直隶湾对岸的旅顺港，把旅顺当作俄国人的军港和西伯利亚铁路的起点时，英国人就从中国“租借”了威海卫，“租借合同”上有一条规定：只要俄国人撤出辽东半岛，英国人就会把威海卫归还给中国。但是，1905年日本人打败了俄国人，占领了旅顺港，可英国人并没有从威海卫走开。德国人也不甘落后，很快就把半岛南部的胶州湾和青岛港占为己有。这也是世界大战在远东引起的连锁反应，为了某些本来就不属于自己的东西，英国人和德国人如鹬蚌相争一样你争我夺，而日本人这个第三者就坐收渔利。为了重新得到中国人的好感，威海卫和胶州湾在世界大战之后都还给了中国人。但如果满洲这一回被日本人占领，以前的那场游戏必定会重玩一次。

华中地区东部是一片同华北平原连在一起的肥沃广阔的平原。它的中部是山区，长江在这些大山之中蜿蜒而行，最后汇入东海。位于长江上游的、面积几乎与法国相同的四川，有着肥沃的红土地，它养活的中国人多于法国的总人口。几条南北走向的高山把四川与外部世界隔绝开来，入川的白种人寥寥无几。不过显然，四川比中国其他地方保留了更多的民族传统。长江从四川盆地奔流出来后，继续向东进入了湖北省。著名的港口城市汉口就在湖北。把清朝的末代皇帝赶下台的那场1911年的革命就是从汉口发起的。那场革命的发生使世界上最古老的王国变成了共和国。长江自汉口以下的河段是中国中部的主要商业运输大动脉，排水量在1000吨以内的海轮能从中国的外贸中心和第一大港口上海直达汉口。上海港在1840—1842年鸦片战争结束之后才被迫对外国商人开放。马可·波罗称为“金山”的杭州位于长江三角洲的南面，苏州居于三角洲东面，以盛产茶叶而闻名于世。南京位于长江三角洲的最西边，长江中下游地势非常平缓，那里土地肥沃，物产富饶，所以，长期以来南京不仅是华中地区最重要的城市，而且还是许多个王朝的首都。南京之所以被选做中国新政府所在地（至少在我写这些的时候［1932年1月2日0时7分］），它还是中国中央政府的官邸，这部分是出于历史的因素，部分是出于地理位置——位于广州至北京的中转站，部分也是因为海上的外国军舰大炮无法直接威胁到南京的安全。

华南地区的山地众多，丘陵密布。那里也出产茶叶、丝绸和棉花，可相对而言还是一片贫瘠之地。曾覆盖了华南地区的大部分森林被砍伐殆尽，水土流失严重，如今这里只剩下光秃秃的石山，以至于华南地区出现了大规模的移民潮，有大批的中国人涌进了那些对中国移民涌入加以限制的国家。广州是华南地区的最重要的城市。上海是中国产品向欧洲出口的中心，广州则是中国从欧洲进口货物的中心。珠江入海口有两个外国占领区（广州市距海岸还有几英里远）。右边是澳门，葡萄牙曾在中国占有众多的殖民地，而这就是它最后的一块殖民地了；左边的香港早在鸦片战争中就被英国人占领了。在华南沿海有两个大岛屿，海南岛仍然在中国人的手里，而在1894—1895年中日战争之后，原属荷兰殖民地的台湾岛就被日本人割占了。90%的中国人是靠天吃饭的农民，年景不好就会发生饥荒。但是，中国还有48个对外商开放的港口城市，茶叶、棉花和丝绸是中国人的主要出口产品。鸦片是一种让人上瘾的毒药，中国皇帝一直在努力禁止臣民吸食鸦片，中国又从不出口鸦片，所以原来的那些罂粟田就渐渐地变成了棉田。

中国人对祖先非常尊崇，所以，中国人比任何一个民族都更难接受铁路。安息在地下的老祖宗如果被在铁路线上呼啸而过的火车惊扰了可不得了。1875年，在上海到吴淞口之间修建的一条几英里长的铁路遭到了强烈的反对，最后不得不停建。至今，中国在修建铁路时如果碰到先祖的坟头时仍要远远地绕过去。目前，中国建成通行的铁路线已超过10000英里，当今世界上最大的铁路桥就是泰山附近横跨黄河的铁路大桥。英国人为什么一直强烈要求各国取消从前那些歧视、虐待中国人的政策呢？或许原因是英国及其殖民地仍然控制着中国60%的对外贸易。中国人代表了世界20%人口的利益，与这样的顾客保持友好关系才是上策。假如聪明的中国人起来抵制英国的产品，那么，英国人每天就会损失几百万美元。

在洪荒的远古时代，中国人最早的祖先就已经出现了，此时，他们就已经生活在黄河两岸的黄土地上了。对农耕的人来说，最称心如意的莫过于拥有一片肥沃的土地，何况，这片黄土地还解决了他们的住房难题。人们在山的侧面挖出了一个个窑洞，住在窑洞里根本不用考虑墙壁透风或屋顶漏雨的问题。

据那些对这片黄土地较为熟悉的游客说，这片黄土地的人口本来是十分稠密的，可是在夜晚根本没有一点人类居住的迹象。直至从东方射来了第一缕阳光，如同兔子从洞中蹿出来晒太阳一样，无数男女老少才从窑洞里一下子冒了出来，他们又为了一日三餐开始了一天的辛勤劳作，直到夜幕降临又全部从地面上消失，跑进了窑洞之中。中国人在占据了西部高地之后，又慢慢地向东推进扩展。数百万吨黄泥被湍急的黄河裹挟而下，沉积在下游平原上，那里的土地也就变得更为肥沃了，足够养活不断膨胀的人口。随着黄河变迁，中国人也跟着迁移，在公元前2000年（古罗马出现的1500年前），中国人就已经到达了长江流域，原本在黄河流域的帝国中心也开始慢慢地转移到了东部大平原。公元前5世纪或前4世纪诞生了中国三个最伟大的精神领袖——孔子、老子和孟子。中国在这三位导师产生之前有什么样的宗教呢？如今已无法考证了。当然，身为造物力量的渊源，大自然是始终受到膜拜的，特别是那些完全靠天吃饭的人，他们对大自然是更加崇敬的，他们绝不敢有一丝一毫的不敬。孔子、老子和孟子与耶稣、释迦牟尼以及穆罕默德这样的宗教创始人有着本质性的区别。

首先，“人非圣贤，孰能无过”是他们的道德教义的基础，他们认为人并不是天生就是大智大勇的，而只不过是凡夫俗子，但是，如果一个人勤奋好学，谦虚谨慎，对长者与智者的教诲认真聆听，就一定会有所作为。从西方基督教的角度上来看，这三个导师所宣扬的观点都太世俗、太物质、太功利了。对人应该逆来顺受或者随遇而安之类的思想，他们都未加以宣扬，因为他们知道，凡夫俗子是不可能有这样高尚的情操的，他们怎么会达到这样高的精神境界呢？而且，他们自己也怀疑，那样的行为准则会对社会发展有利吗？因此，他们说，恶有恶报、善有善报，好人应该达则兼济天下、穷则独善其身，尊崇先人，仁义忠信。这三位中国哲学大师所宣扬的道德思想都内容不多，而且每一位都有自身的不足。我并不是说孔子、老子和孟子的哲学体系比西方人的好还是坏，不过，他们的思想确实有某些非常鲜明的长处和优点。有4亿中国人操着数十种方言（中国北方人与南方人交流起来就如同瑞士人与意大利人交流一样困难），生活在各式各样环境之中，但是，因为孔子、老子和孟子的存在，至少形成了一个这样的共性——对荣辱沉浮保持豁达的人生态度，对坎坷失意秉持实用主义生活哲学。无数境遇凄凉的下层中国人正是由于有了这种人生哲学的支撑，才能走完自己历尽磨难的一生，而如果是一个欧洲人或美国人面对同样的磨难，就可能会精神崩溃、彻底垮掉或者干脆一死了之。

几乎每个人都能理解和领会孔子、老子和孟子的这些朴素的哲学思想。如果你不相信，我可以在中国人4000年的同化奇迹中找到证据。公元10世纪，蒙古大帝国这个更大的帝国吞并了中国，它疆域辽阔广大，东起太平洋，西抵波罗的海。但是，这些蒙古帝王却都和忽必烈一样，只有一个结局——被同化成汉人。蒙古王朝之后取而代之的是明朝（1368—1644）——中国的最后一个汉家王朝。后来，满洲一个鞑靼皇帝又推翻了明朝，建立起了自己的大清帝国。虽然当时满洲统治者把汉族征服了，强迫汉族人留起了长长的辫子，剃光了前额上的头发，但是，他们最终被同化得比汉族人还更像汉族人，仍然难逃蒙古人的命运。自从满洲人入主中原，中国出现了天下太平。大清王朝只需把海港守住，防范西方人的侵略就能高枕无忧了。于是，中华文明的历史进程终于捕捉到了一个喘息的时机，但是，文明一旦停滞不前，中国就一下子失去了活力，变得比任何一个国家都更僵化呆板，更闭塞保守了。中国的政治专制比十月革命之前的俄国政治体制还要严厉，文学被冰封了，科学也停滞了，如果有谁发明了新东西，他只会立即遭到他人的耻笑，甚至于本来无可比拟的中国艺术，此时也同古老的拜占庭镶嵌画一样开始走向形式化。中国完全地与世隔绝了，外面的世界在做什么，他们一点也不知道。一个闭关锁国的民族总是夜郎自大，会盲目地认为自己是最强大的民族，认为自己的军队是天下无敌的军队，认为自己的艺术也是人类一切艺术中最精彩绝伦的，还认为自己的风俗习惯和风土人情也远远优于别国，如果拿外国做标准来衡量中国，那简直就是荒唐透顶。然而，所有力图排外的国家其最终结局只能是贻害国民。

从16世纪早期以来，中国只批准了少数几个“洋鬼子”进入太平洋沿岸的以外贸为主的几个港口城市的资格。这些“洋鬼子”主要是葡萄牙人、英国人和荷兰人，他们在中国的社会地位很低，就如同刚好和弗吉尼亚州第一批殖民者的子孙坐同在一条船上的黑人医生。1816年，英国人派遣阿默斯特勋爵（1817年，他曾到圣赫勒拿岛拜访过拿破仑）来中国，请求中国皇帝给予英国商人庇护，改善他们在广州的待遇。阿默斯特勋爵被告知，如果他愿意在龙椅前磕头，他就可以上朝觐皇帝。所谓的“磕头”，说得文雅一点，就是 “在皇帝面前跪下，让自己的头颅触地三次”。从前有一位荷兰船长，他明白只要在皇帝面前下跪磕头，就可以把大量的茶叶和香料带回去，一辈子就能衣食无忧了，所以，他就跪下磕了头。但是，阿默斯特心想自己又不是一个船长，而是英国国王的代表，就断然拒绝了这个要求，结果，他连北京的城门都没踏上一脚。这时，在对这个小小地球的开发中，詹姆士·瓦特发明的蒸汽机在欧洲得到了广泛的应用。急切的欧洲人要赶快走出欧洲去征服新的世界，中国理所当然地被排在榜首。以突发事件为借口挑起战争，对骄傲的白种人来说是很不光彩的，特别是在1807年之后，第一个从欧洲到广州来的传教士马礼逊博士不断地对中国人宣传，基督教如何如何的好，为何要信仰基督。面对滚滚而来的鸦片，即使是那些思想最僵化、最狭隘的满洲官员都能积极地用孔子之道来阻挡，但是，英国东印度公司却不断地从罂粟籽中提炼出鸦片，仅卖给黄河流域和长江流域的中国人的就达数百万磅之多。英国东印度公司坚持要把鸦片输进中国，中国政府坚决拒绝鸦片的登陆，于是，鸦片和受伤害的感情引出了1840年的鸦片战争。这场战争令中国人瞠目结舌，在他们发现自己根本不是这些他们根本瞧不起的外国人的对手，经过了几百年闭关的中国已经远远落后于世界了。

这种担忧最终变成了现实。鸦片战争之后，中国人开始逐步听任外国人的摆布了。大部分的中国人本来不问世事，只管在自己的土地上耕耘收割，但通过偶尔看到的事实也渐渐发现自己的国家出现了问题。在这片土地上发生的一切灾难都被中国人归咎于清政府的外族统治上，于是中国人开始揭竿而起了。中国约在80年前爆发了第一次大起义，中国人希望用革命要回自己的自由。当清政府正与英国和法国打仗时，华南地区的“太平天国”运动正风起云涌。这些人剪掉了辫子，拒绝剃头。为了取代满洲人，他们推举出了自己的汉人皇帝❶。但是，对那些因贫困而造反的老百姓来说，清王朝的军队实在太强大了。最后，他们的皇帝在南京的自己的宫殿中自焚了，还烧死了所有的后妃。❷有数十万人在这场革命运动中被杀。剿灭这场革命运动的清军中曾有两个外国将领，一个是美国工程师华尔，另一个则是英国人戈登，戈登是一个虔诚的基督徒、一个神秘主义者。戈登回国后，一心一意从事宗教和慈善事业，过着悠闲的退伍生活，为他的悲惨的下场做准备。在“非洲”

❶汉人皇帝：指洪秀全。

❷这里是作者弄错了，洪秀全是病死的，湘军攻陷南京时，洪秀全已死了一个多月了。自焚的是誓与南京共存亡的太平军战士。

那一章里将会提到有关戈登的故事。

1875年，德国同清政府产生了矛盾，于是，以帮助中国荡平沿海海盗为由，德国派一个中队进入了中国。1884—1885年，发生了中法战争，于是中国丧失了南部的安南和东京湾。1894年，中国人同已经西化了的日本人又打了一仗，结果丢掉了台湾岛。这时，欧洲人开始争夺中国的军事战略要地了。俄国人强占了东北的旅顺港，英国人租借了威海卫，德国人霸占了胶州湾，法国人则拿到了湄公河左岸的金兰湾，而美国人只是含含糊糊地表明了一个“门户开放”之类的立场，这再一次体现了美国人的外交政策的感情经常是复杂的（或者说多愁善感）。欧洲人把抢到手的土地改造成了坚不可摧的堡垒，无论何时，只要美国人看过去（当然不是为了看热闹），他们就慌忙关上大门。这时天生吃苦耐劳的中国人民开始看到，不仅政府在压迫着他们，外国人也在欺凌他们。看清了这样的事实之后，他们再次把所遭受到的苦难和屈辱统统发泄到外族统治者——清政府身上。1901年，义和团运动爆发了。他们先把德国大使刺杀了（原因是这个德国大使是第一个攻击中国人的外国人），然后围攻北京的外国使团。于是，为了解救被围困的外交使团，俄、日、英、法、奥、德、意、美八国组成了一支联军，开进北京，解救了那些绝望的大使和他们的家属。为了报复，八国联军在北京城内大肆抢劫，这座富裕的城市因此而遭受了空前的破坏，无论是多么神圣不可侵犯的都被他们侵犯了，甚至连紫禁城也不能幸免。“就像匈奴人那样干吧！”这是德国皇帝对德军司令和他的两万名士兵（虽然停止了射击，但他们仍在大肆抢掠）下达的一句口谕。这是一句不幸的指令，也是老威廉皇帝在他统治时期所发出的最差劲的指令。十几年后，他就得到了报应，如今，他不得不孤零零地待在荷兰砍木头。中国的老百姓再也忍受不了清朝政府的奴颜婢膝、战争赔款的天文数字、欧洲各国的得寸进尺了。1911年，又一次革命爆发了。清政府被推翻，共和国成立了。这一回，人民成功了。中国人这一回总结出了深刻的教训。中国人明白了西方人不仅对孔子的道德文章有兴趣，他们对中国的煤炭、铁矿和石油等珍贵的矿产资源更有兴趣。中国人要么努力把自己的宝贝矿藏保存好，要么就得把它们沉入太平洋的海底。他们很快就开始认识到应该学习日本人，在最短的时间内实现“西方化”。他们从世界各地聘请来了许多老师，尤其是请日本人来当自己的老师，因为两国地域相近，交流极为方便。同时，俄国的一切正都在按照马克思主义来进行管理，为把一个占地球1/6面积的国家转变为一个工业大国，开始了一个伟大的历程。由于中俄是邻邦，俄国人就能悄悄地把一些新思想传播到这些长期经受苦难的中国苦力耳中。从前，不论是英国人、法国人还是日本人来主宰中国人的命运，中国人都好像是天生的苦命。世界大战结束以后，所有这些相互冲突的思想、情感和计划在中国造成了史无前例的大混乱。在世界大战中，中国人是被迫加入协约国的。战争一结束，中国人又回到了从前的老样子，他们不仅毫无收获，反而失去了更多。我不是预言家，无法预测中国在未来的10—15年里会出现怎样的局面。可中国是一个贫困的国家，而且起步又太晚。到那时，中国的情况可能不会有太多的改善，也不可能很快地追上世界前进的步伐，但是，如果有朝一日中国人赶超了我们，那么，我们就请求上帝怜悯吧。

第三十八章

朝鲜、蒙古

让我们简单地学学实用经济学。如同意大利人一样，日本人也被禁锢在一个小岛上，人口在剧烈膨胀，因此，他们向往更多的土地。有一条亘古不变的自然法则，世界上任何漂亮的词语无法改变它，任何条约也改变不了它，任何善良的女人和男人的甜言蜜语也改变不了它，因为这是自然界必然的规律。比如，我在大海中间的一个小木筏上漂泊，我很强壮，但饥肠辘辘；这筏子上还有一个弱不禁风的人，他的口袋里却装满了火腿三明治。于是，我要么拼命从他口袋里抢来一份火腿三明治，要么就只能等着被饿死。人总是要面子的，而且受了敬畏神灵的父母多年的悉心教育，我会努力克制自己的欲望。一天，两天，三天……最终，我的欲望还是爆发了："拿一块三明治给我，否则，我就把你扔到大海里去——赶快！"由于我过去所接受过的教育，我对这个有三明治的人或多或少会怀有一点仁慈，允许他留一份三明治给他自己，但是，如果不把他杀死，我还得忍受挨饿的痛苦。如果木筏上的人是一百万或是一千万，对日本人所面临的问题，你就能有个形象的理会了。日本人生活在一片比加利福尼亚州还小（加利福尼亚州有155652平方英里，日本面积为148756平方英里）的土地上，它的农业用地只有1600万平方英亩，接近于美国农业用地总量的2%。如果用一块距我们较近一点的地方做比较的话，可以用纽约州那块经过改造的土地。对日本这个贫穷的岛国所面临的实际问题，即使是世界上最好的农业专家，只要让他到日本看一下，就会一目了然。当然，日本人由于临海而以打鱼为生，尽管他们的农业今天已到了在稻田的泥水里养鱼的水平，但是，由于日本年增人口都超过了65万，要解决温饱问题还要很长时间。日本必须要找到更多的土地。日本人的目光自然首先投向了中国海对面那片被完全忽视的土地。最合日本人的口味的当然是美国，但是美国太遥远了，也太强大。澳大利亚也很远，而且那块大陆90%的地方一片荒芜，人迹罕至，根本就没有用。相比之下，满洲就近在眼前，朝鲜半岛又正好是一座桥梁，而朝鲜半岛与日本之间只有一条狭窄的朝鲜海峡，其宽度只有102英里，朝鲜海峡正中央恰好又有日本人的对马岛。1905年，在对马岛附近，日本舰队把俄国海军舰队一举摧毁了，一下就干掉了远东的一个潜在敌手。由于没有能起保护作用的天然屏障，朝鲜半岛尽管所处的纬度同意大利的西西里岛差不多，但却比西西里岛寒冷。在古代，朝鲜半岛也称为高丽，之所以叫朝鲜，在朝鲜人的解释里就是“静谧的向阳之地”。公元前12世纪，有一群中国人占领了朝鲜半岛，如今的朝鲜人就是这些中国移民的后裔。当时，他们来到朝鲜半岛，轻易地赶走了住在中部石穴中的原始部落。这些新来的中国人也建起了自己的王国，但是却从未从他们的母国——中国——取得真正的独立自主权，而且，他们还常常遭到日本海盗的袭击。1592年，日本人首次试图把朝鲜侵略吞并。未充分地做好准备，日本人是不会莽撞动手的。动手之前，日本人从葡萄牙人手中购置了几百支大口径火枪。凭借武器的优势，他们才派出30万大军渡过了朝鲜海峡。这场战争打了5年，朝鲜请中国人来援助，最后，日本人还是吃了败仗，因为中国军队的人数更多。朝鲜人为什么会对日本人恨之入骨呢？在这次侵略战争中，日本人摧毁了朝鲜的首都汉城[1]，还制造了许多令人发指的残暴事件。日本强大，而朝鲜弱小，因此，在19世纪的最后25年，当朝鲜的政治和经济等各个方面都在俄国的卵翼下时，日本人就找到了一个再次发动侵略战争的借口。

引发战争的表面原因往往是平淡无奇的，而其真正的根源常常隐藏在幕

---

[1] 汉城：现在的首尔。

后。日本政府需要更多的粮食来养活国内正在迅速膨胀的人口，这就是日本人侵略朝鲜半岛（包括1592年的那次侵略）的最直接、最深刻的根源。日本打败了俄国，把俄国军队赶出了中朝边界的鸭绿江，朝鲜也就沦落为日本的保护国。1910年，日本帝国进一步把朝鲜半岛并入了自己的版图，让它同台湾岛和库页岛处于了同样的地位。1895年，日本人抢了中国台湾岛；1905年日俄战争后，俄国对日本的战争赔偿是库页岛。现在，在朝鲜半岛上有50万日本移民和2000万朝鲜人，而且，还会有更多的日本移民继续涌入朝鲜半岛。

蒙古是一个面积广大的国家，其南部人烟稀少，是一片沙漠，其余的地方则是一望无际的大草原，适合放牛牧羊。蒙古的总面积达140万平方英里，是英伦三岛的11倍，但人口还不到200万。蒙古人的骑射技术是蒙古能达到昔日的辉煌的主要原因。骑在战马背上，一路从太平洋打到大西洋，对如今的蒙古人来说，这是再也不可能发生的事了。对日本人的野蛮侵略行为，许多人好像怒发冲冠，把这称之为“日本人的狼子野心”，而我倒愿称之为“日本人的生存需要”。日本必须寻找一条出路来解决国内过剩的人口，因此，它在北亚的行动也就情有可原了。北亚地广人稀，人们司空见惯于任何残暴的统治，他们过去的日子不一定比现在好。如果没有作为安全阀的北亚，菲律宾、荷属东印度、澳大利亚、新西兰和美国西海岸将永远暴露在日本人的铁蹄下。为预防波利尼西亚群岛的任何一个岛屿在某个晚上被日本的巡洋舰“拖走”，我们将不得不在每一个岛屿前都部署一艘战舰。从全局来看，眼下这种格局似乎更为有利。如果有人因为我这番无情无义、自私自利的话语而伤心落泪，那么就请趴在印第安人的肩头哭泣吧。

第三十九章

日本帝国

在侵略邻邦、称霸世界之前，日本本来是一个由500多个岛屿组成的半圆形岛国。它的总面积与英格兰、苏格兰和曼哈顿面积之和差不多，518个岛屿上有6000万人居住。据最新统计，包括2000万朝鲜人和一些波利尼西亚岛上的居民在内，日本总人口已超过9000万。这些波利尼西亚岛屿自世界大战以来就一直是日本人的属地。其实，只要知道本州、北海道、四国和九州这几个岛屿已经足够了。日本中部的主要岛屿是本州，位于日本北部的北海道是仅次于本州的第二大岛。在本州南部，两大岛屿四国和九州紧挨在一起。拥有200万人口的东京是日本的首都，坐落在本州中部肥沃的平原上。横滨是东京的港口。位于本州南部的大阪规模更大，它也是日本重要的纺织工业中心。京都是日本帝国的旧都，位于大阪的北部。偶尔在报纸上能够看到其他一些城市的名字，比如大阪的港口神户；还有非常便于欧洲各式船只出入的港口长崎（位于南部的九州岛上）。江户——在历史书上你也许常见到这个名字——是幕府时代东京府的旧称。1866年，幕府失势，天皇从京都移居江户，并改称为东京。东京从此进入了一个发展特别快的时代，最终发展成了现代世界一个最大型城市。然而，这些城市都处于可能随时被彻底摧毁的威胁中。这是由于日本列岛位于大亚洲山脉的边缘地带（就像使英国成为一个岛屿的北海一样，日本海、东海和黄海形成的时间都不长），正好是从萨哈林岛至荷属

日本是如何形成的

东印度群岛[1]的爪哇岛——一条火山带的一部分。这条火山带几乎一直是活跃的。地震仪的观测数据表明，1885—1903年，日本共发生了27485次地震，年均地震1447次，日均4次。当然，大多数地震都不是太严重。茶杯的轻微晃动，椅子碰到墙上发出声音，仅此而已。但如果你知道，日本的古都京都在过去的1000多年中曾发生了1318次地震，你就会明白这个岛国所处的险境了。在这1318次地震中，有34次完全是毁灭性的地震，194次是强烈地震。其中，1923年9月的那次大地震使东京几乎被夷为平地，死亡了15万多人，有几个小岛，露出水面的部分只有几英尺高，其余部分都沉入了大海之中。由于地震发生的年代不是很久，人们对其的记忆至今还历历在目。

人们常将地震与火山干扰连在一起。火山爆发无疑导致了一些地震的发生，但是，人类生活的表土层下面的岩石层突然坍塌是大多数地震产生的原因。如果这些岩石层的移位不过二三英尺的话，其后果不过是几棵树或几丛灌木被弄倒而已，但如果它正好发生在人口密集的地区，就可能制造出大灾难，像1775年里斯本地震有6万人遇难，而1920年中国广东地震，丧生者可能高达20万。据一位最权威的地震专家的最保守估计，人们所谓的“有史以来”，即在过去的4000年里，至少有1300万人死于地震，不管怎么看，这个数字都非常惊人。当然，任何地方都可能发生地震。一年前，北海海底发

[1] 荷属东印度群岛：过去西方国家对马来群岛的称呼。

生的强烈地震波及莱茵河和斯海尔特河河口岛屿上的泥滩，引起了泥滩上面的挖蛤人的一阵恐慌，但是，北海海面却依然风平浪静。日本地震频发，还有另一个原因。日本列岛地处山脊顶部，这个山脊的东部一直在向下延伸，并延伸到了目前所能测定出的最深海沟。这个著名的塔斯卡罗拉海沟有2.8万英尺深，目前最深的海沟——马里亚纳海沟只比它深6000英尺。日本50%以上的灾难性地震都发生在海岸垂直落差约6英里的东部沿岸地区，这绝非偶然。然而，同生活在地震带的大多数人一样，日本人并没有因为这个永久的安全威胁的存在而失眠。他们一日三餐照吃不误，照常地耕耘播种、和孩子玩耍，看到查理·卓别林的表演他们照样会哈哈大笑。从多年的教训与实践中，他们摸索出了一条用薄纸板建房子的经验。这样，虽然冬天可能会有穿堂风，但对居住者来说，当房子突然倒塌时，危险能降至最低。当然，日本人也仿效西方，比如在东京盖起了摩天大楼，假如遇上大地震，损失将会无法估量。但总体上来看，在适应并克服这一无法避免的地理缺陷方面，日本比其他任何国家做得都要好一些，如同他们安排生活，成功地做得比大多数西方国家更协调也更具冒险性。这里所说的并非是上面有在樱花树下喝茶的艺伎的漂亮的明信片，也不是蝴蝶夫人的那些美丽的木偶玩具，我只是在把那些游客告诉我们的一切加以重复。他们看到的是昔日的日本，在那时，日本人还承袭着传统的风俗习惯和生活方式（其生活方式非常高雅），还没有产生把这个岛国变成芝加哥和威尔克斯—巴里[1]的郊区的想法。日本从旧到新的转变是一个非常令人难以置信的转变，这一转变无疑对于美国的安全和幸福产生了巨大的影响，并将继续飞快地进行下去。因此，我们美国人至少应该对日本人有所认识，不管我们是不是喜欢日本人，只要太平洋不干涸，日本人就始终和我们为邻。

同中国的历史相比，日本的历史算不上悠久。中国的编年史能上溯至公元前2637年（大约是奇阿普斯大金字塔建造的时代），而日本最古老的编年史也不过是从公元400年开始的。现在所说的日本大和民族就是在那个时候

[1] 威尔克斯—巴里：美国宾夕法尼亚州东北部的一个工商业城市。

出现的。其实，严格地来说，并不存在什么“大和民族”，和英国人一样，日本人也是一个混合民族。阿伊努人是日本列岛最早的居民，由于来自中国南部和马来半岛的人、中国中部的人、满洲和朝鲜的人的三次连续入侵，阿伊努人被逐渐驱赶到了比较偏远的北部岛屿。因此，日本最初的文明其实就是中华文明的延续，日本人从中国人那里学来了一切。后来，日本仿效中国，允许传播佛教，这时，两国关系就更为紧密了。旧教义被一种新教义取代时，新教义至少在某种程度上会不可避免地受到旧教义的影响。任何一个传教士，不论他传播的是基督教还是伊斯兰教或佛教，都应该懂得这个内在的规律。公元6世纪，第一位中国佛教高僧进入日本，他发现日本有一种本土宗教体系，可以说这是一种与日本人的需要很适合的宗教体系。这种本土宗教是“神道教”，它来源于“神道”一词，相当于美国人所说的“神圣之路”。与亚洲普遍流行的对鬼神的崇拜相比，神道教是较高雅的一种宗教。它认为世界是一种无法损坏的力量，从而教导人为自己对这个世界所作所为负责，不管这个结果多么微茫，它都是永恒的存在。日本的现代宗教就是佛教和神道教的混合产物。首先，神道教非常强调个人对整个社会的责任与义务。日本人（不一定非是孤僻的人）具有一种信念，一种非常真挚又根深蒂固的信念：每个人对祖国都肩负着一种非常明确的责任。神道教还强调对祖先的尊敬。但日本人的这种尊敬，并没有像中国人那样发展到了荒唐的地步。偌大的中国被变成了一个巨大的坟墓——死人统治着活人，那里坟地占据了大量土地，而这些土地本来是用于种植庄稼、养活活人的。

旧日本

然而，日本文明同中国的文明之间一直未出现重大分歧。16世纪晚期，日本国内的诸侯拥兵自重，割据一方，对天皇的态度还不如神圣罗马帝国的骑士对皇帝尊重。各派势力在经过一段漫长的争吵和战争后，一个铁腕人物终于控制了政府。800年前，在遥远的欧洲，古法兰克国王的总管把自己的主子送进了寺院，自己把持国家的统治权。由于这些总管比他们的主子更精于统治，因此无人提出异议。日本人民受够了这将近400年的内战，他们并不关心谁来充当统治者，只要能获得安宁就行。因而，当帝国的总管、拥有大量财富和影响力的德川家族的领袖成为了帝国的最高统治者时，日本人并没有反对，也不站出来捍卫正统的天皇。这位日本大总管声称天皇是地球上的神灵，是所有日本人的精神之父，但天皇又是那么遥远，那么神秘，那么完美，就像西藏活佛一样，所以他的真面目永远不该在他的臣民面前显露。这种统治格局维持了几乎整整200年。国家的统治者是居住在东京的幕府将军（就是对众所周知的那些统治者们的称呼，相当于美国人的“总司令或最高总司令”），而天皇孤独地在京都深宫的豪华的屏风后面，任时光匆匆消逝。日本在幕府统治时代建立了严格的封建制度，而且，日本花费了很长的一段时间来完善这一新制度的细节。这一制度在造就日本人民的性格方面产生了非常深远的影响，甚至在日本已开展了近80年的工业化的今天，日本人在本质上仍然是封建主义者。他们在考虑问题的角度上和他们的欧美竞争者截然不同。

1600年后，日本统治者把社会明确地划分为三个社会集团，最高层的是由封建贵族成员组成的“大名”，他们就是大地主；第二阶层是武士，他们是有继承权的斗士，相当于欧洲中世纪时代的骑士；其余的人都属于第三等级，即平民。这并不是一个理想的制度，但历史就是这样。广大老百姓从未对政府的任何理论产生过浓厚的兴趣。这就是历史告诉我们的事实。这个政府行吗？它能把安宁与和平带给我吗？能确保我的劳动果实归属于我，不会被他人合法地夺走吗？老百姓最关心的就是这些问题。这个制度在200多年的时间里一直运行得很好。幕府将军是日本的政治首脑，而被视为国家的精神领袖并加以崇拜的是日本天皇。“身处高位应不负众望”是大名和武士们不得不坚守的一条非常严厉的信念。假如行事违背了宣誓的誓言，就该在最庄严的切腹仪式中剖腹自杀。日本那时就开始了有点过于拥挤的局面，人们只能勉强地维持生活。他们一般不会在兴趣和爱好上有太多的奢望，而是很有节制，很为俭朴。大自然似乎是个十分忠诚的朋友，从荷属东印度北赤道地区发源的黑潮（墨西哥湾暖流的一个支流，即日本暖流），先流经菲律宾和日本，而后横渡太平洋，造福于美国西海岸。这股暖流的存在使日本的气候温和适中。同时，正好有另一条狭窄的冷水带❶从日本东海岸的不远处流过，致使日本的气候不会像加利福尼亚那么温暖潮湿。不过，纵然如此，日本的气候还是比中国大陆强得多。因为迷失了方向，葡萄牙航海家门登斯·平托登上了日本群岛，之后，一切发展似乎都自然而然。日本原本的历史进程因葡萄牙航海家门登斯·平托的到来而发生了改变。因为葡萄牙人不仅对遥远的国家进行拜访、同他们开展贸易，同时还把宗教信仰带到了这些国家。葡萄牙的基督教总部设在印度果阿和中国澳门。起初，葡萄牙的传教士们在日本得到了很好的待遇，幕府当局给他们提供了一切便利和机会，让他们宣扬基督教义比长期处于至高无上地位的日本宗教的优越之处。葡萄牙传教士四处布道，有很多日本人皈依。后来，一些西班牙属菲律宾群岛的传教团也进入了日本，他们也同样受到了欢迎。但是，陪伴这些传教士前来的人却不那么神圣，而且他们都穿着铠甲，握着奇形怪状的铁棍，这铁棍能射出同时把三名日本普通士兵穿透的沉重铅弹。当幕府将军发现了这一点时，他们开始对这些外国传教士的存在感到不安了。

日本人对当时所发生的那些痛苦事件的观点和看法，美国人直至最近半个世纪才开始有所理解。这些事件使日本人背上了一个冷酷无情的名声，但这和美国人从其他方面的资料所获得的情况是完全不同的。当时，幕府将军是因为害怕而不是突然产生的对西方人的厌恶，才决定禁止基督教传教士在日本的进一步活动的。他们害怕宗教纷争会把整个国家弄得四分五裂，也担心那些既是船长又是商人的人会夺走日本人的财富。船长把和平与祝福的使者们运送到日本海岸，然后又满载着未付分文的日本货物离开了。耶稣在日本影响最大的地方是离葡萄牙在中国殖民地最近的九州。起初，这些神父们

❶指北冰洋寒流。

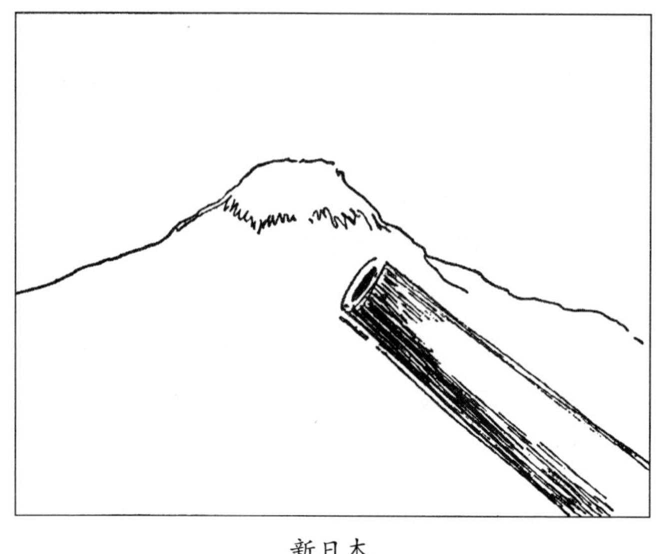
新日本

还在九州谦卑地宣扬耶稣基督，可他们一旦占了上风，就把日本人原来的庙宇拆毁，把日本人的偶像破坏，成千上万的农民和贵族们在他们枪口的威逼下接受了十字架。当时的铁腕人物丰臣秀吉知道了所有这些情况后，他意识到已经出现了不可避免的后果。于是，他声明："基督教牧师们来日本传扬德行，其实呢，德行却只是他们的一个工具，是一个掩盖他们对我们日本帝国的险恶居心的工具。"1587年7月25日，也就是首位日本使节拜会了教皇以及西班牙和葡萄牙国王后的第五年，所有的基督教传教士都被日本驱逐出境。商人们在日本能照常经商，但必须处于日本政府的监督之下。葡萄牙传教士刚一离开，来自菲律宾的西班牙方济各会和多明我会的修士修女们迅速填补了他们的空缺。他们耍了一个花招，假扮成来日本觐见丰臣秀吉的特使，但这诡计马上就被识破了。不过，除了被警告不得再布道之外，他们也没有再遭到什么其他的责难。但他们并未遵守这条禁令，反而还在江户建起了一座教堂，给来自四面八方的人施洗。接着他们又在大阪建立了教堂。然后，他们又在长崎强占了一座耶稣会教堂。之后，他们开始对耶稣会这个竞争对手进行公开地反对，并指责耶稣会，说他们在给日本人民传播福音时使用的方法对日本人太谄媚了。简而言之，日本人做出了完全错误的判断，还发现了隐藏那些职业传教者的仓库。最后根据丰臣秀吉的命令把他们全部驱逐出境，但他们去得快，回来得也快。日本人对那些不受欢迎的西班牙人表现出了极大的耐心和容忍，数年无效的警告终于让日本人明白：除非使用极端手段，否则别无良策。

在过去的400年中，内战给日本带来了非常大的灾难，如今，他们吸取了教训，不再重蹈覆辙，而是自发地一致对外，抗击一切外国侵略者，对那些无视禁令的基督教传教士处以死刑。在接下来的近50年里，日本心甘情愿地与世隔绝，可以说是几乎但非彻底地处于自我封闭的状态。因为他们还有一小扇窗户对外开放着，大量的日本黄金通过这扇小窗户流到西方去了，而也有少量的西方先进科学技术悄悄进入了这个奇怪的日本。荷属东印度公司曾是葡萄牙人在日本的商业竞争对手，但和英国人一样，荷兰人只是纯粹在做生意，他们不太关心日本人的灵魂。但是，英荷两国谁能独霸日本市场呢？在较长的一段时期内，这是一件难解难分的事，但经营不善的英国人最终丧失掉了日本市场。日本把葡萄牙派来的一连串外交使团的最后一名成员处死了（这其实是证据确凿的官方谋杀），之后，他们又取消了荷兰人此前享受的许多特权。但是，只要荷兰企业在日本的年均回报率能接近80%，荷兰人就决不会放弃日本市场。他们只能居住在一个300码长、80码宽的石头岛上，这个岛小到几乎连个遛狗的地方都没有，这个小岛就是位于长崎港口的出岛，而且他们还不可以携带妻子，更不能踏上陆地半步。对日本当局制定的数百条法规中的任何一条，只要荷兰人稍加违背，惩罚就会立刻来临，仅仅这一次，荷兰人一定修炼出了天使般的忍耐心（不一定是民族性格）。有一天，东印度公司新建了一座货仓，并遵照当时的习惯把建筑日期刻在了货仓的正面，而且按习惯在日期前面还加上了字母“A.D.”，即“公元”。这个符号直接牵涉到了基督徒的上帝，如同我们美国人对待来自莫斯科的布尔什维克鼓动家的方式一样，日本人当时也以这种态度来对待这些人，后果不言而喻。幕府将军下令，不仅要去掉那些令人不快的字母，而且还要摧毁整个货仓，把它夷为平地。为了让荷兰人记住葡萄牙人被驱逐出境的结局，日本人还放出话来：只要太阳还在照耀着大地，就决不允许基督教如此大胆地踏入日本岛。我们要让所有人都明白：不论是谁违反了这条法令，哪怕是菲利普国王，甚至是基督徒的上帝，也要用他的头颅来抵罪。看来，荷属东印度公司的官员们似乎打心眼里记住了这个教训，荷兰人继续住在出岛达217年之久。但是，荷兰人是彻底的现金交易者，不管日本人从国外订购什么，货到就必须付款。所以，在这217年里，日本人的黄金白银源源不断地外流着。也是经由这个途径，欧洲人从这些太平洋的隐士们口中零星地了解到了一些与日本人有关的消息。所有这些消息让人们一致认为：日本帝国的条件还远远不尽如人意。日本很快就变成了“没有一个国家能期望完全自给自足”这个观点的反面例证。而且，日本的年轻人也越来越难以管束了。他们隐约地听到西欧有一些非凡的科学知识，并开始借助出岛这个小窗口来接触科学和医学知识。费了好大的劲，他们终于琢磨出了那些奇形怪状的荷兰文字的意思，并知道除了日本还在停滞不前以外，整个世界正以惊人的发展速度前进。为了警告日本人不要再继续这种紧闭国门的愚蠢行为，1847年，荷兰国王给江户的日本皇宫送去了满满的一箱科学书籍作为礼物，还附上了一份世界地图。有时，从旧金山开到中国广东的货船不慎在日本沿海失事，由于没有领事或外交保护，船员们的遭遇就可想而知了。1849年，两艘美国军舰舰长威胁说，除非日本人马上移交18位美国水手，否则就要炸毁长崎。荷兰国王再一次对日本同僚仍然推行的这种孤立政策发出了警告，警告他们不要再冒险了，否则，等待日本人的只有灾难。这些从海牙发来的信函只不过表明了全世界很久以前就知道的情况。迟早有一天，日本人肯定会向西方的商界敞开大门的，如果现在和平开放的要求被他们拒绝，那么等待他们的就只有武力胁迫式的开放了。

俄国一直在向着阿拉斯加海岸步步推进，也正在有计划地慢慢强化着对西太平洋的控制。只有美国是唯一能采取行动的国家，而且它还不会被怀疑有领土的野心。1853年，四艘美国军舰和560名船员在海军准将佩里的率领下，开进了浦贺湾。对美国海军的初次来访，日本上下产生了前所未有的恐慌，天皇公开祈求上天的庇佑。佩里一走（他只在日本停留了10天，其间向日本天皇递交了一封美国总统的信），日本人就让荷兰人帮忙武装了一艘军舰，并在各要塞配置兵力，架好了过去的葡萄牙火枪，把一切准备妥当，防备那些大洋对岸的军舰的再次造访。他们是不惜一切代价继续与世隔绝，还是推行对外开放政策呢？对此，日本人分裂成了两派。大多数人都赞成继续隔绝，但是，另一部分人却主张开放。幕府将军因为主张对外开放而基本上失势了，还被痛斥与外国人狼狈为奸。然而，从佩里海军准将那次著名的访问中获益最多的人却是天皇。封建政府不容置疑的首脑——幕府将军已经走过了繁荣的黄金时代，很早就开始衰落了。大名和武士的际遇也差不多。他们仍然佩带着刀剑，把镇压内战作为自己的光荣使命，他们好像不是生活在1853年，而是生活在1653年。全面改革的时代来临了。纯属巧合的是，当时的天皇，这名义上的国家首脑，正是一位知识渊博、富有远见卓识的年轻人。幕府将军听从了他的劝说，主动辞职，国家统治权重新回到了天皇手中。天皇接受了劝谏，他认识到再继续这样自我封闭，国家就是在慢性自杀。他热情地欢迎外国人到日本来，态度就像当初驱逐他们时一样坚定。这就是日本历史上的明治时代，或者说是明治天皇开创的文明时代，它把日本这个16世纪的封建的农业小国变成了一个现代化的工业强国。

如果有人有这样的问题：如此大规模的、彻底的感情改变是否是一件让人欣慰的好事呢？这个疑问其实没有必要。也许工厂、庞大的陆军和海军、煤矿和钢铁铸造能够造福于人，也许不能，我不知道答案。有些人的答案是肯定的，而有些人的答案是否定的。这个问题在很大程度上取决于一个人从什么角度去看。10年前，俄国人热爱他们的圣徒并维护他们的精神。而今，他们的灵魂满足于待在发动机的排气管里，圣徒却放在厨房的壁炉里焚烧。这样的事情是完全无法避免的，这是我的个人看法。就其本身来看，它们既不是绝对错误的，也不是绝对正确的，而是必要的，是一个必经的步骤，通过这个步骤，我们才能把自己从对饥饿和经济变幻无常的担忧和恐惧中解脱出来。在这场变革中，机器既是父亲，也是母亲，同样地，许多美好的事物都被它毁掉了。对于这一点，任何人都无法否认。同到处都是汽油厂和煤气厂的日本相比起来，北斋和歌麿笔下的日本当然更有趣。[1]不过，北斋和歌麿早已不在了，而东京的家庭主妇更喜欢用煤气烧饭，而不再用炭火慢慢煮饭

---

[1] 北斋（1760—1849）：全名葛饰北斋，日本画家、木刻家。歌麿（1753—1806）：全名喜多川歌麿，日本浮世绘画家，由于绘制了统治者妻妾的木版画而触犯了幕府，被迫害致死。

了，其答案也就在此。白雪皑皑的富士山是一座古老而悠久的火山。从1707年以来，它始终一言不发。从前它俯瞰的孩子们向路边的神道庙敬献鲜花的地方，如今却是林立的香烟广告牌。寺庙里的那只神鹿，居然被漫不经心的游客乱扔的罐头盒把腿也砸坏了。但是，富士山知道，一切终会有结束的一天。

第四十章

菲律宾

墨西哥的昔日属地

亚欧大陆向东伸进了太平洋，它的前缘部分露在海平面上，形成了一个半圆弧形岛屿群，它从堪察加半岛一直延伸到爪哇岛，菲律宾群岛就是这个岛屿群的一部分。海水淹没了这个半弧形岛屿群和大陆之间的低地，于是就形成了日本海、东海和南海。组成菲律宾群岛的大大小小的岛屿有7000多个，但是，面积超过一平方英里的岛屿只有462个。其他的岛屿，要么就是一些大的悬崖，要么就是一小块的沼泽，因为太不重要了，只有25%的岛屿有名有姓。菲律宾群岛的面积约等于苏格兰和英格兰的面积之和，约有1100万人口，其中占绝大多数的是中国人和日本人，白人约有10万。虽然目前菲律宾发现的火山只有25座，而且，除了其中的两三座是活火山之外，其他的似乎早就休眠了，但是，它在历史上肯定是火山频发地带。人们应对此万分庆幸。从地理学上看来，菲律宾的位置非常危险。目前，在菲律宾的东面，人们发现了地球上最深的海沟，它到底有多深呢？如果把这个海沟作为喜马拉雅山的埋葬之处，那么地球上最高的山峰——埃佛勒斯峰峰顶仍位于海平面5000英尺下。如果世间万物都滑向这个地球之渊，那么可能什么遗迹都不会留下。吕宋岛是菲律宾群岛中最重要的岛屿。它的形状像蝌蚪，在中部高高隆起，最高处有7000英尺高。首都马尼拉是菲律宾最重要的城市，它位于吕宋岛的东岸的一处古老的伊斯兰教村落的废墟上。1571年西班牙人建起了这座城市，城市的名字来自于菲律宾群岛盛产的一种叫马尼拉的烟草。1590年，西班牙人又在此建造了城墙。历史已经证明，这城墙比它们的建造者的统治更为长久。即使西班牙人对马尼拉的管理十分糟糕，但马尼拉还是得到了快速的发展，跃居为整个远东地区最重要的商贸中心。来自中国、日本、印度，甚至遥远的阿拉伯世界的商船把马尼拉港都泊满了。他们用满载来的货物在马尼拉交换西班牙人从中美洲墨西哥殖民地转运过来的欧洲货物。因为西班牙人如果取道好望角穿越印度洋可能会遭到英国人和荷兰人的袭击，而他们又不敢冒这个险，因此，西班牙人选择了另一条航线，即从马尼拉直航到特万特佩克湾，在那里装上货物，再穿越美洲地峡，经由陆路转运，把货物再装船，途经古巴及波多黎各，最后返回西班牙。还有十几个较大的岛屿散布在吕宋岛的南面，萨马岛、班乃岛（岛上有菲律宾第二大城市——名城伊洛伊洛）、内格罗斯岛和宿务岛是它们中最著名的几个岛屿。再往南是只比吕宋岛小一点点的棉兰老岛。棉兰老岛上信奉伊斯兰教的原住民摩洛人为了维持自己的独立曾与西班牙人和美国人做过殊死抗争，因而声名远扬。棉兰老岛上最大的城市三宝颜市面临着苏禄海。一般而言，菲律宾人对太平洋不感兴趣，他们关注的是西方，因为他们的宗教来自于西方，他们关于文明的最初概念也来自于西方，他们的贸易对象也是西方。东方人发现菲律宾纯属是偶然的。1521年，麦哲伦在菲律宾群岛的登陆。这是出于当时的一场纷争，这场纷争给他的雇主——教皇兼西班牙国王招来了麻烦。为了平息这场纷争，麦哲伦选择了这条非比寻常的航线。在伊比利亚半岛上，教皇心爱的孩子们之间发生了争端。1494年，为了永远了结孩子们之间的争端，教皇在亚速尔群岛和佛得角群岛以西（大约在西经50度左右）用一条由北向南的线把世界平分为了两半，西侧是西班牙人的势力范围，东侧是葡萄牙人的势力范围，这就是著名的《托尔德西拉斯条约》。《托尔德西拉斯条约》规定，西班牙有权惩罚敢于越过此线进入西班牙势力范围的任何人，因此，英国人和荷兰人初期的远征美洲大陆的探险变成了一项非常危险的活动：只要胆敢跨越半步，不论是谁，都会被视为普通海盗，吊上绞架。然而，使麦哲伦这次冒险航行得以实现的教皇，也即臭名昭著的亚历山大六世——切萨雷・博尔贾（卢克雷齐娅・博尔贾之父），他本人就是西班牙人。因此，葡萄牙人就声称《托尔德西拉斯条约》不公平，损害了他们的利益。所以在谁该拥有什么的问题上，引发的争吵和战争长达100年之久。麦哲伦也被卷入这场争端中。尽管他是葡萄牙人，却受雇于西班牙国王。为了弄清富庶的摩鹿加群岛到底位于教皇赐给葡萄牙还是西班牙的那一块儿，麦哲伦东向航行，向印度洋进发，证明了葡萄牙人是正确的。摩鹿加就归葡萄牙人所有了，但是，没过多久它就落入了荷兰人之手。不过在这次航行中，西班牙人意外地发现了菲律宾，并把菲律宾群岛划入了西班牙人的势力范围，并由西班牙在墨西哥的机构进行管辖。之后，由于中美洲人口的减少，修士们大规模地从新卡斯提尔离去，来到了前景灿烂得多的菲律宾。人们不得不承认，修士们在菲律宾做了大量的全面的工作。实话实说，如果他们的工作做得稍微差一点，我们美国在菲律宾的工作就能轻松很多了。1898年，中世纪的西班牙在菲律宾留下的一切为我们所得，这时，我们第一次不得不同几乎全部是天主教徒的人打交道。站在政府的立场来说，美国可能不属于基督教国家，但是，美国人的人生哲学是绝对属于基督教的，而并非天主教。也许我们美国人会因自己给菲律宾人的好处而自豪：无数良好的公路、上千所中小学、三所大学、大量的医院和医生、护士、育婴箱、肉类和鱼类的防疫、卫生保健方法，以及数不清的先进科学所带来的好处。所有这些，在美国之前统治菲律宾的西班牙人连听都没有听说过。但是，对菲律宾人来说，所有这些慷慨的好处并不代表什么。这些尘世的进步和安逸固然不错，但是，与能够获救而进入天国相比，卫生防疫、医院、良好的公路以及学校算得了什么呢！菲律宾人自幼所接受的就是这种教育。

第四十一章

荷属东印度

会摇狗的尾巴

前面已经讲过，日本列岛、“福摩萨”岛[1]和菲律宾群岛都属于古老亚洲大陆的边缘高山，在被太平洋的惊涛骇浪冲击了几百万年后，终于同大陆分离，变成岛屿。马来群岛（它还有许多称呼，如马来西亚群岛、印度群岛、荷属东印度群岛等）不但是亚洲大陆架的延伸，而且是一个大小和中国差不多的巨大半岛的残余部分，它从缅甸、暹罗和印度支那南部向东一直延伸到澳大利亚。在地质史的初期，这个半岛或许是直接同亚洲大陆（当然那里要远比现在大）连在一起的。后来，有一条狭窄的水带把这个半岛同澳大利亚隔开了，这条水带的宽度和托雷斯海峡差不多，而这条海峡位于昆士兰和新几内亚岛之间。地质巨变把一块巨大的大陆变成了一群千奇百怪的岛屿，这里的成千上万的礁石大小不一，从婆罗洲（大小相当于斯堪的纳维亚半岛）一路伸展出去，极大地妨碍了航海。这次地质大变动并没有什么复杂的动因。这个地区是地球上火山活动最为活跃的地带，那条蓝色的绶带——火山活动的纪念物，至今依然在爪哇岛上飘荡着。爪哇有120多座火山，不过，总体上说，在过去的300年中它们的表现还算不错。苏门答腊岛稍靠西一点，岛

[1] “福摩萨”岛：16世纪葡萄牙殖民者对中国台湾省的称呼。

上的火山也还算平静。爪哇人大多数是古老的印度婆罗门教的信奉者。为了讨好那些居住在九泉之下的神灵，祭司们常常在节日里用活人来祭神，把他们投进火山口沸腾的岩浆中。这种生祭好像还真的有效，因为几百年来，虽然火山在不断地冒出滚滚浓烟，发出怒吼，偶尔甚至于咆哮一通，但是，至今也没有再在爪哇这片岛屿上制造出毁灭性的大灾难。然而，喀拉喀托火山遗迹却随时都有可能再度喷发，它就如同一把无声的利剑倒悬在爪哇人民的头上。1883年8月26日清晨，在苏门答腊岛与爪哇之间的巽他海峡上的喀拉喀托岛的火山又发作了。就像史前时代喀拉喀托火山的那次爆发一样，1883年的爆发把火山顶夷为了平地，两天之后，这个岛屿的北部彻底地消失了。这个岛以前是一座海拔高达1500英尺的山峰，如今一下沉入了印度洋1000多英尺深的洋底，只留下一个深洞。喀拉喀托火山喷发时的轰鸣声惊天动地，3000英里之外都能听得见，火山灰上升到了17英里的高空，四处弥散，飘散到非洲、欧洲、亚洲、美洲，最远处飘到了斯堪的纳维亚半岛的北角，此后的6个星期，天空被火山灰染成了奇怪的颜色，如同附近发生了森林大火。不过，由于喀拉喀托岛上没有居民，因此火山喷发在岛上并没有酿成多大的灾难，但在海洋上却制造出了毁灭性的后果。火山喷发掀起的巨浪高达50英尺，横扫了爪哇海岸，港口和村庄在顷刻间消失得无影无踪，巨轮粉身碎骨，36000条人命被吞噬了。巨浪甚至波及了锡兰和毛里求斯，远在8000英里之外的合恩角附近，都能清晰地看到这滔天巨浪。更有甚者，在距巽他海峡已有11000英里之遥的英吉利海峡，还能够隐约地感受到这骇人的巨浪。喀拉喀托火山的残迹在去年又一次表露出了活跃的迹象，但是，地底之火将于何时何处再度喷发呢？没有人能够预测。爪哇人对此泰然处之，就像所有生活在火山活跃环境中的其他民族一样毫不介意。爪哇人对身旁喀拉喀托火山的关注程度，还不及那些美国少年在最拥挤的意大利人聚居区打棒球时对来来往往汽车的注意程度。爪哇人这种听天由命的生存态度可能来源于他们对伊斯兰教的信仰，也可能来源于他们随遇而安的生活理念。爪哇人认为，就像外国人的统治、洪水、火灾一样，火山喷发也不是什么大不了的事，他们在这片他们祖辈耕耘过的土地上劳作着，他们的子孙也还会继续

荷兰东印度公司与欧洲的比较

在这片土地上播种和收获。爪哇人从未想过要放弃这种温饱的生活。

好像我的笔下爪哇在变成了世外桃源。虽然事实并非如此，但大自然的确对爪哇极为眷顾，所以多对它介绍一些也是值得的。爪哇有20%的土地都是火山土，只要耕种适时得当，作物能够一年三熟。爪哇岛上的气候尽管比较炎热，但并不是酷热，适宜各种热带植物生长，而且，同纽约和华盛顿的夏天相比，爪哇山区的气候甚至还更凉爽宜人一些。虽然爪哇和马来群岛的其他岛屿都位于赤道旁边，那里白昼和黑夜几乎一样长，但是，由于周围被大海包围，因此空气的湿度很大，年均气温为华氏79°，气温从未超出过66华氏度至96华氏度这个范围。季节交替准时，从11月至次年3月为雨季，每天都在固定的时间内降雨；雨季过后是旱季，旱季滴雨不落；在旱季过后和雨季来临之前有一个“斜季”，这是一个为时不长的中间阶段。尽管爪哇岛的长度和宽度只有622英里和121英里，但它的自然条件是如此得天独厚，所以它养活的人口逾4200万，而尽管苏门答腊岛和婆罗洲的面积比爪哇大得多，但供养的人口却只有爪哇的10%。爪哇岛土地肥沃，物产丰富，从一开始就吸引了白人的注意。最先在爪哇岛上出现的是葡萄牙人，英国人和荷兰人紧随而至。在如何管理殖民地方面，荷兰人在同爪哇原住民打交道的前300年中，把所有欧洲人都可能犯的错误犯过之后，最终还是摸索出了一点初级的经验。荷兰人明白，无论怎样，原住民总有一天要争取独立的，因此他们就努力避免同爪哇原住民冲突，并逐步让原住民参与国家管理。全岛有3万军人，但其中白人的比例只有20%。假如原住民真想把殖民者赶出去的话，那么，对这块比荷兰国土大50倍的殖民地，荷兰人是绝对无法统治下去的。荷兰人明白了这一点之后，用学校、铁路和医院取代了惩罚性的远征，也顺理成章地取消了“强制劳役”和“政府农场”。如果荷兰人最后不得不放开他们对爪哇岛至高无上的统治的话，他们希望能够保全荷兰在爪哇经济结构中的至关重要的地位。在爪哇原住民中，老一辈深信“只要识相，就不会有麻烦”，而年轻一代正逐渐崛起，他们宁愿相信事实而不相信口号，相信人类世界在不断变化、发展、创新。今天，老一辈已逐渐相信年轻一代了。在其他的荷兰殖民地岛屿中，再无一个岛屿的文明程度能和爪哇岛相比了。位于摩鹿加群岛（原名香料岛，整个17世纪，英国、葡萄牙、西班牙和荷兰为了占有这个岛而激烈争夺）西面的西里伯斯岛形状奇特，像蜘蛛的腿一样细长，正被荷兰人逐渐改造成爪哇岛第二。望加锡位于西里伯斯岛的西南部，如今已是爪哇海域内最重要的城市之一。望加锡不但和爪哇北部沿海的主要港口城市苏腊卡尔塔和三宝垄都展开了正常商贸往来，而且还与丹戎不碌（首都雅加达的港口）联系紧密。望加锡盛产油料，在维多利亚时代，老头儿爱用望加锡油来修理锁头，而老奶奶们则用它编织起那硕大无朋的罩布。摩鹿加群岛已不如昔日那般富庶了，但仍然以拥有太平洋上最优秀的水手而闻名于世。安汶

爪　哇

人是摩鹿加群岛上的居民。400年前的安汶人还是太平洋上臭名昭著的最贪婪的食人族，令人胆寒。如今的安汶人个个都是模范的基督徒了。但不可思议的是，荷属东印度最英勇善战的还是安汶人的兵团。

婆罗洲是亚洲半岛伸入太平洋而形成的岛屿中的最大岛屿。婆罗洲岛上的一个奇异风俗是用人头来祭奉神灵，因此，这个岛上人烟稀少。为了禁止这种流传已久的残暴行径，荷兰人曾采取了最严厉的惩罚性举措，但是，甚至时至今日，如果婆罗洲上的年轻人想结婚，仍旧必须获取至少一个人头。人口因这种长期的互相杀害（如同一个高尔夫球高手展示他的奖杯一样，婆罗洲人在展示这令人毛骨悚然的战利品时，也是一脸的骄傲和漫不经心）而不断减少。但是，婆罗洲上的河流最终得到了开发，那些石油、煤炭和钻石公司正在修筑道路，野蛮的原住民渐渐被说服，他们开始从事农业生产了。照这样发展的话，婆罗洲能养活的人口将是目前的20倍。婆罗洲的北部地区处在英国的统治之下。西北角叫作沙捞越，一个独立的地区，这个地区的统治者是一位著名的英国人的后代。这个英国人就是雷查·布鲁克斯，即詹姆斯·布鲁克斯爵士，当年，布鲁克斯镇压了婆罗洲的一次叛乱，之后，就在婆罗洲居留下来，建起了一个独立的王国。其东部的苏门答腊岛是荷属东印度另一个极其重要的岛屿。苏门答腊岛与马来半岛平行，岛上火山活动非常频繁，不过物产也很丰富。遗憾的是，一座高大的山脉把苏门答腊岛切成两半，严重地阻碍了苏门答腊岛的经济发展，直至公路修通，这种情况才有所改善。在发展与西方的贸易上，飞机和汽车制造业都是苏门答腊岛最重要的产业。邦加岛和勿里洞岛处在苏门答腊岛和婆罗洲之间，是马来半岛延伸出来的部分。邦加岛和勿里洞岛是锡的盛产地。著名的巴厘岛位于爪哇岛东边，这个地方的史前人类生活遗迹得到了最完好的保存，再往东是位于澳大利亚北面的佛罗勒斯岛和帝汶岛，最东边的是新几内亚岛，它实际上属于大洋洲。新几内亚岛的面积和大半个中欧差不多，几乎有从巴黎到敖德萨那么远，然而却人迹罕至。新几内亚岛归属荷兰的部分只有西半岛。新几内亚岛人口稀少，而且没有河流能通到内地。噬食同类的陋俗、原住民的落后、致命的疾病以及猎取人口，都是导致人口少的原因。直至今天，一些小部落的残余仍然遍布内地。这也表明，人类在很久以前就开始在新几内亚岛上居住了。人类最先告别了猿人时代的地方就是在这里。爪哇直立猿人——最早的猿人化石，就是在爪哇岛上发现的。在婆罗洲和苏门答腊岛上发现了那些硕大的类人猩猩，这些都是很好的证据。这至少还证明了这个岛屿非常古老。今天，人类家族中的一部分已进化到有能力建造热带动物园了，而另一部分成员却还生活在动物园一样的环境里，人类的世界的确令人费解。

第四十二章

澳大利亚

自然的继子

据说，德国科学家、生理光学家赫尔姆霍斯，曾对自然理论的空虚与造物的盲目性下过这样的断言：若有一名机械师能以制造出跟真人眼睛一样的另一种东西而炫耀的话，那么他其实不过是对他的所作所为一无所知的傻瓜。

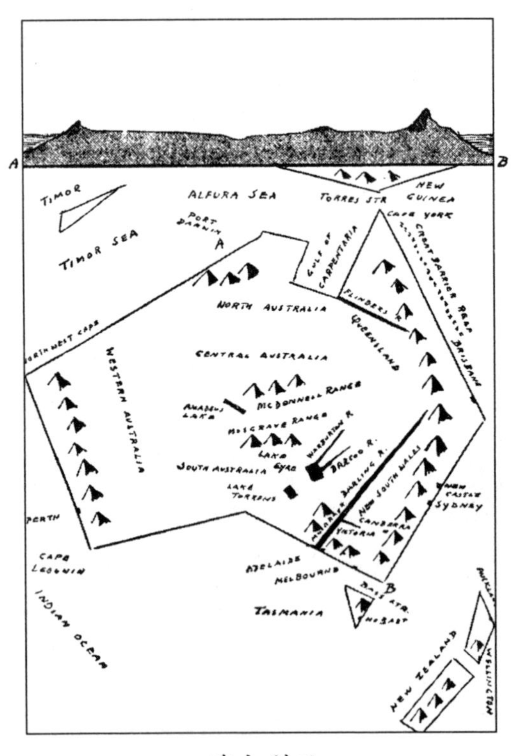

澳大利亚

值得庆幸的是，赫尔姆霍斯并没有把他的理论扩展到物理学和电学之外，说幸运，是因为我不赞成他把这个论断引入地理学，把上帝说过的关于地球上地质安排的话又说了一次。

以覆盖着数千英尺厚的冰雪的格陵兰岛来说吧，若把这块面积达47000平方英里的土地放到大洋的中间的话，它能用作

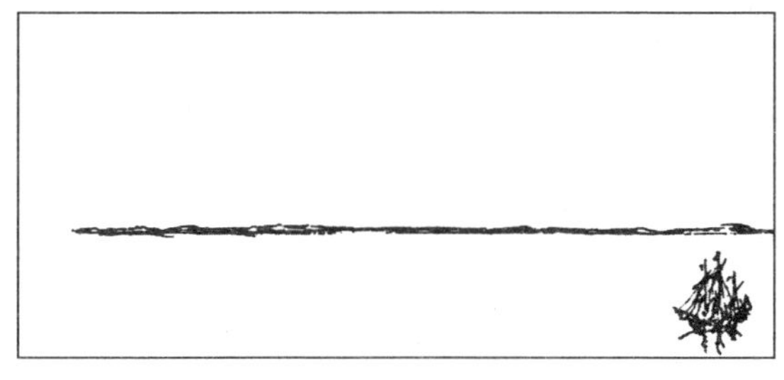

澳大利亚的发现

大西洋

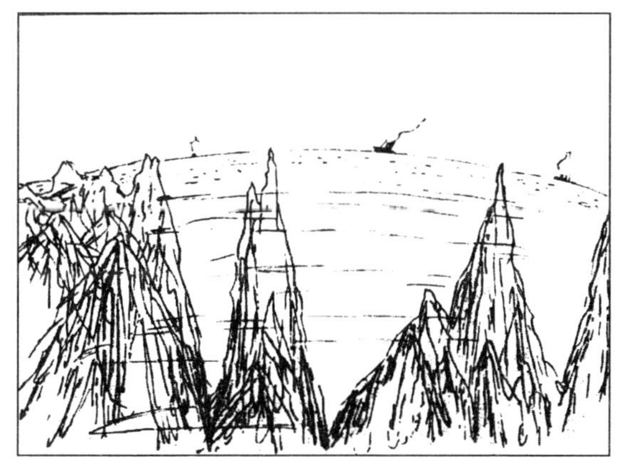

太平洋

数百万人的家园；而目前岛上的生物却十分稀少，只有8000只北极熊，和那些经常忍饥挨饿的爱斯基摩人。如果造物主真的满足我们的心愿呢？比如澳大利亚，尽管它位于大洋中央，是一个洲，但它差不多可以说是造得马马虎虎的洲了。

首先它的位置就很差。葡萄牙人、西班牙和荷兰人为了证明它的存在花去了1000多年的心血，但其巨大的300万平方英里（相当于美国那么大）的土地却从来没能被欧洲人真正发现，这种状况一直持续到1862年。最后，是阿佩尔·达斯曼环行了该洲，把荷属东印度的旗帜放在了这片土地上，以联邦的名义宣布了这个洲的归属。

但实际上，这样做根本没有用。荷兰人对这块荒地不屑一顾，放任他们所有者的名分消失掉了。1969年（在达斯曼的那次航行15年后），杰姆斯·库克在太平洋上观察金星时，阿姆斯特丹和伦敦的地理绘制人员仍然对把这个巨大的澳洲放在浩瀚太平洋的什么地方不知所措。

其次，澳大利亚除了位置不好之外，气候也非常不好。东海岸和南海岸的气候非常宜人，有阿得雷德、墨尔本、堪培拉、悉尼四个著名的城市，但它的北部沿海地带却非常潮湿，让人不适，而西岸干燥异常。这就意味着，澳大利亚最适合于人类居住的地方，是与欧洲、亚洲，以及非洲联络最困难的地方。

第三，澳大利亚内陆几乎都是沙漠地带，难得下雨，而有地下水的地方，地理位置又非常不适于开发利用，想要进行灌溉更是困难重重。

第四，在大陆四周边缘，全是高山，因此内陆地区就有如一个大空盆了，水总是往里面流，所以这里的任何水路都不能称得上算是河流。达令河（全长1160英里）算是澳大利亚最大的河流了，它的源头位于昆士兰州的山中。而昆士兰州距隶属于太平洋的珊瑚海只有数里，但这条河并不会向东注入太平洋，而是掉头一路往西，流入恩考特尔湾，一年之中的大部分时间（请记住，南半球冬季时正是北半球的夏季）这儿只能零星地开出几个小水塘，对当地人来说，实在没多大用处。

第五，澳大利亚的原住民缺乏训练，无法很好地帮助白人工作。至于澳大利亚岛上原住民的来源，我们今天仍知之甚少，似乎他们与人类的其他种族的关系非常远，他们就像是来自另一星球上一般。使用自己的祖先所创造传下来的原始工具，与我们了解到的原始时代的几种动物的工具差不多，他们甚至还会建造房屋，不懂得怎样种水稻，更不会使用矛、箭和斧头，唯一会用的是飞镖，实际上在地球上的任何一个角落人们早就把这种落后的武器抛弃了，他们还停留在使用后腿走路需用手扶持的老祖宗使用的工具上，而且根本停滞不前。不过也不必责备他们，因为他们本来就属于石器时代，而或许真正的石器时代的人类还要比澳大利亚的原住民更像优秀的艺术家呢。

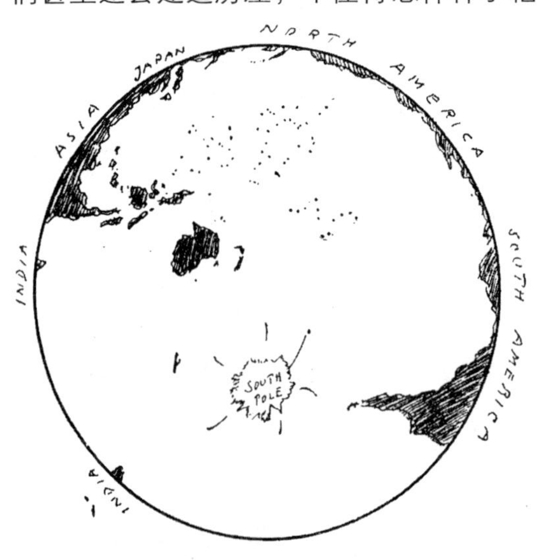

与世隔绝的澳大利亚

现在，这块贫瘠的大地已经

被人精确地测绘出来，它远在地球上出现植物之前就与其他的大陆分开，漂移出去。澳大利亚的土地上生长一种特别耐干燥的植物，这些树木给了我们无数的快乐和幸福。毫无疑问，我们的植物学家早就对它产生了浓厚的兴趣，但对那些只想获得暴利的白人殖民者来说，将来能否从中得好处就很难说了。袋鼠草和盐碱草固然是养羊的良好饲料，但刺太多，就是从不挑剔的骆驼也不爱吃它。种加利树也不能让人快捷致富，虽然有的加利树能长到400英尺高，唯有加利福尼亚的美洲松才能与之相比。

澳大利亚

1868年，澳大利亚不再被用作流放犯人之地了，于是世界各地的农民蜂拥而至，但很快发现他们所面对的不过是一堆不能被人驯化的活化石。于是澳大利亚再次被冷落了，只有那种在地球其他地方早已消失了的样子特殊的史前动物，还在这里继续生存繁衍着。澳大利亚也不像亚洲、非洲和美洲，没有体形高大、智商较高的哺乳动物，由于这里缺少必要的竞争，也就没有使这里的四足动物进化，也没有出现什么动物灭绝掉的事，所以它们得以始终保持着它们的原始状态。

袋鼠这种奇特的动物，我们对它们是相当熟悉的。它属于有袋动物，腹部有一个袋子，刚出生的小袋鼠就在这个袋子里长大。当时，地球上到处都是这种有袋动物，现在只有美洲剩下了美洲袋鼠，但澳大利亚却还有不少。

这儿只有一种史前遗物，即单孔类哺乳动物，属于最低等的哺乳动物。全身只有一个排泄孔，即最著名的鸭嘴兽，深褐色，短毛，长20英寸左右。

它的嘴像鸭嘴（幼年时期有的鸭嘴兽甚至还长有牙齿），爪长而有蹼，雄性的爪部还长一条有毒的突触。这真是个活的博物馆，大自然把数百万年的进化与退化中所造就和遗弃的一切，都珍藏在其中了。

说到动物，澳大利亚真是一个巨大的珍贵动物博物馆：有羽毛和人的头发一样的鸟，有只能走却不能飞的鸟，有叫起来鬼哭狼嚎一般的鸟，杜鹃像野鸡那么大，鸽子和斑鸠一样大；有的老鼠的脚是带蹼的，有的老鼠则长着数条尾巴；有用双脚行走的蜥蜴，还有同时长着鳃和肺的具有鱼类与两栖动物混合特征的鱼类；有既像胡狼又像狼一样的犬类，它们可能是印度南部“贱民们”的家狗的后代，被亚洲大陆早期的拓荒者带来。整个澳大利亚就有如一个充满异兽的国度。

当然，整个澳大利亚所拥有的远不止这些，这里的昆虫也与众不同，比所谓的毒蛇猛兽还要可怕。这里是跃行动物的天堂，比如跳蚁。这里所有的哺乳动物、鸟类、昆虫，都喜欢跳跃，无论它们在跑还是在飞，实际上都是在跳跃。蚂蚁筑造的巢穴，像楼一样高，还有的蚂蚁能把铁门咬穿，其奥秘就在于它们能分泌一种能腐蚀金属的特殊的酸液。它们因而能够畅行无阻，大肆破坏。

这里有种把卵产在牛羊身上的飞虫，还有一种飞虫，使得澳大利亚南部潮湿的沼泽地区根本无法居住，还有蚱蜢，它们能将人们用数年心血建造起来的成果毁于一旦。有一种扁虫，长得扁扁的，专吸人和动物的血，有一种看上去漂亮可爱的白色鹦鹉，会造成极大的破坏。但是这里真正让人讨厌的动物不是澳大利亚本土的，而是从欧洲来的舶来品——野兔子。如果只有一两只野兔子，在澳大利亚原本造成不了什么大的危害。但这种动物能在荒漠地带过得悠然自得，这就让它们成为了可怕的动物。最早的兔子是1862年英国的殖民者为了改善在此地丛林中沉闷无聊的生活，带到这里供打猎用的，但其中一部分兔子逃走了，并开始在这片土地上大量繁殖起来。习惯于天文数字的天文学家估计，现在澳大利亚的野兔子大约达40亿只左右，如果40只兔子所吃的草等于一只羊所吃掉的数量，那么40亿只兔子就相当于一个1亿只羊的大羊群所吃掉的了。于是，整个大陆的草就被这种啮齿动物消耗殆尽。

为防止他们造成进一步的破坏，澳大利亚人在悉尼修筑了一条空前的中国长城式的防兔网，这种网埋入地下两英尺，而地面上的部分仅有三英尺高。但很快，饥饿的兔子们学会了攀爬，它们仍然在这里继续蔓延。后来这里还使用农药进行毒杀，依然收效甚微。这里没有兔子的天敌。人们也曾引进过它的天敌，但结果是这种天敌完全无法在这个地方生存，很快就灭亡了。白人所做的一切都是徒劳，兔子还是在飞速繁殖。另外，从欧洲引进的其他动物，也大肆繁衍，它们给森林造成了很大的损失。从欧洲带来的姚梨树也在像海豹饮水一般吸取着澳大利亚土壤中的水分。

尽管面临着如此多的困难，移民们还是成功地把澳大利亚建成了世界上最重要的羊毛产地，现在澳大利亚有近8000万只羊。贡献了世界羊毛产量的1/4。羊毛出口创造的产值占他们出口总额的2/15之多。

澳大利亚大陆比欧洲大陆更为古老，自然，这块大陆也蕴藏着丰富的矿藏。50年前的黄金热中，人们开始关注这里的金矿，此后，这里的铝、铜、铁、煤等也开始开采了，但是这里没有发现石油，不过有钻石，只是储藏量很低。品质差一些的宝石，如猫眼宝石、蓝宝石的储量则相当可观。没有足够的资金和必要的条件，限制了对这些资源的开采。当澳大利亚最终结束长期以来的财政混乱而成为一个有信誉的国家后，就有可能进行矿藏的全面开发了。

找寻珍珠的潜水者

澳大利亚也是一个十分适合于探险的大陆，其难度仅次于非洲大陆。但在19世纪初，其主要的三大部分都基本上已知了。西部是高原地带，平均海拔为2000英尺，个别地方高达3000英尺，金矿主要在这些地区，但这里没有港口，只有一个很普通的城市珀斯。东部的山地本来是一条古老的山脉，长期遭受着风雨的侵蚀，最高峰科西斯科山的海拔也不过700英尺。这里有本州最好的港口，当初的殖民者们就是从这个港口进来的。中部地区是很广阔的平原，海拔最高不过600英尺，内含的艾尔湖位于海平面以下。此处平原被两座高山一分为二，西半边为弗林德斯岭，东半边是格雷岭，北连昆士兰山地。

澳大利亚的政治发展平稳，但成功之处却屈指可数，这里最早的移民全部是被英国19世纪后期的英国法律判为“罪犯”的人，他们大多数并非真正的歹徒，只是一些因贫穷而偷了一片面包或几个苹果的小偷而已，他们因此而被流放到塔斯马尼亚岛——这个名字来源于最早发现这里的库克船长，他发现这里时，这里正是花季，于是起了这个名字。这块殖民地叫作新南威尔士，首府是悉尼。塔斯马尼亚岛是新南威尔士的一部分，这里从1803年起开始关押囚犯。犯人们被集中在现在叫作霍巴特市的地方，移民们于1825年建造起了昆士兰州首府布里斯班市，19世纪30年代，移民们在得名于墨尔本爵士的菲利普海湾建造了居民点，后来这里成为了维多利亚的首府墨尔本。南澳大利亚的首府阿德莱德也是同一时期建造起来的，但是西澳大利亚的首府佩斯，在19世纪50年代前期的黄金热开始以前，则一直不过是个毫无任何特色的小村落。正如我们这个国家以前都由华盛顿管辖一样，其北部地区为英国所管辖。尽管这里的面积达50万平方英里，但是人口只有可怜的5000人，其中约有2000人居住在帝汶岛附近的达尔文港，这个港口是天然良港，只是与外界基本上没有什么贸易往来。

1901年，以上六州的总人口达600万，其中的3/4居住在东部地区，这个由各殖民地所组成的澳大利亚联邦，成为了大不列颠联合王国的成员国，几年之后，澳大利亚建造了他们自己的首都堪培拉。它在澳大利亚最高山科西阿斯科山附近，位于悉尼西南150英里。

1927年，堪培拉成为英国人统治澳大利亚的总部，为了让澳大利亚渡过当时的困难，大不列颠绞尽了脑汁。自一战以来一直把持着政权的工党政府过分的支出政策，使不列颠政府王国丧失了它在欧洲债权国中的信誉，工党政府后的新政府不得不做出太多的妥协，在这样的困境下他们能否克服财经困难实在让人怀疑。第二，澳大利亚的人口严重不足，塔斯马尼亚岛和新威尔士州这两个州，每平方英里的土地上只有8个人，而维多利亚也只达到了20个人，而昆士兰州和南澳大利亚州只有1个人，西澳大利亚只有半个人。澳大利亚的不利因素不只是人口少，工会影响也非常之大，工人们都认为自己是世界上最棒的工人，不能没有大量的工休时间来从事各种运动和赛马。

不过，如此进行，那谁来工作保证国家的发展呢?

意大利人在这儿是不受欢迎的，虽然他们非常愿意到这里来，但是在大不列颠王国的政治中具有举足轻重影响的中产阶级称："澳大利亚是属于澳大利亚人的。"这句话的意思就是，除了真正的白人和英国的中产阶级以外，一概不受欢迎。意大利不是真正的白人，因此拒绝他们越过托列斯海峡，日本人和中国人是黄皮肤的，那么更不受欢迎，马来人、波利尼西亚人、爪畦人为黑褐色皮肤，那就会非常受排挤。于是我就要再次问，那么究竟谁来干活呢?这个问题没有答案。然而，这里300万平方英里的土地上没人居住，与此同时，世界上其他地方的人口却十分拥挤，因此这个问题的答案就非常明显了。

第四十三章

新西兰

新西兰的领土面积加上最近得到的萨摩拉群岛，比英格兰与苏格兰的面积之和还要大1/4，其总人口为1500000，其中有148000人居住在首都惠灵顿。

远航的达斯曼于1642年发现了新西兰，并根据他的祖国荷兰的南部岛屿的名字将其命名为新西兰，本书前面已经提到过这一点了。在约三个世纪以前，使用独木舟的波利尼西亚人——太平洋里最神奇的水手，也发现了这个地方。这些波利尼西亚人使用的是一种奇形怪状、然而却非常有用的草制地图，他们可以凭借这种图航行数千英里而不会迷航。

这些波利尼西亚人是后来的那些英勇善战的毛利人的祖先。到1906年时，他们的总数约达5万人，他们的人口在以后的岁月里不断增加。在世界上的各种原住民中，毛利人显然是非常独特的，一方面他们为维护自己的种族生存而与白种人勇敢地进行着抗争。而另一方面，他们又在不丧失自我的情况下，学会了如何适应西方的文明，他们抛弃了自己传统的旧习惯和旧习俗，比如，给仇人的脸刻上文身，吃掉仇人的肉等。他们还派代表参加了新西兰的议会，修建了与白人一样的漂亮的教堂，尽管教堂的凝聚力还不够，但对于他们的将来一定会有益处的，这为防止日后的种族摩擦起到了良好的作用。

在19世纪的头25年里，英法两国都派出传教士，试图用传教的形式来控制新西兰。但是在1883年，毛利人主动投身于英国的保护，1839年，英国正式取得了新西兰。

新西兰和挪威很像

如果法国的船队早三天到的话，新西兰就很可能像今天新喀里多尼亚和马克萨斯群岛及太平洋上其他一些群岛一样，变成法国的殖民地。1840年，新西兰群岛成了澳大利亚新南威尔州的托管地，并于1847年成为英国直属殖民地。1901年它本来有机会加入澳大利亚联邦。但是新西兰骄傲于自己从未曾成为罪犯的流放地，所以拒绝了。1907年，新西兰成为了大不列颠联合王国统治下的主权国家，由英国任免其总督，但它拥有自己的政府和独立的主权。

以新西兰南、北二岛的地理来看，它们可能与澳大利亚没有什么联系，它们之间的塔斯曼海沟深15000英尺、宽1200英里，它们可能是太平洋西海岸的一座高大的山脉的一部分。但其真实的情况却很难确切得知。我们不知道它们的环境完全不同的原因。北岛类似于太平洋上的黄石公园，是一个巨大的火山带，南岛和北岛隔着库克海峡，宽仅有90英里，结构与瑞士十分相像。

远离赤道的新西兰不属于热带，气候和意大利相似，这就意味着，相比于澳大利亚，它更为欧洲人喜爱，各种各样的欧洲水果，如桃、杏、苹果、葡萄、橘子等都能在此生长。而这里的山坡更是优良的牧场，生长于古老潮湿的泽兰[1]的亚麻也极适应这里的环境，而北岛从奥克恩特引进的慢生树更是良好的木材来源。

---

[1] 泽兰：荷兰西南部的一个省。

新西兰于1901年获得了太平洋上的很多岛屿，从其中的库克岛和拉罗通加岛上来了新西兰的第一批波利尼西亚人，库克岛仅是一个死火山口，现在我们先不谈火山，去看看这里的自然美景——珊瑚群岛。

这些岛屿是由一种微小的海洋生物——珊瑚虫（也称花虫）死后的尸体堆积而成的。这种漂亮的生物只能生活在温度相对稳定、新鲜的海水中。它们稍遇寒冷就会死掉。它们生活的地方在距海面120英尺以内的范围，所以如果我们在低于此水位的海里发现了珊瑚，那么就说明这里曾发生过沉降的地质现象。珊瑚虫堆积成岛需要历时数百万年，这种工作就是最心思细腻的泥瓦匠也难以胜任。因为它们在大海内随波逐流，生活在中间的珊瑚虫会首先死亡，边缘部分会继续生长，最后形成了珊瑚岛。珊瑚岛中间是一个环形的礁湖，外沿是细小质地坚硬的物质，礁湖上通常只有一个出口，当海上风暴来临的时候，大量的水螅——珊瑚虫的食物会涌入珊瑚内，使其生长得更快。

新西兰有许多这样的环岛，茂密的椰子树就长在上面，使这里盛产椰子干。一战时新西兰和萨摩拉群岛本是德国的势力范围，因新西兰军队的良好表现，萨摩拉群岛在战后被新西兰托管，这里前景会如何，我们不得而知了。

第四十四章

太平洋群岛

不耕不织的生活

大西洋上岛屿很少，但太平洋上的岛屿却非常之多。在太平洋，除了加罗林群岛、马绍尔群岛和夏威夷群岛在赤道以北之外，其余的岛屿都分布在赤道以南。除了复活节岛，太平洋上所有的岛屿都是群岛；而拥有许多巨大而神秘的石像的复活节岛，孤零零地屹立在南太平洋上，它距南美洲比澳洲近得多。

太平洋上的岛屿可分为三类。第一类在史前地质时代曾是澳洲大陆的一部分，像法国关押囚犯的新喀利多尼亚就是这种情况；另外就是斐济、萨摩亚群岛、夏威夷群岛这一类；再有就是珊瑚群岛，如新赫布里底群岛。

珊瑚岛

在这数千个岛屿中（多数珊瑚岛只高出海平面几英尺而已），最重要的是夏威夷群岛。有名的库克船长于1779年在此岛毙命，1810年，夏威夷成为了南太平洋帝国的中心，直到1893年它被美国吞并了为止。该岛除了物产丰富以外，还地处于美、亚的交通要道，战略地位非常重要。

夏威夷群岛今天还不太稳定呢。高达4400英尺的冒纳罗亚火山依然非常活跃，该群岛中的毛伊岛上的火山，是全球最大的火山，岛上气候宜人，但平时人们除了偶尔惊恐地望望岛上的火山冒出的烟尘以外，没有人敢于攀登。瓦胡岛上的火奴鲁鲁是该群岛上的首府。

斐济群岛最重要的城市是苏瓦，它是美国到澳洲和新西兰的船舶的中途停靠站。

萨摩亚群岛的首府是阿皮亚。

在这里，另一个你可能听到过的岛屿是阿加尼亚的关岛，它位于日本与新几内亚岛中间，是美国重要的海底电报中转站。

社会群岛中的塔希提岛是法国的领地，有很多关于南太平洋群岛的电影是在此地拍摄的。

还有数量十分巨大的群岛，这就是美拉尼西亚、密克罗尼西亚和波利尼西亚群岛，它们从西北向东南呈均等的排列情况，使它们成了太平洋上自由航行的主要障碍，而在大西洋航行则要安全和方便得多。只有爱尔兰到美洲的航线上的罗德岛对航行非常不便。

对厌倦了工业文明，试图返璞归真的人们来说，这些岛屿是安宁舒适的理想隐居之地。在我看来，它们要比纽约的百老汇和第四十二大街安宁静谧得多，只是它们实在是太遥远了。在这些岛上真的有忘忧草吗?

第四十五章

非　洲

一块充满矛盾和对比的大陆

非洲与澳大利亚大陆一样，也是一块非常古老的大陆的一部分。不过大约在100万年前，这块古老大陆的大部分就已经被海水淹没了。直到近代，非洲与欧洲这两块大陆还是连在一起的。早在地球生命初现之时，非洲、亚洲和澳洲这三块大陆就彼此相连，证据就是阿拉伯半岛（从地理学上看，阿拉伯半岛不过是撒哈拉的延伸部分）和马达加斯加岛（马达加斯加岛上拥有非洲、亚洲和澳洲三大洲的所有动物群和植物群）的存在。

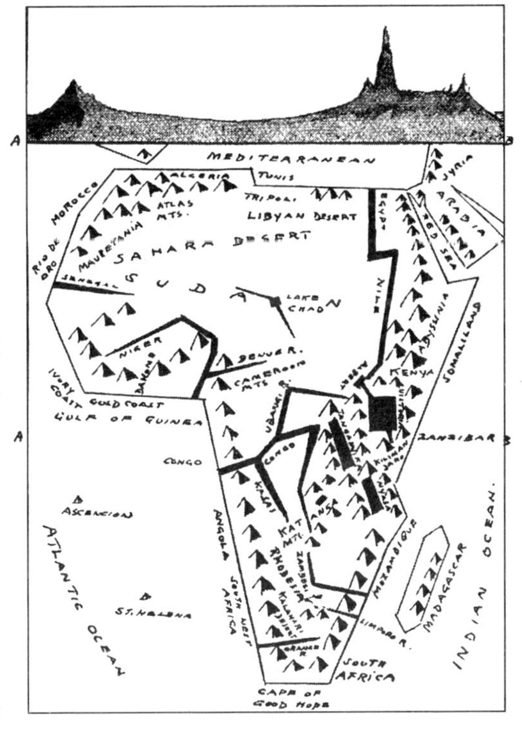

非　洲

其实，情况比这个更复杂一些，在找到足够的证据之后，我们才能说："是这样的，而不是那样的。"同时，这些理论的提出也是一个好点子。它能告诉人类：人类所在的这个地球的表面是在不断地变化运动的。从来没有完全相同的事物；100万年之后，我们的子孙将会用非常惊讶的目光审视我们今天的地图，如同我们今天一边注视着第三纪或志留纪时代的假想地图，一边自问："这是真的吗？"

在这块古老的大陆上，有史以来从未发生任何变迁的、得以保全至今的有两个部分。一部分是赤道以北广阔的方形土地，另一个部分是赤道以南较小的三角形土地。然而，这两片土地却有着同样的不幸——四周高，中间低。这样，犹如两个巨大的碟子，就像在谈澳大利亚时的分析一样，对一个国家来说，这种状况是极为不利的。

大多数人的看法是，非洲就是黑色的大陆，充满着热带雨林和黑人。但实际的情况并不是这样的。非洲大陆共有欧洲土地面积三倍的1130万平方英里的土地，但其中的1/3是荒漠。整个大陆的1.4亿人分为三类：黑人、闪米特人和含米特人，他们的肤色差异巨大。毫无疑问，黑人要比其他肤色的人更加引人注目，这不仅是他们独特的肤色，还因为我们的祖先在荒谬的经济观念驱使下，把他们当作驯服的劳工，又把他们带到了世界各地，这段不光彩的历史真令人惭愧。黑人是世界上最为悲惨的人种，他们的不幸超过所有的白人和其他有色人种的总和，对此，我们在下面还将详细讲述，不过现在我还是先讲一下黑奴制度诞生以前的非洲。

希腊人对埃及尼罗河流域的含米特人很熟悉，含米特人在很久以前就曾占领过非洲北部，压迫当地原有的黑人，将黑人驱赶到苏丹以南，而将地中海沿岸据为己有。"含米特人"一词很笼统，不像瑞典人、中国人那样含义明确。他们是雅利安人和吉卜赛人的混合种族，还要加上黑人和其他一些古老人种的血混合在一起，那些古老的人种在东方强寇入侵之时就居留此地了。

他们在进入非洲的时候，仍在游牧迁徙，后来他们就分散到尼罗河流域各地。而且向南挺进到了阿比西尼亚，西至太平洋沿岸、阿特拉斯山上的柏柏尔人是最纯粹的含米特人。撒哈拉沙漠里几个流动部落也是含米特人。但是，今天的阿比西尼亚人则完全与闪米特人融合在一起了，他们已经失去了很多含米特人的特点。尼罗河上的矮小的费拉哈人，原本也是含米特人，在数千年的与外部族通婚让他们失去了本来的特征。

通常，我们要借助对语言的划分才能判断出是不是不同的种族。但是这种方法在北非就很难奏效。在这里，闪米特部族人讲阿拉伯语，含米特部族讲含米特族语，只有古埃及的基督教徒的科普特人还使用着古代含米特语。对此，希腊人、罗马人和我们一样迷惑不解，为了解决分类的问题，他们统称其为衣索比亚人或黑人，他们对其建造的金字塔和狮身人面像以及和黑人一样的厚厚的嘴唇惊讶不已。含米特人的嘴唇就是这样吗？问问专家去吧。旅游者对当地的农夫惊人的忍耐力，以及当地人在数学上的睿智充满了敬意，并学习着他们的哲学。但是他们似乎不愿自找麻烦，探究其到底从荷兰还是什么其他地方来的。

警告你，要是去北非的话，千万别因当地人肤色而称他们为黑人。他们会对此非常反感，而他们又是世界上最好斗的人。在历史上，他们曾打败过征服了整个西亚的埃及军队。他们也可能是曾经从罗马人手中攫取整个地中海的阿米特的迦太基人的后裔，他们可能是以前占领过南部欧洲的阿拉伯征服者的后裔，他们也可能是曾以硬仗对抗过法国对阿尔及利亚的侵略、对抗过意大利侵略的阿尔及利亚酋长的子孙。他们的发式有些特别，记住，在1898年的一个惨烈的日子里，正是这些留着细绒头发的衣索比亚人将意大利白人扔进了红海。

绿　洲

欧洲人最初航行到地中海时，最先看到的就是这些含米特人。他们倒并不怎么把这些闪米特人放在心上，因为欧洲人在很久以前，当迦太基的将军汉尼拔带领着驯服的大象进入波河平原时，就与闪米特人有过很多接触了。但是一旦货物运输路线被破坏，通往非洲的道路就会阻断。事实上，几乎没有一个欧洲人会想起到非洲去看看那浩瀚的沙漠以外的地方究竟有些什么。

尼鲁是所有罗马的帝王中第一个真正对非洲进行探险的人。他的探险队到达过法索达村，这是30多年前英法为之争战的地方。但是尼鲁的探险队似乎没能够到达位于非洲最南部的白人居住地。数世纪以前的迦太基人可能跨越了撒哈拉沙摸，到达了几内亚湾。但是迦太基被毁灭之后，有关中部非洲的资料就再也没找到过。不过，即使对于最优秀的探险者来说，撒哈拉也是令人敬畏的，探险活动只能在其沿海地区进行。但是由于海滨地区没有港口，因此海水就成为最大的阻碍。非洲的海岸线长达16000英里。而欧洲只有它的1/3大，其海岸线却长达20000英里。从海上乘船到非洲海岸，只能在离岸数英里之外抛锚，然后乘小船乘风破浪地达到海岸，而这是十分危险的，几乎没人敢尝试。

因此直至19世纪初期，我们对非洲的地理状况才有了点了解，但是这一点点有关非洲的信息也只是从葡萄牙人远征印度的返航途中，在非洲西海岸的探险过程中获得，而偏偏这些葡萄牙人对赤身裸体的黑人不感兴趣。当时他们想抵达印度和中国，非向南绕过非洲不可。他们认为他们沿着非洲航行就像是有人要冲出一间黑屋子一般。他们对这块大陆一无所知，在意外中碰到了一些岛屿，比如亚速尔群岛、加那利群岛、佛得角群岛。1471年他们到达了赤道线，1488年巴托罗美·迪尔，发现了如今被称为好望角的风暴角。而在1498年，瓦斯科·达·伽马绕过了好望角，发现了从欧洲到印度的最短的航线。

此后，非洲作为海上航线的一个障碍物更被人们所忽视。它的土地要不就是又热又干，要不就是又热又潮。当时大陆上的居民还很野蛮，在16、17世纪远征东方的船只只有遇到水手的坏血病或是瘟疫时，才会在沿途的亚速尔岛、阿森松岛、圣赫勒拿岛停泊，要水手们上岛上去买点新鲜的蔬菜。但是非洲对他们来说仍不过是一块很糟糕的土地，只能在中途停泊一会儿。这里如果没有好心的神父的到来，贫穷的教徒们本可在这块大陆上和平地生活下去。

巴托洛美·德·拉斯·卡萨斯被任命为墨西哥济阿巴的主教，这个哥伦布的美洲的追随者的儿子得到了那里的一块土地以及上面的原住民——他变成了一个奴隶主。当时每一个在新殖民地的西班牙人都有一群印第安人奴隶。这是一个很糟的制度，像许多别的坏制度一样，它因大家都这样做而被公开承认。

所以，正常的话，你不必为此感到惭愧。然而，有一天卡萨斯忽然意识到这种制度的错误——它对原住民太不公平、太残忍。这些人被迫去采矿、做白人的仆人，而原本在他们是自由人时，他们根本用不着做这些事。

卡萨斯去西班牙试图做些什么以改变这种状况。大权在握的吉麦内兹主教认同他的想法，委任他为“印第安人的保护人”，让他回美洲进行调查。卡萨斯回到墨西哥后发现，他的上司们对此非常冷漠。印第安人为基督徒们所驱使，他们就像对待田野里的牲畜和空中鸟、海中鱼一样对待着印第安人原住民。他为什么会认为基督精神与殖民世界的经济结构和利益原则不相容呢？

后来，卡萨斯想出了一个妙招。印第安人宁愿去死也不愿为奴——海地就是一个明证——不到15年的时间，印第安人就由100万锐减至6万，而非洲的黑人对奴隶的身份却好像并不怎么在意。1516年，新世界历史上一个很可怕的日子，拉斯·卡萨斯为了彻底解放印第安人居然提出了这样一个骇人听闻的人道主义方案：允许印第安人回到白人移民挑剩下的那些农场里，而每个在新西班牙的西班牙人都有权购买、拥有12个非洲黑人奴隶。

对自己到底做了些什么，可怜而长寿的拉斯·卡萨斯有足够的时间来真正地看清楚。他羞愧万分地（他是一个诚实的人）隐居在海地的一个修道院里。后来，他又重新出山，想为不幸的黑人争取人道主义支持，但是再也没有人买他的账了。当他于1556年去世之时，新宣布的法令把印第安人更严格地束缚在土地上，贩卖非洲黑奴的贸易正处于极度繁荣中。

长达300年的奴隶贸易给非洲造成了巨大的破坏。我们仅从以下几个确凿的事实就可以窥见一斑：猎奴活动不专是由白人来做，这项活动逐渐转移到信仰伊斯兰教的阿拉伯人手中。从1434年起，他们时常将非洲黑人整船地

走在通往奴隶海岸的路上

卖给葡萄牙人。但是直到1517年贩奴才成为阿拉伯人一项巨大的贸易活动，他们从中获得了巨额钱财。神圣罗马帝国的查理五世（即著名的哈布斯堡王朝）一次授予他的一个弗莱密斯朋友特权，准许他每年运送4000个非洲黑奴到海地、古巴、波多黎各。这位弗莱密斯朋友又转手将此专许权卖给了一个热亚拉人，这一倒手就获得25000金币，而热亚拉人又将此专许权转手卖给一位葡萄牙人，于是这个葡萄牙人到非洲与阿拉伯人狼狈为奸，他们共同袭击了一个苏丹部落，俘获了一万人（没有把在路上损失的奴隶计算在内），这些奴隶被关进了闷罐子一般的船舱里，运送到太平洋另一端。

由于这种发财的方法新颖而容易，于是出现了许多流传很广的流言。教皇敕书，将世界分为两部分，一半为西班牙所有，另一半为葡萄牙所有，这实际上使得西班牙无缘于非洲的奴隶贸易，贩卖黑奴的事业被葡萄牙人独占了。当葡萄牙被英国和荷兰打败了以后，奴隶贩卖就被英、荷两国所垄断了。他们持续不断地向世界各地运送所谓的“黑色象牙”（这是布里斯托尔在伦敦对黑奴的玩笑式的叫法）。此种状况一直持续到了1811年，这一年，英国国会通过一项法令，对贩卖黑奴的人处以重罚并判处流放，贩奴活动才终于得到了控制。但是从1517年到1811年的时间，是如此漫长的一段历史，即使到了1811年，贩奴走私贸易仍然避开了英国军舰，又持续了30年，直到19世纪60年代，欧美各国相继实行废奴法规才真正停止了（阿根廷是1813年废除奴隶制的，墨西哥是1829年，美国是1863年，巴西是1888年）。

奴隶贸易在欧洲统治者和政客的眼中非常重要，他们处心积虑地想独占其中的利益。由于西班牙拒绝了奴隶贸易，在英国商人的怂恿下，英、西两国进行了战争。根据著名的《乌得勒支和约》，英国从荷兰手中垄断了西印度的奴隶贸易。荷兰人却不肯屈服，1620年它将首批非洲黑奴运到弗吉尼亚。促成了威廉和玛丽王朝时代的一个奴隶法案的产生。该法案规定，荷兰殖民地可与世界各国进行奴隶贸易。其实，荷属东印度公司由于新阿姆斯特丹的大肆挥霍而可耻地倒闭之前，正是靠着它从奴隶贸易中赚取的巨额财富才免于破产的。

有关奴隶贸易的统计数据很少，因为奴隶贸易者对那些统计数据不屑一顾，根据对非洲事务非常了解的法国枢机大主教、迦太基总主教、著名的佩莱期·布莱恩思的估计（一个对非洲曾有过很好作为的传教士纳维格雷尔也这样认为），非洲每年因奴隶贸易而损失的人口至少达200万人，其中除了那些被转运到国外去的奴隶，还包括在猎奴活动中被杀的人，以及那些失去亲人后无依无靠而死去的儿童。

利维·期通博士这位公正的旁观者统计出每年被掠夺的奴隶的数目（包括在转运途中死亡的人）是35万人，其中只有70000人能活着到达海洋的另一边。

从1700年到1786年，从非洲运到牙买加的奴隶至少有60万以上，仅最小的两家英国奴隶公司从非洲运到西印度群岛的奴隶就有200万之多，截至18世纪末，在利物浦、伦敦及布雷斯特尔来往的舰船达200多艘，上面能装载约47000个黑人奴隶，这些舰船定期往返于几内亚海湾和新殖民地之间。贵格会教徒和反畜奴主义者于1791年发起了反奴隶制运动，当时沿贝宁湾对奴隶贸易据点展开的一次调查表明，荷兰人有15家奴隶公司，英国人有1家，丹麦人有4家，葡萄牙人有4家，法国人有3家。英国人因装备精良而控制了50%的黑人奴隶贸易市场，另外4个国家分享了剩下的50%的市场。

在此期间，非洲大陆出现了许多惨烈的事件，以前这类事件也有，只不过我们对其几乎不知道，直到后来在英国人自己也希望禁止这类商业交易时，并且派人前往非洲沿海巡逻并捉拿违抗者时，外界才对此略有了解。原来当地多数的酋长都卷入其中，他们丧尽天良地将自己的同胞出卖，就像18

世纪德国国王将其招募来的士兵出卖给英国去平息马萨诸塞的叛乱一样。不过阿拉伯人却掌控着这些肮脏勾当，令人奇怪的是，《古兰经》上是反对这种不人道的交易的。但穆斯林对奴隶的态度也比基督教要宽容得多，按白人的法律，奴隶和她的主人所生的孩子仍然只能算是奴隶。而根据《古兰经》，这样的孩子应该跟随他的父亲成为自由人。

后来比利时的里利普尔德开始经营刚果时，需要大量的低廉的劳动力，使冷清下来的葡萄牙殖民属地安哥拉和刚果内地的奴隶贩卖再次繁荣起来。幸运的是，那个可鄙的老头（这个有中世纪思想的无赖却是个近代民主立宪制的国王）死了，刚果也被划归比利时，这种靠买卖人口发财的罪恶勾当才中止。

因此，白种人对待黑人的态度自始至终都是不对的，究其原因来说，白种人在亚洲所遇到的民族，都和他们一样是文明进步的民族，而且有的比白人还更进步，他们一不留心，欧洲就有可能再次被征服，白人对此非常担心。

1850年发生在印度的大叛乱，20年代几乎使荷兰丧失爪哇的可怕的蒂博·尼哥罗叛乱，日本人驱逐外国人的运动以及前不久中国发生的义和团运动，印度仍在进行的暴乱，日本公然蔑视欧洲强国的有关满洲的照会，等等，所有这一切都使白人不敢掉以轻心。

在澳大利亚，白种人遭遇的是仍处于旧石器时代文明的可怜的野蛮人。就像杀死那些偷吃他们绵羊的澳洲野狗一样，白种人可以肆意地没有惭愧地杀死澳洲原住民。

当白人来到美洲时，美洲大部分地区实际上还荒无人烟呢。人都集中在生活环境良好的中美洲高原地区和安第斯山脉西北部的墨西哥和秘鲁。游牧民族寥寥无几，很容易就被白人消灭殆尽，剩余的人被贫穷和疾病灭绝了。

但是，非洲的情况就完全不同。虽然遭受着诸如奴隶制、陷阱、疾病、非人的待遇等种种折磨，黑人仍然坚定地生存着：白人在白天毁掉的一切，一夜之间就会被恢复原样。白人拼命地搜刮黑人的财富，以致出现了骇人听闻的血腥的大屠杀。这是一场持久的战斗，一场白人的枪弹和黑人旺盛的生命力之间的战斗。

让我们从现在的立场，比对着地图把非洲的情况大致做一个说明。

大体上说来，非洲可分为七大部分，现在让我们一一来讨论。我们从左上角开始，西北部就是著名的巴巴利海岸，这儿曾使我们的祖先闻之战栗，而这里是北欧到意大利各港口及利凡得的必经之处，这儿是巴巴利海盗们经常出没的场所，商船一旦落入他们手中，人就要当数年奴隶才行。而且还必须由家属筹措巨款才能赎回。

这里全是高山峻岭的情况也可以解释这个国家为什么只能这样来发展，和这里至今还没有被白人征服的原因，这些山非常险恶，到处都是陷阱，如果有入侵，这里易守难攻，根本不需要什么精兵强将，只等待敌人自取灭亡就行了。

飞机与远程大炮在这些地区发挥不出作用。几年前西班牙人还屡次败于里夫人[1]之手。我们的祖先曾在此地一败涂地，所以情愿每年拿出一些贡品献给当地的苏丹，宁可不拿他们的海军与名誉去冒险远征，去攻打那些白人还从未涉足的海港。他们在阿尔及尔和突尼斯设立了专门的领事，就是为了设法营救被抓走的人。并帮助那些也在打探如何解救失踪水手们的宗教团体，除此以外，就别无其他什么事了。

从政治上来看，现在，非洲大陆的西北角可以分为四个大部分，不过他们都听命于巴黎，法国人是在1830年就开始侵入并占领这些地方的。他们彼此的仇恨随时都可能爆发出来，而这仇恨的根源是中世纪时期发生在地中海的那些无耻的海盗行为。在维也纳会议中，欧洲列强曾决定要铲除地中海的海盗。但是由哪个国家来担当这一使命，就无法决定了，因为谁出面就意味着他可以多占领一些土地，有些人认为这就有些不公正了，外交会议上这是常有的事情。

有两个阿尔及利亚犹太人（数世纪以来，北非各地的商业事务基本上都

---

[1]里夫人：即居住于北非里夫山区的柏柏尔人。

是操纵在犹太人的手中），拿破仑以前的时期就曾反对把当地的粮食运到法国，这个要求后来时常被提出来，是近两个世纪来引起误会的首要原因之一。如果民族之间也能和个人一样，把账付清就能拍屁股走人，那么我们就会因此而安全幸福得多了。

正在双方就粮食问题进行调解的某一天，阿尔及尔的总督突然发起脾气来，用他的苍蝇拍揍了法国领事，于是法国进行了封锁，并开火了。（这也许是偶然事件，在军舰包围的地方是经常出现的）1830年7月15日，法国远征军越过了地中海，进攻阿尔及尔，总督当然被流放了，战事严重了。

在山区，阿尔及尔人拥立了一个他们自己的领袖——阿布德·埃·卡达尔，他是个虔诚的穆斯林，同时也是个很有学问并且勇敢的人，他不屈不挠地抵抗着敌人，坚持了15年，直到1847年才投降。不过投降前，他得到了特赦，可以继续留在本国，但后来法国食言，依然把他抓到巴黎，不过后来拿破仑三世把他释放了，但是提出了一个条件，要他保证不再造反，破坏他的国家的和平。阿布德·埃·卡达尔后来被流放到了大马士革，过得十分悲惨，专注于宗教及哲学的研究，在1883年辞世。

他去世前不久，阿尔及尔的叛乱被平息了，它成了法国的一个外省，他们由自己选举产生的代表被允许参加巴黎国会，以保护他们自己的利益，其青年男子可以在法国军队中服役，不过这并不是什么好事。但是从经济角度看来，法国人是做了一些贡献的，他们改善了新国民的生活状况。

阿特拉斯山脉与海之间是名叫特尔的平原，盛产粮食。而其中的阿特高原，因拥有许多小的盐湖而得名，这里是天然牧场，出产各种各样的热带水果，当地人喜欢酿酒，多供给欧洲，于是大型的灌溉工程也就建立起来了。铁矿、铜矿也发现了。铁路可与首府阿尔及尔和奥伦、比塞大三个主要港口连通。

突尼斯在阿尔及利亚的东部，名义上它是个独立国家，拥有自己的国王，但在1881年后，它已沦为法国的保护国。只是法国人口不多，这里是意大利人居多，意大利人有一阵子与犹太人竞争得十分激烈。那是远在数百年前，这里还未属于土耳其的时候，犹太人为避免基督教徒的迫害而迁到了这里。

从京城突尼斯而下，全国最重要的都市就要数斯法克城了。2000年以前，属于迦太基一部分的突尼斯远比现在显赫，港口最多可以停泊220艘船只，而现在还可以辨认得出这个港口的遗迹。当时的罗马人真是使出了吃奶的劲儿才拿下了突尼斯，他们对于迦太基人的仇恨（部分是源自于恐惧和嫉妒）达到难以置信的地步，所以他们把这里毁灭得细致而彻底。公元前146年他们夺取该城时，一把火将其烧毁，房屋一间都没能留下来。现在发掘出的埋在地下16英尺的废墟，就是当年这座拥有百万居民的城市的遗迹了。

在非洲的西北角，毗邻突尼斯的是摩洛哥独立王国，如今这里仍由苏丹统治着。自1912年起，苏丹就成了法国的傀儡，他本人也没有治理国家的能力，但安特拉斯中的山民卡拜尔民族怡然自安，不去管他们的苏丹，而苏丹为了安全，也只是在南部的京城与北部的费兹之间游走。不过这些有力的山民，却是十分危险的威胁，他们因为生怕来年的收成被别人掠夺而去，甚至连地都不肯种。

在此地，一个人能列举出许多反对法国人统治非洲的理由来。不过关于安全问题，他们的确有奇迹之举，他们将首府移到大西洋边的拉巴特，以便在认为必要时能方便地得到法国海军的援助。拉巴特在大西洋另一港口阿加迪北部的数百里，确实出人意料之外，在一战前4年，德国派了一艘军舰前往阿加迪，警告法国说，摩洛哥绝不可以变成第二个阿尔及尔，此事促使战争提前爆发了。

直布罗陀海峡对面的西班牙的殖民地摩洛哥是个小地方，它是法国人在占领摩洛哥时作为礼物送给西班牙的。最近的报纸上说，远在西班牙人被困于里夫卡拜尔原住民中时，休达和麦利纳两地就很有名了。里夫山脉的西边坦格尔是18、19世纪时的监狱界的名城，欧洲各国公使及摩洛哥苏丹都受命驻于此地，苏丹不愿公使们离他太近，于是他们就把驻地选在了坦格尔。

这个山峰纵横的三角地带的未来命运看来已经没有多少讨论的必要了，或许整个区域，包括我们马上就要讨论的非洲第二个自然区——褐色的大沙漠（阿拉伯人称之为阿斯撒哈拉，而我们近代地图叫撒哈拉）都有可能成为法国的领地了。

水　沼

撒哈拉的面积几乎与欧洲的面积相等。它从大西洋边一直延展到了红海边上，它还越过了红海，把阿拉伯半岛也囊括其中了。它的北部除了与摩洛哥、阿尔及尔和突尼斯相接外，还挨着地中海，其南部与苏丹相连。撒哈拉是个不太高的高原，多数地方仅有1200英尺。内部各处都可见到被风沙腐蚀过的山脉的遗迹，其中也不乏水草之地，地下水可以供那些生活简单而勤俭节约的阿拉伯人生活之用。这里每平方英里的人口平均不到0.04人，这意味着实际上这儿是个无人居住的地方。柏柏尔人算是这个大沙漠中最著名的游牧民族了，他们都是英勇善战的人。另外，阿拉伯人和埃及人以及苏丹黑人的混血种人也居住在这片沙漠里。

法国的外籍军团负责到这里的游客们的安全，这些法国军团（他们从未获准进入法国）虽然有些粗鲁，但他们却面临一个极为困难的问题，要他们这么少的人去防守比欧洲还大的区域是根本无法完成的任务。过去骆驼行走的路线已经渐渐失去了重要性，汽车开始代替了气味难闻的骆驼，旅游变得既安全又实惠了。由成千上万头骆驼为撒哈拉西部的廷巴克图运送食盐的历史大概也就要结束了。

在1911年前，撒哈拉沿地中海的地方始终由帕夏统治着，但最高的统治者还是苏丹。意大利眼红于法国在非洲的得利（他们夺取了摩洛哥也没有引起德国的不满）于是也起了歹心，想一举夺得利比亚（的黎波里的拉丁名），这里以前曾是罗马人的殖民地，于是他们派军队越过了地中海，把国旗插上了这块有40万平方英里的土地上，然后又很客气地对其他国家说，他们对这里是不是也有什么要求，不过当时确实无人对的黎波里有什么感兴趣的地方（这里除了一片沙漠，铁矿和石油都是没有的），于是恺撒的子孙们就拥有了这块新的殖民地，现在，他们已经在忙着修建铁路了，好让它出产的棉花能运送到伦巴蒂的纺织厂去。

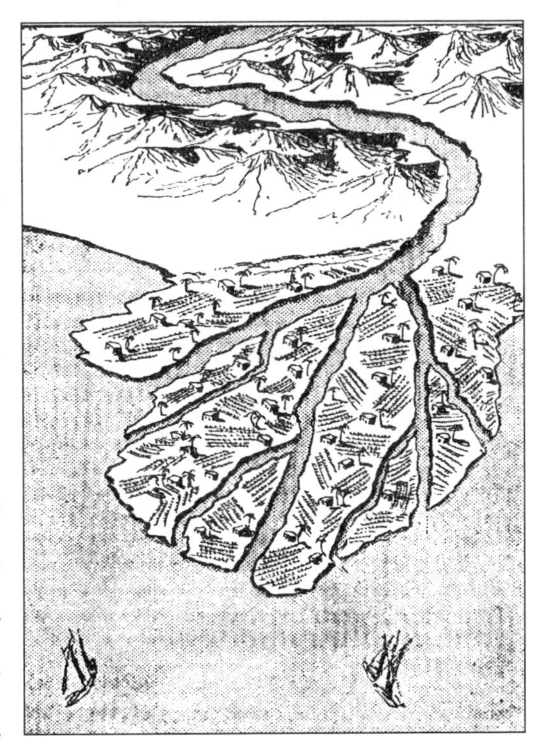

尼罗河三角洲

在东部与意大利这块殖民试验田相连的是埃及。这里是个极为富裕的国家，之所以富有，是因为它的地理位置实际上和一个岛屿差不多。这个岛的西部是将其与外界分割的利比亚沙漠，南部是努比亚沙漠，而红海和地中海又帮助它守备东北边界。至于历史上的埃及，他们法老的领土、古代世界科学、艺术、学问的宝库，只是在那条和我们密西西比河一样长的狭长地带。真正的埃及，除去沙漠，并不比荷兰王国大多少，而荷兰只能供养700万人口，而肥沃的尼罗河三角地带却养活了7倍于荷兰的人口。如果英国人建造的大规模的灌溉工程成功的话，那就为更多的人提供供给了，但是其他的贫苦农夫（最辛苦的农民全都是穆斯林），只能困守农业，因为这里缺少煤炭和水，想发展工业太困难了。

穆斯林教徒在公元8世纪进行了大规模的征战，属于土耳其管辖的埃及仍由自己的国王行使直接管理权。1882年，英国认为埃及财经管理的混乱状况有损于英国的经济利益，于是占领了这个国家。但在大战以后，“埃及是埃及人的埃及”的呼声非常强烈，英国不得不放弃了这儿的权利，于是埃及获得了独立。于是它在外交中，除了商业条约要事先征得英国的同意外，其他一切都可以自主了。除继续留在塞得港以外，英军从所有其他地方撤退出去了。不过在亚历山大港，英国还有一个海军基地，自从尼罗河三角洲上的达米尔塔和罗斯塔失去往日的辉煌后，亚历山大港就成了地中海地区最重要的商港城市。

这是个慷慨的协约，同时是一个较安全的协定，因为英国当时还占领着尼罗河流经的东苏丹，处于1200万棕色矮小的埃及人赖以生存的尼罗河上游，因此英国完全可以对遥远的开罗提出一些其他要求。

无论是谁，只要是熟悉近东情况的人，都会懂得英国坚持要控制这一地方的原因。完全在埃及境内的苏伊士运河是前往印度洋的唯一捷径，如果英国让别人掌握这条商业大动脉，无疑等于自寻死路。

开凿苏伊士运河的不是英国人，实际上，英国政府当时还用尽全力阻挡德·雷莱塞布斯开凿任何新的运河。英国反对的原因据说有二：第一，英国不相信拿破仑三世说的，法国的工程师和法国的资金就能完成这个仅以商业为目的工程；第二，维多利亚女王唯恐这条捷径会大大损害她自己好望角城的繁荣，她更爱她自己的可敬的人民。

苏伊士运河

然而，运河还是建成了，包括著名的“爱达”歌剧团在内的许多人参加了落成仪式，埃及国王尽其所有，热情招待外国来的观光者，免费提供一切服务。从塞得港到运河沿线到红海，观看歌剧的和参观运河的人坐满了69条船。

首相本杰明·蒂斯雷利原来就是个极富有商业头脑的人，他治下的英国改变了政策，设法取得埃及国王所拥有的大部分股份。现在拿破仑三世也不怎么计较了，这儿已经成为欧亚两地最好的捷径，运河每年的收入约4000万美元（1931年经过苏伊士运河的货物达2800万吨，差不多是我们圣玛丽河开通以来总运输量的1/3），英国政府对此也没有什么好抱怨的了。

埃及的名胜古迹遍地皆是，开罗附近可以看到著名的金字塔。开罗城，也就是古代孟菲斯城的所在地，古代的上埃及的古都底比斯在尼罗河上游数百里。只可惜阿斯旺大型灌溉工程把非拉尔变成许多小岛，最终这里被尼罗河冲垮了。公元前14世纪死掉的图坦卡蒙的陵墓就在该地，此外还有许多其他国王的陵墓。他们的木乃伊和他们的器物、财宝都被保存在了开罗博物馆，这个博物馆就像一个陵墓一样，不过它真的是世界上最有趣的一个古物收藏所。

非洲的第三个部分是苏丹，这里的自然环境与其他地方截然不同。苏丹大致上与撒哈拉沙漠平行，但并不像撒哈拉那样会在东方延伸那么远，因为阿比西尼亚突把它阻挡住了，使它与红海隔开了。

世界各国现在都把非洲当作了大赌场，只要有人出三张“黑桃”，马上就有人用四张“方块”来回应。英国自19世纪初从荷兰人手中夺得好望角以来，原来的荷兰殖民者为了抵抗，他们将那儿所有的财产一股脑地装在车上，向北扬长而去。这次英国人的手法师法俄国人16世纪征服西伯利亚时的手法。当时俄国的亡命之徒只要一进驻一个地方，俄国的军队就会随之进入，并宣称既然他们都是俄国沙皇的臣民，那么这土地就是沙皇的财产，随后莫斯科政府会通知他们何时税务官会来。

英国人跟着布尔人北进，想吞并他们的领土，几次与其交锋，但这些生活在原野中善于射击的布尔人远比英国士兵厉害。1881年，发生了马杰巴战役（格莱斯顿为此在忍耐的主题上发表了一段演讲，其中有句任何政治家都会摘录的话：“昨夜，我们战败了，我们的骄傲受到了伤害，但这不应是我们一味坚持、让流血事件再次发生的理由！”），之后，布尔人重新获得了暂时的独立。

但英国与这不几个农民的战争，全世界都知道会如何收场。英国各土地公司从原住民酋长那里买到了大量的土地后，又继续向北推进了。与此同

尼罗河

时，英国陆军为了稳定埃及的局势，也沿着尼罗河缓慢向南推进。这时一位英国传教士在非洲中部的探险又获得了惊人的成果，也就是英国想在整个“黑非洲”挖掘一条贯通南北的隧道，他们在开罗和好望角同时开工（通常采用的挖隧道的方法），这两端迟早会在尼罗河和刚果河发源的大湖区相遇的。届时，英国的火车能从亚历山大直达桌湾（得名于形状独特的桌山，这座平顶山也构成了开普敦的天然背景）。

显然，英国人想在这条纵贯线上大有作为，然而法国人却想开通东西线。东西线贯穿大西洋东岸至红海，即从塞内加尔的达喀尔至法属索马里的吉布提。吉布提身为全阿比西尼亚的出海口，有铁路线和阿比西尼亚首都斯亚贝巴连通。

当然，这样的大工程所需时间是相当多的，但是也并没有我们所想象的那么长。看着地图，就会发觉工程中需要克服的难以想象的难题可能会有很多。比如，接近尼日利亚北部乍得湖的工程会非常艰难。这是由于东边的苏丹同撒哈拉大沙漠地区一样荒无人烟。

然而，当资本为现代强国拥有时，只要可以出现翻倍的利润，就很容易在时间和空间上发生效用，同时也像坦克轧过一群鹅一样。法国第三共和国想恢复第二共和国时的威望，为了得到必要的资本，他们希望农民能大量生产香烟。自17世纪以来，为了南北和东西两条道路的竞争，法国就与英国和荷兰为争夺塞内加尔及冈比亚河流域之间的土地纠缠不清，现在它正希望用这些土地作为政治上的动力，从而为获得全苏丹那一望无际的广阔土地上的宝藏而努力。

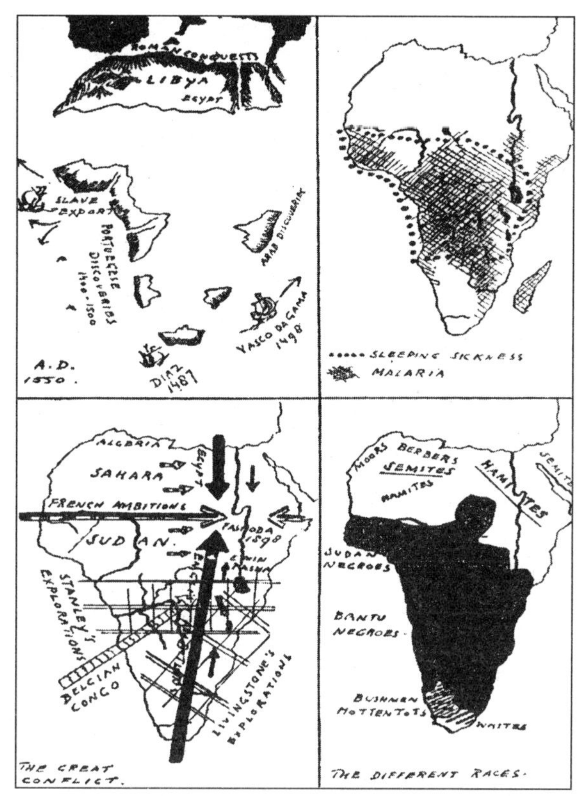

非洲概况

为得到苏丹西部的大片土地，法国玩弄了各种阴谋手段，开展了多种外交，甚至用了商业欺骗的手段，其详情我就不讲了。即使是今天，他们还在假惺惺地用所谓的保护国、委任统治等名义进行着统治，不过全世界都懂得是什么意思。他们就像是纽约偷牛奶的小偷们，他们明明是唯一的坏蛋，却还要加上“牛奶商保护协会”的头衔；欧洲各国的政治家也和美国的这些坏蛋一样，自己戴上了一顶冠冕堂皇的“委任统治”的帽子，而实际搞的什么把戏尽人皆知。

法国这一手从地理上讲的确是高明的。苏丹大部分老城区的土地非常肥沃，所拥有的黑人又是全非洲黑人中最聪明勤劳的。他们的土地和中国北方的土地一样是黄土，塞内加尔与海之间没有山阻隔，雨水充足，这里的人民既可以放牧，也可以耕作。只是非洲黑人不喜欢吃大米，而是吃玉米。这种玉米与美国的谷麦类似，但是略粗糙一些。非洲人也是让人称赞的艺术家，他们的雕刻和陶器非常精美，陈列在欧美博物馆里的艺术品都让游客赞叹不已，它们和欧美未来派的佳作非常类似。

然而。白人眼中的苏丹人有很大的缺点：他们是穆斯林先知的热忱的信仰者，他们的传教士涉足了非洲北部每一个角落，尤其是塞内加尔河东南部。社会上起主导地位的黑人和柏柏尔人的混血人种的富拉族人，很长一段时间以来就是法国最头痛的对手。不过飞机、大炮、坦克和火车终究要比

《古兰经》的威力大，可现在这些混血儿也都学会了开车，很快汽油加油站就取代了罗曼蒂克的情怀。

远在法国人、英国人、德国人进入苏丹之前，这儿的土地属于当地的酋长们。他们抢夺对方的人民，把他们当奴隶出售，所以他们都很富有。这些酋长中有的特别残暴，达荷美的国王就是这类人。欧洲军队来到这些地方时，原住民很少认真抵抗，新主人白人无论如何贪婪，比起跋扈的原住民酋长总是要好一些的。

南苏丹的大部分和大西洋被几内亚湾的海岸山脉所隔断，这使得尼日尔河没有占据重要位置，它和刚果河一样，曲折盘绕过无数的崇山峻岭，才最终得以入海，一路上形成了许多毫无用处的瀑布，上游还勉强可以用，但在下游，航行却大受影响。

但我们至今还没有弄明白尼日尔河是怎么一回事，曼柯柏克在1805年发现它的时候，它似乎还不能算是一条河，不过是些长长的湖泊和沼泽罢了，曼柯柏克在年少时的梦中梦见过一条河，他下定决心要把这条河探查清楚。他发现这条河不适合进行航运。这样，苏丹人所有的水路都被阻挡了。然而这里的陆上交通却得以快速发展。尼日尔河上流的廷巴克图也因此而发展成为重要的商业中心，成为了东西南北的商人们在非洲这一地区的集散地。

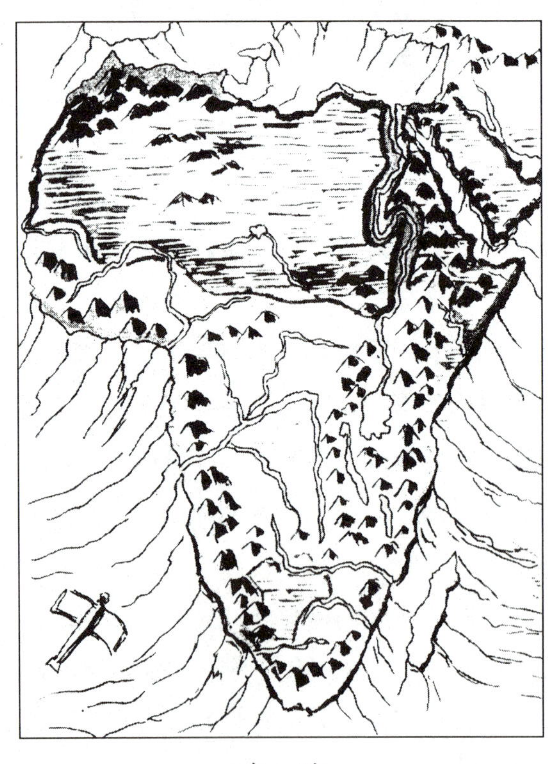

非　洲

廷巴克图因它奇怪的名字而有名，它的名字来自于非洲巫医的药方。远在1353年，巴图他——阿拉伯世界的马可·波罗就曾到过这里，20年后，在西班牙的地图上就标示出了此地。当时这里是黄金和盐的集散地，在古时，这二者的价值几乎相等。1862年，英国人戈登·雷恩少校从的黎波里出发，穿过了撒哈拉沙漠来到此地时，

沙　漠

该城已经被土匪多次洗劫，只剩下废墟。雷恩在返回海岸线的路上，被冈比亚人所杀。自此，廷巴克图就不再是麦加第二或是希瓦和西藏那样神秘的地方了，它变成了法国统治西非的军事中心。

法军于1893年占领廷巴克图——所谓法军，不过是一个海军旗手，另有6个白人伙伴，外加12个塞内加尔随员而已。然而，当时的沙漠地带的各部族的力量还相当强大，不久他们就杀掉了不少白人，并击退进行报复的200多人的白人军队。不过西非全部落入法国之手，只是个时间问题。苏丹中部的乍得湖地区四通八达，其中的贝努埃河的航运情况远比尼日尔河为好。

乍得湖海拔700英尺，湖水很浅，最深处也不过20多英尺。它不像其他的内陆湖 样是咸水，而是淡水。然而，它现在的面积已经越来越小了，继续这样下去的话，恐怕到下个世纪，它就会变成了一片沼泽了。

有条名叫沙里河的内陆河流入该湖，它是条长度与莱茵河相差不多的河，从这一点就能看出非洲内陆的面积有多大了。乍得湖的东边是瓦代地区，这里是崇山峻岭，是尼罗河、刚果河和乍得地区的分界线。这里属于法国，同时也是法国在非洲的终点站，它的东边就是英属埃及苏丹。

英国人开始测量从好望角到开罗的路线时，就决定占领这个具有重要军事战略意义的地方，唯恐落入他人之手。东苏丹全是平坦单调的沙漠，尼罗河上无法通航，没有一条像样的道路，当地人民异常贫困。瓦代地区从地理上来说毫无价值，但其政治价值很高，因此英国早在1876年就命令埃及总督将这数十万平方英里的土地以埃及土地的名分委托给了戈登将军——就是

我们在讲中国那章时提到的帮北京政府镇压太平天国的那位。戈登在苏丹待了两年，其助手是意大利的罗莫勒·盖希，这是个有谋略的人，他们曾做成了一件影响很大的事，那就是破除奴隶制最后的堡垒，杀死那些可恶的酋长们，使一万多名男男女女获得释放，得以重返故里。

然而，这位清教徒完成了他的任务后刚一回到苏丹，那里的无政府状态和以前那种压迫就死灰复燃了，其结果就是出现了以“苏丹是苏丹人的苏丹。我们需要奴隶买卖”等为口号的独立运动，这次反叛的首领是忠实于信仰的穆罕默德·阿哈德，他自称为马蒂。阿哈德于1883年攻克了科尔多凡的艾尔—欧柏得——该地区现在已经有通往开罗的铁路了。这一年的晚些时候，他又击退了埃及总督的军官——英国上校司各斯·帕夏所指挥的一万多埃及陆军。不过埃及在1882年已经成为了英国的保护国。所以马蒂不得不和更危险的敌人战斗了。

由于英国富于殖民统治的经验，知道那里的困难，所以他们不敢轻易地发兵，不仅如此，他们还劝说埃及政府的军队从苏丹撤出来。戈登将军在喀土穆亲自为撤出埃及的军队做安排。可是马蒂的人马在戈登一进入喀土穆城时就席卷而来，把喀土穆团团围困起来。戈登一再发出急电求援，但由于戈登是清教徒，而当时英国政府的首脑格拉斯通却是监理会教派出身，虽然他们一个是在泰晤士河边的伦敦，另一个是在尼罗河岸的喀土穆，却彼此不屑，所以合作起来磕磕碰碰的。

最终，格拉斯通派出了援军，但已经太晚了。当他们还在距喀土穆数天路程之处时，马蒂的军队就攻入了该城，戈登被杀。这是1885年2月，同年6月，马蒂也死了，他的后继者一直把他留下的王位维持到了1898年，这一年，在英国克撒尔的指挥下，英埃联军的前锋甚至最远到达了乌干达，才把马蒂的残余势力在沙漠深处消灭了，收复了苏丹全境。

英国人在此地还是做了一些好事的，为了改善原住民的生活条件，他们修筑了公路和铁路，维护了治安，并为消灭各种疾病做了一些工作。白人为黑人做这些事，本是希望得到黑人的感谢的，当然只要不是傻子，一般都是会这样干的。但黑人仍然努力地从背后射杀白人，有200年的殖民经验的白种人对此事一定会了解得非常清楚的。

从亚历山大通往开罗，又继续向南的铁路，现在已经西延到奥伯特，向南也已经到了苏丹港。如果在最近几年中苏伊士运河突然遭到破坏，英国还可以通过这条铁路由西向东跨过埃及谷地，越过努比亚沙漠，运送他们的军队。

现在让我们回过头来看看马蒂造反对非洲的发展所产生的影响。他通过这次反叛成为了这块土地上的独立之父。马蒂造反时，埃及的部分军队被迫退入非洲中部的一个地方。当时那里的当地人对此还毫不知情呢，尽管在1858年斯派克就已经发现了维多利亚湖——如果我没有说错的话，那里可以说是尼罗河的母湖——但对阿尔伯特湖与维多利亚湖之间的广大地区，人们还是不了解情况。这次埃及军队由一位德国医生爱道德·斯切尼兹尔和一位土耳其军官埃米恩·帕桑率领，在喀土穆城失陷之后，他们就失踪了。

后来，他们让一位美国新闻记者斯坦尼去打探他们俩的消息。这个斯坦尼本名罗兰兹，原来是英国人，他在儿童时期从工厂逃出来后到了美国，有位新奥尔良的商人待他很好，把他收为了义子。斯坦尼曾于1837年航海去寻找已经成名的非洲探险家利文斯通。由于英国人已经知道从非洲这个大蛋糕中分一杯羹的重要性，英国《每日电讯》和《先驱》通讯社共同出资赞助了斯坦尼进行为期两年的探险活动。斯坦尼的探险证明，卢阿拉巴实际上就是刚果河的源头。刚果河一路蜿蜒向前，流经了很广大的区域。他还搜集了很多人们闻所未闻的原住民部落的最新信息。

斯坦尼的第二次探险活动引起了世界对刚果的商业开发的可能性的关注，导致了比利时的利博得在刚果建立刚果自由联邦。

埃米恩等人的命运最终成了世界关注的大事，要去寻找他们的话，斯坦尼自然是最合适的人选。从1587年起，他开始进行调查，第二年他就在阿尔伯特湖找到了他们。这位德国人似乎对当地的原住民有非常大的权力。斯坦尼劝埃米恩参加比利时的事业，他们想把非洲的这片大湖区并入刚果殖民地。但埃米恩似乎另有想法（他并不急于被救援），他开始与德国官员会面了，最后，德国政府决定向他提供人员和资金，让他在维多利亚湖、阿尔门特和坦喀尼喀湖之间建立起一个受德国保护的国家。德国的东非公司就设在桑给巴尔，早在1885年就已经很赚钱了。如果能并入这些大湖区，德国就能把英国想要从好望角到开罗把非洲分为两半的计划变成泡影了。但在1892年，埃米恩被阿拉伯贩卖黑奴的人杀死在刚果河的斯坦尼瀑布，因为在他们年轻时，德国人曾杀害过他们的同胞。于是埃米恩在坦喀尼喀高原建立一个新德国的计划失败了。他们的失踪所引发的寻找，使非洲的其他地区得以被探明并标在地图上了，这样我们就被带入了非洲第五个自然区域——高山区。

高山区北起阿比西尼亚，南至南非的起点赞比西河岸。在这个区间里，北部有含米特人，阿比西尼亚和索马里的人不是黑种人，南部则有黑人和欧洲人。阿比西尼亚人是很古老的基督教徒，远在四世纪时，即欧洲最早创立基督教团体的前400年，他们就信仰基督教了，但是基督教的教义并未能使他们不与邻国发生战争。526年，他们越过红海征服了阿拉伯南部，就是罗马人菲力克斯的阿拉伯（与内地的阿拉伯沙漠正好相反）。年轻的穆罕默德认识到要想开创宗教事业和世界大帝国，需要一个强大统一的阿拉伯，就是这次远征的影响。穆罕默德首先要做的就是把埃塞俄比亚人驱逐出红海地区，破坏他们与锡兰、印度和君士坦丁堡的商业联系。埃塞俄比亚自那次失败后就变得与日本人一样，对外界任何事情都不感兴趣了。到前世纪中叶，欧洲列强开始垂涎于索马里半岛，这并不是因为索马里有什么特殊的价值，

赞比西瀑布

只不过它的地理位置在红海，而红海又是苏伊士运河的唯一出口。首先登上这个舞台的是法国，他们占领了吉布提港，英国人立即向阿比西尼亚皇帝特雷多尔起兵，这是很有骨气的皇帝，他不想落入敌手，于是选择了自杀，英国遂得到索马里。这里与亚丁隔海相望，可以牢牢控制亚丁湾。意大利在英法两地间也弄到一小块土地，希望利用这块靠海土地的优势，为来往的船只提供给养，并能为日后征服阿比西尼亚做些准备。

1896年，意大利终于发动了对阿比西尼亚的光荣的远征，不包括少数囚犯在内，他们损失4500个白人、士兵2000名。从那时至今，意大利虽然也是英属索马里以南那块土地的主人，但从不敢对阿比西尼亚有什么过分的想法，总觉得力不从心。

阿比西尼亚的将来很可能会像乌干达、桑给巴尔一样，但这里运输不发达，仅从吉布提到亚的斯亚贝巴的那条铁路就无法修建， 这里高山重重，天险遍布，不付出较大的牺牲，根本不可能把黑人击退，也许是这个天然的保护条件，才使得这个非洲古国至今还没有被欧洲列强所征服。

在阿比西尼亚的南部、刚果的东部，有三个巨大的湖泊，其中的尼亚萨湖有一条支流汇入了赞比西河，而维多利亚湖乃尼罗河的发源地，坦噶尼喀湖则与刚果河连在一起，由此可见，这一地区就是非洲全境的制高点，对这一点，50年前已经考察清楚了。维多利亚湖南边的乞力马扎罗山高达19000英尺，鲁文佐里山高16000英尺（月山和普托里密山被斯坦尼在20世纪重新发现了），肯尼亚山（高17000英尺）和埃尔根（高14000英尺）稍矮。

这个地区是火山区，不过非洲的火山好像有好几个世纪没爆发了。这里在政治上可分为几个区，但它们都由英国统治着。

乌干达是个棉花出产区，1899年沦为了被保护国。以前它是英国的东非公司的领地，也就是现在的赞比亚。它在1920年被吞并成英帝国的一部分，曾是德国最早的东非殖民地，也成了英国委任统治的殖民地，现为坦噶尼喀领土的一部分。

这里最重要的沿海城市是桑给巴尔，它是过去贩卖奴隶的原住民酋长的首都，英国于1890年在这里建立了一个由其保护的国家。这儿也是阿拉伯商人在印度洋活动的中心地带。斯瓦希里语能在这些地区广为传播，就是这些阿拉伯商人的功劳。现在东非沿海基本上都在用这种语言，就像荷属马来亚半岛上的人讲的由各国方言混杂而成的一种方言一样。如今，无论是谁，只要想在印度洋3000英里的海岸沿线及数百万平方英里的非洲内地做事情，通晓一点斯瓦希里语是很好的资本，如果再有兴趣的话，不妨再学点南非各地黑人的土话班图语，再夹杂几句葡萄牙语和几句洋泾浜式的阿拉伯语，那他从非洲这端走到那端就绝不会挨饿了。

关于非洲北部的叙述，到此就可以结束了。此外还有大西洋、苏丹各山脉、喀麦隆山脉间狭窄的沿海地区，这块狭长地带，400年前被称为上几内亚、下几内亚和几内亚。关于这一点，我在讲奴隶制的时候已经谈过了。所有的“黑色象牙”在运往世界各地之前都要先在此地先集中，现在这儿也已被各国彻底瓜分了，但除了集邮者对此地感兴趣外，关注此地的人并不多。

和西边是利比里亚一样，英国最古老的殖民地塞拉利昂也是西方国家认为的最早的黑奴来源国，然而，无论是塞拉利昂还是利比里亚（利比里亚的首都是蒙罗维亚，取自美国总统门罗）都没有什么出产，许多虔诚的男女自己出钱，把被卖到外国的一些黑奴运回此地，但其结果还是很让他们失望。

象牙海岸隶属于法国，阿克拉终究也会被法属苏丹帝国纳入囊中。首都为拉哥斯的尼日利亚是英国的属地。原是原住民独立国的达荷美于1893年被法国所吞并。

喀麦隆在大战前属德国，现成了法国的保护国。多哥也与喀麦隆类似。这里其他的地方都属于法属刚果，他们总有一天会在这儿建立起一个法属的赤道大帝国，唯一的困难就是这儿零星地夹杂着一些别国的领地，法国或迟或早会或用金钱或用其他国家所需要的东西把它们换过来。

荷兰的东印度公司曾取道波斯、叙利亚、亚历山大，开辟一条陆路，以便缩短巴塔维亚和阿姆斯特丹之间的距离，但美索不达米亚的两位国王总是有争执，加上邮车和骆驼行走得非常缓慢，大多数商品最终还是得走好望角的路线。

为了保证运往东印度的货物安全可靠，荷兰人占领了还可以用来贩卖黑奴的几内亚沿岸的港口，并占领了圣赫勒拿岛。他们在好望角建立了要塞。

说到性格，荷兰人有点像凡事都要记账的商人（人们一定记得他们曾想以24个金币价格“买”下曼哈顿的事——真是可笑的滑稽戏！）。1671年，他们从霍特顿茨人手里把开普敦四周的要塞买了下来，霍特顿茨人失去了土地，意味着他们的日子不好过了，他们不得不向北迁移到奥兰治河以北，与他们的世仇布西门人争夺瓦尔河流域的土地。这就像是上帝在惩罚他们。荷兰的农夫对待霍特顿茨人和布西门人态度是非常冷酷无情的。可是后来的1795年，当英国占领了开普敦后，这些荷兰人也向北撤退，遭遇了同样的下场。他们多次试图独立，直到1902年，德兰士瓦和奥伦治自由联邦才准许了他们的独立，但最终还是给英国人吞并掉了。

虽然开普敦仍然是非洲南部三角洲最重要的港口，但和富饶的内地比起来，沿海地区还是不值一提的。内地是有许多小山的高原地带，当地人把它称之为“科普加”，这个高原通往大西洋的路被一个叫科马斯的高地所阻挡，而其向东通往印度洋的路被一个叫马托普的山所阻挡了，而在其南部又有一座德拉肯斯堡山与开普敦分隔。

此地所有的山脉都没有冰雪，所以河流里的水源没有积雪融水，全仰仗于雨水，夏季河水咆哮，冬天则流水极少。所有河流入海前都要蜿蜒曲折非常吃力，也都无法通航，只有纳塔尔河能平静入海，所以其河口处成了南非最富庶的地方。

为使内地能够通海而建筑了不少铁路。大战前最重要的铁路应该算是葡萄牙东非迪拉果阿湾至比勒陀利亚（现属南非联邦的委任统治地）和罗兰各—马魁斯之间的那段了。在大战之后，原德属的非洲西南的到斯瓦科普蒙德的昌德里茨一段已经完成，人们乘火车可以抵达坦噶尼喀湖边，再换小船过湖，转车就能到桑给巴尔了。

不过若想要到达非洲的最北端，那就还要多花一些时间，也要费精力越过卡拉哈里大沙漠，那一段路可太遭罪了。不过，这个地方就是进入了罗得西亚的领地。这里被称为罗得西亚，是为纪念英国的塞西尔·罗得斯，他是英国的南非公司的创办者，他最早提出了要建立一个在英国统治下的南非联邦政府。

他的计划已经部分在实现了。1901年，南非联邦成立，以前所有的各公司，包括荷兰非洲公司以及祖鲁族国都变成了南非联邦的一部分。但自从在约翰内斯堡附近发现金矿、在金伯利发现钻石以来，那些居住在乡下的荷兰后裔布尔人，与住在城里面的英国人经常为争夺统治权而斗争，这些严重的冲突经过调解的结果是：开普敦作为国会议会的所在地，而原来德兰士瓦共和国首都比勒陀利亚作为政府的所在地。

南非联邦的土地中，还含有从大西洋到印度洋之间的两个葡萄牙帝国的土地，也就是西边安哥拉和东边的莫桑比克，这两个地方管理不善，早晚要被强邻夺去。而现在农产品价格走低，牲畜的出口也完全停止了，南非联邦并不需要再开辟新的牧场和稻田了。将来一旦时局有变，别人甚至能不费一枪一弹，就夺走整个东非的葡属领地。南非现在正在发展成为一种新的民族，既非荷兰人，也非英国人，而是纯粹彻底的南非人，这里土地肥沃，物产丰富，资源充足，铜、铁、煤矿都富足，它终会发展成为一个仅次于美国的国家的。

马达加斯加岛位于莫桑比克海峡的对岸，面积约为23万平方英里，较其所隶属的法国稍大一点，约有400万人口，该国是山岭交错的岛国，东方面向印度洋的地方盛产优质的木材，由塔马塔夫出口，塔马塔夫与首都塔那那利佛通有铁路。

这里的人长得很像马来人，而不像黑种人。马达加斯加一定在地质史上很早的时期就与非洲分开了，因此岛上并没有普通的非洲动植物。

马达加斯加的东边有毛里西亚岛与累与农岛这两个小岛。当印度的商业取道好望角的时期，这两个岛是极其重要的。毛里西亚岛原是荷兰东印度公司供给淡水与蔬菜的地方，现在已经隶属于英国，而累与农岛则属于法国了。

从地理上来说，还有其他的岛屿是属于非洲的，我在前面已经提到，大西洋上的圣赫勒拿岛，再向北，是大西洋上的另一个加煤点与海底电线站阿

乞力马扎罗山

森松岛，还有属葡萄牙的佛得角群岛，在毛里塔尼亚海岸以西的数百英里，现在是不著名的西属奥洛河殖民地。还有西属加那利群岛、葡属马德拉群岛与亚速尔群岛和腾涅立夫岛，岛上有著名的火山。17世纪至18世纪时，所有认真的船长都坚信布兰顿岛的存在，其信仰之坚就如同我们信仰九九表似的。但从没人知道这个岛在什么地方，因为船一靠近这个岛，它就会立刻沉没，等船一走开，它又钻出来了。从非洲岛屿方面来说，我认为这倒是件好事，这是避免被外国占领的唯一好办法。

每个大陆都有几个标志性建筑。欧洲有圣彼得大教堂的大圆顶，莱茵河上的废墟，挪威幽静的峡江，以及俄国马车的铃声。说起亚洲，则有古塔，河中沐浴的矮小的黄皮肤人种，寺庙以及古代富士山的景象。而美洲，就意味着高楼大厦，工厂的烟囱，骑着小马到处乱跑的老印第安人。就是在荒远的澳洲也有它的特征：十字星座，可爱的袋鼠，以及其活跃的眼睛。

然而我们怎么才能把非洲这含有各种极端矛盾的地方归入简单的象征呢？

非洲是个燥热的地方，它没有河流。然而它的尼罗河却和密西西比河差不多一样长，刚果河则比亚马孙河只短一点点，尼日尔河则与黄河一样长。非洲是个多雨、潮湿的地方，但它拥有的世界上最干燥的沙漠撒哈拉沙漠却

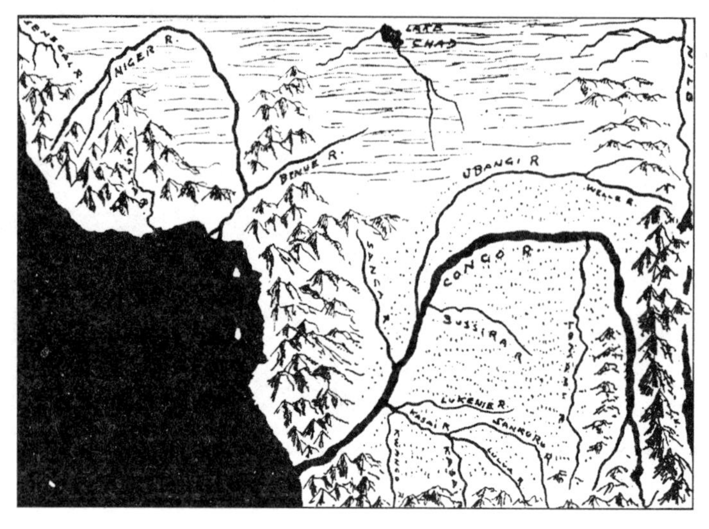

刚果河和尼日尔河

比整个欧洲还大，喀拉哈里也和不列颠群岛相等。

非洲人民非常弱小，黑人不能保卫自己。然而自古以来，有组织的最完备的军事组织，却是祖鲁人发展出来的，沙漠中的贝督因人和北部其他部落与装备了机关枪的欧洲军队战斗竟能获得胜利。

的确，非洲没有像波罗的海和美国大湖一样的便于交通的内陆海。但维多利亚湖却和苏必利尔湖一样大，坦噶尼喀湖和拜喀尔湖一般大，尼亚萨湖则比安大略湖面积大。

非洲没有什么山，不过乞力马扎罗峰比美国最高峰惠特尼山还高出1500英尺。赤道北部的卢温佐里山比勃朗峰还要高。

那么非洲有什么不足之处呢？我说不清楚，这里什么都有，却没有一样对人类有利，它所有的一切似乎都放错了位置。除尼罗河外，所有的沙漠、湖泊、河流都是没有价值的，虽然尼罗河汇入了一个商业上很有用处的海，但也因其瀑布太多，使航运受到了很大的影响。而刚果河、赞比西河都无法流畅地通到大海。奥兰治河应该出口的地方，是赞比西亚河的发源地，而赞比西亚河出海的地方，又成了奥兰多河的发源地。

依靠现代科学，也许可以让沙漠长出粮食和水果来。现代科学固然能找出许多医治疾病的技术，把疾病从刚果和苏丹驱逐出去，就像现代科学把我们从黄热病和疟疾中拯救一样，近代科学或许可以把非洲中部南部很高的高原变得像法国的普罗旺斯或意大利的里维埃拉一样。但赤道森林却是非常顽强的，这大森林在数百万年时间里形成了很多不利因素。若近代科学稍有马虎，则这赤道大森林会极其残忍地立刻扼住白人的咽喉，有毒气杀死他们，让他们喂蚂蚁，被豺狼吃掉。

破坏全非洲文化者，也许就是这遮天蔽日的大森林了。沙漠是可怕的，但阴森的森林，却更恐怖。里面充满了生命的同时，却又死气沉沉。生存斗争要谨慎地进行，否则，猎人会变成猎物。生命在树荫下被残杀。形状最可爱的昆虫，有最致命的毒刺，而最艳丽的花草，暗藏着最可怕的毒素。他们用坚牙利齿互相杀戮。生存伴随着死亡。

我和非洲人谈过这些。他们都嘲笑我。他们以为生活就是这样的。生活或者是极其贫穷，或者是极其富有，没有什么中间的可能。一个人要么挨冻而死，要么就烤火到死。摩加多尔和阿拉伯商人才能用金杯喝咖啡，或者随便射杀在霍屯督的老太太。总之，非洲各方面都不怎么好，这极端矛盾的地方的一切，对于人似乎都极其可怕。它带坏了人的想象，它杀死了人对于人生的美好的感受力。辽阔的旷野和幽暗的森林中持续进行着的屠杀，都注入了他们的血液中。在比利时闭塞的乡村的保守环境下培养出来的胆小如鼠的小官吏，一旦到了这里简直变成了魔鬼，有许多妇女，因为没有上缴那一磅橡胶被他打死；有些欠他象牙的可怜人，竟被断去手足，任虫类吃掉，而他却安闲地吸着饭后雪茄。

我一定会尽力避免不公正。对人类残忍狠毒的恶名，其他各洲也有不少责任，但是，别的地方却差得多。那些地方有耶稣的谆谆教诲，有孔子的循循礼教，有释迦牟尼的苦苦哀求以及穆罕默德的坚毅道义。非洲则没有一个先知产生出来。其他各洲也是贪婪吝啬的，然而有时他们的灵魂能控制住肉体，他们会进行伟大的朝圣。

在非洲沙漠及丛林深处，唯一的足音，是那眼睛很毒的阿拉伯人，他们在搜寻达荷马人和阿马人，准备趁他们酣睡之时，攻入他们的村庄，劫掠他们的小孩，卖做外国的奴隶。在世界其他地方，妇女总设法把自己打扮得很漂亮，让自己在丈夫眼里迷人，以此得到他们的宠爱。但非洲却不同，非洲妇女总把自己弄得让人感到可怕，这样她们才可以吓走那些邂逅相逢的男子。

这种细小之处，可以讲的地方非常之多，这里就省略了吧，最好你自己去找答案。

有许多人第一次凝视过那毫无意义的金字塔的伟大，疑惑地注视过那沙漠中远去的小路，也遇到过这同样麻烦的问题。但没有人能真正地明白。

第四十六章

美　洲

最幸运的大陆

美洲是地球上最慷慨的大陆了。当然，我现在所说的，是把美洲仅仅作为一个地理意义上的元素，而不是把它看作工业发展中的经济因素，也不是把它看作各种新政体的政治实验室。

从地理上看来，美洲堪称完美了。

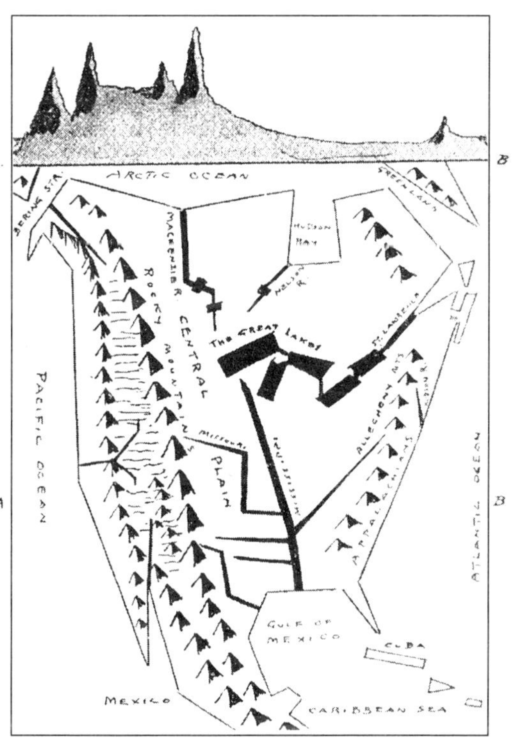

北美洲

美洲是西半球唯一的一块大陆，它不像非洲、亚洲和欧洲，会有直接的竞争对手。它坐落于世界上最大的两个海洋之间，在大西洋成为文明的中心时，就有白人开始向这里迁移了。它延伸到北极和南极，因而具有各种气候类型。最靠近赤道的那一部分

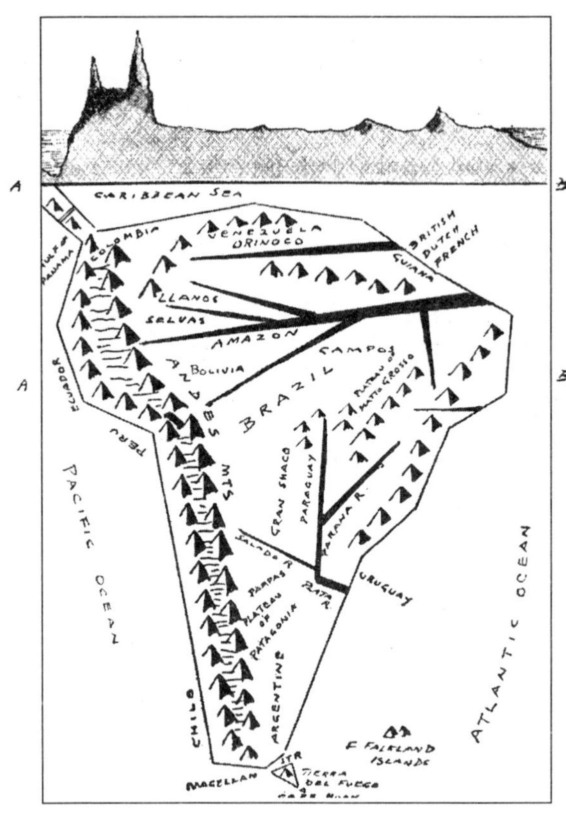

南美洲

也是海拔最高的地方，那里的气候宜人，适合人类居住。

它实际上没有什么沙漠，却拥有广大的平原。它的平原位于温带区，它注定要成为世界的粮仓。

它的海岸线既不平直，也不怎么曲折，因而对于修建深水码头非常相宜。

它的主要山脉是南北走向的，因而远在冰河时期，那里的动植物得以躲过了冰川的袭击，要比欧洲的动植物有更好的生存机会。

它拥有比其他各洲更为丰富的自然资源，如煤、铁、石油、铜等，在新的机器时代对这些原料的需求日益增长。

在白人到达之前，这里实际上是个人烟稀少的地方（大陆只有1000万印第安人），因而原住民无法阻挡敌人的入侵，也阻挡不了入侵者的肆意妄为，更无法制止他们在这里建立国家的规划。因此，美洲除有一些自身的不幸问题之外，不存在很严重的种族问题。

这是一片广袤的新大陆，巨大的经济机会，吸引了各国最有活力的那些人。大家在一起形成了一种新的、独有的混合种族，并在极短的时间内就适应了新大陆的新奇独特但又十分简单的地理环境。

现在居住在这个大陆上的人没有值得让他们如数家珍的历史，这是最后也可能是最重要的一点。他们没有沉重的包袱（在任何地方这都不是好事），可以比其他的民族前进得更快。而其他民族必须推着祖上传下来的小

北美洲

独轮车前进。

两个美洲的实际地形不仅十分简单，比其他大陆也更为匀称，而且南、北美洲的主要特征非常类似，我们可以同时介绍它们两个而不会让读者感到困惑。

像两个三角形的南、北美洲，唯一的区别是南美洲这个三角形比北美洲这个三角形略偏东一点。这肯定是南美洲要比北美洲发现得要早的原因，当南美洲已经声名远扬时，北美洲的大部分地区仍是未知地域。

南、北美洲三角形的西侧，都有南北走向的山脉。山脉面积大约占到了总面积的1/3，东部的其余2/3则是一块大平原。

平原被两座较低矮的山脉和大海（南、北美洲都是这样）隔开了。两座山脉：北美洲的拉布拉多山和阿巴拉契亚山；南美洲的圭亚那山脉和巴西高原。

南、北美洲的河流也是非常相似的。一些不太重要的河流流向北方，而圣劳伦斯河和亚马孙河则几乎是比肩前行，巴拉那河与巴拉圭河酷似密西西比河与密苏里河，都在中途交汇，然后又分别与圣劳伦斯河和亚马孙河呈直角的角度向下流去。

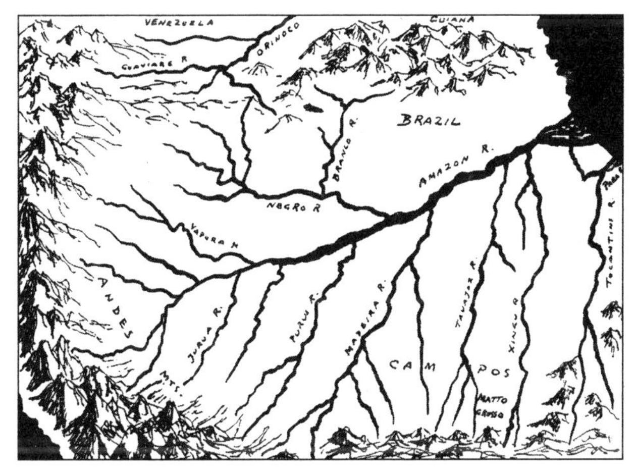

亚马孙河

穿越安第斯山脉的铁路

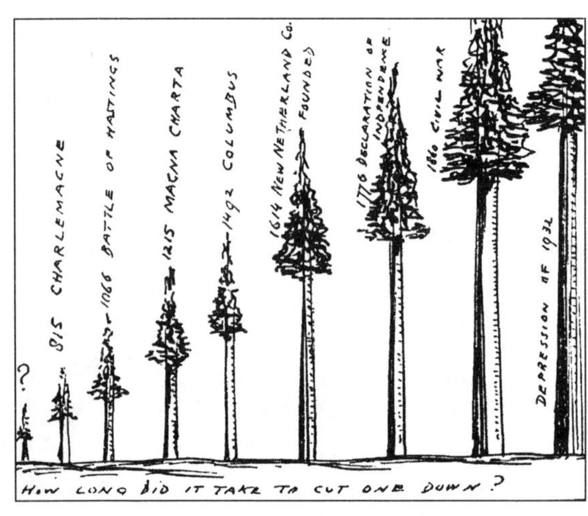

与历史同期的红杉

中美洲是一条东西走向的狭长地带，从地理上讲，它是北美洲的一部分。但是因为在尼加拉瓜的地形与动植物都发生了突然的改变，这一狭长地带才属于南美洲了。中美洲的其余部分都是高山。这就是墨西哥人口稠密和气候宜人的原因之一。墨西哥与撒哈拉大沙漠一样都和赤道非常靠近。南美洲要比北美洲更靠近赤道，亚马孙河沿安第斯山脉流向大西洋时，流向其实是沿着赤道线的。就总的方面来说（我现在正是在总说），这是一个非常适合的例子，可用于研究地理环境对人的影响以及人是如何适应自然、改造自然的。

自然母亲为自己建造了两种大的环境，而且是用同样的方法完成的。右面是干道，左面是一堵高墙，中间则是一块开阔地，有一座储物丰富的仓库。她把北部的舞台留给了日耳曼的流浪艺人。这些艺人是地位很低的剧团，他们长期在小城镇的小剧场做长时间的演出，扮演屠夫、面包师傅和烛台师傅等角色。她把南部的舞台租给了毕业于最好的地中海学校、有声望的老悲剧演员。这些演员平常只为皇亲国戚表演，每个人都能潇洒自如地舞刀弄剑，而这一切对他们的北方同行来说是闻所未闻的。他们的北方的同行们的手已经弄铲挥斧而僵硬了，他们的脊背因长期在不毛之地上的过度劳作而过早地驼了。

格陵兰

自然母亲于是把两个舞台的幕布同时打开，邀请全世界来观看节目。来看吧！第一幕过半，两个舞台的演出看起来与开头就有了差别。而第二幕开始后，戏中的女士、先生和儿童大不同了，这让观众们大吃一惊，窃窃私语说:“竟有这样的事？”

古老的北欧海盗船看起来非常别致，但在波涛汹涌的大海里就不那么管用了。这些莽撞的挪威人既没有罗盘，也没有测程仪，他们在航行中不断偏离原来的航线，他们的船帆和3000年前的埃及船帆一样地拙劣。3000年前画在莎草纸上的在尼罗河上航行的小帆船，真是让人惊叹。

现在请你看看墨西哥湾流（此前本书已数次讲到过它）图，你会发现，墨西哥湾流从非洲穿过大西洋抵达美洲后，由西南向东北重新缓缓地穿越大西洋北部，流经了挪威海岸，取道北冰洋，再经由冰岛和格陵兰折回。在冰岛和格陵兰，它换了名字，温度也发生了变化，又继续向南流去。它先叫格陵兰海流，后来的名字是拉布拉多海流。拉布拉多海流是一条被诅咒的海流，因为它把格陵兰的巨大的蓝色冰山带出来了，又随便地把它们抛弃在整个大西洋的北部。

挪威人凭着他们的运气（我的祖辈就是这么评价的），在9世纪到达了冰岛。一旦冰岛和欧洲之间有了固定的通道，格陵兰和美洲的发现就是早晚的事了。正如一艘中国或日本的小船，被大风吹离了航线，那就一定会被太平洋湾流带到英属哥伦比亚或加利福尼亚的海岸，而一个从特洛德海姆到冰岛去的挪威人，因大雾（即使在有了各种仪器的今天，大雾仍是非常可怕的）迷失了方向，找不到航向，那么他早晚有一天会发现自己到达了冰岛的东海岸。如果大雾持续下去的话，他的运气又很好，就有可能到达东面的大陆海岸，早先来到这里的人把它叫作瓦恩兰，因为这里出产一种可以用来酿制美酒的葡萄。

我们应该知道，世界上有许多发现是我们闻所未闻的。船长们有一种本能，他们唯恐自己会在同行面前没面子，比如说吧，他会讲述一个耸人听闻的故事，谁都不会信，后来证实了，这个奇怪的事情是由幻觉引起的，或者是将低低的云层误认为高山，也许是将一线阳光当作平直的海岸线。艾贝尔·塔斯曼登上澳大利亚海岸后，找不到笔，就拔了一根鹅毛，向巴达维亚当局报告当地原住民高大凶猛。但法国和西班牙的水手们早就远远地看到过澳大利亚。亚速尔群岛和加那利群岛被重复发现了好几次，我们学校的课本都无法弄明白它们最早被列入世界大发现时的确切时间了。在哥伦布发现了去纽芬兰大浅滩的路之前，法国渔民肯定在早几个世纪前就发现了。但是，他们只告诉邻居，在那里捕鱼很容易而已。他们感兴趣的只有鱼，另外的土地仅仅是另外的土地罢了。既然布列塔尼的每个人都有足够的土地，他们为什么要为与家乡相隔千里之遥的事情发愁呢？

美洲的三次发现

人性总是要优先于民族性的，这是我在书里一直坚定地支持着的观点，人绝不会去参与尖刻的争辩。如果要庆祝哥伦布日、利夫·埃里克森日或是某个从诺曼底的档案馆里找出来的水手的日子，我是不会赞同的。我们现在有充足的证据证明，挪威人在11世纪最初的10年里就到达过这些海岸；一些水手，其中主要是西班牙人，也有一些其他国家的人，在一位意大利船长的指挥下，于15世纪最后的10年中也到达了这些海岸，他们抵达那里时发现，那里已经有显然是亚洲血统的居民了，所以他们不可能是最早发现这里的人。因此，如果非要把“第一个到达”的荣誉授予什么人的话，蒙古人是理所当然的候选者。

我们曾建立无名英雄纪念碑。要再建一座更大的大理石纪念碑来纪念那些无名发现者，应该非常好。这些蒙古发现者的亲属们，现在被美国的法律限制在这块大陆之外，恐怕这个计划永远也实现不了了。

对于最早从远东过来的那些勇敢的拓荒者的后裔，我们已有相当的了解了，但有一件让我们有兴趣的事可能永远都会是一个谜。这件事是：亚洲人是怎样来到美洲的？他们是乘船渡过了太平洋北部的狭窄之处，还是徒步穿越了白令海峡的冰面？他们是在美洲和亚洲被一座狭窄的陆桥相连时过来的吗？对此我们一无所知。我认为这并不重要。当白人抵达大海的另一边时，他就同这个民族有了联系。这个民族除了一些居住在偏僻地方的人外，才刚走出石器时代的末期，尚未进入到这样的发展阶段，还不会用车轮来减轻自己的重担，或是用家畜把自己从繁重的靠打猎、捕鱼来维持生计的劳动中解脱出来。这些红铜色皮肤的人即使拥有弓箭，也敌不过拥有能在远距离射杀对手的枪的那些白人。

被喧宾夺主的红皮肤人种将会继续存在几个世纪，渐渐被他们的敌人同化掉，并将仅仅作为一种淡淡的历史记忆而流传。然而他们无论在身体上还是在思想上都有许多非常优秀的品质，这样的结局真是太遗憾了。

事情就是这样发生的。我认为我们对此毫无办法。

让我们再最后看一次地图。

从白令海峡到巴拿马地峡，高山把美洲的西海岸和太平洋分隔开。这一屏障并不是等宽的，它有些地方有几座并列的山，不过所有的山都是同样的从北向南的走向。

在阿拉斯加就能清楚地看出来，这里的山脉是东亚山脉的延续。阿拉斯加被育空河盆地分为两部分，育空河是这个北部州的一条主要的河流。阿拉斯加这个地方原来是俄罗斯帝国的一部分。1867年，美国以700万美元购买了这块面积达59万平方英里的荒凉之地。

俄罗斯不知道这块土地所具有的潜在价值，对如此的低价竟然感到十分满意。700万美元只交换几个渔村和一些被积雪覆盖的破山，在那时已经是一笔非常赚钱的买卖了。1896年克朗代克在此发现了金矿，阿拉斯加于是在地图上有了标记。从温哥华到朱诺，再经斯卡圭、奇尔库特和奇尔卡特山口到克朗代克地区的中心道森（要自己扛行李，因为牲口的价格太贵了，而且它们无法在靠近北极南侧的海拔达3500英尺的雪域高原行走），这长达1000多英里的路，与人类为寻找物质财富所不得不走的任何道路一样，非常险峻。但是，有一桶金子放在终点，在等待着能最先到达的人。在这样的召唤之下，每一个人都坚信自己会是第一。

事实证明，从那以后，被厚厚的冰川所覆盖着的阿拉斯加不仅有黄金，还有大量的铜、银和煤，同时这里也是皮毛和鱼类的理想出产地。结果，从成为美国领土起的最初40年里，在阿拉斯加所得到就已是购买它的原价的20倍了。

阿拉斯加正南方的山脉在阿拉斯加的南边分成了两部分，东部为伸展到内陆的洛基山脉，西部继续与大海并行。洛基山进入墨西哥高原以前，名字一直没有改变，而太平洋沿岸的山脉离开了阿拉斯加山脉中最高的山和北美洲大陆最高的山峰麦金利山（20300英尺）之后，就开始有了许许多多不同的名字。在加拿大，它叫作圣伊莱亚斯山脉和海岸山脉。它们穿越温哥华岛（一座石头组成的岛屿，约翰斯顿海峡和佐治亚海峡将它与大陆分开）后分成了两个部分，其西半部叫海岸山脉，而东半部在华盛顿州和俄勒冈州的部分叫作喀斯喀特山脉，在加利福尼亚州的部分则叫作内华达山脉。这两个山脉之间的开阔地是萨克拉门托河流域和圣华金河流域，它们在中途汇合后注入圣弗朗西斯科湾。圣弗朗西斯科湾很深，水域开阔，是世界上最好的海港区之一，并有享有盛名的金门与太平洋相通。

这些西班牙移民的先锋到达的时候，两河流域还是尚未开发的荒地。今天，依靠良好灌溉，这个地区成为世界的水果之乡，只要稍加管理，苹果、桃子、梅子、橘子和杏子就能长得非常好。

得天独厚的两河流域看来确实是上帝赐给加利福尼亚州的礼物，因为在上个世纪40年代兴起的淘金热已经冷却下去了，矿主和他们的工人发现，只要他们停止去勘察金矿，转行去做果园农工，就可以过上相当舒适的生活。在阿拉斯加和澳大利亚，一旦金矿采空了，就不可能养活这么多人了，来时趋之若鹜，去时树倒猢狲散，留下的只是空荡荡的城镇、村庄和无数锡罐。加利福尼亚不同，它不像大多数产金国那样因黄金而贫穷，而是因黄金而致富，这人类历史上独一无二的事例应当载入史册。

当发现地下的深层富有石油资源时，这个地区就非常有前景了。确实，这里不是太稳定，加利福尼亚湾深深的缺口有时会引起不同岩石板块的移动，这非常危险，尤其是当它引发大火的时候，但地震只是间歇爆发，而阳光、适度而均衡的气候却是永久的优势。北美洲人口最密集的地区之一的加利福尼亚刚刚开始腾飞。

在内华达山脉和洛基山主山脉之间的，是一块分成三部分的巨大谷地。其北部是哥伦比亚高原，斯内克河和哥伦比亚河从这里流向太平洋。南部有沃萨奇山脉和科罗拉多高原，科罗拉多河就是在穿越高原的过程中冲击出了著名的大峡谷。两大高原的中间是一片凹地，即大盆地。摩门教徒被赶出美国东部之后，把这里的盆地作为他们永久的居住地，大盆地气候干燥（大盐湖水量丰富，但它比海水还要咸），他们花了不到一个世纪的时间把这里变成最赚钱的地方。

这整个地区的火山都相当活跃，以前一定发生过剧烈的震动，这种状况有事实为证：你如果站在死谷（位于海拔负276英尺）的谷底，可以看到

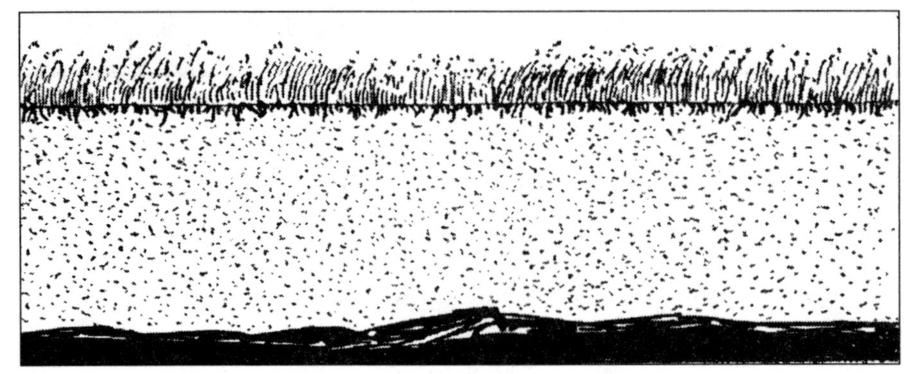

大平原的土壤

美国最高峰惠特尼峰（海拔为14496英尺）。

在洛基山脉的东边是广阔的大平原，平原的北边是北冰洋，南边就是墨西哥湾，它的东边是美国拉布拉多和阿巴拉契亚山脉的劳伦琴高地。如果精耕细种，光是这一个地区就足以供养全世界的人了。所谓的大平原（洛基山脉的山坡缓缓变成了平地）和中部平原是一个巨大的粮仓。密西西比河、密苏里河、俄亥俄河、阿肯色河和雷德河都在流过中部平原后汇入了墨西哥湾。北部的地势很不好，因为马更歇河、阿萨巴斯卡河、萨斯喀彻温河以及奥尔巴尼河要么流入北冰洋，要么就流入了哈得孙湾，一年之中大部分时间都处于冰期，因而它们只有区域重要性。世界上最长的河流密苏里河发源于蒙大拿的黄石公园附近，而密西西比河则发源于加拿大的温尼伯湖和苏必利尔湖之间的那条分水岭。这两条河从源头到三角洲几乎全部可以通航，其所流经的区域的人口密度在几百年后应该可以达到中国东部地区的程度。

这个地势稍高的地方是哈得孙湾（北冰洋）、大西洋和墨西哥湾的分水岭。这里有密歇根湖、休伦湖、伊利湖和安大略湖。有一条较短的河连通了后两个湖，但不能通航，因为有尼亚加拉瀑布（它比赞比西河上的维多利亚瀑布要宽一些，但却只有它的一半高，最高的约塞米蒂瀑布超过了1000英尺），因而开挖了一条韦兰运河把两个湖连接起来。在休伦湖和苏必利尔湖之间，也有一条运河，即圣苏玛丽运河：圣苏玛丽运河能允许通过其河闸的船只的吨位量超过了巴拿马运河、苏伊士运河和基尔运河这三条运河的总吨位量。

这些湖的湖水被圣劳伦斯河注入了圣劳伦斯湾，随后又流入了大西洋。圣劳伦斯湾和一个内海类似，其西面是加拿大山，东面是纽芬兰岛（约翰·卡伯特1479年发现此岛，1500年葡萄牙在此设立总督），南面是布雷顿角岛、新斯科舍岛和新不伦瑞克岛。把纽芬兰岛与布雷顿角岛隔开的是卡伯特海峡。是意大利人最先到达这一地区的。

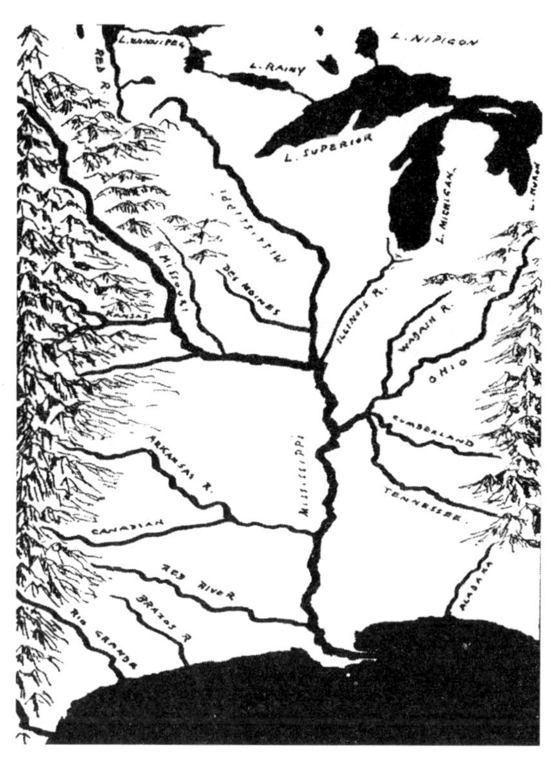

密西西比河

加拿大北部，即西北地区，气候非常寒冷，不适合白人生活。所以对这一地区的情况我们知道得不多，只知道有很多警察而已。这里湖泊交错，其中的大部分曾经属于哈得孙公司。哈得孙死后19年的1670年，该公司成立。哈得孙湾是由哈得孙发现的，因而这里以他的名字命名。后来他被叛乱的部下杀害了。但那些创建公司的英国“投机家”们依然沿用他的名字。这些人非常缺乏远见，如果他们继续干50年，湖泊和森林中的所有生物恐怕都要灭绝了（他们在生物繁殖季节也不肯停止杀戮）。他们向印第安人提供了大量的酒，这酒恐怕也是祸端。后来，英国女王出面干预，把公司管辖的大多数地方归入了加拿大自治的殖民地。哈得孙公司虽然留在原地继续经营（它经营了262年，对任何公司来说，

纽芬兰

纽芬兰

这是非常长的了），但规模缩小了，也不再和从前一样肆意胡为了。

拉布拉多半岛位于哈得孙湾和圣劳伦斯河之间，因和格陵兰海岸的寒流非常近，所以气候很寒冷，对人类来说利用价值不大。加拿大自治殖民地刚描绘出远大的计划，但是当地人烟稀少则是主要的困难。

在政治上看来，加拿大是一个大帝国的破灭的梦想。乔治·华盛顿出生时，北美洲的大部分地区是属于法国的。大西洋沿岸的一些地方还是西班牙和英国的殖民地，他们被对手团团包围。早在1608年，法国人就到达了圣劳伦斯河河口。他们的目光后来转向了内陆。他们先是向西到达休伦湖。后来又在大湖区勘察，发现了密西西比河的上游。1682年，拉瑟尔顺河而下，直抵河口，直抵密西西比河流域。他们用法国国王路易十一世的名字命名这一地区，把它叫作路易斯安那。在17世纪末，法国的领地扩展到洛基山。山外面是西班牙的领地。地处于法国、英国、荷兰的殖民地以及西班牙在佛罗里达的殖民地的中间的阿利根尼是战略要点，将他们的殖民地分开。

如果路易十四和路易十五两位法国国王有更多的地理知识的话，如果这两位钟爱艺术的国王能多关注地图而不是地毯上精美的图案，那么新英格兰等地的人可能就都得讲法语了。然而，这两个国王却不知道新世界意味着什么。由于他们的冷漠，加拿大变成了英语国家，魁北克和蒙特利尔不再是法国城市了。又是许多年之后，新奥尔良及整个远西都被卖给了大西洋沿岸的几个反叛的英国小行省刚刚建立起来的共和国。甚至连伟大的拿破仑也认为，他用一些土地交换了一大堆美国金钱是一笔很划算的买卖。现在这些土地成为了美国最富裕的地方。

1819年佛罗里达吞并了这片新的领地。1848年，又从墨西哥掠来了得克萨斯、新墨西哥、亚利桑那、加利福尼亚、内华达、犹他州。看起来必然将成为两个拉美强国腹地的美洲北半部，在不到100年的时间里被完全卖掉了，成为了欧洲北部平原的延伸部分。

这个由不同民族拼成的地区经历了很多战争，它们因原来主人的冷漠和目光短浅而在现在意外地被合并到了一起。然后，它的经济取得了飞速的发展，让世人为之瞠目结舌。在这里，第一条铁路迅速地铺好了。第一艘蒸汽船下水了，数以万计的移民沿着河道涌入大湖区，或是跨越了阿勒格尼山脉去开发大平原，并在那里种上小麦，把芝加哥变成了世界上最重要的粮食中心。

当位于大湖区、阿勒格尼山脉和洛基山脉之间的三角地带发现了极其丰富的煤、石油和铜矿的时候，这一地区成了新合众国的巨大工厂区，像匹兹堡、辛辛那提、圣路易斯、克利夫兰、底特律和布法罗这几个城市，吸引了世界各地的工人前来开发。由于这些城市需要港口来向外输送铁、钢、石油和汽车，大西洋沿岸的那些老殖民地——纽约、波士顿、费城、巴尔的摩因此而获得了前所未有的重要地位。

同时，南部各州度过了重建阶段的低谷期（比内战还艰难得多），积累起了足够的资金，在没有奴隶帮工的情况下开始种植棉花了。加尔维斯顿、萨瓦纳和新奥尔良都开始欣欣向荣了。铁路、电报、电话线把整个地区转变成一个巨大的农场和工厂。在不到半个世纪的时间里，有约6000万欧洲人远渡重洋，他们和先来的人一起，进行规划、建

第一条铁路的铺设

设、生产和销售，他们建起了一个世界上独一无二的大工厂。大自然从未如此慷慨把如此无限的机会给予过其他任何一个国家，但是却给予了我们一块广袤无垠的大平原，这里有宜人的气候和非常肥沃的土地，两边由通行方便却又荒无人烟的山脉护卫着。这里的山里蕴藏着无限的资源。这里还拥有便利的水上通路，此外，还有一个最重要的礼物，即一种民族、一种语言，且没有过去。

继续向南，到达了墨西哥和中美洲后，就能认识到这些优势的意义所在了。墨西哥除了过去玛雅人所在的尤卡坦半岛之外都是山区地带，从里奥格兰德向南，地势开始升高，直到马德雷和阿纳海克高原，这里的山峰高度一般是16000到17000英尺。波波卡特佩特山（17543英尺）、奥里萨巴山（18564英尺）、伊克斯塔华特山（16960英尺）本来都是火山，只有科利马山（13092英尺）现在还活跃着。

马德雷山脉陡然直立于太平洋海岸。但在大西洋沿岸地带，山坡则十分缓和，欧洲移民从这里的东部上岸，非常容易进入内地。

16世纪最初的几年里，这里迎来了它的第一批移民。那时是西班牙人最遭厄运的时候，因为可恶的热那亚人的新发现被证实是骗局，那儿既没有金子，也没有银子，只有赤身裸体的野蛮人，一让他们干活就要装死，此外，就是无数的蚊子。

后来有谣言说，山的那一边有阿兹台克人，他们的皇帝住的是金城堡，睡的是金床，吃饭用金盘子。于是，费迪南德·科斯特兹带领了300名勇士于1519年在墨西哥登陆。他们依靠数十门大炮和13把大口径的短枪，夺取了可怜的蒙特朱马的所有领地。就在不久以前，这里还秩序井然、管理有方，可以与哈布斯堡王朝媲美呢。蒙特朱马是以哈布斯堡国王的名义被绞死的，他未能亲眼看到他的王国被彻底毁灭，这一点不知是幸运还是不幸。

在这之后的长达300年里，确切地说，一直到1810年，墨西哥始终都是西班牙的殖民地，它所得到的也是殖民地的待遇。几种当地农作物不再允许种植了，唯恐抢了母国的那些不太受欢迎的产品的市场。

农产品收入多数流入了少数富裕地主的口袋，或者干脆送给了宗教团体。这些宗教团体至今还在努力地想要保住他们对公有土地的所有权。

在上个世纪中期，可怜的奥地利人马克西米利安在这里进行了一次荒唐的探险活动，他想在法国人的帮助下成为蒙特朱马的后继者。事后不久，有人发现墨西哥不仅是一个物产丰富的农业大国，而且还拥有着超过美国的铁矿石和石油矿藏。此时，1500万的墨西哥人（其中的40%左右的是纯粹的印第安血统）生活非常贫困，他们的穷得和科斯特兹初来时一样。于是银行界开始插手了，他们想组织革命，而墨西哥人则用反革命还击。在第一次世界大战之前，他们打破了百年以来的革命纪录（平均一年要进行20次战斗），整个国家看来都要卷入暗杀与杀戮了。幸运的是，第一次世界大战期间，大的金融机构资金有限（战争耗费巨大）使得墨西哥得到了喘息的机会。今天，一些有才能的人正在消除300年以来的蔑视、疾病和愚民政策的后遗症，而且收到了成效。从韦拉克鲁斯和坦皮科（墨西哥湾的两个港口）出口的数量开始增长了。在几年之后，华盛顿和墨西哥城就发展到了可以微笑着交谈的地步了。

连接着南、北美洲的中美洲的地峡，土地非常肥沃，那里可以种咖啡、香蕉、甘蔗以及其他任何国外的资本想要的作物。但这里的气候白人忍受不了，而黑人又不肯为白人干活，这里的火山又很多，无论对白人还是对黑人来说，都很危险。

对大多数人而言，除非他们是集邮爱好者，不然的话，危地马拉、洪都拉斯、尼加拉瓜和哥斯达黎加不过是些浪漫的名字罢了，因为这个规律全世界适用：“国库越空虚，邮票越精美。”但是我们下面要谈到的巴拿马共和国却对我们有着重要的意义。它是我们的孩子，我们必须接受它和保护它，因为我们是这里唯一的独立国家，必须保护太平洋和大西洋的滨海地区。如果我们等着哥伦比亚终有一天把它卖给我们，而不强迫他们，那么我们今天还在和哥伦比亚的议员们讨价还价呢。

地峡是一道狭窄的陆地。当巴尔博亚站在后来以他的名字命名的山峰上眺望了两个大洋之后，西班牙人就知道了这个地峡非常狭窄。早在1551年，西班牙人就萌生了要自己开凿一条运河的想法。在此后的每一代人都会提出新的设想。而在科学界中稍有影响的科学家，每人至少拿出过一个计划，试图解决难题。但是要从坚硬的岩石中开出一条30英里长的运河，的确是非常困难的。这个难题直到诺贝尔完成了他不幸的发明之后才得以解决。发明了炸药的诺贝尔，本来是想用这个发明去帮助农民去除地里的树桩和大石头的，它被用作人类自相残杀的工具，是他始料未及的。

随后，就是加利福尼亚的淘金热潮，因为从不需要绕道合恩角，所以在巴拿马，有成千上万的人蜂拥而至。1855年在此修建了穿越地峡的铁路。1年之后苏伊士运河成功通航的消息传遍了全世界。运河的发起人费迪南德·莱斯普斯决定要修建连接太平洋和大西洋的运河。但由于公司的管理混乱，技术人员在设计中错误百出，以及被疟疾和黄热病折磨至死的工人，经过8年的直面大自然的艰辛改造，也经过了与巴黎交易所的间接的但却更为艰苦的斗争，这家公司最后身败名裂地倒闭了。

在此后的数十年里，一切工作都停下来了，莱斯普斯遗弃的火车头上的烟囱里甚至都长出了棕榈树。1902年美国政府出资购买了这家已经破产的公司的所有权。随后美国想购买一块能够用来修建运河的土地，华盛顿就此与哥伦比亚共和国讨价还价。最终，西奥多·罗斯福对这个迟迟没有结果的谈判找到了另一个解决办法，于是这个世界的偏僻之处有了一次小小的政变，美国在不到24小时之内就承认了这个新诞生的独立的巴拿马共和国。于是运河的修建工作重新又开始了，这是1903年的事，而运河于1914年完工。

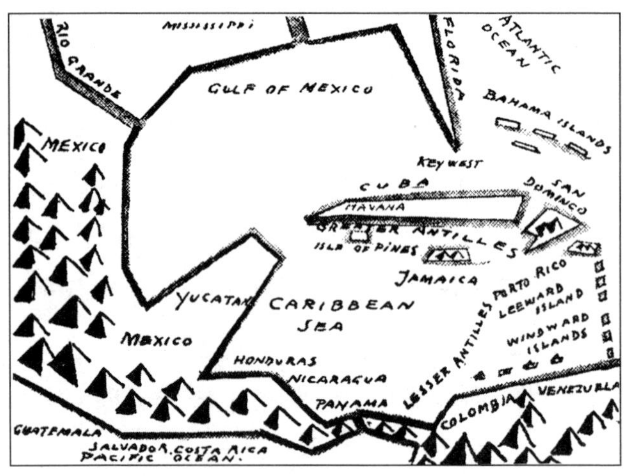

加勒比海

从此，加勒比海从原来的内海变成了一条连通欧亚的商道，那些把加勒比海与大西洋分隔开的岛屿的地位也因此而不断地提高了。英属巴哈马和古巴远离航道，

如果加勒比海干涸

百慕大也是如此，由英国占领的百慕大位于纽约和佛罗里达的中间。但牙买加（英属）、海地和圣地亚哥（名义上独立实则听从华盛顿）位置优越，它们可以从运河得利。波多黎各同样可以获利，小安的列斯群岛以及其东南部面向大安的列斯群岛、古巴、海地、牙买加和波多黎各的所有岛屿都一样可以受益。

在17世纪，比起美国大陆，小安的列斯群岛对欧洲国家更为重要。那里气候炎热潮湿，非常适于甘蔗生长，而且奴隶上岸后根本逃不出去。现在岛上仍出产着蔗糖、可可和咖啡。但是作为欧洲去巴拿马运河的中转站，如果这些产品中的大多数能被这些船买走，真是再好不过了。这里的岛屿依次是：背风群岛、圣托马斯岛、圣克鲁斯群岛、圣马丁岛、萨巴岛、圣约翰岛、圣尤斯塔蒂尤斯岛（这是一个小岩石岛，在大革命时期是走私物品主要集散点）、瓜达卢佩岛、多米尼加岛、马提尼克岛（其火山活动像其他地方一样频繁，1902的培雷火山

巴拿马运河

委内瑞拉亚诺平原

喷发差点摧毁了它）、圣卢西亚岛、圣文森特岛和巴巴多斯岛。

向风群岛包括布兰基亚岛（它隶属于委内瑞拉）、博奈尔岛、库拉索岛和奥鲁巴岛（属于荷兰）。所有这些岛屿在过去的某个时候都曾是委内瑞拉的圭亚那山脉和墨西哥的马德雷山脉相连的山系的外延部分。那部分山脉消失了，留下来的孤零零的山峰变成了岛屿。

就工业方面来说，这些岛屿都没什么成绩。奴隶制消灭了以后，过去的繁荣富庶也随之消失了。现在，这里是举世闻名的冬季旅游胜地，也是煤炭和石油的集散地，这里只有奥里诺科河三角洲之外的特立尼达岛仍有几分过去的繁华景象，因为火山带给了它大量的沥青矿，以前的奴隶消失了，取而代之在这里干活的是印度人，现在这些印度人占了这里总人口的1/3。

在第一次世界大战期间，我们学到了更多的地理知识，而且用来学习的时间比以前少了（我们不需要知道库特埃勒阿马拉或伊索佐在哪里，因此总是学得快忘得也快），年轻的一代因一战自然而然地放弃了德语（因为这种语言会很快消失的），转而学习西班牙语，因为“在南美洲，西班牙语前景很好”。这种前景在战争时期还没有明确地显现出来。事实上，美洲大陆与各国的贸易往来出现了严重的衰退。

后来我们才找到了原因。在秘鲁、巴西、厄瓜多尔以及一些其他国家里，对外贸易的手续都委托给那些工作细致的德国小职员了。这些德国人是这方面的能手，但不幸的是，这些人都进了集中营，因而导致了南美各国的商业机构同国外的来往的中断。当和平重新来临之后，这些德国职员才回到他们原来的岗位，一切才开始步入正轨了。

我们渐渐明白真相了。拥有丰富的自然资源的南美洲人口太少了，它在许多方面远远落后于世界上的其他地方，这种落后至少要再经过50年的努力才有可能稍有扭转。但对极个别富裕的家庭来说这并不重要，他们的财富，不是在西班牙统治时就已搜刮到手了，就是以走马灯似的轮换的南美洲总统的叔叔侄子等的名义取得的。

如果我在本章介绍了不太多的有关南美洲的情况，那请不要误以为我有什么反对拉美的情绪。相反，作为一个北美人，我能比南美的人更客观公正地评价他们民族的美德。但是在本书的开篇，我告诉过你们我要写的是一本有关“人”的地理学。我坚信，任何一块土地，无论是大是小，其重要与否要完全取决于这块土地上的人民，取决于他们在科学、商业、宗教或任何一种技术的造福人类的方面所做的贡献。如果以此为标准的话，南美洲同澳大利亚和蒙古一样，毫无贡献可言。我反复强调，这应该是因为人口稀少，反之又可能是由以下的事实造成的，即南美洲的大部位于赤道带，白人根本无法取代这里的原住民，因此，这里聚集了不同肤色的混血人种（这里有白人和黑人的混血儿，有白人和印第安人的混血儿，也有黑人和印第安人的混血儿），他们从来就无法发挥出自身的政治才能和智慧。

南美洲变成了一个神奇的政治舞台。巴西帝国是一个新兴国家，延续了差不多一个世纪。巴拉圭耶稣会自由邦（比东部的帝国存活的时间长）在研究乌托邦的著作中列有一席之地。

伟大的玻利瓦尔就是南美洲的名人。他不仅让国家重获自由，正如乔治·华盛顿所做的一样，还促使整个南美洲的革命运动铺天盖地地席卷而来。毋庸置疑，在乌拉圭以及玻利维亚的历史上，还有很多人做出了重要贡献，只是我们不知道罢了。进一步了解之后，我陷入了深思，他们具备世界名人所应有的条件吗？所以，本书单单介绍一些高山、河流、国家已经足够了。我诚挚地向你们保证，我会把千年以后的事情都收录进来。

南美洲西海岸落基山脉与墨西哥马德雷山脉的延续之处，便是安第斯山脉。安第斯本是西班牙的名字，侵略者为印第安人的灌溉水渠命名安第斯，该水渠修建在他们居住的山坡上。

后来西班牙又摧毁了这些水渠，使许多原住民死于饥荒。征服者历尽千

如果麦哲伦海峡干涸

火山的外层被侵蚀掉以后，坚固的内核以山的形式留了下来

辛万苦远渡重洋，就是想在新的领土攫取财富并建立永恒的国度，而对原住民的掠夺是最快捷的方式了。

接近南极的安第斯山脉成为一些岛屿，其中最著名的是火地岛。火地岛与智利之间是一段海峡，第一个环球旅行的白人麦哲伦曾在这里遇到过困难，这个海峡也因此用他的名字命名。合恩角位于火地岛的最南面，是发现者用自己所居住的镇名（荷兰的合恩镇）来命名的，并不是我们听过的用牛命名的。麦哲伦海峡兼具重要的战略意义。环绕它的福克兰群岛是英国的领地。

与北冰洋延伸至北极圈的大山脉一样，安第斯山也是多火山区。厄瓜多尔高达20700英尺的钦博拉索火山现已熄灭。阿根廷的阿空加瓜山有22834英尺高。而高达19550英尺的科托帕希（也在厄瓜多尔）是目前全球最高的活火山。

安第斯山脉同北美洲的一些山脉在有些方面很相似。一方面，高大的山脉围绕着开阔的高原平地，为玻利维亚和厄瓜多尔等国提供了天然、辽阔的疆界。另一方面，山口不便于通行，想要穿越阿根廷到达智利，唯一一条铁路隧道必须翻越山岭。人们需要翻越的高度远远超过瑞士的圣伯纳德山口和哥达山口的高度。

阿巴拉契亚山脉位于南美洲东海岸，包括北部的圭亚那山以及东部的巴西高原。它们各自又都由许多独立的山脉构成，形成了一个庞大的山系。亚马孙河流域将整个山系分割成两部分。众所周知，亚马孙河是世界上最长的河流，并且它的水量也比其他河流丰富。数百条支流贯穿其中，有15条以上像莱茵河那样长的支流，甚至还有像马代拉河和塔帕若斯河那样更长的河流。

圭亚那山北麓是奥里诺科河谷。奥里诺科河也穿过神奇的内格罗河（就像俄亥俄河既经过密西西比河，又经过波多马克河）与亚马孙河相接。奥里诺科河比亚马孙河航运更加便捷，因为它的河口有20多英里宽，它不必像亚马孙河那样在山里蜿蜒，水量丰沛，水道长约数百英里，水深稳定在304英尺左右，适合轮船航行。

南美洲的巴拉那河是南北走向的河流，它同巴拉圭河和乌拉圭河汇合后形成拉普拉塔河，流入大海。乌拉圭首都蒙得维的亚位于河畔。巴拉那河也是一条很好的内陆河，就像奥里诺科河一样。

南美洲在某一方面要优于欧洲以外的其他洲。事实上，它没有沙漠（智利北部除外），降水量充足。巴西东部地区和亚马孙地区多赤

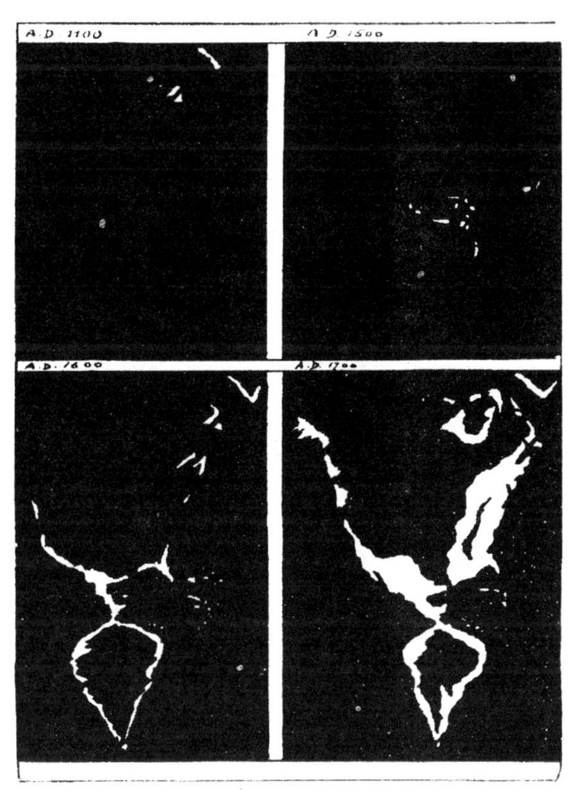

欧洲是怎样逐步认识美洲的

道暴雨，林木繁茂均衡，这是刚果河流域比不上的。由于雨水充足，南美洲一些地区，特别是离赤道稍远的南部地区，非常适合农作物生长。这里的大平原足以与阿根廷的大草原、奥里诺科草原和巴西的大草原匹敌。

我认为我们所看到的南美洲国家，都是历史的必然产物。它们不是缓慢发展的结果，而是革命成功的意外产物。委内瑞拉拥有321.6万的人口，但由于与赤道距离太近，这个国家的民族没有活力。自从人们在北部的马拉开波环礁湖中发现了石油，马拉开波超过首都加拉加斯的港口拉瓜伊拉一跃成为委内瑞拉最重要的港口城市。加拉加斯被小山遮挡，不能直接望见大海。

哥伦比亚位于委内瑞拉西部，它的首都是波哥大。波哥大为内陆城市。交通不便，现在直到马格达莱纳河河口的巴兰基亚有了定期的航班，情况才稍见好转。哥伦比亚同美国一样，位于两洋之间，土壤肥沃，自然资源富足。但是，它需要北欧的大量移民来进行自然资源的开发。

厄瓜多尔比较贫穷。虽然巴拿马运河开通之后，首都基多的港口瓜基尔港渐渐发展起来，效益也不错，但厄瓜多尔没有什么独特的东西，以前依靠出口奎宁，现在是可可。

太平洋继续向南是秘鲁，它在西班牙人第一次到达这里时，还是一个强大的印第安人国家的所在地。统治者是贵族即太阳的子孙印加人。他们推选自己的国王，授予他专制权。秘鲁人创造的文明，在形式上要高于阿兹台克人。它更具人性。封建性质对其文明要么完全没有影响，要么就起着决定作用。

直至皮扎罗到达这里，印加帝国已有400年的历史，这对一个政府来说算是维持时间很长的了。不同政治党派、贵族之间也时常发生斗争，皮扎罗不断在中间挑起争端，1953年他终于占领了全国。印加首领被投入监狱，印第安人沦为奴隶。这里的一切值得带走的统统被运回了西班才。的的喀喀至安第斯山（水面为3300平方英里，海拔高度为12875英尺）周围都是印加的废墟。到处是破损的道路和城堡，遍地都是陶器和其他艺术品的碎片。我们可以想象，一个优秀的民族突然沦为如此悲惨的原住民时，损失是多么惨重！现在，这些人有的还在首都库斯科的大街小巷里盲目地徘徊，有的参加了革命。

利马是一个现代化的大都市，它掌握着秘鲁的银、铜和石油的命脉。除非共和国的总统早已把这些宝藏偷偷搬走，藏在他朋友的法国银行的圆屋顶里。不要笑，这也不是不可能的。这正是本章如此简短的原因。

玻利维亚也是内陆国家，但是它并不一直如此。其首都拉巴斯曾经有一个出海口。但是在1879年至1882年间发生的著名的钾硝战争期间，秘鲁和智利武力争夺阿里卡地区，玻利维亚错误地站在了秘鲁一边。后来，智利获胜，玻利维亚便失去了自己的海域。玻利维亚也算富裕。它是世界上第三大锡出产国，但总人口不足300万，每平方英里不足5人，人口稀少。玻利维亚的大部分人口是印加帝国被摧毁之后留下来的印第安人，这块不幸之地想要有所作为，需要很长的时间。

智利和阿根廷位于最南端。也是南美洲最重要的国家，地理位置对其繁荣来说功不可没。它们地处温带，因而印第安人较少（热带使居民增多）。到这里的移民条件要好一些。

自然资源方面智利要比阿根廷多一些。它还拥有阿里卡（从这里可坐火车到玻利维亚）、安托法加斯塔、伊基克、瓦尔帕莱索几个南美洲最重要的港口，以及整个地区最大的城市——首都圣地亚哥。智利南部养牛，宰杀、冷冻后经由麦哲伦海峡的蓬塔阿雷纳斯运往欧洲。

阿根廷拥有南美洲较大的养牛场。沿着巴拉那河的那块平坦大地，像欧洲的1/3那么大。这里是美洲最富饶的地方。肉、羊毛、皮革、黄油的出口量很可观，这里的出口直接影响货物的价格。在过去的10年间，不断有意大利的工人、农民涌入这里，使阿根廷成为西半球最大的粮食生产国和亚麻生产国。巴塔哥尼亚也成为澳大利亚最强劲的竞争对手。

拉普拉塔河畔的布宜诺斯艾利斯是阿根廷的首都，它与乌拉圭隔河相望。因此，乌拉圭的气候、土壤成分都与阿根廷相似。乌拉圭已没有印第安人，发展缓慢取得成功。而阿根廷却在飞速前进。但由于管理不善、投机倒把导致危机频频。

巴拉圭是第三个坐落于拉普拉塔河流域的国家，并在很多方面占据优势。如果没有参与1864年至1870年的那场战争，巴拉圭将会相当繁荣。当时，可怜的印第安人接受了军事训练后，受到一个疯狂之人的驱使，走上了战争之路。而这个人最后成了这里的总统。期间，他同时向3个强大的邻国挑衅，导致全国5/6的男人在战争中丧生。巴拉圭也不得不实行一夫多妻制，以等待人口复苏。这个富饶的小国想要从这场灾难中完全恢复过来，可能至少需要一个世纪。

最后介绍一下巴西。它是一个备受歧视的殖民地国家。荷兰人和葡萄牙人都很歧视它。葡萄牙禁止当地居民包括移民同他们做交易，只允许同少数由里斯本授权的商人进行贸易往来，使巴西地区的经济长期处于窒息边缘。直至1807年，情况发生了逆转，葡萄牙王室为躲避拿破仑的追击，逃到了里约热内卢。昔日的殖民地谱写了一段近12年的管理母国的历史。1821年，葡萄牙国王才回到里斯本，并让儿子彼得罗代表他留在巴西。一年之后彼得罗在巴西称帝。葡萄牙语也成为巴西与葡萄牙之间的唯一纽带。这位布拉干萨人的后代将巴西的政府打理得十分开明，南美洲其他国家都没有做到。然而1889年的军事政变，迫使彼得罗退位，离开巴西，去往巴黎并在异乡长眠。

巴西俨然占据了南美洲的半壁江山，其国土面积为328.5万平方英里，与美国不相上下，

巴西是赤道以南最富裕的国家，国土分为三大块——亚马孙低地，又称亚马孙河流域；大西洋沿岸一带；高原，桑托斯就是那里的小镇，我们喝的咖啡的一半是它提供的。除了咖啡，巴西还在亚马孙河河口的南面的帕拉和贝伦地区以及内格罗河与亚马孙河交汇处的马瑙斯种植橡胶树，在东海岸的巴伊亚种植烟草以及可可。巴西的马托格罗索的高地是一片大牧场。那里经常能开采出钻石等一些珍贵的珠宝。但由于宝石埋藏得很深，并没得到充分开采。铁矿和其他金属矿藏亦是如此，一旦修建起更多的铁路，这些矿藏便能得到充分开发和利用。

南美洲还保留有17世纪和18世纪残留下来的欧洲的3个小殖民地。它们分别是英属圭亚那，又称德梅拉拉；荷属圭亚那，又称苏里南，是荷兰拿新安的列斯和新阿姆斯特丹做的交换；法属圭亚那，又称卡宴。倘若法国没有把

卡宴作为囚犯的监禁地，或者我们从未得知从那里传出的种种丑闻，如果报纸从未报道这些，圭亚那岛可能早已淡出了人们的视线。铭记或是遗忘都无关紧要，因为它们并未对人类的繁荣和幸福做出贡献。它们只是一种真实的回忆，是海上来的游客回想南美洲的过去时所能想起的——一个被肆意掠夺的物产丰美的大仓库。

第四十七章

新世界

我一直想要弄明白乞力马扎罗山究竟有多高。然而，一本书一遍又一遍，甚至经过五遍六遍的改写，那些数字就容易弄错了。经过一遍遍誊抄和修改之后，四周已经都是改动的痕迹，一会儿是这个版本，一会儿又是那个版本，谁也不清楚是怎么一回事了。如果你曾经得过雪盲症，就很容易理解我想要表达的意思了。

你也许会说:“这不是什么大问题。只要查阅一些权威的地理手册、地图册或者百科全书，然后记录一下便可。”

最古老的山当然不是最高的山

倘若那些可恶的地理书、地图册和百科全书确实能反映事实，这当然会很简单。但事实显然不是如此。我所能查到的一些规范的地理书，也是各执己见，只能用来消遣一下，并不能解决我的困惑。地理学不是一门趣味性很强的学科。谈及海洋和高山的时候，地理教科书便摆起谱来了。比如河床和内陆海的面积，一会儿扩大，一会儿变小；比如世界上某个地区的平均气温，实际并不平均，不同地区气象台的气温表就像股市行情自动收录器一样变化无常；再比如海底也忽低忽高，就像人们拼命追完猫后疯狂喘息时一鼓一鼓的肚皮。

我不想破坏人们对这个世界的进一步的幻想，这个世界的许多方面已经失信于人。我并不想与“地理事实”发生纠纷，对这些极其重要的数字再去表示出怀疑。可以这么猜测，看法不同是因为我们身上根深蒂固的民族主义气节所致，这可以说是一种不幸。各个小国纷纷持有自己的数据，以此来昭示其主权的独立。

这些也只是细枝末节。还有一些其他的问题，我再举几个例子。全世界一半的国家的重量和长度单位等均采用十进制。剩下的一半仍沿用十二进制。公里和米要很精确地换算成英里和码，这并不简单。第一次世界大战期间，枪炮制造在这方面吃尽了苦头。倘若借助一个强大的数学助手（在这方面我是外行），也可以完成计算任务。可国家的名字和大山河流的名字要怎样拼写呢?如The Gulf of Chili，Gulf of Tjili，Gulf of Tschili，Gulf of Tshil，你喜欢哪一个呢?Hindu-Kush，Hindoe-Koesch，Hindu-Kutch，Hindu-Kusj，你又会选哪一个呢？倘若语言不同的几个大国能够在中文、俄语、日语和西班牙语的名字拼写方法上达成统一，就会减少很多问题。然而，每种语言要翻译成本国的语言时会有2种甚至3种不同的拼写方法。

每一个地区又都有自己的语言，这更加剧了语言的复杂性。每个地区都想要“祖先的神圣语言”享受平等的权利。在战前，欧洲地图与现在的五颜六色相比显得十分简单，现在的地图，不同的语言区域均着以不同的颜色以示区别。这就使得看库克先生的老古董——《大陆铁路指南》，变成了一件苦差，其难度不亚于钱普林研究埃及的象形文字。

我不是在找借口推脱。我所写出来的东西，可能不尽如人意，请你们多包容。即使是一本著名的统计手册、百科全书都有可能在三四页中出现几处自相矛盾的地方，对于我这样一个非专业的作者，又何必苛求呢。

我想你一定会赞同我的方法。摒弃一些所谓的专业著作，去买一本《世界年鉴》，说:“我就要用这本书为标准，倘若有人要告我，说我把乞力马扎罗山的高度变成了19710英尺（大英百科记录为19321英尺，安德鲁的地理学记录为19000英尺，塔尔和麦克穆里的书中记录为19780英尺，牛津现代地图册记录为19320英尺，世界年鉴中记录为19710英尺），我就请他去找世界电信公司的经理，由他去跟他们讲个明白。”

当我开始乞力马扎罗山高度的研究时，我就想说这些。我在试图找寻自己的世界年鉴，而它正被压在成堆的地图册下面。这期间，我找到了不久前收到的一本小册子。其中有罗纳德·罗斯生平的专门介绍。作者用细腻委婉的手法道出了罗纳德先生生活并不富裕，我们应该努力做些事情使他的晚年能够舒适些。当然他并没有过高的要求，科学家并不怎么在乎金钱。只是长期伏案工作毁掉了他的健康，倘若有一张灵活舒适的轮椅，他就可以更好地投入工作了。

我将小册子收到一边，这时，我想起了我们的沃尔特·里德。我记不起我们的国家给了他的遗孀什么优待，除了获得“免费邮寄”的待遇（任何一个国会议员都可以享受），如果我没记错的话。当然，这个可怜的妇女还得到一笔抚恤金（医疗机构的官员的遗属都可获得）。还有一所医院是用里德的名字命名的。

蒙胧遐想之余，我找到一本介绍传染病史的书。我忽然萌生了一个想法。虽然没有多少人听说个里德和罗斯的名字，但他们对人类的贡献远远超过了连小学生都可以脱口而出的数百个探险家。是里德和罗斯发现了疟疾和黄热病的发病原因，并探索出预防这些传染病的方法，他们像是开辟出了一个我们恐怕再过数百年也超越不了的新大陆。曾一度肆虐的数以亿计的疟蚊终于得到了控制，它们被驱赶到角落里，等待着死刑的判决。

下面再介绍一些比较浅显的与“医药对世界地理的影响”有关的内容。我们想要把地球营造成适宜人类永久居住的场所，一定要先征服天花、脚气、昏睡病等一系列疾病。但是所有这些都已经超出了我的“领域”。在这些方面我的知识太过匮乏。只是这两位医生的名字引发了我的思考和感慨。

这个世界还充斥着一些看似不安定的因素。翻开地图，看看那些红色的斑点。不满的呼声犹如麻疹病大爆发一样令人胆战心惊。数以万计的图书相继出版，以提供一些治病良策，解决这些问题。我在写这本书之前，没有认真思考过这些问题（作者过的是与世隔绝的生活）。然而，这些问题忽然之间变得异常简单，这一切首先要归功于罗斯和里德。

盯着地图看，的确是一种愉快的富有教育意义的消遣。这里是罗得西亚——自成一体的世界，塞西尔·罗德是一个发起人，为了让少数人富裕起来。他残杀了无数的原住民。他做了土匪。打了几次仗就败北了。他当上了政治家，打胜了几场大仗。无数被残害的妇女和儿童的墓碑上都刻着："塞西尔·罗德的罪孽"。但有一个国家却不在乎这些小事，用他的名字来命名一个巨大的省份。

再往北，挨着的就是刚果，它拥有斯坦利维尔和利奥波德维尔两个城市和大量的无碑之坟，无数的原住民因没能及时缴纳足够的橡胶和象牙而被折磨至死。

哈得孙用自己的名字为一个海湾命名，然后又用这个海湾的名字命名了一家大型的土地公司。这家土地公司对当地居民的作为令人发指，可以记载在人类殉难史上。我们不必看遥远的国外的情况。我们自己也没有遵守与印第安人达成的条约。我们的祖先在300年前征服了香料岛，荷兰的公立学校从不会向学生们讲述他们对那里的棕色人种所犯下的一切罪行；人们至今仍然记得在南美洲的普图马约地区所发生的一切，非洲许多部落的首领和阿拉伯奴隶贩子们在沉寂的

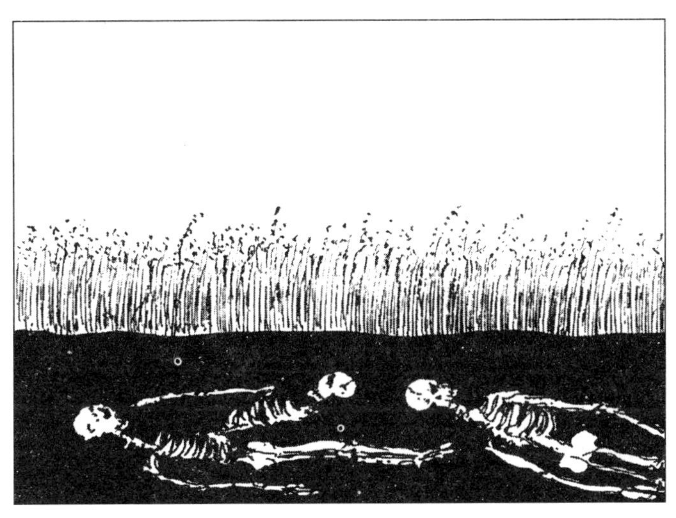

到目前为止，大量的土地都被我们以这种方式变得肥沃了

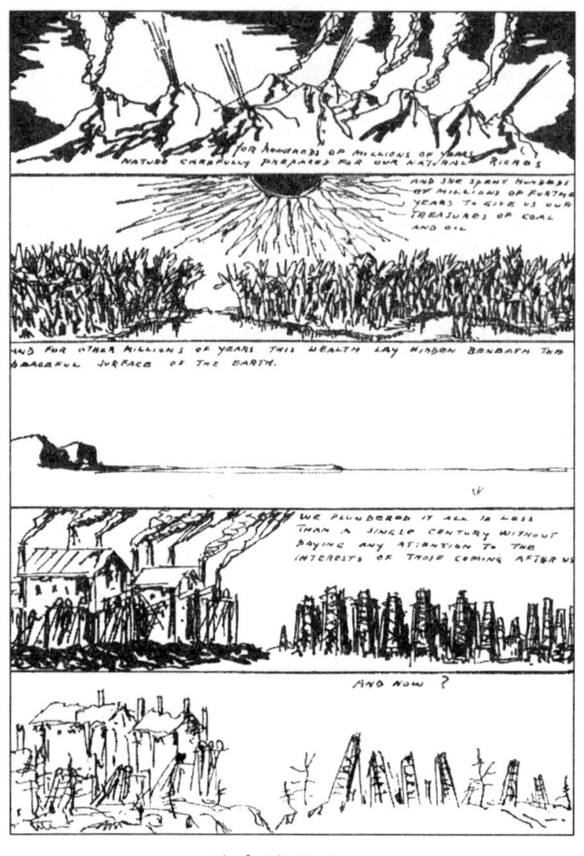

答案是什么?

森林中所犯下的暴行。应该让但丁在《地狱》一书中留出一些篇幅，用以囚禁这些恶魔。

用马和狗来对人进行捕猎，使澳大利亚和新西兰的原住民几乎灭绝，对这些遥远的地方的历史，很少有人提及。我为什么还要介绍呢?我只是重复了家喻户晓的一些事实罢了。

但是很少有人知道，大开发时代已经成为过去，当今的不安定因素多数是因从前的受害者不再甘心扮演那种角色而形成的。

坐在高高的审判席上，对过去的罪过进行审判毫无意义。最有利的办法是集中我们的智慧，努力去避免我们在未来可能会犯的错误。类似罗德和里斯的男男女女们正在为我们思考好的出路。

伤感地回忆无法实现的乌托邦的光荣，也会让我们大家无所作为。既然我们已经“索取”了数十个世纪，我们现在也必须“奉献”数十个世纪。即便如此，也还是不能解决问题。施舍与掠夺同样都是坏事。施舍对于施者和受者来说都是不公正的。把印度人从英国君主的专制中解脱出来，又让手无寸铁的他们听命于别人，结果又酿成了大错。

如果我们突然撤回我们在中国、日本和缅甸的铁路、汽车、飞机，拆掉那里的电话亭和车站等设施，让他们重新用起甘地的缠腰布和小舢舨船，对那里的人民会有什么好处呢?机器的时代已经来临了。当地人必须使他们的生活适应交通和通信的快捷 。他们如今已经养成了一种习惯，孩子如果患上白喉，他们会求诊于白人医生，不会让巫婆来看了。看望朋友，他们宁愿花钱坐车，也不会辛苦地走上十个小时。

一个已经习惯于货币和存折的世界，不会再使用过去的那种用一桶蜜、一匙盐来交易的制度了。

不管结果是好还是不好，如今，我们这个星球已经成了一个大公司了。时间是1932年，不是932年，也不是公元前32年。

里德和罗斯所做的，为我们指明了我们该怎样前进。这两个人的做法是既不“取”，也不“给”，他们所做的只是“合作”。没有成百上千的人的帮助，他们不可能完成他们所做的工作。他们消灭疟疾和黄热病，不仅仅是为了白种人，或是为了黑种人或黄种人。他们不问肤色与种族，他们所做的是要造福全人类。戈特尔斯和戈加斯博士开始挖掘巴拿马运河（戈特尔斯做出计划，戈加斯则号召人马将计划实现）时，并不是只为了太平洋或大西洋或者美洲，他们服务的是整个世界。马科尼发明了无线电之后，并没有规定说“只有意大利的船在危险时才能使用无线电”。桑给巴尔的货轮同游弋于大西洋中的快船一样使大家都能受益。

你们大概看出了我的意图。

千万不要以为我是在创造一个新社会。没有必要。有什么问题的话，它自己就能解决的。如果解决不了，几百年后也就没有什么问题了，因为那时也没有人会去关心这些问题了。

我们不可能再像从前一样，生活在一个自给自足的世界里了。政策没有了，蒸汽机、电出现了；巴塔哥尼亚、拉皮兰德、波士顿和汉口都成了邻居，用不了两分钟大家就能坐在一起交谈了。我们现在不再仅仅为自己生产产品了，也不再仅仅为自己的村子种植粮食了。日本生产的火柴的价格大大低于我们所能做到的。而阿根廷能以极低的成本种出小麦，足够让德国人不受饥荒的威胁。

我们不能再把只是白人薪水的1/20的工资付给中国的苦力和南非的黑人，莫斯科的广播电台用各种语言向很广的范围广播，它会让黑人和黄种人知道他们受骗了，本应属于他们的许多东西被夺走了。

我们也不再能像我们的祖先那样偷窃和劫掠了，因为——如果你确实想知道的话——我们的良知不允许我们这样做，即使我们生来并没有一种精神上的导向，人类的集体良知也已达到了一定的程度，大家都知道，诚实和言行一致这样的美德，不仅在国际事务中，而且在个人的交往中，都是非常重要的。

我不是好为人师，我也不准备用所谓的预言让你们失望。当你们读完我的这本书，我希望你们再静静地坐上半个小时思考一下，然后，得出属于你们自己的结论。

人类已经存在了这么久了，似乎具有一种偶然性——就好像我们在这个星球上只住了数年，至多是短短的几百年。我们的贪婪，就如同是一列旅客列车上的乘客，他们知道只有10分钟就该下车了，所以拼命地去吃有三道大菜的正餐。

我们已经开始渐渐地认识到了，我们已经在这里生活了很长的一段时间了，我们还将永远在这里生活下去。所以，为什么要如此匆忙呢？为什么要如此慌张呢？如果你搬到了一个小镇，想在那里定居下来，那么你一定会好好计划你的未来。而你的邻居，无论是卖肉的，还是面包师、杂货店老板、医生，或者其他任何职业的人，都会为自己的未来做出规划的。如果不这样的话，整个地区必然会很混乱，没有什么前景。

好好想一下，世界与你所在的小村庄之间是不是确实存在着巨大的差别。如果存在着差别的话，不过是量的差别罢了，而不会是质的差别。本书到此就结束了。

你可能会说，我什么都提到了，从乞力马扎罗山，到里德博士，到罗斯博士，再到未来的规划。

艾丽斯可能会问："如果不去旅行，学地理又有什么用呢？"

1931年4月，巴黎

1932年5月，新奥尔良